KB097577

지혜롭게
나이 든다는 것

지혜롭게
나이 든다는 것

현명하고 우아한
인생 후반을 위한 8번의 지적 대화

마사 누스바움 · 솔 레브모어 지음 | 안진이 옮김

어크로스

일러두기

1. 이 책은 나이듦을 주제로 한 '대화'의 형식을 띠고 있으며, 저자 두 사람이 8개의 주제에 대해 각자 쓴 16편의 에세이로 구성되었다.

2. 두 저자의 동의를 얻어 한국어판에서는 원서의 1장과 2장을 4장과 5장에 배치하였다.

3. 차례와 본문상에서 마사는 마사 누스바움을, 솔은 솔 레브모어를 가리킨다.

레이철, 너새니얼, 그리고 엘리엇에게

차례

지혜롭게
나이 들기 위한
지적 여정

이 책은 존엄한 죽음이든, 다른 어떤 죽음이든 간에 죽음에 관한 책이 절대 아니다. 이 책은 현명하게 사는 법에 관한 책이다. 나이듦이란 무언가를 경험하고, 지혜를 획득하고, 사랑하고, 무언가를 잃어버리고, 피부가 쭈글쭈글해지더라도 자기 모습에 대해 편안함을 느끼는 것이다. 나이듦의 의미는 비단 그것만이 아니다. 어떤 사람들에게 나이듦이란 후회, 걱정, 인색, 빈곤을 뜻할지도 모른다. 어떤 사람들에게 나이듦이란 자발적인 봉사, 깊은 이해, 조언 제공하기, 재발견, 용서, 그리고 점점 잦아지는 건망증일지도 모른다. 경제적 여유가 있는 사람에게 나이듦이란 은퇴와 증여, 그리고 당연히 과거의 저축 및 소비와도 연관이 있다. 이런 설명들은 아직 자신이 늙지 않았다고 생각하는 사람들에게도 상당 부분 적용된다. 하지만 젊은 지인, 친척, 동료들은 노인들을 지혜의 보고인 동시에 살아 있는 경고문으로 바라본다. 노인의 주름살 속에서 좋은 것을 찾고 나아가 지혜를 발견하는 탐색은 저 멀리 키케로의 시대로 거슬러 올라간다. 나이듦에 관한 키케로의 저작은 2000년 전의 것이지만 빠르게 변화하는 오늘날의 세상에서도 변함없는 의미를 지닌다.

만약 다른 종들과 달리 인류가 우리 자신의 실패와 성공을 학습하고 기록하고 폭넓게 소통하면서 인간 경험의 범위를 확장한다면, 그리하여 후손들의 삶을 개선하는 방향으로 나아간다면, 우리는 개인적인 영역에서도 발전을 기대할 수 있을 것이다. 우리는 농업·제조업·항공산업 분야에서 비약적인 발전을 이룩했다. 그런데 부부관계, 자녀 양육, 정치 지도자 선출 같은 분야에서도 큰 발전을 이루었다고 말하기란 쉽지 않다. 이런 분야의 문제들은 시간이 흐르면 과학적 발전이 축적되어 저절로 정복되는 것이 아니라 목표 자체가 끊임없이 변화하는 문제들이기 때문이다. 나이듦은 과학적 과제와 인간적 과제 사이 어느 지점에 위치한다. 평균적으로 볼 때 우리는 조상들보다 오래 살고 더 편하게 살고 있다. 우리에겐 선택의 여지가 더 많다. 이 책은 바로 그 선택에 대해 이야기한다.

노년기가 인생의 한 시기라는 사실을 받아들인다면, 나이듦이 우리 모두에게 공통된 것이라는 사실도 인정할 수 있다. 우리는 모두 각자의 경로를 따라 나이를 먹지만, 다른 사람의 경험에서 뭔가를 배울 수는 있다. 사람이 나이가 들면 관심사와 행동과 취향도 바뀌는데, 대개의 경우 공통의 경험을 재확인하는 방향으로 바뀐다. 나이가 들어가면서 우리는 더 유능해지는가, 덜 유능해지는가? 영적인 사람이 되는가? 나이 드는 과정에서 더 검소해지는가? 빈곤해지는가? 남을 부러워하게 되는가? 인내심이 많아지는가? 넉넉한 마음으로 베풀게 되는가? 우리 자신의 변화들을 인식하고 그 변화들이 바람직한 것인지 점검하기 위해서는 친구의 도움이 필요할지도 모른다. 고립된 개인은 본인의 변화를 관찰하고 사색한다고 해서 자신이 더 자기중심적으로 변했는지, 비판을 수용할 줄 알게 됐는지, 남들에게 위협적인 사람으로 변했는지, 가족에게 과도한 요구를 하고 있는지 여부를 판별하기가 쉽지 않다. 그러므로 우리 자신에 대해 제대로 알기 위해서는 우정과 대화가 필요하다. 이 책이 노년기의 우리에게 필요한 우정과 대화에 대한 생생한 사례를 제시할 수 있기를 바란다.

우리는 서로 대화를 나누고 독자들과도 대화를 지속하기 위해 나이듦과 관련된 여러 소주제에 대해 각자의 의견을 밝히려 한다. 어떤 장들은 우리가 쇠약해지거나 죽음을 맞이하기 전에 가족들과 중요한 의논을 하고 유의미한 대화를 나누는 데 도움을 준다. 일반적으로 어색하게 느껴지거나 사적 영역으로 간주되는 주제들에 관해서도 우리는 깊은 사색과 소통을 추구한다. 자녀에게 재산을 물려주는 과정에서 생기는 문제에 대해 남들과 의논하는 사람은 별로 없다. 특히 그 자녀들이 경제적 처지가 제각각이거나, 곤경에 처해 있다거나, 부모의 이혼을 목격했을 경우에는 더욱 이야기를 삼간다. 또 사람들은 '사후에도 지속될 영향력에 대한 갈망' 등 철학적인 문제들에 대해 진지한 대화를 잘 나누지 않는다. 마지막으로 대부분의 사람은 나이 드는 과정에 육체의 변화가 뒤따른다는 점을 의식하면서도 자기 몸에 대한 이야기를 편하게 나누지 못한다. 그것은 노년기의 부부나 연인들에게 새로운 사랑이 불붙고 로맨스가 시작되는 현상과 관련이 있을 듯하다. 이 책은 그런 주제들도 빼놓지 않고 다룬다. 각 주제에 대해 우리 중 한 명은 철학자로서 접근하고 다른 한 명은 법률 및 경제 전문가로서 '유인incentive'이라는 관점 위주로 바라본다. 하지만 둘 다 이 주제들을 학문적으로 탐구할 때 실용적인 결실을 얻을 수 있다고 본다는 것은 공통적이다.

나머지 주제들은 입에 올리기가 쉬운 것들이다. 이런 주제들을 다룰 때는 광범위하고 철학적이며 정책지향적인 관점들을 제시하려고 노력했다. 예컨대 우리는 자신이 완벽하게 통제할 수 없는 문제들(예컨대 타인)을 통제하고 싶어 하는 사람이 지나치게 많다는 점을 지적한다. 우리는 유년기·청년기·중년기와 마찬가지로 노년기도 인생의 한 시기로 본다. 노년기에도 깊은 사색을 필요로 하는 그 시기만의 수수께끼가 있다. 노년기에는 그 시기에만 맛볼 수 있는 기쁨과 즐거움이 있고 고통도 있다. 하지만 사람들이 노년을 기회의 시기로 생각하지 않아서인지는 몰라도 노년의 수수께끼를 깊이 성찰하는 책은 찾아보기 어렵다. 우리의 목표는 노년기에 마주치는 복잡하고도 매혹적인 질문들의 일부를 탐구하는 것이다. 그것은 끝에 관한 질문들이 아니라 생의 지속에 관한 질문들이다.

나이듦에 대한 대화

이 책의 형식은 기원전 45년 키케로가 집필한《나이듦에 관하여》를 참조하여 결정한 것이다.《나이듦에 관하여》는 키케로와 그의 절친한 친구 아티쿠스가 대화하는 형식으로 집필된 책이다. 키케로가 아티쿠스에게 보낸 수많은 편지들은 지금도 남아 있다. 당시 키케로와 아티쿠스는 60대였는데, 키케로는 서문에서 그 책을 아티쿠스에게 헌정하면서 그들 두 사람이 아직 많이 늙진 않았지만(고대 로마인들은 아주 건강한 사람들이었다) 앞으로 남은 삶에서 무엇을 찾아야 할지를 미리 생각해둬야 한다고 썼다. 키케로의 설명에 따르면《나이듦에 관하여》는 두 사람이 정치적인 문제와 가족관계 때문에 근심이 많던 시기에 기분 전환을 위해 쓴 책이었다.

키케로는 '진짜로 늙은' 카토라는 83세 남자가 30대 남자 두 명에게 이야기를 들려주는 형식을 창안했다. 카토는 건강하고 활동적이어서 노년에도 여전히 정치 지도자 역할을 하고, 친구들을 집에 자주 초대하고, 농사도 열심히 짓는 사람이었다. 30대 젊은이 두 사람은 카토에게 노년의 삶에 대한 가르침을 달라고 졸라댄다. 나이듦에 관한 온갖 부정적인 이야기를 들어온 두 젊은이는 흔해빠진 속설들에 어떻게 반박해야 하느냐고 묻는다. 그 속설들에 따르면 노년기에는 창의성이 떨어지고, 노인의 신체는 아무것도 제대로 해내지 못하며, 노인에게 기쁜 일이란 없고, 노인은 항상 죽음을 두려워해야 한다. 두 남자는 아직 젊지만 자신들도 언젠가 카토와 같은 처지가 될 테니(카토의 나이까지 살 정도로 운이 좋다면) 그들의 공통된 운명에 대해 경험자로서 의견을 들려달라고 청한다. 카토는 그들의 요청에 기분 좋게 응한다. 노년의 커다란 기쁨 중 하나가 바로 젊은 사람들과의 대화니까. 키케로는 카토라는 인물을 통해 독자 일반과 소통하려고 했다. 그는 다양한 시대와 장소에 존재하는(그의 책은 지금도 읽히니까) 다양한 연령의 독자들과 여러 가지 주제에 대해 이야기를 나눈 셈이다.

우리의 책은 키케로의 《나이듦에 관하여》와 마찬가지로 60대에 들어선 두 친구의 대화라는 형식을 띤다. 우리 역시 노년기에 들어서고 있다. 그리고 우리 역시 나이듦에 관한 대화를 나누는 것이 즐겁고 유익한 일이며 나이듦에 관해 이야기하려면 철학적·법률적·경제적 사고가 요구된다는 사실을 발견했다. 우리는 노년기의 여러 측면을 다룬 에세이를 두 편씩 짝지어 제시하면서 분석과 주장을 통해 일정한 통찰에 이르는 과정을 보여주려 한다. 다행히 우리 두 사람은 성격이 다르고 학문적 접근법도 달라서 한 가지 주제에 대해 두 가지 이야기를 들려줄 수 있었다. 이 책의 모든 장은 에세이 두 편으로 이루어진다. 우리는 서로의 글에 대답하기도 하고 특정한 주제에 대해 서로 다른 견해를 제시하기도 한다. 키케로와 마찬가지로 우리도 다양한 연령의 다양한 독자들이 참여하는 다면적인 대화를 원한다.

오래된 주제, 새로운 접근

앞에서 설명한 대로 우리는 키케로의 책을 본보기 삼아 우리의 책을 집필했다. 그래서 1장에서는 키케로가 쓴 《나이듦에 관하여》와 《우정에 관하여》라는 책을 소개한다. 마사는 이 두 편의 글에 노년과 우정에 대한 통찰이 담겨 있으며, 키케로가 그의 벗이었던 아티쿠스와 주고받은 서신들에서는 더욱 깊은 통찰이 발견된다고 말한다. 이 서신들을 통해 우리는 진정한 우정이 일상 속에서 어떤 모습으로 표현되는가를 엿볼 수 있다. 마사의 글에 대한 응답으로서 솔의 에세이는 '우정이 인생의 각 단계에 어떤 도움을 주는가'에 관한 키케로의 주장에 주목한다. 그리고 솔은 몇 가지 까다로운 질문들에 대한 나름의 의견을 제시한다. 우정 때문에 윤리적으로 애매한 일을 하거나 자기 신상의 위험을 감수해야 할 때는 언제인가? 우리가 현직에서 왕성하게 활동하는 친구에게 그만 물러나라고 충고해야 할 때는 언제인가?

노인들의 몸은 부정적인 편견의 대상이 된다. 노인들이 자기 몸을 부끄럽게 여기는 경우도 많다. 2장에서 마사가 들려주는 이야기에 따르면 과거 베이비붐 세대는 신체에 대한 혐오 및 수치심과 용감하게 맞서 싸웠다. 그 시대 서구 사회의 고전이었던 《우리 몸, 우리 자신》(1970년 보스턴 여성건강공동체에서 펴낸 책 ─ 옮긴이)은 여성들에게 자기 몸을 숨기지 말고, 자기 몸을 수치심 없이 알아나가고, 나아가 자기 몸을 사랑하라고 권유했다. 관습을 과감하게 깨뜨리던 그 도전 정신은 어디로 간 걸까? 그때와 맥락은 다르지만 똑같이 급진적인 수치심 깨뜨리기 운동을 다시 시작해야 하지 않을까? 이번에는 솔도 마사의 견해에 동의한다. 솔은 주름살과 대머리가 아름다울 수 있다고 지적한다. 성형수술, 노화방지 시술, 그리고 외과적 시술에 대한 의존도는 우리가 어떤 사회에 사느냐에 따라 달라진다.

나이 들어가면 자연스럽게 지난날을 돌아보게 된다. 노년기에 우리는 우리 자신의 목표를 달성하기 위해, 또는 젊은 사람들이 우리에게 어떤 지혜가 있다고 생각하기 때문에 지난 삶을 점검하고 평가하게 된다. 과거를 회상하다보면 때때로 후회가 밀려온다. 3장에서 마사는 회고적 감정, 후회, 그리고 후회의 친척인 슬픔과 분노에 대해 이야기한다. 대개 이런 감정들은 별로 유익하지 않다. 어차피 우리가 과거를 바꿀 수는 없으니까. 마사는 미국의 극작가 유진 오닐의 〈밤으로의 긴 여로〉와 프랑스 소설가 미셸 뷔토르의 《시간의 사용》을 인용하면서 과거가 우리 삶을 좌지우지하게 될 때의 위험성을 강조한다. 하지만 현재의 순간만이 실재라고 믿는 현재지상주의자들의 접근법이나 자기성찰 없이 쾌락에 탐닉하는 생활태도 역시 매력적인 것이 못 된다. 마사는 퇴직자들의 공동체에서 현재지상주의의 기운을 발견할 때가 많다고 말한다. 솔은 노인들이 모여 사는 실버타운을 옹호하면서도 다음 세대부터는 퇴직자들의 주거문화도 바뀔 거라고 예상한다. 과거의 포로로 살던 사람들이 갑자기 미래지향적으로 사는 법을 배우기란 어렵다는 것이 솔의 생각이다.

4장은 셰익스피어의 〈리어왕〉 1막에서 출발한다. 리어왕은 은퇴와 유산, 그리고 가족관계에 대해 현명하지 못한 결정들을 내린다. 〈리어왕〉은 나이듦에 관한 토론에서 거의 빠짐없이 등장하는 작품이다. 특히 최근에 제작되는 〈리어왕〉 연극들은 나이듦이라는 테마를 강조하는 경향이 있다. 마사는 그런 작품 중 한 편을 관람한 후, 〈리어왕〉을 노인들의 치매 또는 노년기의 다른 어떤 보편적이고 몰개성적인 특징을 중심으로 해석하는 것은 실수라고 주장한다. 마사의 주장에 따르면 〈리어왕〉은 아주 특별한 유형, 즉 지배하고 통제하는 데 익숙한 유형의 한 인물이 나이 드는 과정을 다룬 작품이다. 통제적 성향이 강한 사람들은 자기성찰을 하면서 노년기의 계획을 미리 세워야 한다. 그렇지 않으면 그들은 노년기에 올바른 길에서 벗어나기 쉽다. 솔의 에세이는 '통제권'이라는 주제어를 가지고 사람들이 자신의 나이듦을 이용해 타인을 조종하는 모습을 탐색한다. 예컨대 어떤 노인들은 재산을 분배하겠다는 약속을 통해 사랑과 돌봄을 얻어내려 하거나 측량하려 한다.

이 책의 5장은 '은퇴'라는 다소 진부한 소주제를 다룬다. 미국은 세계에서 거의 유일하게 정년퇴직과 연령차별을 불법으로 간주하는 나라다. 솔은 대다수 미국인의 사고방식과 반대로 '계약의 자유'를 부활시켜야 한다고 주장한다. 그런 주장의 근거로서 그는 연금의 역사를 설명하고, 평균 퇴직연령이 낮아졌다가 다시 높아진 과정을 알려준다. 솔의 에세이에 따르면 정당과 정치인들은 사회적으로 바람직한 변화를 오히려 막아서는 경우가 많다. 그래서 연금과 관련된 정치적인 변화는 쉽지 않으며, 현직에 종사하는 일부 부유한 노인들에 대한 증세 정도가 실현 가능한 방안이라고 본다. 반면 마사는 솔의 주장에 의구심을 표현한다. 마사는 정년퇴직이 없는 현재의 미국식 사회제도가 노인들의 존엄성을 더 잘 지켜준다고 생각한다. 마사의 견해에 따르면, 정년을 의무화하지 않을 때 젊은 사람들과 나이 드는 사람들 모두 노인들에게 생산성과 참여를 기대하게 된다. 그리고 이런 습관과 기대는 노인들의 정신적 행복과 세대 간 관계에 긍정적으로 작용한다.

노년의 사랑은 어떨까? 어떤 사람들, 특히 젊은 사람들은 노년기에 이른 사람은 사랑에 빠지지 않는다고 생각하지만 그것은 잘못된 관념이다. 마사는 6장에서 노년의 사랑이라는 주제를 다루면서 슈트라우스의 오페라 〈장미의 기사〉로 시작했다가 셰익스피어의 〈로미오와 줄리엣〉과 〈안토니우스와 클레오파트라〉로 옮겨간다. 셰익스피어의 두 희곡은 젊은이들의 사랑과 노인들의 사랑을 뚜렷하게 대비시킨다. 오페라 〈장미의 기사〉에서는 어느 외로운 노년 여성이 17세 소년과 교제하며 성적 쾌락을 추구한다. 이러한 설정은 노년 여성의 사랑과 삶에 관한 편견에 대해 다시 생각해볼 기회를 준다. 마지막으로 마사는 고전 문학의 세계를 벗어나 일상의 현실로 돌아와서, 비교적 최근에 제작된 영화 몇 편을 언급한다. 〈로맨틱 레시피〉는 68세 여성 배우 헬렌 미렌이 출연한 영화고, 〈사랑은 너무 복잡해〉는 메릴 스트립과 알렉 볼드윈이 노년기에 서로의 예전 매력을 재발견하는(이 영화에서 스티브 마틴은 비중이 크진 않지만 로맨틱한 애인의 모습을 성공적으로 보여준다) 작품이다. 솔은 마사의 논지를 더 발전시켜 나이 차가 많은 '갭 커플'에 대해 광범위한 논의를 전개한다. 그는 갭 커플인 유명인 부부들에게서 배울 점을 찾기도 한다. 그의 주장에 따르면 우리는 오래 유지되는 커플을 축복하는 경향이 있지만, 실은 연애 상대에게 거절당하는 것이 오히려 좋은 일일 수도 있다. 6장은 슈트라우스 오페라의 등장인물과 비슷한 연인들, 즉 여자가 남자보다 나이가 훨씬 많은 커플들의 앞날에 대한 예상으로 마무리된다.

이 책에 나오는 건 대부분 적당한 나이에 은퇴하고, 처지가 각기 다른 자녀들에게 재산을 물려주고, 시술과 수술을 통해 외모를 가꿀 정도의 경제적 여유가 있는 사람들의 이야기다. 하지만 노인들 중에는 생존 그 자체를 위해 힘겹게 노력해야 하는 사람도 많다. 7장은 생애 말기의 경제적 불평등이라는 소주제를 직접적으로 다룬다. 솔은 조심스러운 태도로 노인빈곤층의 실태를 진단하고, 노후 자금을 모아두지 못한 사람들을 걱정하면서 강제저축 액수를 늘려 사회안전망을 더 튼튼히 구축하자고 제안한다. 마사의 경우에는 정치적 실현 가능성을 고려하기보다 정치철학적으로 문제에 접근했다. 마사는 공정한 사회가 노인 계층에게 무엇을 제공해야 하는가를 고민한 끝에 '역량 접근법'이라는 참신한 방안을 생각해낸다. 그 과정에서 노인 복지와 관련된 핀란드의 정책과 미국의 정책을 비판적인 시선으로 비교한다(그리고 양쪽 제도의 단점도 살펴본다).

마지막으로 8장은 우리가 남겨두고 싶어 하는 유산에 관한 내용이다. 솔은 나눔의 두 가지 역설을 집중적으로 다룬다. 첫 번째 역설은 우리에게 경제적 여유가 있을 때 재산을 일찌감치 나눠줄 것인가, 아니면 유산 상속을 나중으로 미루고 유산을 받을 사람들에 대해 더 알아볼 것인가의 문제다. 솔은 현대의 '선택 이론'에 관해 설명하고 자신이 모금을 담당했던 경험을 토대로 논지를 전개한다. 두 번째 역설은 이런 것이다. 재산을 사랑하는 자녀들에게 똑같이 나눠줄 것인가, 아니면 자녀들의 경제 상황을 고려해서 분배할 것인가? 8장은 공평한 분배라는 관습을 깨고 싶지만 가족들 사이에 불화가 생길까 걱정하는 사람들을 위해 참신한 전략을 알려준다. 책을 마무리하면서 마사는 이타성과 우리 자신의 삶이 계속 이어지게 하는 방법들에 관해 의견을 밝힌다. '우리가 떠난 후에도 계속될 세상에 우리는 무엇으로 기여할 것인가?'라는 거창한 질문을 던지고 나름의 답도 제시한다.

지금까지 미리 소개한 16편의 에세이는 지혜롭게 나이 드는 방법에 관한 끝장토론이 아니다. 우리는 그 토론의 첫머리를 열기 위해 이 책을 썼다. 부디 독자들도 우리처럼 노년기에 대한 다양한 관점과 의견들을 즐거운 마음으로 접하기를 바란다. 리어왕의 유산 상속, 의무 퇴직, 성형수술, 기부, 갭 커플 같은 주제는 이런 것들이 처음 논의되기 시작한 50년 전쯤과 비교하면 상당히 다른 느낌으로 다가온다. 우리는 모든 주제에 새로운 방식으로 접근하려고 노력했으며, 이런 주제들에 관해 생각하고 토론하는 일이 실제적인 도움이 될 뿐 아니라 노년기의 커다란 기쁨 중 하나임을 보여주려 했다.

1장

나이듦과
우정

우정과 나이듦에 관해 키케로가 쓴 훌륭한 책과 그가 노년기에 현실의 친구와 주고받은 편지에서 우리는 무엇을 배울 수 있는가? 진정한 친구는 우리가 틀렸을 때 지적을 해주는가, 아니면 그저 우리를 지지하고 함께 있어주는가? 나이가 들면 친구를 사귀는 방법도 달라지는가?

나이듦에 관하여,
우정에 관하여

키케로와의 가상 토론

—————— 마사 누스바움 ——————

아무런 용건이 없더라도 나는 그대에게 편지를 쓴다네.
그러면 꼭 그대와 이야기를 나누는 기분이 들거든.
기원전 45년 5월, 키케로가 아티쿠스에게 보낸 편지(당시 키케로는 61세였고 아티쿠스는 64세였다)

나이 드는 사람에게 우정은 이루 말할 수 없이 귀하다. 우정이 있어
야 도전이 있고, 위안이 있고, 살아 있는 느낌이 난다. 우정이 없으면
하루하루가 쓸쓸하고 빈약해진다. 친구들의 죽음이나 병환은 노년기
우울증의 주된 원인이다. 서양문화사를 통틀어 노년에 관한 가장 훌
륭한 철학서인 키케로의 《나이듦에 관하여 De Senectute》 역시 우정에 관
한 내용이다. 그리고 《나이듦에 관하여》는 그의 다른 책인 《우정에 관
하여 De Amicitia》와 밀접하게 연관된다. 두 책의 집필 시기는 1년도 차이

나지 않으며,[1] 둘 다 키케로의 절친한 친구 아티쿠스(집필을 마쳤을 때 아티쿠스는 65세, 키케로는 62세였다)에게 헌정됐다. 키케로는 헌사에서도 두 권의 책을 함께 언급한다. "다른 책에서 나는 노년기에 접어든 사람으로서 다른 노인에게 나이듦에 관해 이야기했다. 그래서 이책에서는 그 소중한 우정을 되새기며 한 친구에게 우정에 관한 편지를 썼다."[2]

두 책의 작중 인물들도 서로 연결된다. 《나이듦에 관하여》는 기원전 150년을 배경으로 하며 주인공 카토의 나이는 83세로 소개된다. 그리고 대화는 30대 청년인 스키피오와 라엘리우스가 던지는 질문에서 출발한다. 스키피오와 라엘리우스는 역사 속의 실존 인물로서 실제로도 절친한 사이였다. 《우정에 관하여》는 기원전 129년을 배경으로 한다. 앞의 책에 나왔던 라엘리우스가 이제 50대가 되어, 얼마 전 세상을 떠난 친구 스키피오를 그리워한다. 라엘리우스는 친척인 두 젊은이의 요청으로 우정이 왜 좋은가를 설명한다. 그리고 두 친척 젊은이 중 하나가 나중에 노인이 되어 존경받는 스승으로서 키케로에게 법률을 가르친다(키케로는 기원전 106년에 태어났다). 즉 연극적인 설정은 두 작품을 서로 연결하는 데 그치지 않고 각각의 작품을 키케로 자신의 삶과도 연결한다. 또 두 작품은 공통적으로 나이듦과 우정이라는 주제를 강조하며, 동년배끼리의 우정과 세대 간의 우정을 모두 다룬다.

키케로는 《나이듦에 관하여》의 도입부에서 은근한 농담이 포함된 시를 인용하면서 아티쿠스에게 직접 말을 건다. 그는 유명한 시인 에니우스Ennius의 시 가운데 어떤 사람이 친구 티투스(아티쿠스의 이름)를 부르는 대목을 인용한다. "오 티투스, 내가 그대를 도와줄 수 있다면, 그래서 지금 그대의 속을 태우고 그대의 심장을 콕콕 찌르는 걱정을 덜어줄 수 있다면 참으로 좋은 일이 아니겠는가?" 평소 키케로와 아티쿠스는 시적인 농담으로 서로를 놀리곤 했는데, 이 농담은《나이듦에 관하여》라는 책의 목표를 드러낸다. 아티쿠스의 주의를 다른 데로 돌려 걱정거리를 잊게 만드는 것. 그러나 그 목표 자체가 둘만의 농담이었다. 현실은 그 말과 정반대였기 때문이다. 감정 기복이 심한 키케로는 차분한 아티쿠스의 보살핌을 필요로 했고, 아티쿠스는 에피쿠로스 학파의 일원으로서 수련을 통해 에피쿠로스가 가르친 '평정'에 도달한 사람이었다. 키케로에게 아티쿠스는 온갖 근심과 걱정을 잊게 해주는 벗이었으며, 키케로 역시 그 점을 잘 알고 있었다.

그렇다면 이 정교한 농담 속에 드러난 관계의 친밀함을 한번 살펴보자. 그 친밀함은 나의 관심사와 직결된다. 이 농담은 두 사람이 오랫동안 서로의 차이를 알았으며, 서로의 부족함을 채워주고 때로는 서로를 놀리기도 하면서 친밀해졌다는 사실을 드러낸다. 하지만 키케로의 철학 서적들은 이런 것을 누락하거나 부정한다. 나는 두 친구의 편지들 속에 연대순으로 차곡차곡 쌓여 있는 우정을 염두에 두면서 키케로의 저서를 분석하려 한다. 그리고 그의 편지에서 발견되는 우정과 나이듦의 관계가 그의 공식적인 논의에는 별로 반영되지 않았다고 주장하려 한다. 키케로의 철학적 도식은 물론 훌륭하다. 하지만 나이 드는 사람에게 우정이 중요한 것이라면(나이 드는 사람에게 우정은 중요하다!) 우리는 키케로의 철학적 도식만이 아니라 그의 진짜 우정이 어떤 느낌이었나를 살펴봐야 한다.

키케로는 괜찮은 철학자였다(그가 철학자로서 항상 인정받았던 건 아니다). 그는 고대 그리스와 로마의 어느 철학자보다도 살아 있는 사람처럼 느껴진다. 키케로가 아티쿠스와 주고받은 편지, 그리고 다른 친구들 및 친척들과 주고받은 사적인 편지가 아직까지 전해지기 때문에 우리는 그의 사적인 대화와 머릿속의 내밀한 생각들까지 알 수 있다.[3] 이런 자료를 우리에게 남겨준 철학자는 키케로밖에 없다.

우리가 논하는 두 권의 책은 키케로가 감당하기 힘든 고통을 겪고 있던 시기에 집필한 것이다. 기원전 45년 사랑하는 딸 툴리아가 세상을 떠나자(툴리아는 세 번째 배우자와 이혼한 후 아이를 낳다가 죽었다) 키케로는 심각한 우울증에 빠져든다. 우울감은 우정을 논할 때 큰 비중을 차지하는 소주제인 만큼 나중에 다시 언급하겠다. 로마 공화정이 붕괴 직전이었던 정치적 상황 때문에 키케로의 슬픔과 근심은 더 깊어졌다.[4] 그 힘든 시기에 집필된 두 권의 책은 키케로가 아티쿠스에게 한 말처럼 "우리 둘이 함께 즐길 수 있는 선물"이었다. 키케로의 설명에 따르면 그런 책은 걱정거리를 모두 "없애주지는" 못하더라도 "노년을 편안하고 유쾌하게 만들어줄" 수는 있다.

《나이듦에 관하여》와 《우정에 관하여》는 둘 다 오랜 세월 동안 사랑받은 책이며 그럴 만한 가치가 있는 작품이다. 하지만 이 두 권에는 뭔가가 빠져 있다. 둘 다 대화체 형식인데도 내용이 매우 추상적이어서 우정과 나이듦의 중요한 특징을 보여주지 못한다. 키케로가 인문학이라는 이름으로 자주 예찬했던 '사소한 것에 대한 감수성'이 이 책들에는 없다. 반면 키케로가 아티쿠스에게 보낸 편지들에서는 그런 감수성에 깊이와 복잡성이 더해진 모습을 발견할 수 있다. 따라서 나는 키케로 본인의 견해를 이용해 키케로에게 반론을 제기하려고 한다. 가장 쉬운 방법은 키케로의 방식대로 그와 가상 대화를 나누는 것이지만, 대화 상대자인 키케로의 말까지 가상으로 지어낼 순 없으니 내 의견만 밝히겠다. 전략상 나는 두 책을 역순으로 다루려 한다.

우정에 관하여

키케로 선생, 선생의 《우정에 관하여》는 듣던 대로 오래 지속되는 우정에 대한 탁월한 분석과 예찬이더군요. 그 책에 나오는 좋은 개념 몇 가지를 들자면 다음과 같습니다. 우정이 오래 지속되려면 선의가 중요하다. 친밀감의 가치. 보통 남들에게 숨기는 문제에 대해 그 친구에게는 이야기할 수 있다는 안도감. 친구들은 기쁜 일과 괴로운 일을 공유하기 때문에 인생이 조금 더 쉬워진다. 우정은 희망을 북돋아준다. 이런 것들은 아주 생소한 이야기는 아니지만, 선생께서는 절제된 어투와 유려한 문장으로 우정에 대해 설명해주셨습니다.

선생의 책에는 놀라운 통찰을 제공하는 아주 훌륭한 부분이 두 군데 있었습니다. 첫째는 스토아학파의 우정론에 대한 선생의 비판입니다. 격동기여서 그런지 스토아학파의 우정론이 대단한 인기를 끌고 있었지요. "내가 알기로 그리스에서 현자로 불리던 사람들"인 스토아 철학자들이 우정에 대해 남긴 말들은 선생이 보기에는 "놀라운" 것이었지요. 스토아 철학자들은 친구 사이가 지나치게 가까워지지 않도록 해야 한다고 주장했습니다. 그래야 친구가 나의 걱정거리에 짓눌리지 않는다고요. 모든 사람은 자기 몫의 인생만으로도 벅차기 때문에 남의 일에 너무 깊이 관여하면 곤란해진다는 겁니다. 다시 정리하자면 스토아학파의 견해는 이렇습니다. "우정의 고삐를 가능한 한 느슨하게 잡는 것이 좋다. 그래야만 우리가 원할 때 고삐를 더 조일 수도 있고 더 느슨하게 풀어줄 수도 있다. 걱정으로부터 해방되는 것이 행복한 삶의 본질인데, 어느 한 사람이 여러 사람을 위해 수고하게 되면 그 사람의 영혼은 걱정에서 해방될 수가 없다."[5]

선생께서는 이것은 자기방어 기제가 지나치게 강한 우정 모델이라고 대답하셨습니다. 훌륭한 사람은 베풀 줄도 알고, 자기가 괴롭다는 이유로 남의 고통을 돌보는 일을 외면하지 않는다고요. 베푸는 일에는 위험도 따르지만, 우정에서 베풂을 빼버리는 것은 "우정의 사슬에서 가장 기분 좋은 고리", 즉 사랑을 제거하는 것과 같다고요.[6] 사랑은 본래 계산하지 않고 베풀어주는 것이라고요.[7]

두 번째로 인상 깊었던 부분은 계산적 우정 이론에 대한 선생의 비판입니다. 흔히들 우정에 대해 설명할 때, 친구들을 향한 우리의 호의를 그들이 우리에게 보여주는 호의와 비교해서 측량해봐야 한다고 하죠. 우정은 회계의 게임이고, 우리가 지금까지 받은 것 또는 앞으로 받으리라고 예상되는 것보다 많이 주거나 느껴서는 안 된다고 합니다. 선생께서는 이런 사고방식을 단호히 거부했습니다. "친구와의 우정에서 대변credits과 차변debits을 정확히 일치시켜야 한다는 견해는 우정을 매우 철저하고 옹졸한 계산으로 만들어버린다. 나는 진정한 우정이란 그것보다 더 풍부하고 넉넉한 것이라고 생각한다. 진정한 우정은 받은 것보다 많은 것을 주지 않으려고 면밀하게 따지고 점검하는 과정이 아니다. 그리고 친절을 베풀 때는 그 친절의 일부를 돌려받지 못할까봐, 친절이 흘러넘쳐 바닥에 쏟아질까봐, 정량보다 많은 친절이 우정에 투입될까봐 걱정할 필요가 없다." 이 이론의 오류는 스토아학파의 오류와도 긴밀한 관련이 있습니다. 여기에 묘사된 행동은 지나친 자기방어에서 비롯되는 경우가 종종 있으니까요.

선생의 주장은 설득력이 있습니다. 비록 서술이 추상적이고 생생한 묘사가 부족하긴 하지만요(선생의 다른 훌륭한 철학책들에는 역사적 사례가 풍부하고 개인적인 이야기도 많이 담겨 있는데 이 책은 달랐습니다). 선생과 토론하고 싶은, 혹은 선생이 선생 자신의 말을 반박하도록 해드리고 싶은 지점이 두 가지 있습니다.

첫째, 바람직한 우정은 신념과 취향이 유사하며 의견의 일치가 있는 관계라는 선생의 주장입니다. "왜냐하면 우정이란 다름 아닌 모든 것, 인간의 일과 신의 일에 대한 동의consensio에 쌍방의 호의와 애정이 결합된 것이기 때문이다." 뒷부분에서 선생은 더 강경한 주장을 펼치셨죠. "친구 사이에는 의견이 완전히 일치하고 모든 것에 대한 기호가 예외 없이 일치해야 한다."

말만 들으면 아주 고상하고 품위 있는 관계 같은데요, 정말 그렇습니까? 물론 친구끼리는 관심사와 취향이 일치하는 게 좋겠지요. 그렇지 못하면 시간이 흐를수록 서로의 차이가 너무 커져서 우정이 손상될 테니까요. 만약 한 친구는 스포츠 애호가인데 다른 친구는 고전음악을 사랑한다면 어떨까요? 그것이 유일한 차이라면 괜찮을 것 같습니다. 때때로 서로 떨어져서 시간을 보내기로 합의하면 되니까요. 하지만 두 친구가 모든 면에서 다르다고 가정합시다. 한 친구는 개를 무척 좋아하는데 다른 친구는 개를 싫어한다거나, 한 친구는 사회주의 노동자당Socialist Workers Party을 지지하는데 다른 친구는 극우 보수 정당인 티파티Tea Party 지지자라거나, 한 친구는 고급 레스토랑에서 정통 양식을 즐기는데 다른 친구는 겉치레를 싫어하고 피자를 선호한다거나. 이런 차이들은 갈등을 유발할 수 있지요. 특히 사람들이 나이가 들면 더 그렇습니다. 어떤 갈등은 타협으로 해결되겠지만, 차이가 너무 크고 삶의 핵심 영역들에 걸쳐 있다면 타협하기가 어렵겠죠.

하지만 선생께서는 이 주제를 깊이 파고들지는 않았습니다. 취향의 차이와 의견의 차이를 구분하지도, 이 두 가지 차이를 기질의 차이와 구분하지도 않으셨습니다. 아마도 친구 사이에서는 취향과 관심사의 차이가 의견의 차이보다 큰 걸림돌이 될 것 같습니다. 의견차가 있다면 토론을 할 수 있고, 그런 토론은 재미가 있으니까요. 기질의 차이도 같은 방식으로 해소되곤 합니다. 장난스럽게 서로를 놀리고, 때로는 자기를 비하하는 농담을 하면서요. 선생과 아티쿠스의 편지에서도 이런 종류의 말장난이 편지를 읽는 사람에게 상당한 즐거움을 선사합니다.

깊이 있는 토론을 위해서 이제 선생의 글로 돌아가겠습니다. 선생과 아티쿠스가 어떻게 수십 년 동안 지속된 관계, 노년기에도 서로에게 힘이 되어준 관계를 형성했는지를 알아보기 위해서입니다.

증거물 A: 총체적인 삶의 방식

기원전 61년 12월 5일, 선생이 아티쿠스에게 보낸 편지를 봅시다. 이 편지는 아티쿠스가 자기 성격에 대해 변명한 편지에 대한 답장이었습니다. 아티쿠스는 자신이 쩨쩨하게도 돈에 관심이 많다고 했지요. 아티쿠스는 은행업에 종사하는 사람이었으므로 그 점에 대해 자기를 방어하려고 했던 모양입니다. 선생께서는 아티쿠스에게 그런 말은 안 해도 된다고 하시면서 다음과 같이 썼습니다.

나는 우리가 서로 다르다고 느낀 적이 한 번도 없다네. 총체적인 삶의 방식*praeter voluntatem institutae vitae*에 대한 우리의 선택이 다를 뿐. 남들이 명예욕이라고 부르는 것 때문에 나는 정치가가 됐지. 그대의 경우에는 나와는 다르지만 매우 훌륭한 사고의 과정*minime reprehendenda ratio*을 거쳐 고귀한 평정 *honestum otium*을 추구하게 된 것이네.

그리고 나서 선생께서는 선생과 아티쿠스의 공통점을 일일이 열거하셨습니다. 하지만 이것만으로도 아주 놀랍지 않습니까? "총체적인 삶의 방식"에 대한 선택! 선생께서는 아티쿠스의 에피쿠로스 철학을 간접적으로 언급하신 겁니다. 에피쿠로스 철학을 따르는 사람들은 위험과 애착을 피하기 때문에 정치에 관여하지 않습니다. 키케로 선생의 정치 철학과는 큰 차이가 있지요. 선생은 어떤 위험이 따르더라도 공화국에 대한 봉사를 맨 앞자리에 놓는 분이니까요.[8] 친구가 되기 전부터 그렇게 큰 차이가 있었는데 두 분의 우정은 어떻게 지속되고 점점 깊어졌을까요?

선생과 아티쿠스는 둘 다 중요하게 생각하는 가치에 초점을 맞추는 방법으로 차이를 극복하셨습니다. 선생은 정직, 진실성, 양심, 그리고 사랑이 그런 것들이라고 언급하셨죠. 또한 선생의 모든 편지에는 공통된 취향과 관심사의 영향이 나타납니다. 선생과 아티쿠스는 둘 다 시를 좋아하고 소박한 연회를 즐겼습니다. (아티쿠스는 파티를 열 때 무용수나 곡예사를 부르지 않고 시를 낭송할 사람만 부른다고 알려져 있었지요!) 선생과 아티쿠스가 수시로 나눴던 유쾌한 잡담에는 사람들에 대한 공통적인 견해와 인간 행동에 대한 생생한 호기심이 담겨 있습니다. 그리고 두 사람 다 공화국을 깊이 사랑했습니다.

그렇다 해도 두 분의 우정은 무척 흥미롭습니다. 이 편지는 선생이 아티쿠스와의 차이를 유머와 놀림, 그리고 자기 비하로 극복하는 요령을 벌써 알고 있음을 보여주니까요. 제가 인용한 부분을 글자 그대로 해석할 수도 있겠지요. 곧이곧대로 해석하더라도 선생 자신에게 불리할 수도 있는 이야기를 아주 우아하게 하신 걸로 보입니다. 선생은 본인이 불순한 동기에서 정치에 참여했을 수도 있다고 암시하는 한편 아티쿠스의 선택은 충분히 이해되고 심지어는 합당한 것으로 인정하려고 하셨죠. 그러나 제 생각에 이 문장을 해석하는 가장 좋은 방법은 선생이 아티쿠스에게 보낸 모든 편지에 빠짐없이 나타나는 농담과 역설의 한 부분으로 보는 것입니다. 여기서 선생은 아티쿠스의 비정치적인 삶을 은근히 놀리면서 선생 자신의 정치 활동 역시 농담거리로 만들고 있습니다.

더 복잡한 이야기로 들어가볼까요. 이런 식의 농담은 어떤 의미에서는 동의_consensio_를 뜻하지만 다른 한편으로는 기질적인 차이_dissensio_를 나타냅니다. 두 사람의 성격 유형이 다르다는 사실을 서로 잘 알고 있기에 이런 농담이 가능한 것이지요. 키케로는 공무에 헌신하며 감정과 생각을 훤히 드러내고 다니는 사람, 아티쿠스는 소극적인 성격으로 위험한 행동에 뛰어들지 않는 사람. 그렇다면 이 편지가 우리에게 보여주는 것은 서로의 차이와 유사성을 가지고 장난을 치는 모습입니다. 나중에 가면 이런 장난은 약점을 지닌 두 사람의 유쾌한 상호보완으로 바뀝니다. 놀림이란 약점을 드러내는 매우 특별한 방법이니까요. 특히 선생처럼 고매하고 진지한 분이 누군가에게 본인의 가장 고귀한 책무를 가지고 장난을 치도록 허용한다는 것(또는 선생 자신이 그것에 관한 농담을 한다는 것)은 유쾌한 일인 동시에 매우 드문 일입니다. 그런 일은 서로를 정말 신뢰하는 친구 사이에서나 가능하겠지요.

차이를 인식하고 있어야 가능한 이런 종류의 장난은 나이가 들수록 소중해집니다. 특히 유명한 사람의 경우 세상 사람들의 머릿속에 그 사람이 어떤 사람이라는 개념이 박히게 됩니다. 커다란 목조 조각상이 떡하니 세워져 있는 격이죠. 자주 모순을 느끼고 겁에 질리는 취약한 진짜 자아는 사람들 눈에 보이지 않고 관심을 받지도 못합니다. 어린 아이가 새로운 사람들을 만났다면, 조금이라도 민감성을 지닌 사람들은 그 아이의 관심사와 남다른 면모를 알고 싶어 합니다. 하지만 노년의 유명인을 처음 만난 사람들은 그 사람의 글을 읽은 적이 있으므로 그 사람을 이미 안다고 생각하지요(물론 선생은 글에서 선생의 사람됨을 솔직하게 드러내셨지요). 만약 그 사람의 사회적 페르소나 persona(개인이 특정한 사회적 상황에서 자신이 보이고 싶은 모습만을 보이거나, 타인이 원하는 모습에 따라 가면을 쓰고 행동하는 것을 말한다—옮긴이)가 아주 고상하고 진지하다면(선생이 바로 그렇습니다) 사람들은 그 진지한 페르소나에만 관심을 가질 뿐 그 사람의 나머지 부분에 대해서는 좀처럼 알려고 하지 않습니다. 그래서인지 선생과 다른 친구들 사이에 오고간 수많은 편지들을 읽어봐도, 선생이 놀림과 농담을 즐긴다는 사실을 아는 사람은 많지 않은 것 같더군요. 하지만 툴리아가 세상을 떠난 후의 비극적인 편지들 중 한 통은 달랐어요. 선생은 툴리아의 전남편(그도 선생의 그런 면을 잘 알고 있었나봅니다)에게 이제 예전의 선생과 전혀 다른 사람을 만나게 될 거라고 통보하셨습니다. "내가 인간이라는 것까지 잊어버릴 정도로 망가지진 않았다네. 사람이란 그저 운명에 굴복해야 하는 존재라고 생각지도 않네. 하지만 다른 누구보다 그대를 기쁘게 했던 나의 모든 유머와 재미는 이제 다 빼앗기고 없다네."9 놀림을 통해 사람들과 관계 맺는 일은 일반적인 경우에도 소중하지만 선생에게는 특히 소중한 일입니다. 선생께서도 그 가치를 알고 계신 것 같습니다.

이제 선생과 아티쿠스의 우정이 싹트던 시기에 숨은 접착제 역할을 한 것이 무엇인지 알 것 같습니다. 그것은 바로 유사성과 차이의 오묘한 결합입니다. 다음으로는 나이듦 자체에 관한 이야기, 그리고 선생이 노년에 우정의 도움을 받은 이야기로 넘어가겠습니다.

증거물 B: 슬픔과의 사투

오랫동안 지속되는 모든 우정은 사별을 경험하게 마련입니다. 우정이 노년기까지 지속되는 경우에는 더욱 그렇지요. 선생과 아티쿠스의 우정은 수많은 질병은 물론이고 선생이 거의 동시에 겪었던 두 가지 커다란 불행과 함께했습니다. 두 비극은 선생이 나이 들기 시작하는 시기와도 겹쳤지요. 하나는 로마 공화정의 붕괴, 다른 하나는 툴리아의 죽음이었습니다. 선생에 비하면 아티쿠스는 불평할 거리가 적었습니다. 아티쿠스는 건강했고, 아티쿠스의 어머니와 아내가 세상을 떠난 것은 서신 교환이 중단된 후였습니다. 그래서 선생은 어려운 시기에 아티쿠스를 도울 일이 없었지요.

반대의 경우를 볼까요? 툴리아 이야기를 해봅시다. 여기서 우리는 사랑에 관련된 문제에서는 일정한 '차이'가 대단히 유용하다는 진리를 다시 확인하게 됩니다. 툴리아는 기원전 45년 2월 중순에 사망했습니다. 그때 선생은 자택에 머무르는 것조차 힘들어서 몇 주 동안 아티쿠스의 집에 기거하셨지요. 3월 6일이 되자 선생은 로마를 떠났고, 3월 7일 아스투라Astura에 있는 선생의 별장에 도착했습니다. 안티움Antium 만에 위치한 아스투라는 바다로 둘러싸인 쓸쓸한 마을이었지요. 선생은 "불에 타는 고통"이 선생을 "짓누르고", "사라지지 않는다"고 표현하셨습니다(3월 7일). 3월 8일에 선생은 아티쿠스로부터 "애도는 그만 하고 자신을 다시 추스르게"라고 당부하는 편지를 받습니다. 선생은 최대한 노력하고 있다고 대답합니다. 심지어 스스로 위안하기 위해 철학 논문도 쓰고 있다고요.[10] "하지만 슬픔이 그 모든 위안보다 힘이 세다"고 한탄하셨습니다.

3월 9일, 선생은 짧은 편지를 썼습니다.[11]

나를 대신해 아풀레이우스에게 임시 유예 허가를 받아주시게나. 참석을 아예 취소하는 건 불가능하니까.[12] 이 외로운 곳에는 나와 이야기를 나눌 사람이 없네. 나는 아침마다 어둡고 울창한 숲속에 들어가 숨었다가 저녁때 겨우 나오지. 그대와 떨어져 있으니 나의 제일가는 친구는 고독이고, 나의 유일한 대화 상대는 책이라네. 그런데 가끔 눈물이 나를 귀찮게 한다네. 되도록 눈물을 참으려고 하지만 아직은 잘 되질 않아. 그대가 충고한 대로 브루투스에게는 답장을 쓸 생각이네. 그 편지는 내일 그대에게 도착할 텐데, 만약 심부름을 시킬 사람이 있다면 그 사람에게 맡겨서 전해주게.

3월 10일, 선생을 걱정하는 아티쿠스의 편지를 받고 선생은 다음과 같은 답장을 쓰셨습니다.

나는 그대가 사업을 중단하고 나에게 오기를 바라진 않는다네. 만약 그대가 너무 오랫동안 두문불출하고 있다면 내가 그대를 찾아가겠지만. 생각해보게. 세상의 어떤 것도 내 슬픔을 덜어줄 수 없다는 확신이 서지 않았다면 내가 그대 곁을 떠났겠나? 하지만 만약 나에게 위안이란 것이 찾아올 수 있다면 그 위안은 그대 안에 있을 테고, 내가 누군가에게서 위안을 받을 수 있게 된다면 그 위안은 틀림없이 그대에게서 나올 것이네. 지금도 나는 그대 없이는 살 수 없다네. 그러나 그대도 동의했듯이 내가 그대의 집에 머무르는 것은 도움이 안 되고, 우리 집에 함께 머무르는 것도 마찬가지지. 설령 내가 지금보다 가까운 어딘가에 있었다 해도 그대 곁에 머물진 않았을 거야. 지금 그대가 나에게 오지 못하는 이유인 사업이 그때도 우리를 갈라놓을 테니까. 지금 당장은 고독이 나에게 가장 잘 맞는 것 같아. 아쉽게도 어제 저녁에 도착한 필리푸스가 그 고독을 앗아갈 것 같지만. 글쓰기와 편지 쓰기는 나의 슬픔을 덜어주진 못하지만 딴 생각을 하게는 해준다네.

3월 11일, 선생은 "살을 깨무는 것처럼 고통스러운 기억에서 도망치기 위한" 노력에 대해 이야기하면서 툴리아를 기리는 사당을 짓겠다는 계획을 처음으로 언급했습니다. 사당 건립이야말로 선생이 삶의 마지막 날까지 매달릴 수 있는 위대한 일이라고 하셨죠. 3월 15일, 선생은 아티쿠스의 편지에 답장을 썼습니다. 아티쿠스는 선생이 슬픔을 고스란히 드러낸다는 이유로 사람들이 선생을 비난한다면서 "슬픔을 적당히 감추라"고 충고했지요. 선생의 답장은 다음과 같았습니다. "종일 글만 쓰면서 지내는 것보다 슬픔을 더 잘 감추는 방법이 있겠나? 사실은 뭘 감추기 위해 글을 쓰는 건 아니고, 내 마음을 달래고 상처를 치유하려 글을 쓰는 거라네. 그러니 내가 훌륭한 글을 써내지는 못한다 할지라도 슬픔을 감추라는 사람들의 요구는 잘 따르고 있는 셈이지."

아티쿠스는 사람들이 선생을 필요로 한다면서 로마로 돌아오라고 더 강력하게 요청하는 편지를 보냈고, 선생은 3월 17일에 답장을 쓰셨습니다. 선생은 도시가 혼잡해서 싫다면서 로마에서는 "얼굴을 보기만 해도 언짢아지는 사람들과 자꾸 마주친다"고 하셨지요. 사람들이 선생을 찾는다는 말에 대해서는 이렇게 대답하셨고요. "오래전부터 나는 다른 모든 사람보다 그대 한 사람에 대해 더 많이 생각했다네."

그러고 나서 머지않아 변화의 기운이 나타납니다. 로마로 돌아갈 가능성이 언급되기 시작하지요. 아티쿠스는 어쨌든 포룸Forum(고대 로마에서 시민들이 모여 연설하고 토론하던 장소—옮긴이)과 원로원이 선생의 고향이라고 대답했습니다. 3월 19일에 선생은 다음과 같은 답장을 씁니다.

아티쿠스, 나는 죽었다네. 오랫동안 죽은 채로 지내왔어. 이제는 나를 삶에 붙잡아두던 단 하나의 연결고리마저 잃어버렸으니 나의 죽음을 인정해야겠지. 그래서 고독한 장소를 찾는 거라네. 하지만 만약 뭔가가 나를 로마로 다시 인도한다면, 나는 내 힘이 닿는 한(그리고 내 힘이 닿을 거라네) 그대를 제외한 누구에게도 나의 슬픔을 보여주지 않으려고 노력할 거라네. 그리고 가능하다면 그대에게도 보이지 않으리.

편지들은 계속해서 매일같이 오갔고, 항상 슬픔에 대한 이야기만 나온 건 아니었습니다. 그래도 슬픔은 마치 파도처럼 거듭 밀려왔죠. 3월 24일, 선생은 과거의 습관으로 돌아가보라고 강력하게 권고하는 아티쿠스의 편지에 답장을 썼습니다. 선생은 아티쿠스의 권고를 거절하면서, 자유의 상실을 슬퍼하는 것만으로도 매우 힘들었고 그 슬픔에 대한 위안이 바로 툴리아였다고 말합니다. 이제는 남들의 생각에 신경쓰면서 살아갈 이유를 전혀 못 찾겠다고 하셨어요. "부지런히 글을 썼더니 나의 비통한 감정*maeror*은 줄어들었네. 하지만 고통 그 자체*dolor*는 내가 줄일 수 없는 것이고, 나 역시 고통을 덜기를 원하지 않는다네."

아티쿠스가 사업 때문에 로마를 떠나지 못해서(선생도 이 점을 알고 있었기에 안달이 나셨죠) 서신 교환은 계속됐지만, 저는 여기서 멈추겠습니다. 시간이 더 흐르면 슬픔이라는 주제는 중심에서 벗어나지만 이따금 다시 등장합니다. 3월 30일 선생은 로마로 출발한다고 선언합니다. 그 뒤에 쓴 편지를 보면 선생은 아티쿠스의 집에 한 달 동안 머무른 것 같습니다.

여기서 우리는 여러 종류의 의견 대립*dissensio*을 발견합니다. 하지만 이 의견 대립의 심층에서는 애정 어린 동의가 이루어지고 있습니다. 가장 눈에 띄는 차이는 상황의 차이입니다. 누군가가 사별의 슬픔에 빠져 있을 때, 그 슬픔의 바깥에 삶이 있다는 사실을 상기시키는 것은 꼭 필요한 일입니다. (아티쿠스는 실용적인 측면에서도 선생을 도와줄 수 있었습니다. 아풀레이우스에게 대신 변명을 해줬으니까요.) 두 번째는 인생 경험의 차이입니다. 선생은 자신에게 가장 중요한 사람(아티쿠스는 제외하고)을 잃은 직후였습니다(선생의 평범한 아들 마르쿠스는 선생에게 툴리아만큼 중요한 존재가 아니었고, 선생의 부부관계도 안정적이지 못했다고 알고 있습니다). 게다가 정치적으로도 후퇴하던 시기였죠. 아티쿠스는 선생에 비해 인생이 잘 풀리고 있었던 덕분에 선생에게 삶의 지속성과 방향을 일러줄 수 있었습니다. 아티쿠스가 상상력이 풍부했다는 점도 중요합니다. 상상력이 빈약했다면 아티쿠스는 선생의 슬픔과 같은 깊은 슬픔을 아예 이해하지 못했을 테니까요.

그리고 마지막으로 우리가 앞에서 언급했던 기질의 차이가 있습니다. 선생은 불안과 고통을 남에게 숨기지 않는 분입니다. 사실 사랑을 대하는 태도를 보면 선생은 스토아학파와 상극입니다. 사랑하는 사람을 잃었다고 해서 두 달이 넘도록 어딘가에 틀어박혀 꼼짝 않는다는 것은 동서고금을 막론하고 일반적이지 않은 일이지요. 아티쿠스는 정색하고 선생을 비판하는 편지를 보낼 수도 있었을 것입니다. 하지만 늘 온화하고 신사적인 아티쿠스는 선생에게 '삶을 재개'하라고 점잖게 촉구했습니다. 아티쿠스가 그런 태도를 유지할 수 있었던 건 친구를 향한 애정을 상상력과 결합시키고, 그 애정과 상상력을 충분한 애도에 대한 약간 다른 태도와 또다시 결합시켰기 때문입니다. 선생에게는 바로 그런 자극이 필요했습니다. 인생을 살다 보면 누구나 깊은 수렁에서 빠져나오기 위해 친구의 따뜻한 끌어당김이 필요할 때가 있죠. 만약 아티쿠스가 이렇게 말했다면 좋은 친구 노릇을 했다고 말하기 어려울 겁니다. "나도 자네 생각에 전적으로 동의하네. 적어도 2년 동안 고독하게 지내고, 어떤 것으로도 위안 삼으려 하지 말게나. 그래야 툴리아에게 도리를 다하는 것이 된다네."

나는 선생의 《우정에 관하여》가 '동의'라는 주제에 대해 피상적인 진실만을 말하고 있다고 생각합니다. 우리는 인생에 대해 서로 다른 의견을 더 많이 내놓아야 합니다.

《우정에 관하여》에서 주장하는 또 하나의 핵심 명제를 보겠습니다. 최고의 우정, 오래 지속되는 유일한 우정은 선량한 사람들 사이의 우정이라고 하셨죠? 물론 선생의 주장이 아주 틀렸다고 보지는 않습니다. 둘 중 하나가, 또는 둘 다가 이기적이거나 비열하다면 우정에 금이 가기 쉽겠죠. 둘 중 하나가 타당성이 부족한 계획을 세워놓고 친구에게 동참을 권유할 때 우정이 깨지기 쉽다는 선생의 말씀도 지당합니다. 그러니까 어느 정도의 선량함은 우정의 필요조건이라는 점은 저도 인정해요. 적어도 선생과 아티쿠스가 누렸던 것과 같이 오래 지속되고 노년에도 서로를 지지해주는 우정이 유지되려면 선량함이 어느 정도는 반드시 필요하겠지요.

하지만 필요조건과 충분조건은 다릅니다. 선량함만 가지고는 한 사람이 다른 사람에게 애정을 기울이도록 만드는 복잡 미묘한 요인들을 거의, 아니 전혀 설명하지 못합니다. 기본적인 도덕성을 갖춘 사람은 정말 많습니다. 하지만 나의 진실한 친구가 되는 사람은 그렇게 많지 않습니다. 그 이유가 대체 뭘까요? 선생과 아티쿠스의 경우에는 상호보완이라는 요소가 제역할을 하고 있으며 '중립적 영역'이라 부를 수 있을 부분에서 공통된 취향을 지니고 있습니다. 취향의 공통성은 윤리적으로 선도 아니고 악도 아닙니다. 예컨대 선생과 아티쿠스는 둘 다 시를 사랑하고 정치권의 뒷담화를 좋아했지요. 사실 선생이 그다지 친하지 않았던 여러 친구들과 주고받은 편지들 속에서도 문학과 정치에 관한 취향의 공통성은 발견됩니다. 하지만 그 편지들에는 정열이 없고 재미도 없더군요. 반면 아티쿠스와 주고받은 편지에는 언제나 즐거움이 있었습니다. 놀림과 잡담 같은 것들이 시간을 채워주고 그날을 좋은 날로 만들어주더군요. "아무런 용건이 없더라도 나는 그대에게 편지를 쓴다네. 그러면 꼭 그대와 이야기를 나누는 기분이 들거든." 이것은 친구의 선량함 때문에 유발되는 감정이 아닙니다(물론 선량함은 신뢰를 굳히는 과정에 도움이 됩니다만). 이런 감정은 말로 표현하기가 참 어렵습니다.

선량함이 중요하다고 단순하게만 이야기할 수 없는 이유는 또 있습니다. 친구를 깊이 있게 사귀면 반드시 자기를 노출하게 됩니다. 친구들은 세상 사람들 대부분이 보지 못하는 서로의 단점을 보게 됩니다. 선량한 보통 사람들은 대체로 선하게 행동하지만 그 과정에서 걱정하고 갈등하고 주저하게 마련인데, 일반적으로 그런 감정은 친구에게만 내보이게 됩니다. 온 세상 사람에게 감정을 속속들이 보여줘도 된다고 역사가 허락한 경우는 예외로 하고요. 선생께서는 흠잡을 데 없는 인물로 역사에 기록되진 않았습니다. 사람들은 키케로가 탐욕스럽고 겁이 많으며 이중인격을 가진 인물이라고 평합니다. 하지만 그 사람들이 이런저런 평가를 할 수 있는 이유는 우리가 선생을 가까이에서 느끼고 선생의 내면까지 들여다볼 수 있기 때문입니다. 다른 어떤 위대한 로마인도 그런 기록을 남기지 않았어요. 우리가 다른 로마인들을 볼 때는 그들의 최종적인 결실인 고귀한 행동만 눈에 들어옵니다. 선생을 볼 때 우리는 고귀한 인물이 무대 뒤에 선 모습을 볼 수 있습니다. 무대 뒤의 위인은 고뇌에 차서 생각을 거듭하고, 두려움에 떨기도 합니다. 이렇게 갈등하는 모습은 선생을 더 인간적이고 더 나은 사람으로 만들어줍니다. 위험이 얼마나 큰지 따져보지도 않고 위험 속으로 돌진하는 것은 그리 훌륭한 행동이 못 되니까요.[13] 그리고 원래 복잡한 사람들이 더 흥미로운 법이지요. 친구 사이에서만 가능했던 '노출' 덕분에 선생은 윤리의 표상이 되진 않았지만 그보다 더 흥미로운 인물이 됐습니다.

어려운 시기에 옳은 일을 해야 한다는 압박은 사람을 지치게 합니다. 이때 친구로서 해야 하는 중요한 역할 중 하나는 그 사람에게 휴식을 선사하는 것입니다. 분통을 터뜨리고, 공포에 질리고, 어린애 같은 모습을 보여도 되는 안전한 피난처를 제공하는 것입니다. 선생께서도 여기에 동의하시겠죠. 선생은 우리가 남들에게 숨기는 것도 친구에게는 말할 수 있다고 하셨으니까요. 여기서 우리는 상호보완성을 다시 언급해야만 합니다. 선생은 그 부분을 언급하지 않으셨지만요. 매우 예민하고 감정적인 두 유명인이 가까운 친구가 되는 일은 불가능하진 않지만 확실히 드물어요. 선생의 경우 그런 우정을 쌓기가 어려우셨을 겁니다. 선생은 애정을 갈구했고, 가끔 감정을 조절하지 못했으니까요. 아티쿠스는 모성이 강한데다 재미있고 유쾌한 사람이어서 선생이 자연스럽게 이성을 되찾도록 해주었습니다. 그러니까 친구 사이에 자유롭게 이야기를 나눌 수 있으려면 어느 정도 기질 차이ₐ certain lack of *consensio*가 필요합니다. 적어도 가끔씩은.

중요한 점 하나를 더 이야기하겠습니다. 친구 사이에서 의견이 일치하지 않는다는 것은 우리의 시야가 넓어질 수 있다는 뜻입니다. 우정은 우리로 하여금 새로운 문제를 이해하도록 하고 세상을 바라보는 새로운 시각을 접하도록 합니다. 나이가 들면서 우정 자체가 깊어지는 것과 함께 세상에 대한 이해도 깊어진다는 것. 이것은 매우 귀중하며 다른 경로로는 쉽게 얻지 못하는 혜택입니다. (예술도 비슷한 효과가 있을 것 같습니다.) 따라서 선생이 '동의'를 강조했던 것이 왜 부적절한지를 이해하지 못하는 사람은 노년의 우정이 뭐가 좋은지를 잘 모르는 사람인 거죠.

나이듦에 관하여

《우정에 관하여》는 나이 드는 과정을 다룬 책인 동시에 《나이듦에 관하여》의 자매편에 해당하죠. 앞에서도 말했듯 《나이듦에 관하여》는 좋은 내용을 많이 담고 있지만 어떤 면에서는 지나치게 추상적입니다. 그래서 저는 선생 자신의 말을 근거로 삼아 반대 의견을 개진하고 싶습니다.

《나이듦에 관하여》의 첫 번째 훌륭한 점은 그런 저작이 존재한다는 사실 자체입니다. 저는 서양철학사에서 《나이듦에 관하여》 이전에도, 그 이후에도 나이듦이라는 주제에 관한 훌륭한 철학서를 찾지 못했습니다.[14] 선생은 노인들에 대한 낙인을 정면으로 반박하셨지요. 그런 낙인이 워낙 깊어서인지 다른 철학자들은 나이듦이라는 주제를 선뜻 다루려 하지 않았습니다.

철학자들이 다 젊은 사람들이어서 그랬던 것도 아닙니다. 서양 역사상 철학자들은 대체로 60세가 넘은 후에 최고의 업적을 남겼습니다. 그 점에서 그리스와 로마의 전통이 특히 인상적입니다. 《나이듦에 관하여》의 화자인 카토는 83세 때 그 가상의 대화를 나눴고, 84세까지 살았습니다. 카토는 사상가들 가운데서 장수한 사람 3명을 언급합니다. 플라톤은 80세까지 살았고 죽는 순간까지 학문에 매진했습니다. 이소크라테스는 99세까지 살았고 94세 때 가장 유명한 책을 썼습니다. 그리고 고대 그리스의 고르기아스는 107세에 사망했는데 마지막 순간까지 손에서 일을 놓지 않았다고 합니다. "누군가가 당신은 왜 그렇게 오래 사느냐고 물으면 그는 이렇게 대답했다. '나는 나이 많은 것에 대해 불만이 없소.'" 이들 말고도 장수한 철학자는 몇 명 더 있습니다. 스토아 철학자로서 100세의 나이에 단식이라는 방법으로 스스로 목숨을 끊은 클레안테스도 그중 하나입니다.[15]

현대의 철학자들은 어떨까요? 평균적으로 현대 철학자들은 옛날 철학자들만큼 오래 살지 못합니다. 환경이 건강에 좋지 않은 데다 운 나쁘게 담배 맛을 들여서 그렇습니다. 그래도 칸트Immanuel Kant는 80세까지 살았고, 벤담Jeremy Bentham은 84세까지, 버트런드 러셀Bertrand Russell은 가장 오염이 심한 나라에 살았음에도 놀랍게도 98세까지 살았습니다. 직업만 다르고 재산과 계층이 비슷한 사람들과 비교해 철학자들이 더 오래 사는 걸까요? 그건 확실하게 답하기가 어렵습니다. 하지만 일반인과 비교하면 철학자들이 노년에 유의미한 작업을 더 많이 하는 것처럼 보이기는 합니다. 《나이듦에 관하여》에서 선생은 이 점을 언급한 다음, 사람들이 유념해야 할 점에 대해 본격적으로 이야기하기 시작하지요.

선생이 만든 가상 대화의 주제는 '나이듦에 대한 낙인'입니다. 카토가 낙인에 반대하는 주장을 펼치기도 전에 그 대화의 연극적인 설정 자체가 낙인에 대한 간접적인 반발을 표현하지요. 두 젊은이가 카토를 찾아오고, 그와 함께 있으면서 즐거워하고, 그에게서 배우려 하는 모습을 보여주니까요. 청년들이 카토를 찾아온 이유는 그들 본인도 언젠가 카토와 같은 나이에 도달할 것이므로 노년기가 어떤지를 알아두고 싶었기 때문입니다. 청년들이 보기에는 카토가 노년기를 아주 잘 보내고 있었던 모양이에요. 그래서 그들은 노인들에게 흔히 따라붙는 온갖 부정적 통념과 다르게 카토가 잘 지내는 이유를 알고 싶어 했죠. 청년들의 질문에 대한 대답으로 카토는 노년에 대한 네 가지 거짓말(카토의 표현)을 우아하고도 설득력 있게 반박합니다. 네 가지 거짓말이란 다음과 같습니다. ① 나이 드는 사람들은 활동을 적게 하고 생산성이 낮다. ② 나이 드는 사람들은 몸에 기운이 없다. ③ 나이 드는 사람들은 육체적 쾌락을 즐기지 않는다. ④ 나이 드는 사람들은 죽음이 가까워졌기 때문에 불안에 시달린다.

선생은 카토의 입을 통해 노년에 대한 통념에 반박하면서 내심 즐거워하신 듯합니다. 왜냐하면 선생은 카토를 정신적으로나 육체적으로나 매우 건강한 인물로 묘사하면서도 노인들이 흔히 지녔다고 여겨지는 불쾌한 습성 몇 가지를 그에게 부여하셨거든요. 카토는 말을 너무 많이 하고 상대의 말을 잘 듣지 않습니다. 카토는 자신의 과거 이야기를 필요 이상 길게 늘어놓기도 하고, 상대의 관심사는 안중에 없이 자신의 사소한 취미 이야기에 과하게 몰두하기도 합니다. 카토는 《농업 *De Agri Cultura*》이라는 매우 지루한 책의 저자인데, 밭에 짚을 깔고 쟁기질하는 일에 관해 긴 여담을 늘어놓아 두 청년과 독자들을 지루하게 만듭니다. 거름의 기적적인 효능을 설명하는 부분은 정말 지겹더군요. 어떤 로마인들은 이런 주제에 흥미를 느끼겠지만 우리가 파악하기로는 선생은 농업에 관심이 없었습니다. 그러니까 이 부분은 선생의 장난인 거죠. 노인들이 완벽하진 않지만 자기 몫은 충분히 해낸다는 뜻으로 해석하겠습니다.

진지한 이야기로 넘어가봅시다. 전반적으로 카토는 지극히 타당한 이야기를 합니다. 세상에는 노인들에 대한 무거운 낙인이 존재한다고요. 그 낙인들은 아직까지 별다른 변화 없이 유지되고 있습니다. 카토는 나이 드는 사람들을 모욕하는 네 가지 통념(오늘날에도 흔하게 발견되는 통념)에 대해 주장을 개진합니다.

노인들은 비활동적이라는 첫 번째 통념에 대해 카토는 우선 "그것은 사실이 아니다"라고 단순하게 반박합니다. 그는 노인들이 중요한 업적을 남긴 사례들을 제시합니다. (여기서 제시되는 '노인'들이 선생과 아티쿠스보다 대략 20살쯤 위라는 점이 눈에 띄지요.) 가장 재미있는 일화는 시인 소포클레스Sophocles의 자녀들이 재산을 당장 물려받기 위해 그를 무능한 노인으로 규정하려고 했던 이야기입니다. 자녀들은 소포클레스를 법정에 끌고 갔지요. 법정에서 소포클레스는 그 무렵에(나이가 90세 정도였지요) 쓰고 있던 비극 〈콜로누스의 오이디푸스 Oedipus at Colonus〉에 나오는 긴 대사를 배심원들에게 읽어주었습니다. 그러고 나서 배심원들에게 이것이 정신적으로 무능한 사람의 글이라고 생각하느냐고 물었어요. 그는 재판에서 이겼습니다. 카토의 주장에 따르면 일반적으로 사람은 나이가 들면 육체의 기운이 많이 드는 어떤 활동은 어려워지지만 정신적인 활동은 나이가 들어도 똑같이 수행할 수 있습니다. 배의 선장이 노를 능숙하게 다루지 못한다고 해서 그 선장을 무능하다고 하지 않는 것과 같은 이치지요.

인간이 하는 활동 가운데서 가장 중요한 것 중 하나로 인정받는 정치도 그렇습니다. 로마 원로원을 가리키는 Senate는 '나이든 사람'이라는 뜻의 senes에서 따온 이름입니다. 본래 원로원은 나이든 사람들의 회의 기구잖아요. 나이든 사람들은 경험과 지혜와 숙의하는 능력을 지니고 있다고 여겨졌죠. 만약 어느 원로원 의원이 100세까지 살게 된다면 그가 노년에 대해 불평할까요? 카토는 이렇게 답합니다. "아니다. 그는 달리기와 높이뛰기, 창 멀리 던지기, 칼싸움 따위로 시간을 보낼 것이 아니기 때문에 불평할 일은 없다. 그는 성찰하고, 추론하고, 판단하는 능력을 활용할 것이다." 성찰과 추론과 판단이야말로 노인들이 잘하는 일입니다. 나이가 들면서 기억력을 비롯한 정신적 능력이 쇠퇴할 가능성이 있긴 하지만, 머리를 계속 쓰면서 연습하면 그런 사태를 방지할 수 있다고 카토는 주장합니다. 이 책에 나오는 사람들 모두가 오래 살았고 그들의 대화는 매우 현실적인데도 왜 알츠하이머 병에 대한 언급은 없을까요? 최근의 연구들은 로마인들이 환경오염이 없는 곳에서 살았으므로 알츠하이머라는 병을 아예 몰랐을 거라는 가설을 뒷받침한다고 하네요.

두 번째 통념에 대해 이야기해봅시다. 카토는 나이 들면 육체의 기운이 쇠퇴하긴 하지만 강도 높은 신체 활동을 규칙적으로 하면 기력 쇠퇴도 상당 부분 막아낼 수 있다고 주장합니다. 우리가 가진 신체적 자원을 최대한 활용하면 된다고 말하지요. 카토는 90대에 들어서도 먼 거리를 빠르게 걷거나 말을 타는 등의 운동을 계속하는 사람들의 예를 듭니다. 카토 자신은 한창때처럼 전쟁터에서 싸우지는 못하지만, 그가 정치적인 활동을 하거나 손님들을 대접하거나 친구를 도울 때는 누구도 그의 기력이 약하다고 불평하지 않는다고 말합니다. 어떤 사람이 활동을 많이 하지 못하는 경우 대개는 건강 상태가 원인인데, 건강 악화는 인생의 어느 시기에나 찾아올 수 있는 일입니다.

앞에서도 말했지만 사람들이 노년에 이르러서도 활기차게 사는지 여부에는 환경과 생활방식이 적지 않은 영향을 미칩니다. 흥미롭게도 로마인들 가운데는 현대인처럼 앉아서만 생활하거나, 담배를 피우거나, 오염된 공기를 들이마신 사람이 없었습니다. 카토가 이야기를 듣는 두 청년에게 건네는 충고를 들어보십시오. 내용이 아주 현대적입니다.

젊은 친구들, 우리는 노화를 거부해야 하네. 꼼꼼한 관리를 통해 노년의 약점을 보완해야 하지. 질병과 싸울 때와 똑같은 자세로 노화와 싸워야 한다네. 우리는 건강한 생활 습관을 들여야 하네. 규칙적으로 적당한 운동을 해야 하네. 그리고 우리의 기운을 회복할 만큼만 먹고 마셔야지, 기운이 다 빠질 때까지 먹어대서는 안 되네. 우리의 몸에만 신경을 써서도 안 되지. 지적이고 정신적인 능력에는 더 많은 주의를 기울여야 한다네. 정신적 능력은 램프와 같아서 기름을 계속 채워주지 않으면 시간이 갈수록 흐려지기 때문이야.

정신적·육체적 운동에 적용되는 '사용하지 않으면 잃어버린다use it or lose it'라는 법칙이 최근 베이비붐 세대가 발견한 것이라고 간혹 생각할 수도 있지만 그건 착각이죠. 생활방식 자체가 활동적이었던 옛 사람들에게 그것은 자명한 사실이었습니다. 만약 선생께서 오늘날 미국의 대도시에 살았다면 선생도 건강을 유지하기 위해 헬스클럽에 다녔을 겁니다. 사실 선생은 스포츠를 즐기는 사람은 아니었지요. 하지만 고대 로마인으로서 선생은 늘 걸어다녀야 했고 의무적으로 군 복무도 했습니다. 실제로 57세 때는 시칠리아 식민지 총독으로서 군대를 이끌고 선두에서 산속 요새를 기습해 공을 세우셨죠.

또한 카토는 우리 몸에서 가장 중요한 부분이 목소리라고 이야기합니다. 웅변 능력이 다른 어떤 육체적 능력보다 빠르게 쇠퇴한다고도 했어요. (고대에는 마이크가 없어 로마의 대중연설가들에게는 오늘날의 오페라 가수들과 같은 성량이 요구됐다는 점을 기억하십시오. 오늘날에는 마이크 없이 노래하는 사람은 오페라 가수밖에 없습니다.) 그리고 나이가 들어서 우렁찬 목소리를 못 내게 된 사람은 "요즘 유행하는" 비교적 조용하고 과장이 덜하고 섬세한 웅변을 하면 된다고 했습니다. (평론 가들은 선생이 본인의 연설 방식을 염두에 두고 이렇게 썼으리라고 생각합니다. 선생의 과장된 문장만 보는 독자들은 상상하기 어렵겠지만, 선생의 연설은 다른 사람들의 연설보다 섬세하고 과장이 적다는 평가를 받았습니다.) 마지막으로 카토의 설명에 따르면, 신체 활동을 전혀 못하는 상태가 되더라도 그런 활동을 가르칠 수는 있습니다. 유려한 언어로 이루어지는 훌륭한 교육은 정말 중요하죠.

카토의 이야기는 계속됩니다. 일반적으로 나이 드는 사람들은 젊은 사람들보다 사회적 영향력이 크고, 그 영향력만으로도 주도성과 생산성을 발휘할 수 있습니다. 영향력 있는 지도자가 고개만 한 번 끄덕여도 어떤 결과가 나온다면, 그 지도자 입장에서는 기운과 목소리가 약해진들 무엇이 아쉽겠습니까. 그러나 나이 드는 사람들이 존중을 받으려면 사람들 앞에서 자신의 몫을 당당히 주장하고 낙인을 거부해야 합니다. "노인은 스스로를 옹호하고, 자기 권리를 수호하고, 누구에게도 종속되지 않으며 마지막 순간까지 자기 영역을 관할할 경우에만 존경을 받는다."

다음으로 카토는 반대론을 잠재우고 자신의 주장을 옹호하기 위해 본인의 삶을 예로 듭니다.

요즘 나는《고대Antiquities》7권을 집필하고 있다네. 나는 우리의 오래전 역사에 관한 기록을 모두 수집하고 있으며, 당면해서는 내가 고귀한 목표를 이루기 위해 했던 연설을 모두 고쳐 쓰고 있지. 나는 조점에 관한 법, 주교 전례법, 민법을 연구하고 있어. 내 시간의 상당 부분은 그리스 문학 연구에 투입하지. 그리고 기억력을 유지하기 위한 피타고라스 학파의 가르침에 따라, 밤마다 그날 하루 동안 내가 했던 말, 내가 들은 이야기, 내가 했던 일들을 하나하나 떠올려본다네. 이 활동은 나의 지적인 운동이요, 내 두뇌의 달리기인 셈이야. 지적인 운동을 하면서 땀을 뻘뻘 흘리는 동안에는 내가 육체의 기운을 잃었다는 느낌이 들지 않는다네. 나는 친구들에게 상담을 해주고, 원로원 회의에 자주 참석해서 토론의 주제를 제시한다네. 물론 오랫동안 진지하게 생각한 다음에 발언을 하지. 토론에서 내 주장을 관철하는 힘은 육체가 아니라 정신에서 나오는 거라네. (…) 하지만 (…) 내가 이런 일들을 할 수 있는 건 지금까지 그런 삶을 살았기 때문이라네.

카토는 좋은 습관 덕분에 노년기에도 왕성한 정신적 활동을 했고, 자신에게 필요한 일을 할 정도의 육체적 힘도 가지고 있었습니다.

습관이 중요한 이유가 하나 더 있습니다. 카토의 주장에 따르면 좋은 습관은 흔히 노인들의 나쁜 습성으로 이야기되는 까다로움을 줄여줍니다. 불평불만이 많은 것은 성격적 결함입니다. 불평하지 않는 연습을 체계적으로 하면 까다로운 성격을 억제하거나 없앨 수 있습니다. 다만 일찍부터 연습을 시작해야 합니다!

노인들에 대한 세 번째 낙인을 살펴볼 차례입니다. "나이 드는 사람들은 육체적 쾌락을 즐기지 않는다!" 카토는 두 번째 낙인을 반박할 때와 비슷한 방법으로 반박을 시도합니다. 나이 드는 사람들은 자기에게 필요한 것을 이미 가지고 있고, 자기가 가지지 않은 것을 간절히 원하지 않으며, 귀찮고 힘든 일은 스스로 피한다고 그는 말합니다. 성적 욕구를 적게 느끼는 사람들은 가정을 파탄내거나 소송에 휘말릴 확률이 낮습니다. 폭음과 폭식을 하지 않는 사람들은 건강하고, 소화불량이 적고, 불면증에 덜 시달립니다. 그래서 그들은 정신적인 업무를 잘 수행하며 자연히 육체적인 업무도 더 잘 해냅니다. 그리고 그들도 음식과 술을 적당히 즐길 수 있습니다. 그럴 때 연회*convivium*라는 단어의 진정한 의미를 발견하지요. 연회란 원래 '공유하는 삶'이라는 뜻입니다. 술을 진탕 마시지 않는 사람들은 술에 취하는 즐거움보다 대화의 즐거움이 훨씬 매력적이라는 사실을 발견합니다. 카토는 자신이 아직도 밤늦게까지 열리는 파티를 매우 좋아한다고 고백했죠. 여기서 파티란 미리 정해진 주제를 놓고 토론하는 진지한 대화의 향연을 의미합니다.

그러고 나서 카토는 다시 곁가지로 빠져서 농사의 즐거움에 관해 지루한 이야기를 늘어놓습니다. 그 이야기도 사실은 나름의 의미가 있습니다. 나이 드는 사람들도 젊을 때와 똑같은 열정으로 취미 활동을 할 수 있으며, 세상에는 나이 드는 사람들에게 강렬한 감각적 쾌감을 선사하는 취미가 많다는 것이죠. 농사에 매력을 못 느끼는 사람들은 음악·영화·여행 등의 취미를 가지면 됩니다.

따라서 지금까지 소개한 카토의 세 가지 주장은 매우 설득력 있고 참신하며 생각할수록 재미있는 주장입니다. 그리고 전반적으로 《나이듦에 관하여》는 《우정에 관하여》보다 덜 진부하고 덜 추상적입니다. 카토라는 인물이 자신의 삶에 관한 이야기를 독자들에게 생생하게 들려주기 때문입니다. 카토는 자신이 성취하는 일들과 자신이 느끼는 즐거움, 낙인과의 투쟁에 대해서도 이야기합니다. 그래도 저는 그 책에 만족하지 않습니다. 《나이듦에 관하여》를 선생의 편지들과 비교해보면 두 가지 내용이 누락된 것이 눈에 띄기 때문입니다.

첫 번째로 빠진 내용은 긴장과 불안입니다. 선생은 《우정에 관하여》에서(그리고 선생의 삶 속에서도) 스토아주의에 반대하셨습니다. 하지만 《나이듦에 관하여》에서 선생이 고통과 죽음을 대면하는 태도는 지나치게 고요해서 비정상처럼 느껴집니다. 죽음에 관해 길게 서술한 부분, 그리고 네 번째 통념에 대해 반박하는 부분에서 선생은 "죽음이란 두려워할 일이 아니며 침착하고 용감하게 마지막을 맞이해야 한다"고 말씀하셨습니다. 하지만 선생 자신은 역경 앞에서 그런 반응을 보이지 않았고, 스스로 그래야 한다고 생각하지도 않으신 것 같습니다. 선생은 비교적 일찍 작고하셨기 때문에 우리는 선생이 80대와 90대를 어떻게 보냈을지 진짜로 알지는 못하지만, 선생이 60대 때 보인 반응을 통해 짐작은 해볼 수 있습니다. 겉으로 보기에 선생은 침착해 보였지만, 그것은 선생이 사람들에게 선생의 진짜 모습을 보여주지 않고 침착한 겉모습을 최대한 유지했기 때문입니다. 아티쿠스와 함께 있을 때 선생은 두려움을 느끼고, 슬픔에 젖어 있고, 불만이 가득한 모습입니다. 한번은 아티쿠스에게 자살하지 못하게 해줘서 고맙다고 인사하셨지요. 그리고 선생은 아티쿠스와 가족들에게 사소한 불평을 엄청나게 많이 하셨습니다. 주로 소화불량에 관한 불평이 많더군요. 그래서 선생이 본인의 죽음 앞에서 매우 차분하고 금욕적으로 행동했으리라고는 믿기 어렵습니다. 선생의 대변인이었던 카토는 선생의 진짜 모습을 제대로 보여주지 못합니다. 그리고 《나이듦에 관하여》에는 선생이 노년기에 우정을 필요로 했다는 사실도 빠져 있지요. 카토는 즐거움을 누리며 살긴 하지만 유아독존적인 사람입니다.

까다로움과 불평불만은 성격적 결함이며 상당 부분 억제할 수 있다는 카토의 말은 물론 옳습니다. 그리고 카토가 권유하는 대로 침착한 태도를 유지한다면 사교생활에 도움이 되겠죠. 다른 사람들에게 짐을 지우지 않으니까요. 하지만 노년에 우리가 진짜로 어떤 감정을 느껴야 하는가, 그리고 친한 친구에게 감정을 솔직하게 드러내야 하는가를 생각해봅시다. 슬픔과 두려움을 인정해서 나쁠 게 있을까요? 《나이듦에 관하여》의 끝부분에는 '체념'이 살짝 엿보이는데, 서로를 사랑하고 삶을 사랑하는 사람들에게 반갑지 않은 개념입니다.

물론 《나이듦에 관하여》는 중립적인 학술 논문이 아닙니다. 아티쿠스와 키케로 두 사람이 아직 현실이 되진 않았지만 조금씩 다가오고 있는 나이듦의 괴로움을 잊어보려고 집필한 책이라고 하셨죠. 그렇다면 스토아적 평정이라는 방향에서 조금 이탈해도 되지 않나요? 선생의 삶과 스토아적 평정은 어울리지 않으니 말입니다.

두 번째로 누락된 내용은 더 이상합니다. 카토는 만찬 자리에서의 대화에 대해 언급하지만 절친한 친구 이야기는 하지 않습니다. 카토는 나이듦이란 이야기를 나누는 것이고, 노년기에 하루하루를 채워주는 것은 연회의 즐거움, 즉 함께하는 대화의 즐거움이라고 말합니다. 젊은 사람들은 그런 즐거움을 잘 모른다고 덧붙이기도 하지요. 하지만 카토는 자기 자신을 고독한 사람으로 묘사하고 있으며 친한 친구들에 대해서는 한 번도 언급하지 않습니다.

선생은 카토와 다릅니다. 선생께서는 지적인 대화도 좋아하셨지만 선생에게 '함께하는 삶'이란 곧 가까운 친구와의 우정이었습니다. 카토의 연회에는 토론 주제가 있었고 모든 참가자가 그 주제에 관해 이야기했지요. 그것은 좋은 일이지만 삶의 전부는 아닙니다. 우정의 전부도 아니고요. 뒷담화의 즐거움은 또 어떻습니까? 아니면 그냥 수다를 떠는 즐거움은요? 다시, 선생이 남긴 말을 이용하여 선생의 주장을 반박해볼까 합니다.

증거물 A: 뒷담화와 애정

선생의 편지를 무작위로 골라서 읽어보면 반드시 농담과 뒷담화, 사적인 암시를 발견할 수 있습니다. 선생이 나이 들고 나서 쓴 후기의 편지들은 대부분 자세한 해설을 달지 않고는 이해가 불가능하므로, 여기서는 해석이 가능한 초기의 편지 한 통을 선택해서 소개하겠습니다. 기원전 59년 8월, 로마에서 선생이 보낸 편지입니다.

내가 직접 손으로 쓰지 않은 편지를 그대가 받아보긴 처음일 것 같네. 이 걸로 내가 얼마나 바쁜지를 미루어 짐작할 수 있을 테지. 잠시 산책을 하며 나의 형편없는 목소리를 가다듬을 시간도 없어서, 지금 걸어가면서 구술로 이 편지를 쓰고 있다네.

먼저 그대에게 우리의 친구 삼프시케라무스가 자기 직책이 마음에 들지 않아 좌천당하기 전의 자리로 돌아가기를 간절히 바라고 있다는 소식을 전하고 싶네…….

내가 어떻게 지내느냐 하면(그대가 내 안부도 궁금해하리라는 걸 알고 있으니), 정치적인 문제에는 관여하지 않고 순전히 법적인 일과 연구에만 매진하고 있다네…… 그러나 우리의 '황소눈 여사'와 가장 가깝고 가장 사이좋게 지내는 이가 어마어마한 분노로 위협을 가하고 있다네. 그는 삼프시케라무스에게만 그게 위협이 아니라고 말하고 다른 모든 사람 앞에서는 힘을 한껏 과시한다네. 그러니까 만약 그대의 나에 대한 사랑이 내가 믿는 바와 같다면, 그대여, 잠에서 깨어나시게! 만약 가만히 서 있다면, 당장 걸으시게! 만약 지금 걷고 있다면, 달리시게! 만약 지금 달리고 있다면, 날아올라야 하네! 내가 그대의 조언과 세상사에 관한 지식에, 그리고 무엇보다 귀중한 그대의 애정과 의리에 얼마나 많이 의지하는지 그대는 모를 거네……. 건강에 유의하시길.[16]

이 편지에 담긴 뒷담화가 얼마나 비밀스러운 것인지는 짐작하기 어렵지만, 다행히도 선생이 편지에 쓰신 장난스러운 별명들은 자주 되풀이됩니다. 삼프시케라무스는 로마의 정치가이자 군인이었던 폼

페이우스를 가리키는 별명으로 편지에 자주 등장했죠. 원래 삼프시케라무스는 폼페이우스가 임명했던 시리아 총독의 이름입니다. 선생은 폼페이우스의 사치스러운 생활을 비꼬며 장난을 치신 거죠. '황소 눈 여사'라는 표현은 선생의 가장 큰 정적이었던 클로디우스의 여동생 클로디아를 가리키는 별명으로 편지에 자주 등장하더군요. 여기서 선생은 클로디우스가 다시 한 번 소동을 일으키고 있음을 알리는 것입니다. 선생은 "피투성이 친척"이라는 표현을 통해 클로디우스와 클로디아의 근친상간에 대한 세간의 소문을 암시했습니다. 선생은 그 소문이 절대로 수그러들지 않았으면 하셨을 테죠. 따라서 이 편지에 담긴 비유들은 공적인 문제에 관한 것이든 사적인 것이든 간에 모두 친밀한 사이에서만 나누는 내부자 정보입니다. 일부는 악의적이기도 하고요. 그리고 선생은 쾌활하면서도 간절한 말투로 아티쿠스에게 로마로 돌아오라고 당부하고 있습니다. 이 편지들과 비교하면 《나이듦에 관하여》는 울창한 나뭇잎 같은 우정을 결여하고 있어 삭막한 느낌을 줍니다. 우정이 노년기와 불행한 시기에도 지속되는 이유를 설명해주는 것은 도덕이 아니라 이런 재미입니다.

증거물 B: 커다란 전환점에 관한 뒷담화

클로디우스에 관한 냉소적인 뒷담화는 지금부터 보여드릴 편지에 비하면 별 것도 아닙니다. 이 편지는 선생이 《나이듦에 관하여》를 집필하던 무렵에 쓰신 겁니다. 친구들은 이따금 예사롭지 않은 일이 일어날 때 함께 있어줍니다. 물론 함께 있지 못할 때도 있고요. 이 편지는 율리우스 카이사르Julius Caesar가 기원전 44년 3월 암살당하기 석 달 전에 갑작스럽게 선생을 찾아왔던 일에 관한 것이지요. 그것은 비극적인 사건이었지만, 선생은 재치 있는 서술을 통해 그 비극을 품격 있는 희극으로 바꿔놓았습니다. 날짜는 기원전 45년 12월 19일이고, 이탤릭체로 표시한 곳은 편지 원문에 그리스어로 적혀 있었던 부분입니다.[17]

부담스러운 손님이 오셨네. 아니, 난 결코 후회하지 않아*je ne regrette rien*.[18] 왜냐하면 그 손님을 접대하는 일이 대단히 재미있었거든. 하지만 그 손님이 12월 18일 필리푸스의 집에 도착했을 때, 그 집은 병사들로 가득 차서 그가 식사를 할 수 있는 방도 없을 정도였다네. 병사들이 무려 2000명이었으니까! 나는 다음날 무슨 일이 벌어질지 걱정하고 있었는데, 다행히 카시수스 바르바Cassisus Barba가 내게 와서 보초병들을 붙여주더군. 마당에 천막을 설치하고, 집안 곳곳에 경비병을 배치했어. 19일에 카이사르는 1시까지 필리푸스의 집에 머물렀는데, 아무도 들여보내지 않더군. 내 생각에 카이사르는 발부스에게서 보고를 들은 것 같아. 그러고 나서는 해변으로 산책을 나갔네. 2시쯤에는 목욕을 하러 갔고…… 몸에 향유를 바른 후 만찬장에 자리를 잡았다네. *최토제*를 먹고 있었기 때문인지 그는 *겁도 없이* 먹고 마시며 즐겼다네. 그건 정말 정성껏 차린 음식이었고, 양념과 조리법도 훌륭했네.

— 대화도 좋았네. 사실 유쾌한 식사였지. 〔루실리우스로부터〕

그의 수행원들은 세 개의 다른 방에서 호화로운 식사를 즐겼다네. 신분이 낮은 평민과 노예들도 대접을 잘 받았지. 귀하신 분들은 내가 융숭하게 대접했고. 한 마디로 나는 그에게 내가 처세에 능한 사람이라는 걸 보여 줬네. 그러나 나의 손님은 "다음번에 우리 동네에 올 일이 생기면 꼭 들르세요"라고 인사하는 유형은 아니었네. 그런 손님은 한 번으로 족하지. 우리의 대화에는 진지한 내용이 없었고_Rien de sérieux_ 글자만 잔뜩 있었다네_mais beaucoup à propos des lettres_. 그는 즐거운 시간을 보내서 기분이 좋았지. 그는 포추올리_Puteoli_에서 하루를 보내고 다음 날은 바이아_Baiae_에서 머무르겠다고 말했네.

그렇게 된 거라네. 그 갑작스러운 방문은. 아니 숙영이라고 해야 할지도 모르겠군. 귀찮긴 했지만 최악은 아니었어. 나는 이곳에 며칠 더 머무르다 투스쿨룸으로 이동할 예정이네.

카이사르의 방문은 심각한 사건입니다. 공화정을 파괴하고 있는 남자, 선생과 원수지간인 남자가 마치 정복군처럼 예고도 없이 찾아온 거지요. 그는 주제넘고 무례한 태도로 2000명의 군대를 데려와서 선생의 별장 안팎에 숙영하게 했습니다. 표면적인 평온, 문학적인 뒷담화, 군데군데 등장하는 그리스어 표현들, 만찬, 목욕……. 이 모든 것은 치명적인 위험, 격렬한 반감, 그리고 선생이 사랑하는 공화정 체제의 몰락을 감추는 장치입니다. 하지만 이 편지는 놀랍게도 아주 재미있고, 글쓴이 역시 재미를 느끼고 있는 듯합니다. 이 편지는 고급 희극처럼 서술되어 있으며, 그리스어 농담과 시를 인용한 문구가 유난히 많습니다. 실제로는 폭정과 폭력에 관한 내용인데 마치 디너파티 이야기처럼 서술한 것 자체가 농담이죠. 선생에게 아티쿠스가 없었다고 상상해보십시오. 그랬다면 이 사건들은 심각하고 불길한 것이 되고 분위기는 훨씬 어두웠을 겁니다. 친구의 존재는 끔찍한 사건도 재미있는 일화로 만들어줍니다. 카이사르의 방문을 소설처럼 각색하는 행위 자체가 친구끼리만 통하는 사적인 표현이기 때문에 여기에는 긍정적인 부분이 있습니다. 그리고 이런 표현이 가능한 이유는 선생이 아티쿠스가 이 편지를 읽을 때 진지한 내용과 희극적인 요소를 모두 알아차리고, 심각한 사건을 희극으로 탈바꿈한 용기를 높이 평가하리라는 믿음을 가졌기 때문입니다.

사람이 나이가 들면 많은 것을 이겨내야 합니다. 권태, 쓰라린 실망, 불안감 같은 것들 말이지요. 카토의 유아독존적 접근은 현실적인 효능은 있겠지만 극도로 어려운 상황에 대처하기에는 적절하지 않습니다. 물론 어떤 사람들은 워낙 침착해서 정신적·육체적인 운동을 꾸준히 하고, 정원을 가꾸고, 만찬장에서 미리 준비된 토론을 즐기고, 죽음 앞에서도 스토아적 평정을 유지하면서 무난하게 나이를 먹을 겁니다. 하지만 선생은 그런 사람이 아닙니다. 그리고 그렇게 나이 드는 게 좋다고 생각지도 않으시죠. 만약 우리가 카토 같은 사람이 아니라면, 우리의 노년기를 진짜 연회처럼 만들기 위해서는 일상적인 우정의 경험이 필요합니다. 여기서 일상적인 우정의 경험이란 뒷담화, 추측을 통한 이해, 내밀한 농담, 고통을 즐거움으로 바꾸는 마법 같은 기술 등을 가리키고요.

카토는 여러 가지 의미에서 노년기가 인생의 다른 시기보다 우월하다고 말했습니다. 노년기에 대화의 질이 높아지기 때문이라고요. 그러나 카토는 그 말을 몸소 실천하진 않았습니다. 그걸 보여준 건 선생의 편지였어요. 나이듦에는 필연적으로 불행이 따라옵니다. 하지만 유머, 이해, 사랑은 필연적으로 따라오지 않습니다. 이런 것들을 제공하는 건 우정이죠.

나이듦에는

필연적으로 불행이 따라온다.

하지만 유머, 이해, 사랑은

필연적으로 따라오지 않는다.

이런 것들을 제공하는 건

우정이다.

친구,
삶이라는 모험의
동반자

솔 레브모어

    우리가 새파란 젊은이였을 때 부모님은 우리에게 "친구를 사귀어라"라고 늘 말씀하셨다. 우리 부모님은 좋은 친구가 곧 귀중한 자산이며 행복한 사람에게는 모두 좋은 친구가 있다는 사실을 아셨기 때문이다. 친구들은 서로에게서 배운다. 다양성이 있는 선량한 사람들의 집단에 소속되는 것은 젊은이에게 가장 좋은 환경이다. 부모들은 자녀가 좋은 학교에 다니기를 바란다. 학교들은 우수한 교사, 예체능 활동, 훌륭한 시설 따위를 내세우지만 학생들은 또래집단이 가장 중요하다는 사실을 아는 것 같다. 젊고 부유한 부모들은 아이들이 많은 동네로 이사하고, 동네 아이들을 끌어들이기 위해 비디오게임 장비를 구입하고, 미니밴을 사서 자녀의 친구들까지 데리고 다니며 다양한 활동에 참여시킨다. 부모와 학교는 아이들에게 스포츠 활동에 적극적으로 참여하라고 권유한다. 그 이유 중 하나는 스포츠팀이 친구를 사귀고 소속감을 느끼기 쉬운 곳이기 때문이다. 친구와 팀 동료들은 안정감을 제공한다. 그리고 친구와 팀 동료들은 우리가 정체성을 확립하고 더 나은 사람이 되도록 도와준다. 친구들은 인생이라는 모험에서 새로운 지평을 열어주고 우리의 동반자 역할을 해준다. 만약 마사와 그녀의 친구 키케로가 청춘에 관한 글을 쓴다면, 그들은 다양한 친구를 많이 사귀는 일이 얼마나 가치 있고 즐거운가를 이야기하면서 '우정은 불필요한 짐이다'라는 스토아학파의 주장을 분쇄할 것이다.

어떤 사람들은 어른이 되고 나서도 우정의 기쁨을 충분히 느끼지 못한다. 그들은 친구를 많이 사귀어서 인맥을 구축하는 것이 성공의 표지라고 믿거나 그렇게 배웠기 때문에, 혹은 단순히 인생의 동반자나 더 나은 직장이나 거래의 기회를 발견하는 수단이라고 생각하기 때문에 새로운 친구를 소중하게 여긴다. 이런 견해를 반영하고 때로는 상업적으로 이용하는 것이 바로 페이스북이다. 페이스북은 가입자의 친구가 몇 명인지 집계하고 그 결과를 세상에 광고한다. 페이스북이라는 공간에서 우리는 각자 끌어모은 친구들의 숫자로 자기를 표현한다. 이 페이스북 친구들은 부모님이 우리에게 사귀라고 했던 '친구'의 개념에 가깝긴 하지만, 그들은 진짜 친구가 아니고 키케로 같은 철학자들이 이야기했던 친구도 아닐 가능성이 있다. 같은 학교에 다닌 사람이라고 다 진짜 친구는 아닌 것과 마찬가지다. 페이스북 친구들은 진짜 친구라기보다는 우리와 쉽게 연결되는 사람들의 집합이다. 페이스북 친구들은 우리와 어떤 공통점을 지니고 있으며, 특별히 소개를 받지 않고도 친구로 발전할 가능성이 있는 사람들이다.

우리는 친구란 하루나 이틀 만에 쉽게 사귈 수 있는 게 아니라는 사실을 금방 알게 된다. 지금의 좋은 친구들은 노력의 산물이라기보다는 우리의 성격과 환경의 산물이다. 사람을 많이 알고 지내는 것은 대개의 경우 가치 있는 일이고 어떤 사람에게는 당연히 즐거운 일이겠지만, 그냥 알고 지내는 사람들 역시 인생 계획의 결과물이라기보다는 우리의 성격이나 기회와 더 깊은 관련이 있다. 만약 우정에서 양이 중요하다면, 그것은 친구가 많을수록 다양성이 높아지는 경향이 있기 때문이다. 반면 키케로는 친구 사이에서 조화와 의견의 일치가 중요하다고 생각했다. 그의 글을 읽으면 마치 우리가 우정을 전적으로 통제할 수 있는 것만 같다.

하지만 우리가 우정을 계획할 때, 친구와 지인들 역시 우리에게 나름의 투자를 한다. 어떤 이들은 특별한 열정으로 모임을 만들고 친구들과 관계를 유지한다. 우리 대부분은 친한 친구 몇 명과 그보다 덜 가까운 친구 50~100명으로 이루어진 네트워크에 만족하지만, 특별히 사교적이고 인맥이 탄탄해서 친구의 수가 그 두 배쯤 되는 사람들도 간혹 있다. 일반적으로 우리가 관계를 유지할 수 있는 사람의 숫자에는 한계가 있는 것 같다. 인간 뇌의 네트워킹 능력으로는 최대 150~200명의 친구를 감당할 수 있다고 추정된다. 하지만 사람들 간의 관계가 긴밀하게 얽혀 있고 대가족으로 이루어진 공동체에서는 사람들이 그보다 많은 수의 친밀한 관계를 유지하기가 용이하다. 친구와 추억을 간편하게 관리하게 해주는 소셜미디어 덕분에 사람들이 우정을 유지하는 능력도 향상됐다. 네트워크의 중심점 또는 관리자 역할을 하며 사람이 많이 모이는 행사에 피로감을 느끼지 않는 친구를 우리 모두 하나씩은 알고 있다. 어쩌면 그런 사람들은 사람에게 중독된 것일 수도 있다. 우리는 그들에게서 불안정한 모습을 감지하기도 한다. 어쨌든 이런 친구는 에너지가 넘치기 때문에 위기가 발생하면 달려와 우리 편에 서주고 우리의 기쁨과 슬픔을 함께한다. 그 친구가 우리의 기쁜 일 또는 슬픈 일을 제일 먼저 알았을 경우에는 더욱 적극적으로 나선다. 이 특별한 친구는 민감한 시기에 우리를 비난하거나 우리에 대한 뒷담화를 하고 다닐 수도 있다. 한편으로 이런 친구들은 우리에게 네트워크 안의 다른 사람들에 관한 정보를 제공하는데, 그중에는 유용한 정보도 있고 유용하지 않은 정보도 있다. 스토아 철학자들이 친구가 많으면 골치 아픈 문제가 생긴다고 한탄했을 때 그들이 생각했던 친구가 이런 사람들인지도 모르겠다.[1]

스토아 철학자들은 왜 새롭게 사귄 친구 때문에 생기는 문제에만 주목하고 친구들에게서 얻는 그 이상의 기쁨은 무시하거나 평가절하했을까? 내 생각에 "우정의 고삐를 최대한 느슨하게" 쥐라고 주장하려면 일부 친구들이 우리가 원하지 않는 간섭을 한다고 말하는 편이 더 설득력 있다. 우리가 독립성을 귀중하게 여기고 남들의 가치관에 휘둘리고 싶지 않다면 주의해야 할 점이 있다. 자기에게 순응하지 않으면 우리를 나쁘게 평가하거나 우리를 개조 대상으로 바라보는 친구들에게는 의존하지 말아야 한다.

선의가 우정의 전제조건이라는 주장은 옳은 것 같다. 하지만 선의는 우정의 필수 요소인 신뢰보다는 덜 흥미로운 개념이다. 선의는 어떤 친구를 도구나 수단으로 보지 않는다는 의미를 지닌다. 신뢰는 강력한 가정이다. 어떤 친구와의 관계가 불행한 일을 겪고 나서도 지속되려면 신뢰가 반드시 있어야 한다. 결혼을 하거나 위험한 탐험을 떠날 때 신뢰가 필요한 것과 비슷하다. 결혼이나 탐험에서는 서로가 진심으로 상대가 잘되기를 원해야 한다. 나는 친한 친구에 대해 최대한 좋게 생각한다. 그 친구가 나에게 잘못을 했다는 소문을 듣더라도 믿지 않는다. 나는 그 친구에게 조언을 구하면서 내가 털어놓는 이야기가 다른 데 이용될 것을 걱정하지 않는다. 관대한 사람들은 자기가 만나는 사람들 대부분에게 선의를 전달하지만, 신뢰는 상당히 위험한 것이어서 신뢰 그 자체가 우정이라고 말할 수도 있다. 친구란 우리가 잘 아는 사람이고 우리가 우리 자신의 이해관계를 넘어 아끼고 보살피는(이것이 선의다) 사람이다. 그리고 친구란 우리가 신뢰하는 사람이므로 그가 좋은 사람일 것이라는 믿음이 나와 그에게 모두 도움이 된다. 우정이 유지되려면 서로 신뢰한다는 확신이 성립해야 한다. 이것이 우정이라면 친구가 많아서 문제될 것이 무엇이겠는가?

신뢰는 작은 것이 아니다. 어떻게 보면 범죄조직의 단원들도 거주지, 혈통, 또는 다른 범죄조직과의 대립에 근거해서 형성된 명예의 법칙에 따라 서로를 신뢰한다. 범죄조직의 모든 단원은 자기가 그 신뢰를 깨뜨리면 치명적인 위험이 닥친다고 생각한다. 이 경우에는 스토아 철학자들의 말이 옳다. 범죄조직에 새로운 단원이 들어오면 기존 단원들에게 위험이 발생하고, 새로운 단원이 많아질수록 그 위험은 커진다. 어쩌면 범죄자들이 평범한 사람들보다 더 절실히 친구를 필요로 할지도 모른다. "도둑들 사이에는 명예가 없다"라는 말은 주관적이고, 모욕적이고, 비합리적인 말이다.[2] 범죄자들 사이에서 발견되는 진한 우정은 "선량한 사람들끼리만 친구가 될 수 있다"는 주장에 진지한 의문을 제기한다. 보다 설득력 있는 이야기를 해보자. 대개의 경우 친구가 불법적인 일이나 해로운 일에 동참하라고 권할 때 우정은 위태로워진다. 일반적으로 선량한 행동을 하는 사람들과의 우정이 잘 유지되는 이유는 단지 위험한 일이 생기지 않아서인지도 모른다.

사람들 대부분은 위험과 도덕적 판단 때문에 우정이 위태로워지는 난처한 순간을 경험한 적이 있다. 청소년 시절 우리는 친구들과 무리 지어 말썽을 피울 수도 있었고, 골치 아픈 일에서 빠지는 쪽을 선택할 수도 있었다. 그런 선택이 우정에 긍정적 또는 부정적인 영향을 미치는 일은 드물었다. 나는 11세 때 만국박람회장에 몇 번이나 불법적으로 숨어들어갔던 친구들에게 특별히 유대감을 느끼지 않는다. 그리고 그 무렵 나는 청소년다운(하지만 파괴적인) '집단 난동의 밤'에 가담하자는 친구들의 제안을 거절했는데, 그렇다고 그 친구들에게 특별한 거리감을 느낀 것은 아니었다. 하지만 성인이 되고 나면 어떤 모험에 동참하거나 거절한다는 결정은 장기적인 효과를 낸다. 금지된 약물을 함께 흡입한 친구들, 시험 때 부정행위를 같이 했던 친구들, 폭행에 같이 가담한 친구들 사이에 형성된 유대는 오랫동안 지속된다. 회계조작을 공모한 임원들은 서로 끈끈한 관계로 엮이고, 동참을 거부한 동료들은 그때부터 번번이 의사결정 과정에서 배제된다. 만약 우리가 친구를 위해 어떤 물품을 몰래 반입해달라는 요청을 거절하거나 경찰에 거짓말을 해달라는 부탁을 거절한다면, 그 친구는 우리의 거절을 도덕적 판단에 따른 것이 아닌 위험 회피 행동으로 해석하기 쉽다. 그런 판단이 내려지고 균열이 생기면 우정은 지속되기 어렵다.

성인으로서 나는, 좋은 친구들은 나에게 불법적인 일이나 위험한 일을 요청하지 않을 것이라고 생각한다. 내가 그런 요청을 거절하리라는 것을 직관적으로 알기 때문이든, 내가 거절하면 우리의 우정이 흔들릴 것을 예감하기 때문이든. 그저 알고 지내는 사람이라면 나에게 어떤 불법적인 일이나 위험한 일을 제안할지도 모른다. 그 사람은 거절당한다 해도 잃을 것이 별로 없다. 만약 내가 제안을 받아들인다면 위험을 공유하면서 형성되는 유대에 힘입어 우리가 친구로 발전할지도 모르니까. 나 역시 친구에게 위험한 일을 해달라고 부탁하지 않을 것 같다. 그것이 완전히 합법적인 일이라고 해도 마찬가지다. 극단적인 경우라면 차라리 쉽다. 나는 내 친구가 나를 구하기 위해 자기 목숨을 위태롭게 만들기를 바라지 않는다. 나보다 젊은 사람을 구하기 위해서 내 목숨을 걸 수도 있을 것 같다. 대부분의 부모는 자녀의 목숨을 구하기 위해 자기 목숨을 희생하려 할 것이다. 그러나 젊은 사람이 나를 위해 자기 목숨을 희생한다면 그것은 끔찍한 일일 것이다. 나와 나이가 비슷한 사람이 그렇게 한다고 해도 마음이 좋지 않으리라. 죽음이 예견되는 상황보다는 상당히 큰 위험이 닥치는 상황의 문제가 더 어렵다. 그러고 보면 《안네의 일기 *The Diary of Anne Frank*》 같은 책에 나오는 전쟁 중의 영웅적인 행동들은 참으로 놀라운 것이다.

어떤 친구가 나에게 전화를 걸어서, 생사가 걸린 문제라면서 이틀 동안 우리 집에 숨어 있게 해달라고 부탁한다고 상상해보자. 친구는 제발 아무것도 묻지 말고 남에게도 말하지 말아달라고 사정한다. 친구가 경찰에 쫓기는 몸이든, 복수심에 찬 연인을 피하려는 것이든, 폭력적인 빚쟁이나 살인마를 피해 달아나는 신세든 간에 나의 위험이 아주 크지는 않을 것 같다. 그 친구가 신중한 성격이고 이동 경로를 감추는 일이나 변장에 능하다면 위험은 더 줄어든다. 만약 경찰이 범죄자를 은닉했다는 이유로 나를 추궁한다 해도, '친구가 악당을 피해 숨어 있는 줄 알았다'고 주장하면 된다. 그러나 당신이라면 비슷한 상황에서 친구에게 숨겨달라고 부탁하겠는가? 나라면 친구에게 커다란 위험을 안기고 싶지는 않을 것 같다. 친구 집에 숨더라도 나 자신의 위험은 조금밖에 덜어지지 않기 때문에 더욱 그렇다. 그래서 추측건대 내 친구 역시 나에게 그런 짐을 지우지 않을 것 같다.

당신이라면 전쟁 중에 친한 친구에게 당신을 숨겨달라고 부탁하겠는가? 친한 친구에게 신장을 달라고 부탁하겠는가? 살아 있는 기증자에게서 신장을 기증받는 사람은 이식수술을 못 받고 정기적으로 신장 투석만 받는 사람들보다 삶의 질이 높고 수명도 5년에서 10년 연장된다. 신장 기증자가 감수해야 할 직접적인 위험은 낮지만, 기증자가 나중에 그 신장을 필요로 하게 될 수도 있으므로 위험은 분명히 있다. 당신이라면 친한 친구에게 신장을 주겠는가? 만약 당신이 신장을 주지 않겠다고 대답한다면 당신은 진짜로 좋은 친구인가? 나라면 낯선 사람에게 아무런 조건 없이 신장을 기증하지는 않을 것 같다. 하지만 내가 낯선 사람에게 신장을 내주는 대신 내 친구의 아이가 신장을 받아서 삶의 질이 크게 개선된다는, 일종의 교환 수술이라면 기꺼이 응하겠다. 나의 직관적 선택은 감사 또는 칭찬을 듣고 싶은 마음에서 나온 것일까? 사실 나는 이런 식의 장기 기증이 그 친구와의 우정에는 별로 좋지 못하리라고 생각한다. 친구와 나의 관계가 상당히 불평등하게 바뀌기 때문이다. 우정이 계산이라는 발상을 거부했던 키케로는 심각한 비대칭이 우정에 부정적으로 작용할 수 있다는 점을 놓치고 있었는지도 모른다. 어떤 경우든 우리가 신장 이식을 거부하는 결정을 내린다면 그 결정은 틀림없이 우정을 변화시킬 것이다. 당연한 이야기지만 신장 기증 웹사이트에 가보면 자신이 신장을 필요로 한다는 사실을 친구와 가족에게 알리되 직접적으로 요청하지는 말라는 지침이 있다.

이 모든 사례는 결국 우정의 도구적 성격에 대해 어떻게 판단할 것인가의 문제로 귀결된다. 마사는 도구적 관점을 취하면서 우정이 기쁨, 유머, 사랑을 제공한다는 점을 강조한다. 그러나 이런 종류의 우정은 일종의 보험 상품 또는 끊임없는 계산이 아닐까? 이 질문은 우리가 나이 들어갈수록 더 중요하게 다가온다. 우선 젊은 시절의 결정을 살펴보자. 오래 지속되는 결혼에는 보험의 요소가 포함된다. A와 B는 아플 때나 건강할 때나 서로를 돌봐주기로 합의한다. 이러한 합의는 혼인 관계에 여러 가지 장점이 있다는 가정을 전제로 한다. 그 장점 중 하나는 만약 A가 도움을 필요로 하는 처지가 되면 B가 기꺼이 도와줄 거라는 약속이다. 만약 나중에 A를 도와야 한다는 사실을 처음부터 안다면 B는 아예 그 결혼을 하지 않을지도 모른다. 하지만 그들이 일단 부부가 되기로 약속한 경우, 특히 오랫동안 부부로 살아온 경우에는 이야기가 다르다. 어느 날 B가 입장을 바꿔서 자기에게는 다른 기회가 있고 A의 얼굴에 주름이 생겼으니 이제 헤어지자고 말한다면? 우리는 B의 그런 행동이 장기 계약 또는 보험 약관을 어기는 것이라고 생각한다. 그러면 이런 논리가 모든 우정에 적용될까? 마사와 키케로는 우정에 여러 가지 혜택이 따른다며 우리를 설득하려 한다(여기서 혜택이란 주로 기쁨을 의미한다). 하지만 우정에는 위험도 따른다. 만약 즐거운 순간들이 갑자기 드물어진다면 친구를 버려도 되는 걸까? 이것은 노년의 가장 큰 어려움 중 하나다. 실버타운에 가보면 자신이 브리지 게임을 제대로 못하게 되거나 불치병에 걸리자마자 오랜 친구들이 갑자기 등을 돌렸다는 식의 이야기가 넘쳐난다.

앞날에 대한 기대와 눈앞의 계산 사이에서 선택하는 일은 법이 늘상 하는 일이기도 하다. 여기서 '앞날에 대한 기대'란 우리 모두가 보험 계약에서 혜택을 얻으리라는 전망이다. 만약 친구들이 제 몫을 다하지 못하게 되는 순간 버려도 되는 존재라면 우정은 지금보다 훨씬 드물어질 것이다. 우정이 제공하는 여러 가지 혜택을 얻지 못하게 되므로 우리 삶의 질도 지금보다 나빠지리라. 그러나 '눈앞의 계산'이라는 관점도 매력적이긴 하다. 우리 개개인의 삶은 한 번뿐인데, 왜 건강하고 정신도 멀쩡한 90세 노인이 더 이상 재미도 없고 브리지 게

임에서도 짐만 되는 오랜 친구와 함께 정원에 앉아서 귀중한 시간을 낭비해야 한단 말인가? 만약 우리가 좋은 친구 노릇을 하는 데서 진정한 기쁨을 얻는다면 이 질문에 답하기 쉽다. 하지만 만약 그것만으로 진정한 기쁨을 얻지 못한다면, 우정이란 하나의 복잡한 합의라고 생각해도 될 것 같다. 내가 생각하는 우정은 명백히 좋은 모든 것들에다가 일종의 중장기 보험 계약을 합친 것이다.

나에게 위의 질문은 누군가를 집에 숨겨주거나 신장을 포기하는 일에 관한 질문과 비슷하게 느껴진다. 나는 우정이라는 보험 계약에 적극 찬성하는 입장이지만 극단적인 보험에는 찬성하지 않는다. 언젠가 도움이 필요해지면 나는 기분 좋게 도움을 받겠지만, 그것은 내가 회복할 가능성이 상당히 높아서 나를 보살펴준 친구에게 나중에 보답할 수 있는 경우에 국한된다. 언젠가 내 정신이 흐릿해진다면, 나는 친구가 젊은 시절에는 합리적이라고 생각했던 무언의 보험 계약 때문에 자기 시간을 낭비하기를 바라지 않는다. 이런 생각을 글로 쓰고 있자니 기분이 좋아진다. 배우자와 친구들의 에너지가 내 것보다 오래 지속된다면 그들이 자기 삶을 마음껏 즐기기를 바라니까.

내 주장에 동의하지 않는 사람들(마사도 그들 중 한 명인 듯하다)을 위해 표현을 약간 달리하여, 이와 같은 우정 계약은 공동의 효용을 극대화하기 위한 일종의 합의라고 말하고 싶다. 만약 4명 중 3명이 쇠약해진 친구를 브리지 게임에서 빼기로 한다면, 우리는 그것을 3명이 얻는 이익이 1명이 감당하는 손실보다 많다는 계산의 결과로 받아들이면 된다. 만약 내 정신적 능력이 먼저 감퇴해서 친구가 나보다 이야기를 훨씬 잘하게 된다면, 친구로서의 책임은 우리의 대화에서 내가 얻는 기쁨이 나의 노화로 그녀가 잃는 것보다 클 경우에만 유효하다. 이때 내 친구는 단지 그녀가 나보다 낫다는 이유만으로 우리의 우정을 포기해서는 안 된다. 하지만 내 입장에서는 우정을 지속하느라 그녀가 지불하는 비용이 크고 내가 얻는 명백한 이익은 그에 비해 작을 경우 그녀가 우정을 놓아버리기를 바란다.

친구와 조언

우정에는 다른 목적도 있다. 친구란 조언을 해줄 수 있는 사람이다. 물론 조언은 친구 사이에 신뢰가 있다고 여겨지는 경우에만 가능하다. 노년의 친구들은 건강관리, 자녀, 상속 계획 등에 대한 조언을 필요로 한다. 그런 조언은 우정에 지장을 주지 않는다. 사람은 누구나 남에게 충고하기를 좋아하기 때문이다. 훌륭한 리더는 단순히 더 나은 의견을 듣기 위해서가 아니라 사람들로 하여금 자신이 결정에 참여하는 가치 있는 존재라고 느끼게 하기 위해 조언을 구한다. 이와는 반대로, 조언을 요청받지 않은 상황에서 친구에게 조언을 해줄 것인가 말 것인가의 문제를 생각해보자. 당신의 친구가 직장에서 업무 능력이 너무 많이 떨어져 동료와 고객들이 뒤에서 그 친구를 비웃는 광경을 당신이 목격했다고 치자. 그 친구가 은퇴를 한다고 해서 경제적으로 크게 어려워질 상황은 아니고, 그 친구의 업무 능력이 저하된다고 해서 사람들의 목숨이 위험해지는 것도 아니라고 가정하자. 이때 당신이 조언을 해야 하는 이유는 '친구가 자신의 현재 상태를 제대로 안다면 자존심 때문에 스스로 은퇴할 거라는 확신이 있기 때문'이다. 물론 그 친구는 지난날 중요하게 생각했던 것들을 이제는 덜 중요하게 여길지도 모른다. 당신에게는 친구를 억지로 은퇴시키려는 의도는 없고, 당신이 알거나 목격한 것을 토대로 지금은 좋은 친구의 충고를 들을 때라는 점을 알려주려는 것이다. 만약 당신이 아무런 행동을 취하지 않는다면 그 친구에게 어떤 굴욕적인 일이 생길 수도 있고, 그 친구가 다른 누군가에게서 이야기를 듣고 훨씬 더 불쾌한 마음으로 은퇴하게 될지도 모른다. 당신이 제때 행동을 취하면 친구는 그런 고통을 피해갈 수 있다. 문제가 하나 있는데, 당신이 친구의 능력 감퇴를 알아차린 것 때문에 친구가 모욕감을 느낄 수도 있다는 것이다. 그러니 조언을 할 때는 반드시 친구에게 새로운 활동이나 과제를 함께 제안하자.

비록 상당한 비용이 들긴 하지만, 정년이 정해져 있으면 나이든 사람들의 업무능력 저하와 굴욕 문제는 어느 정도 해결된다. 만약 사람들 대부분이 계약서 조항 때문이나 일을 계속할 경우 불리해지는 퇴직연금 정책 때문에 은퇴를 한다면, 누군가가 특별히 은퇴 권고를 받는 일도 드물어질 것이다. 은퇴를 권고하기 위한 면담은 동료나 고용주에게도 힘든 일이므로, 고용주들은 계약서 또는 퇴직연금이라는 수단으로 비교적 일찍 퇴직을 요구하거나 권장하려 할 것이다. 그러나 미국에는 정년퇴직 제도가 없다. 아니, 미국에 정년퇴직 제도가 있다고 가정하더라도 당신의 친구가 시민단체의 회장이거나 대학의 이사라면 어떻게 하겠는가? 이런 직책은 정년이 정해져 있지 않지만 업무능력이 저하되면 그 친구가 사람들 앞에서 망신을 당할 가능성이 상당히 높다. 따라서 능력 감퇴 문제는 전통적인 직장에 국한되지 않는다. 시민단체에서는 중요한 직책을 나이든 사람에게 맡기는 경우가 많다. 나이든 사람들은 지혜롭고 사회적 영향력(라틴어로는 *auctoritas*〔권위〕로 표현된다)과 인지도가 높으며 시간 여유도 많다고 간주되기 때문이다. 나이든 사람들이 해당 시민단체에 거액의 기부를 할 가능성이 높기 때문이기도 하다. 이런 이유들 때문에 시민단체의 다른 직원들은 당신 친구의 잠재적 굴욕을 고려하지 않을 위험이 있다. 그들의 선의와 신뢰만 믿고 있어서는 안 된다.

나이든 사람의 업무능력이 정점을 지나자마자 은퇴해야 한다고 주장할 생각은 없다. 나이든 사람이 직장 업무나 시민단체 활동에 참여하는 일은 동료 직원들과 고객들에게도 좋지만 그 사람 자신에게도 좋을 수 있다. 5장에서 나는 생산성이 가장 높은 시기를 지나온 노동자에게도 계속해서 임금을 올려줘야 하는 것이 문제라고 했지만, 그건 좋은 친구가 걱정할 일은 아니다. 친구(여기서는 이 친구를 키케로라고 부르겠다)의 역할 중 하나는 친한 친구의 행복과 삶의 질에 신경 쓰는 것이다. 친구 아티쿠스가 업무 수행의 정점을 지나왔다면 더욱 신경을 써야 한다. 키케로와 아티쿠스는 둘 다 노년에도 계속 일을 하거나 공적인 활동에 참여할 가능성이 높다. 따라서 키케로는 만약 아티쿠스가 조롱을 당하게 될 경우 그가 느낄 굴욕감을 계산해봐야 한다.

어떤 면에서는 키케로의 책무가 훨씬 어렵다. 아티쿠스의 능력 감퇴가 명백하게 드러나거나 비용을 발생시키는 순간, 그전까지 아티쿠스의 경험을 높이 사던 사회가 갑자기 그에게 등을 돌릴 수도 있기 때문이다. 몸과 마음이 건강한 어느 85세의 사업가가 규모 있는 회사를 경영하고, 우리에게 지혜를 나눠주고, 젊은 직원들의 이야기를 들어준다면 우리는 그를 격려하고 축복하기 마련이다. 하지만 만약 그 사업가가 집에 오는 길에 교통사고라도 당한다면 우리는 금방 입장을 바꿔 그 사람의 가족과 친구들이 자동차 열쇠를 빼앗았어야 한다고 말해버린다.

망신을 당할 위험에 처한 나이든 정치가 또는 동료는 숨을 곳을 필요로 하는 친구와 비슷하기도 하고 다르기도 하다. 두 경우의 중요한 공통점은, 그 일에 개입해서 친구를 곤경에서 벗어나게 해줄 사람이 자기밖에 없다고 생각할 이유가 없다는 것이다. 꼭 친구의 집이 아니더라도 호텔 방이나 다른 장소에 숨어도 된다. 마찬가지로 친구가 아닌 제3자가 나이든 사람을 따로 불러내서 이제는 자존심을 내려놓고 현역에서 물러날 때라고 말해줄 수도 있다. 하지만 좋은 친구는 마치 다른 누구도 그 사람을 구해줄 수 없는 것처럼 행동한다. 원래 친구들은 공동 행동이 필요한 문제가 있을 때 서로를 위해 해결해주지 않나. 친구들은 때때로 제3의 친구 또는 공통된 친구의 삶에 개입하기 위해 힘을 합친다. 가끔은 우리가 가족이나 친구의 삶에 개입하여 약물중독 치료를 받기 시작하라고, 또는 운전면허를 반납하라고 설득할 필요가 있는 것처럼, 동료들 몇몇이 합의해서 자리를 마련한 다음 어떤 사람에게 책임 있는 자리에서 물러날 때가 됐다는 이야기를 해줄 수도 있다. 여럿이 모인 자리에서 그 이야기를 하는 것이 부적절하거나 수치스럽게 느껴질 우려가 있다면, 좋은 친구는 다른 친구가 시도를 해봤든 안 해봤든 간에 그 사람과 일대일로 대화할 준비를 해야 한다.

우리가 혹시 의식불명 상태에 빠질 경우 생을 어떻게 끝맺고 싶은지에 대해 가족 또는 친구들과 진지한 대화를 나누는 것처럼, 우리는 다른 종류의 잠재적 위험과 개입에 대해서도 우리가 원하는 바를 미리 전달할 수 있다. 장기를 기증하겠다거나 위급할 때 우리를 숨겨주겠다는 친구의 약속을 받아두면 훗날 그 친구는 도덕적 책임을 느껴서나 죄책감을 피하기 위해 그 약속을 지킬지도 모른다. 하지만 그런 약속이 항상 지켜진다는 보장은 없다. 위험을 감수하기를 원치 않는 친구들은 도덕적인 고려를 무력화할 근거를 쉽게 찾아낸다.

반대로 65세의 아티쿠스가 키케로에게 다음과 같은 부탁을 한다고 생각해보자. "약속해주게나. 자네가 보기에 내가 많이 늙고 쇠약해져서 직장과 봉사활동에서 큰 창피를 당할 위험이 있거나 다른 사람들에게 큰 부담을 주는 상황이 되면 나를 찾아와서 얘기해주겠다고." 아티쿠스가 이렇게 요청하고 키케로가 수락한다고 해서 두 사람이 10년 후에도 같은 마음일지는 알 수 없다. 하지만 적어도 키케로는 아티쿠스에게 조언을 해야 한다는 의무감을 느낄 것이다. 그래서 키케로는 이렇게 말할 것이다. "나는 그대에게 솔직한 조언을 하겠다고 약속했네. 나에게도 고통스러운 일이지만 드디어 때가 된 것 같아." 직장이나 시민단체의 직책에서 아티쿠스를 강제로 은퇴시킬 수는 없는 노릇이다. 만약 강제은퇴가 가능하다 하더라도 그럴 의무가 키케로에게는 없다. 하지만 이런 대화는 분명히 가치가 있다. 키케로가 객관적인 상황 때문만이 아니라 과거의 약속 때문에 의무감을 느껴서 그 이야기를 한다는 점을 아티쿠스가 알아차린다 해도 그런 대화의 가치가 낮아지지는 않는다. 친구 좋다는 게 그런 거니까.

물론 친구 좋은 이유가 그것만은 아니다. 운이 좋거나 현명하다면 우리는 노년기에 우정의 순수한 재미를 재발견할 것이다. 새로운 친구를 사귀는 일은 새로운 탐험을 떠나는 일과 같다. 나는 노년기에 친구가 적은 것보다는 많은 것이 낫다고 생각한다. 만약 내가 은퇴를 한다면 그 이유 가운데 하나는 오래된 친구들, 그리고 새로 사귄 친구들과 더 많은 시간을 보내기 위해서일 것이다. 친구를 선택하고 우정에 투자하는 과정 자체가 우리가 여전히 독립적인 인간이라는 징표가 된다. 친구들은 조언을 해주기도 하고 다른 면에서 유익한 도움을 주기도 하며, 궁극적으로는 삶이라는 모험을 공유하고 함께 즐기는 존재다.

2장

나이 들어가는 몸을
어떻게
대할 것인가

노년의 외모에 대해 편안함을 느끼려면 어떻게 해야 할까? 노년의 마음은 또 어떻게 보살펴야 할까? 성형수술을 비롯한 노화방지 시술의 유행은 좋은 일인가, 나쁜 일인가? 왜 우리 몸의 어떤 부분들은 혐오감을 유발할까?

주름살이
매력적일 수 있을까?

솔 레브모어

아기들은 귀엽다. 우리는 아기의 보들보들한 피부와 자그마한 손발을 사랑한다. 인류의 취향은 성인들이 어린 개체들을 잘 보살필 확률을 높이는 쪽으로 진화했다. 우리는 아주 어린 나이를 천진난만함과 연결지어 생각하고 그 천진난만함에서 매력을 느낀다. 우리에게는 아기를 두려워할 이유가 없으며, 아기들이 우리를 공격하려고 한다거나 아기를 만지면 해롭다고 생각할 이유도 없다. 어떤 어른들은 아기 기저귀를 갈아주는 일을 즐기기도 한다. 아기들은 천진난만하고, 보살핌을 필요로 하며, 더 나은 미래에 대한 약속을 간직한 존재다.

아기를 볼 때 사랑스럽다고 느끼고 10대 후반과 20대의 젊은 성인들을 볼 때 매력적이라고 느끼는 것이 우리의 본성이라면, 얼굴에 주름살이 있고 머리가 벗겨지는 등 노화의 징후가 엿보이는 사람들에 대해서는 어떻게 느껴야 하는 걸까? 이상적인 세상이라면 주름살이 인생의 끝이 아니라 지혜와 유머와 사교성의 증거로 받아들여질 것이다. 어떤 사회는 실제로 노인을 숭상하지만, 미국 사회는 젊음에 대한 선호가 강하기 때문에 사람들은 젊은 시절의 외모를 보존하기 위해 신체에 개입한다. 한편으로 우리에게는 신체를 인위적으로 변화시키는 수술이나 시술에 반대하는 법적·사회적 전통이 있다. 우리가 신체에 대한 개선과 훼손의 경계가 어딘지 알아낼 수 있을까? 그리하여 노년기에 우리의 몸과 우리 자신을 개선할 수 있을까?

적정한 개입 vs 과도한 개입

이 장의 뒷부분에서 살펴보겠지만 우리의 몸을 더 건강하고 아름답게 만들려는 모든 시도가 문제라고 주장하는 것은 무의미하다. 건강하고 정서적으로 안정된 사람들은 대부분 건강한 식생활, 운동, 패션에 신경을 쓰고 위생과 화장에도 주의를 기울인다. 그러므로 코 성형, 보톡스 주사, 라식 수술이 일상적인 신체 관리와 전혀 다른 행위라고 고집한다면 그것은 지나친 확대해석이다. 하지만 꼭 필요하지 않은 수술의 비율이 높은 사회에는 모종의 문제가 있다고 봐야 한다. 현재 미국인들은 해마다 성형수술에 130억 달러 정도를 쓴다. 눈 수술, 문신, 성형 목적의 치과 수술, 모발 이식술을 계산에 넣으면 액수는 대폭 늘어난다. 한국 사람들이 성형수술을 받는 비율은 미국인들의 4배에 달한다. 한국인들은 서양인처럼 보이기 위해 열성적으로 쌍꺼풀 수술을 한다. 그것을 관찰하는 현대 서양인인 나에게는 그 목표가 조금 불편하게 느껴진다. 대개의 경우 누가 우리를 모방하려고 하는 것은 불쾌한 일이 아니지만, 우리의 정치적·사회적 감수성으로 보면 과거에 차별을 당했던 민족들은 자기의 정체성을 지키는 것이 바람직하다. 우리는 인종과 혈통에 근거한 서양인들의 차별은 다 지난 일이라고 믿고 싶다. 그래서 한국인들이 서양인 같은 외모를 얻으려고 애쓴다는 이야기는 듣기만 해도 괴롭다. 만약 한국인들이 그들의 '아시아적' 특징을 없애는 것이 아니라 확대하는 수술을 한다면 전혀 불편하지 않으리라. 이와 비슷한 사례로, 흰 피부에 대한 욕망은 설사 그 동기가 우리와 무관하다 해도 우리를 움츠러들게 만든다. 평소 우리는 흰 피부에 대해 별로 이야기하지 않는다. 사람들이 햇빛을 차단하는 데는 피부암 예방이라는 목적도 있을 테니까. 어떤 결정이 성인들의 몸에 관한 것이고 여러 가지 동기가 혼재되어 있다면 우리는 섣부르게 판단하거나 어떤 표준을 정하지 않으려 한다. 서양에는 일부러 태닝을 하는 사람이 많지만 햇빛으로부터 자신을 보호하는 사람도 많다. 미의 기준이 충분히 다양해졌으므로 우리는 특별히 어느 집단을 겨냥해서 비판하지 않는다. 미국에서는 쌍꺼풀 수술과 피부 태닝을 법으로 규제하긴 하지만 금지하지는 않는다. 그리고 지금까지 내가 했던 이야기도 법적 금지보다는 사회적 규범과 불편에 초점을 맞추고 있다.

차별받았던 집단에서 이루어지는 어떤 신체적 개입은 우리를 불편하게 만든다. 대개 백인들은 어느 아프리카계 미국인 여성이 머리를 곧게 펴면 좋겠다거나 아시아계 또는 원주민 혈통인 사람이 파마를 해야 한다는 식으로 유전자형을 거스르는 조치를 취하라고 쉽게 말하지 못한다. 소수자 집단 내부에서는 그런 식의 신체적 개입에 대해 자주 언급하지는 않더라도 백인들보다는 편안하게 이야기하는 것 같다. 나는 나이지리아인(현재는 미국인이기도 한) 작가의 베스트셀러 소설《아메리카나*Americanah*》를 통해 머리모양과 정치의 관계에 대해 많은 것을 배웠다. 흑인 여성들은 머리를 곧게 펴면 직장에서나 다른 여러 사회적 환경에서 자신이 유리해진다고 생각한다. 태닝 전문점이 있고 더 밝은 피부에 대한 선호와 어두운 피부에 대한 선호가 공존하는 것처럼, 배배 꼬인 머리모양을 선호하는 사람도 있고 자연스럽게 기르는 걸 선호하는 사람도 있다(흑인 여성들만의 이야기는 아니다). 사실 모발과 모공에 대해서는 다양성이 충분히 인정된다. 2016년 무렵에는 수수자 집단에 속한 누군가가 머리를 곧게 펴더라도 아무도 격한 반응을 나타내지 않게 됐다. 나는 시카고에 사는데, 우리 집이 위치한 거리에는 미용실이 여섯 군데(!)나 있다. 그 미용실들은 모두 흑인 여성 손님을 받는데, 흑인 여성이 그 미용실에서 머리를 다듬으려고 하는 것에 대해 백인이 부정적인 말을 하는 것은 들어보지 못했다. 머리 색에 대해서도 같은 법칙이 적용된다. 지중해 국가의 여성이나 유대인 여성이 시험 삼아 금발로 염색을 했을 때, 우리는 그 색깔이나 염색한 솜씨가 별로라고 생각해서 얼굴을 찡그릴지도 모른다. 하지만 그 사람이 지배적인 집단 또는 과거에 지배적이었던 집단을 모방하려 한다고 생각해서 그러는 것은 아니다.

융비술rhinoplasty이라고도 불리는 코 성형술은 조금 더 어려운 선택이다. 외과적 도구를 쓰는 수술이어서 그렇기도 하지만, 그보다는 머리모양을 바꾸는 것처럼 쉽게 원래 상태로 돌아갈 수가 없기 때문이다. 코 성형은 취향이 변덕스럽기로 유명한 10대들 사이에서 인기를 끈다. 그래서 코 성형은 법적 규제가 많은 영역이기도 하다. 내가 사춘기였던 시절에는 내 주변 유대인 여학생들이 코 모양을 바꾸는 일이 흔했고, 그 수술에 대한 이야기도 공공연히 하고 다니는 분위기였다. 만약 유대인 아닌 사람이 코 수술 이야기를 꺼냈다면 많은 사람이 아연실색하면서 상처를 받았겠지만(유대인은 콧등의 뼈와 연골이 커서 압도적 다수가 매부리코를 가지고 있다. 과거 나치 독일에서는 매부리코를 보고 유대인들을 식별해 박해했다—옮긴이). 고백하건대 나는 거의 항상 수술을 받은 여자아이들의 코가 본래의 자연스러운 코보다 매력적이라고 생각했다. 지금 돌이켜보면 코 수술이 유행했던 것(특히 정통파 유대인 공동체에서 유행했다)은 다소 놀라운 일이었다. 유대의 율법은 성형수술로 신체를 변형하는 것을 부정적으로 본다. 일부 당국자들은 "비정상"을 고치기 위해 필요한 경우를 제외한 성형수술을 일절 금지한다. 조금 더 허용적으로 접근하는 경우 정신적 안정을 얻기 위한 수술은 허락된다. 문신을 신체에 대한 "훼손"이라고 부르며 절대 금기시하는 인구통계학적 집단에서 코 성형과 주름 제거 성형은 매우 흔하게 이루어진다. 이러한 모순은 오늘날까지 이어지고 있다. 사실 문신은 성경에서 명백하게 금지하는 행위인 걸로 보인다(레위기

19장 28절 "죽은 자 때문에 너희의 살에 문신을 하지 말며 무늬를 놓지 말라 나는 여호와이니라"). 이 성경 구절의 의미에 대해서는 이런저런 의견이 있지만, 가장 중요한 쟁점은 인간의 몸은 신이 만드신 형상이므로 몸을 훼손하거나 '개선'해서는 안 된다는 관념이다. 과거 유대인들 사이에서 코 성형술이 유행했던 건 사회에 동화되기 위해서나 상처되는 말을 피하기 위해서였을지도 모른다. 그 시대에 일부 천박한 사람들은 대학 동기 중에 유대인이 있다는 표시로 자기 코를 가리켰으니까. 오늘날 코 성형은 폭넓게 받아들여지지만, 사람들이 민족적 정체성에서 탈피하기 위해 열심히 노력하던 시대만큼 흔하지는 않다. 요즘에는 가슴 확대술 등의 외과적 개입이 코 성형보다 훨씬 흔하다.

나이의 흔적을 거꾸로 돌리는 시술 이야기로 넘어가기 전에, 신체 개입의 정당성에 대한 3단계 이론을 소개하겠다. (1) 법적 전통 및 사회적 전통은 자기 몸에 대한 선택으로 성인들이 자기를 표현하는 것에 관대한 편이다. 부모들이 미성년 자녀를 위해 선택을 대신해줄 수도 있는데, 그렇게 하려면 적어도 의학적 필요나 다른 강력한 이유가 있어야 한다. 신체에 대한 개입이 불가역적인 경우 법은 개인들을 규제하려는 경향이 강해진다. (2) 사회의 주류가 소수자 집단에게 신체에 무엇을 하라고 말하는 일은 드물다. 하지만 그 소수자 집단이 스스로 주류 문화에 순응해야 한다는 압박을 느낄 때 주류 집단은 불편해한다. (3) 그 소수자 집단이 자신들 내부의 하위집단 또는 개인들에게 불가역적인 변형을 요구할 때는 개입이 허용되며, 때때로 이것은 인권의 문제로 이해된다.

방금 간략하게 설명한 이론의 예를 먼저 소개하고 나서 노화와 관련된 신체 개입 이야기를 해보자. '여성 성기 절제FGM'라는 별칭으로 불리는 여성 할례는 매우 강력한 반발을 불러일으키는 관습이다. 유엔UN은 여성 할례를 인권 침해 행위로 규정했으며 현재 미국과 영국, 프랑스는 여성 할례를 불법으로 규정하고 있다. 하지만 어떤 나라에서는 여성 할례를 광범위하게 시행한다. 이때 여성 할례는 종교적 의무라기보다 문화적 규범의 의미를 지닌다. 일부 인류학자들은 여성 할례에 대한 반대를 문화식민주의로 간주하는데, 또 다른 학자들은 거꾸로 그들을 윤리 상대주의자라고 비난한다. 한편 남성 할례는 광범위하게 실행된다. 포경수술의 장점에 대한 의학적 증거가 새로 발견됐는데도 유럽과 아시아에서는 포경수술이 크게 감소했다. 이슬람인과 유대인은 여전히 포경수술을 하는 비율이 높다. 그들에게 포경수술은 종교적 의미가 크기 때문이다. 유독 여성 할례에 대한 반대가 강력한 것은 남성 할례에 관한 의학적 견해가 계속 바뀌기 때문만이 아니라 여성 할례가 좋다는 어떤 의학적 증거도 없기 때문이다. 그리고 전통적으로 여성 할례를 시행하던 나라들 가운데 일부가 할례에 여성의 정숙함과 성적 억압이라는 의미를 부여하기 때문이다.

간단히 말해서 할례는 불가역적이다(이 점에서 할례는 피어싱과 다르다. 예외도 있긴 하지만 피어싱을 한 사람이 장신구를 제거하면 대부분 상처가 아물고 구멍이 메워진다). 그리고 우리는 여성을 더 불리하게 만들거나 더 많이 변형시키는 문화적 규범을 싫어한다. 여성들이 지배의 대상이었던 오랜 역사가 있으므로, 여성 할례를 찬성하는 문화적 주장을 선뜻 받아들일 수 없는 것이다. 페미니스트들은 머리와 얼굴을 가리는 의상인 부르카 또는 니캅에 반대할 수도 있다. 특히 부르카는 처음부터 남성들이 도입한 것이다. 하지만 어떤 옷을 착용하는 일은 가역적인 결정이다(심층적인 심리적 영향과 그런 전통이 피부암을 예방한다는 주장은 일단 생각하지 말자). 반대로 만약 지배적인 집단, 예컨대 남성들이 몸에 구멍을 뚫거나 새로운 남성 구성원에게 할례를 강제한다면 우리는 그런 의식에 개입해서 '희생자'의 편에 서려고 하지 않을 것이다. 그것은 성인들이 스스로 동의하는 수술이고 문화적 환경도 완전히 다르다. 소음순 수술과 질 성형술은 점점 보편적인 수술이 되어가는데, 그런 수술에 대한 문화적 반대나 페미니스트들의 반대는 예전만큼 강렬하지 않은 느낌이다. 남성을 의식해서 이런 수술을 할 수도 있겠지만, 어쨌든 결정을 하는 주체는 성인이다.

미국과 유럽에는 남성 할례에 반대하는 '포경수술에 반대하는 사람들intactivist'이라는 운동이 있다. 이들은 특히 자신이 동의를 표할 수 없는 아기와 미성년자에게 강제로 시행되는 포경수술에 반대한다. 그러나 수많은 사려 깊은 사람들이 남성 할례에 대해서는 불쾌하게 생각지 않으면서 여성 할례는 불쾌하다고 생각하는 것은 어떤 의미일까? 여성 할례는 적어도 서구인의 눈으로 보면 이미 다양한 관행을 통해 심각한 제약을 받고 예속당하는 집단에게 가해지는 수술이다. 이것이 두 수술의 결정적인 차이점이다.

적어도 미국에서는 귀에 구멍을 뚫는 건 대체로 여성들이다(선물로 귀를 뚫어주기도 하고 그 결과를 칭찬하기도 한다). 이런 종류의 신체 개입에 대해서는 아무도 항의하지 않는다는 점이 놀라운가? 피어싱은 일반적으로 가역적이고 몸에 남기는 상처도 경미하다. 만약 몸에 구멍을 뚫고 나서 되돌리기가 어렵다면, 법적으로 미성년자는 피어싱을 금지당하거나 법적 연령에 도달할 때까지 기다리라는 요구를 받을 가능성이 높다. 실제로 미국의 어떤 주들은 이와 비슷한 규제를 시행하고 있다. 예컨대 위스콘신 주에서는 16세와 17세 청소년들에게 피어싱 시술을 할 경우 부모의 허가가 반드시 필요하며 부모가 그 자리에 있어야 한다. 그리고 15세 이하 청소년의 경우 부모가 동의하더라도 구멍은 귀에만 뚫을 수 있다. 앞에서 소개한 이론의 (1)처럼 신체 개입을 원상복구하기가 어려울수록 법적 규제도 많아진다. 마찬가지로 미국의 대다수 주들은 미성년자의 몸에 문신을 하지 못하게 한다. 몇몇 주들은 부모의 허가가 있을 경우에 한해 허용한다.

가슴 확대술과 성전환 수술, 그리고 성전환을 위한 호르몬 투약 역시 특별한 의학적 필요가 있을 때를 제외하면 미성년자에게는 허용되지 않는다. 여기서도 우리는 이러한 신체 변형에 대한 요구가 남성이 지배하는 사회의 선호 또는 강제에 의해 촉진된다는 강력한 반대를 예상할 수 있다. 현재로서는 자기표현과 정체성 드러내기의 가치가 이런 수술이 과거 피지배자였던 집단에게 시행되는 것에 대한 불안을 덮고도 남는다. 만약 성전환 수술을 받는 사람들 가운데 압도적 다수가 여성에서 남성으로 전환한다면(실제로는 반대 방향으로 전환하는 사람이 더 많다) 그 수술은 진보적인 시민들로부터 지지를 받기는커녕 악으로 간주됐을 것이다(그리고 의료보험에도 포함되지 못했을 것이다). 어떤 경우든 간에 이런 수술은 대부분 대상자가 성인으로서 그 조치를 원하고 동의해야만 실행된다. 사회적 관습과 비교해서 법은 이 문제에 대해 많은 말을 하지 않는다. 법이 개입하더라도 개인들의 몸에 대한 통제권보다는 의료보험 혜택의 범위에 관한 정치적·법적 논쟁과 관련된 경우가 대부분이다. 어떤 집단에서는 성형수술을 부정적으로 바라보지만, 그 수술이 비가역적이고 환자가 미성년자인 경우가 아니라면 대부분의 경우 법은 뒤로 물러나 있다. 미성년자가 비가역적 수술을 받는 경우에도 보호자가 동의한다면 코 성형과 일부 피어싱 등 몇 가지 수술은 가능하다. 가족의 결정을 법이 차단하는 경우 이유는 두 가지다. 의학적인 염려(예컨대 신체가 완전히 발달하기 전에 가슴 확대술을 받는다) 때문이거나, 청소년들이 문신이나 독특한 피어싱을 하고 싶어서 부모를 졸라대는 일을 피하고 싶은 다수의 의견 때문이다.

노년에도 젊어 보이려는 노력

코 성형술과 피어싱은 주로 미성년자들이 매력을 느끼는 시술이며 일반적으로 노화와 관련된 개입이라고 간주되지는 않는다. 가슴 확대술은 10대 청소년에게 허용되지 않을 뿐 20대부터 50대까지의 여성들이 매우 흔하게 받는다. 현재 65세를 넘긴 사람들이 많이 하는 외과적 성형수술은 주름 제거술, 목주름 제거술, 쌍꺼풀 수술이 전부인데 이런 수술들은 중년 이후에는 현저히 감소한다. 사람들이 70대에 접어들면 비외과적 시술(약물 주입과 같은) 역시 눈에 띄게 감소한다. 나는 70대 노인들이 활동을 적게 하는 집단이라고 주장할 생각은 없다. 그리고 70대부터 성형수술이 감소하는 이유는 법적 규제라든가 사회적 편견 때문이 아니라 수요가 줄어들기 때문이라고 확신한다. 물론 앞으로는 성형수술을 많이 하는 집단이 바뀔지도 모른다. 성형외과 붐을 일으킨 세대는 나이가 들어도 자신들의 취향과 소비습관을 유지할 것이기 때문이다. 성형외과 의사들과 제약회사들은 변화하는 수요에 따라 영업 관행을 조절해야 할지도 모른다. 하지만 만약 젊어 보이기 위해 수술을 받으려는 욕구가 나이 들수록 감소한다면, 그래서 75세 노인들 가운데 코나 가슴 미용을 동경하는 사람이 별로 없는 추세가 지속된다면, 우리는 나이든 사람들이 자기 모습을 더 편안하게 받아들인다는 결론을 내릴 수 있다. 어떤 경제학자는 사람이 나이가 들수록 피부나 성형수술에 대한 투자의 매력이 줄어든다고 설명할지도 모른다. 나이가 들어서 성형수술을 받으면 비용은 똑같이 드는데 그 수술로 생긴 변화를 경험하거나 그 변화의 혜택을 입을 시간은 짧기 때문이다. 그러나 그 말은 틀린 것 같다. 첫째 이유는 나이가 들면 마음이 더 급해질 수도 있다. 둘째로 대부분의 성형수술은 후속 치료가 필요하므로 투자의 유효 기간은 젊은 사람이나 나이든 사람이나 크게 차이 나지 않는다.

노화 방지를 위한 신체 개입으로 해석 가능한 다른 시술들도 있다. 라식수술을 비롯한 각종 시력교정 수술은 약 20세 때부터 시작되며 노년에는 수술의 빈도가 떨어진다. 그것은 나이든 사람의 눈에 생기는 문제점들이 그런 수술로 고쳐지지 않기 때문이다. 어쨌든 교정용 렌즈 없이도 선명하게 보고 싶은 욕구는 젊은이의 외모와 직접적인 연관이 있는 건 아니다. 모발 이식을 포함한 모발 복원술의 경우 노화 방지 목적이 더 명백하다. 가슴 확대술은 30대와 40대에게 가장 인기가 많다. 남성의 경우 30대와 40대에 머리가 벗겨지는 것이 외모에 가장 많은 영향을 미치는 것 같다. 여성의 가슴 확대술, 남성의 모발 이식술, 눈 수술과 치과 수술. 이 모든 영역에서 법은 개인의 선택을 허용한다. 우리는 더 나은 외모를(그렇다, 더 젊은 외모도) 가지기 위해 우리가 원하는 거의 모든 일을 자유롭게 할 수 있다. 항암제에 대해서는 사기나 착취를 당할 우려가 많기 때문에 규제 범위가 넓지만 노화 방지와 성형수술에 대해서는 그런 우려가 별로 없다. 식품의약처는 안전에 대한 감독은 하지만, 소비자와 의사들이 무엇이 효과적인지 직접 결정할 수 있는 권리를 준다. 만약 60세에서 80세 사이인 사람들이 주름 제거술을 비롯한 성형수술 시장에서 지배적인 지위를 차지하지 않게 된다면 그것은 그들이 그런 개입을 스스로 포기했기 때문이다. 연예인과 정치인들은 남녀 모두 60대에도 곱고 깨끗한 얼굴을 보여줘야 한다는 압박을 느낀다. 어떤 여론조사에서는 상당수 유권자들이 주름 제거술을 받은 후보자에게 투표하지 않겠다고 말했지만, 아마도 실제로는 미용 시술 때문에 특정 후보에게 호감을 느끼는 사람이 훨씬 **많을** 것이다.

성형수술은 주로 젊은 성인과 중년들에게서 급격히 증가하고 있지만, 나이든 환자들 사이에서도 뚜렷한 증가세가 나타나고 있다. 노인 인구의 증가, 노인들의 경제적 여유, 성형수술 업계의 공격적인 홍보 등이 원인인 듯하다. 건강한 80세 환자에게 가슴 확대수술을 하지 말라고 권유하는 의사들도 아직 있다. 가슴 확대수술은 나이가 80의 절반쯤 되는 사람에게 더 필요하다는 것이 그런 의사들의 사고방식이다. 하지만 인구통계와 경제지표를 보면 나이 드는 환자들의 가슴 확대술과 각종 성형수술은 점점 늘어날 것으로 추측된다. 그렇다면 사람들은 왜 젊은이 같은 외모를 추구하다가 나중에는 그만둘까? 어느 20세 청년은 이 질문 자체가 이상하다고 생각할지도 모른다. 그 청년이 보기에는 나이든 사람이 아름다운 자기표현을 포기하는 것이 당연한 일일 테니까. 나는 대학생들에게 현재 나이의 세 배 또는 네 배만큼 나이를 먹으면 어떤 모습일 것 같냐고 물어본 적이 있다. 그러자 대부분의 학생들이 상상도 안 된다고 대답했다(좋은 대답이다). 하지만 몇몇 학생들은 진지한 표정으로, 그 나이가 되면 인생은 별로 가치가 없어져서(혹은 재난이 닥쳐서) 자신들은 죽어 있을 거라고 대답했다. 새로운 활동이나 새로운 모험에 대해 이야기한 학생은 거의 없었다. 다행히 그들이 직장에 들어가서 일을 시작하고 나면 대답은 훨씬 긍정적으로 바뀐다. 아마도 직장 상사의 모습을 보면서 자신들이 나중에 그 입장이 된 모습을 상상하기 때문일 것이다. 어쨌든 20세 청년은 60세가 된 사람이 성형수술을 받는 것은 낭비라고 생각할 가능성이 높다. 아주 젊은 사람의 눈에 나이든 사람은 다 똑같아 보이기도 하고, 자기 외모에 신경을 많이 쓸 리가 없는 사람으로 보이기도 한다.

사실은 사람들이 나이가 든다고 해서 외모에 신경을 덜 쓴다고 판단할 근거는 전혀 없다. 미용실과 화장품 업계는 젊은 사람들과 나이든 사람들 모두를 겨냥해서 광고를 한다.

지나치게 이성적인 경제학자 또는 진화론을 신봉하는 생물학자는 자기표현의 다양한 측면을 쉽게 이해하지 못한다. 우리는 짝짓기 의식을 건강함을 과시하는 것으로 이해한다. 이는 공작새가 깃털을 뽐내는 것과 비슷하다. 자기를 지켜보는 암컷에게 깃털을 보여주고 아름다움을 유지하기 위해서는 노력이 필요하다. 그래서 수컷 공작들 사이에서는 짝짓기를 위한 경쟁이 벌어진다. 만약 어느 십대 소년이 고급 스포츠카라든가 바위처럼 단단한 복근을 한껏 과시한다면 우리는 그 소년이 자신의 경제력·유능함·건강함·반항에 대한 신호를 보내고 있다고 받아들인다. 이 특징들은 모두 짝짓기에 유리해 보인다. 마찬가지로 만약 어느 젊은 여성이 길고 아름다운 머리카락과 적당히 그을린 두 팔에 최신 유행하는 옷을 입고 있다면 그녀는 경제력·건강·노력 등의 좋은 특징을 드러내는 것이다. 그런데 사람들은 왜 재생산이 가능한 나이를 넘어서도 그런 수고를 마다하지 않는가? 어쩌면 그런 행동이 몸에 깊이 배어 있어 노년에도 쉽게 포기할 수 없기 때문인지도 모른다. 원초적 본능을 극복할 줄 아는 현명한 사람들에게 육체적 매력은 최초의 문고리 선물door-opender(외판원이 집에 들어가기 위해 주는 미끼용 선물—옮긴이)에 불과하다. 매력적인 모델은 자신에게 구애하는 사람들이 자신의 사람됨을 좋아하는 것인지 아니면 육체적 매력에 쉽게 이끌린 것인지를 항상 궁금해한다. 이끌린 이유가 원초적 매력이든 경쟁심이든 간에(사람들이 매력적인 애인을 얻는 경쟁에서 이기고 싶어서 구애하는 것일 수도 있으니까) 매력적인 사람은 나이가 들면서 배우자가 자기에게 흥미를 잃을 것을 걱정할 수밖에 없다. 그녀(여자라고 가정하자)는 구애자(남자라고 가정하자)가 그녀의 외모에 지나친 영향을 받고 있을 위험을 줄이기 위해 행동하리라고 단정할 수 없다. 그는 그녀와의 관계를 정리하고 자기가 가진 특징들을 그대로 가진 채 다른 데로 가면 되니까. 짐작건대 탐스러운 머리카락, 단단한 가슴, 매끈한 피부 같은 젊은 시절의 매력은 짝짓기에 도움이 될 것이다. 시간이 흐르면 이런 특징들은 가치가 떨어지겠지만 권력과 부는 가상의 구애자에게 계속해서 가치 있게 보일 것이다.

　노년기에 이르면 우리는 재생산의 동반자를 찾기 위해 경쟁하지 않는다. 만약 노년기에 경쟁이 있다면 그것은 말 상대 또는 미래의 돌봄 제공자를 얻기 위한 경쟁일 것이다. 그런 경쟁에서도 정력은 중요하다. 치매와 노쇠함의 징후를 찾아서 잘 피하는 것은 합리적인 행동이니까. 건강의 징표를 얻기 위한 노화방지 시술은 여전히 유용하지만, 몸의 가동 능력과 다양한 생활습관이 점점 더 중요한 매력으로 떠오른다. 그래서 50세가 넘은 사람들 사이에서는 성형수술은 덜 중요해지고 머리모양, 위생, 건강이 중요해진다. 남녀에게 해당하는 예를 하나씩 들자면 봉긋 솟은 가슴이나 대머리와의 전쟁보다 머리모양·위생·건강이 더 중요해지는 것이다. 특히 머리모양은 나이든 사람 개개인의 능력과 자신을 잘 돌보는지를 드러내는 징표가 되기 때문에 더욱 흥미롭다. 머리를 스스로 잘 가꾸는 사람은 자신을 돌볼 줄 아는 것이므로 친구들에게 짐이 되기보다 좋은 말벗이 될 확률이 높다.

젊은 사람이든 나이든 사람이든 간에 외모로 규정되거나 순전히 외모 때문에 연인과 맺어지기를 진정으로 원하는 사람은 거의 없다. 우리에게는 내면의 자아가 있다. 그리고 현실적으로 보더라도 우리의 외모는 시간이 흐르면 변화한다. 나이가 들면 우리는 친구와 애인들이 우리의 껍데기(금이 가고 있는 껍데기)만을 좋아했던 것이 아니기를 바라게 된다. 외모는 누군가에게 나를 알고 싶은 마음이 들게 하는 중요한 수단이지만 외모가 **나**의 본질은 아니다. 매력적인 모델은 아마도 누군가와 사귀기 전에 남들보다 더 신중한 태도를 취할 것이다. 그 또는 그녀는 상대방이 깊이 있고 올바른 가치관을 가진 사람인지 여부를 확인해야 한다. 그러나 인생의 어느 단계에서든 노화방지 시술은 타인과의 접촉을 원활하게 하고 누군가를 알아나가는 수단이 된다. 어떤 사람이 특정한 방식으로 자기표현을 하고 나서 갑자기 외모에 신경을 덜 쓴다면 연애로 발전하고 있던 관계는 시험에 빠지게 된다. 그런 행동은 모욕으로 받아들여지거나 무관심으로 해석되기 때문이다. 주름 제거술, 가슴 확대술, 모발 이식술 등은 단순히 온라인 데이트 사이트의 프로필 사진을 다섯 살 젊어보이게 하는 효과만 지닌 것이 아니다. 상대방은 언젠가 내 나이와 성격에 대해 진실을 알게 될 것이다. 만약 그 또는 그녀가 나를 처음 본 순간 그다지 매력을 느끼지 못했다면 굳이 그런 진실을 알려는 수고를 하지도 않았으리라. 흥미진진한 제목이나 우아한 표지 때문에 책을 열어보는 것은 비합리적인 행동이 아니다.

나중에 6장에서 논의하게 되겠지만 어떤 사람들이 자기보다 나이가 한참 위인 애인 또는 친구에게 끌리는 것도 놀랄 일은 아니다. 그들은 나이든 사람들이 더 흥미롭게 느껴져서나 경제적으로 넉넉해서 좋아할 수도 있고, 자기와 정반대인 사람에게서 매력을 느낄 수도 있다. 젊은 사람은 나이든 사람과 함께 있으면 명백한 대조 효과로 자신이 더 젊어지는 느낌을 받을지도 모른다. 노화방지라는 관점에서 이상적인 '갭 커플'(여기서 나는 42세와 25세가 사귀는 경우를 말하는 것이 아니라 65세와 42세의 경우를 가리킨다)은 젊은 애인과 함께 있을 때 자신이 더 젊다고 느끼는 노인과, 나이든 애인과 함께 있을 때 그와 비교하면서 자신을 더 젊다고 느끼는 젊은 사람의 결합이다. 따라서 비교 대상이 되는 집단이 자기와 비슷한 나이가 아니라 젊은 사람들인 곳에서 성형수술 수요가 더 많을 것으로 추측된다. 아마도 40대 영업사원과 임원들이 성형수술을 많이 할 것이다. 그들은 30대 영업사원과 경쟁하니까. 반면 40대인 작가, 정치가, 스포츠 코치들은 10년 아래인 사람과 경쟁하는 일이 별로 없으니 성형수술도 덜 할 것이다.

노인들 속에서의 나이듦

은퇴한 노인들이 많은 동네에 가보면 비교집단이 노화방지 시술에 미치는 효과를 가늠할 수 있다. 애리조나주 선시티Sun City, 플로리다주 중부의 보카레이튼Boca Raton과 더빌리지The Villages 같은 곳에는 성형외과 의사들이 눈에 띄게 많다. 성형수술 수요는 직장 내 경쟁이나 짝 짓기 경쟁이 종료된다고 해서 완전히 없어지지 않는다. 이런 동네의 성형외과 홈페이지에 올라온 사진은 64세에서 74세 여성들이 주름제 거술과 목주름 제거술을 받은 모습을 보여준다. 하지만 전국적으로 보면 외과적 성형시술 가운데 64세 이상 환자를 대상으로 이루어지 는 비율은 4퍼센트에 지나지 않는다. 예컨대 지방흡입술과 복벽성형 은 일반적으로는 흔한 수술이지만 나이든 사람들은 별로 하지 않는 다(아직 안 하는 것인지도 모른다). 비외과적 성형시술을 포함시킬 경우 64세 이상 환자들에게 시행된 시술의 비율이 높아지지만 기껏해야 10퍼센트 정도다. 전국적으로 성형수술의 90퍼센트는 여성에게 시 행되며 이 점은 모든 연령층이 동일하다. 인구 대비 성형외과의 수가 가장 많은 지역은 비벌리힐스, 샌안토니오, 마이애미, 샌프란시스코, 애틀랜타 같은 곳들인데 이런 곳에 노인 인구가 특별히 많지는 않다. 실제로 성형수술 중심지 한두 곳을 들여다보면 주변에 젊은 사람들 이 많을 때 성형수술 수요가 늘어난다는 사실이 발견된다. 덧붙이자 면 4퍼센트와 10퍼센트라는 수치는 미국 성형외과학회American Society of Plastic Surgeons의 통계에서 가져온 것이며 포경수술(미용 목적이 아니므 로), 피어싱(28퍼센트가 남성), 문신, 그리고 대부분의 소음순 성형술 과 질 성형술(미용 목적이 아니므로)은 여기서 빠져 있다. 통계에 포함 되지 않은 이 수술들은 노년과 중년인 사람들은 잘 하지 않으므로, 침 습적 성형시술을 받는 전체 환자 가운데 64세 이상인 사람들의 비중 은 매우 낮다고 봐야 한다.

실버타운에 거주하는 여성들은 신체에 대한 개입보다 머리 손질과 사교적이고 유쾌한 사람이 되는 일에 훨씬 많은 시간을 쓰는 것 같다. 40세에서 55세 사이인 사람들은 "젊어 보이려는" 노력을 많이 하지만, 일정한 나이에 이르면 그런 노력도 어리석다고 느끼는 걸까? 젊은 응답자들은 문신 시술을 하면 섹시해지거나 반항적인 사람이 되는 기분이 든다고 답했다. 18세에서 40세 사이 성인 가운데 3분의 1 이상이 하나 이상의 문신을 가지고 있는 상황에서 스스로 얼마나 반항적이라고 느낄지는 모르겠지만 말이다. 나이든 문신 시술자들의 응답과 비교해보면 흥미로울 수도 있겠지만, 현재 문신을 하는 노인들은 또래집단 안에서 너무 소수여서 동일한 응답도 전혀 다른 의미를 지닐 가능성이 있다. 실버타운 거주자들을 대학 캠퍼스라든가 직장 기숙사처럼 연령대가 비슷한 다른 곳에 사는 퇴직자들과 비교해보면 어떨까? 은퇴한 노인들은 드디어 자기 외모를 편안하게 받아들이는 것 같다. 솔직히 말해서 나는 때때로 그들의 주름살이 매력적이라고 느낀다. 일정한 연령에 이른 사람들의 경우 쭈글쭈글하고 주름진 얼굴이 매끈하고 깨끗한 피부보다 아름답게 보인다. 주름살이 있으면 그 피부 뒤에 감춰진 인격이 더 흥미롭게 느껴진다. 그리고 눈동자가 반짝인다면 나는 대화 중에 그 사람에게 집중하게 된다. 그 사람의 옷과 장신구와 몸매에 눈길이 가는 것이 아니라. 나는 이 연령집단 내에서 성형수술 비율이 낮은 것이 자기 피부(변화하는 피부)에 점점 편안함을 느끼기 때문이라고 믿고 싶다. 아기의 피부와 노인의 피부는 각기 다른 의미에서 둘 다 아름답다. 아기의 피부는 미래에 대한 약속 또는 완벽함을 상징하는 반면 노인의 피부는 경험과 지혜의 상징처럼 보인다. 우리는 성숙한 성인이므로 장래가 촉망되는 것보다 지금 현명하기를 바란다. 완벽도 좋겠지만, 우리는 완벽이란 불가능하다는 사실을 안다.

나이가 들면 우리 자신에 대한 생각도 달라진다. 특히 우리가 어떤 인구통계학적 집단에 속해 있는가가 중요하다. 매력적인 사람도 모델로 가득 찬 방 안에 있으면 초라하고 못생기게 보일 수 있다. 실버타운에서는 대부분의 사람이 정상으로 보이고, 실제로 주민들도 자기가 정상이라고 느낀다. 실버타운 주민들도 신체 가동 능력이나 산소호흡기 의존도의 차이는 있겠지만, 일반적인 동네에 사는 사람들보다 주름살, 머리숱, 복근, 가슴 모양 따위를 덜 중요하게 여길 것이다. 어떤 노인들은 다양한 연령의 사람들이 돌아다니는 "일반적인normal" 공동체에 살고 싶다고 완강하게 주장하지만, 경제적·정치적 문제를 제쳐두고 오직 외모만 놓고 생각한다면 반대로 실버타운에 살고 싶어 하는 사람이 많을 것이다. 여기서 핵심은 무의식적인 비교인지도 모른다. 실버타운의 장점은 다양한 취미활동 기회를 제공하고 골프라든가 카드게임을 즐기는 이웃들을 만나게 해주는 것만이 아니다. 실버타운은 주민들에게 또래집단을 제공하고, 일부 주민들은 그 속에 있을 때 자신이 매력적이라고 느낀다. 예컨대 75세 노인들이 자신들보다 한참 어린 사람들에게 둘러싸여 산다면 그들은 젊어 보여야 한다는 압박을 느끼기 쉽다. 반면 비교집단에 속하는 사람들도 주름살을 가지고 있다면 그들은 한결 편안해진다. 이런 논리는 빼

빼 마른 모델을 쓰는 관행에 대한 반대로 이어지고, 더 나아가면 법률 제정의 토대가 된다. '아무도 굶어서 살을 빼지 않는다면 모두가 즐겁게 살 수 있다'는 것도 같은 논리다.

비교집단의 중요성은 성형수술에도 적용된다. 예컨대 도시에 흩어져 사는 80세 노인들보다 실버타운에 거주하는 80세 노인들이 성형수술을 훨씬 많이 한다고 가정하자. 그러면 우리는 그 차이의 원인을 두 가지로 설명할 수 있다. 첫째, 성형수술에 대한 필요는 또래집단에 의해 커질 수도 있고 작아질 수도 있다. 또래집단 내에서 새로운 피부 재생술이나 유능한 의사에 대한 정보가 공유되고 소문이 퍼지면 그 집단에 속한 개인들은 친구와 이웃이 받은 시술을 자기도 받으려 한다. 만약 어느 실버타운의 80세 노인들이 지위나 애인을 놓고 경쟁을 벌인다면 일종의 군비경쟁이 시작될 가능성도 있다. 이 경우 경쟁은 무기 생산이 아니라 성형외과 의사들의 단골손님이 되는 식으로 이루어진다. 반대로 실버타운에 거주하는 노인들이 성형수술을 적게 받는다는 결과가 나온다면, 우리는 앞의 것과 조금 다르면서도 합리적인 설명을 이끌어낼 수 있다. 실버타운에 거주하는 노인들은 서로 자주 접촉하기 때문에 서로의 호감을 사기 위해 특별한 수단을 필요로 하지 않는다는 것이다. 그러므로 연령이라는 변수가 동일할 때 실버타운에 거주하는 노인들이 다른 데 사는 노인들에 비해 나이에 관한 거짓말을 덜 한다고 해도 나는 별로 놀라지 않을 것 같다. 실버타운에 사는 노인들이 성형수술을 적게 하는 원인에 대한 두 번째 가설은 비교집단에서 원인을 찾는 것이다. 실버타운 같은 공동체에서 70세는 젊은 축에 들기 때문에 70세 노인은 자기보다 나이 많은 사람들에게 둘러싸여 지내게 된다. 비교집단에 나이 들어 보이는 사람이 많을 경우 바깥에 사는 사람들에 비해 자신이 젊다고 느끼기 쉽기 때문에 당연히 성형수술에 대한 수요가 적다. 실버타운 바깥에서는 70세 노인들도 이따금 자기가 늙었다는 느낌을 받게 된다. 나이는 자아개념self perception과도 연관되는 문제인데, 자아개념은 자기와 비교 가능한 집단의 영향을 받는다.

실버타운 안과 밖의 성형수술 비율에 대한 여러 가지 가설들 가운데 어느 하나가 특별히 개연성이 높다고 말할 수 있으면 좋겠지만, 사실 노인들의 성형수술에 관한 잘 정리된 데이터를 얻는 일 자체가 어렵다. 의사들은 환자를 시술 내역에 따라 분류하고 다음으로는 연령집단과 소수자 지위에 따라 분류한다. 하지만 실버타운을 대상으로 한 데이터나 지역별로 분류된 테이터 가운데서 당장 활용 가능한 것은 거의 없다. 나는 매우 부적절한 질문을 연거푸 던진 끝에 "어떤 실버타운에서는 침습적 수술이 평균보다 많이 이루어지고 어떤 실버타운에서는 평균보다 적게 이루어진다(당연한 이야기지만)"는 대답을 들었다. 또래집단과 함께 살면 성형수술 비율이 높아지는가, 아니면 낮아지는가? 총계를 낸 다음 평균을 계산해서 알아보면 좋겠지만, 아쉽게도 아직 답은 나오지 않았다. 설령 우리가 답을 안다고 해도, 한 가지 노화방지 시술의 비율이 높다고 해서 다른 시술을 받는 비율도 높다고 확신할 수 있을까? 앞에서 설명한 대로 성형수술과 나이를 속이는 거짓말은 상호 보완이 아닌 대체 관계로 보인다. 마찬가지로 성형수술 비율이 낮은 집단에서는 운동, 모발 이식, 유사 단백질peptide과 산화방지제antioxidant 복용 비율이 **높을지도** 모른다. 이와 같은 노화방지 전략들이 공동체의 측면에서 연관성이 있더라도 개개인의 차원에서는 별 상관관계가 없을지도 모른다는 점에 주의하자. 만약 스미스 씨가 주름 제거술을 받는다면 그녀의 이웃인 존스 씨는 그걸 보고 운동을 하거나 박피술을 시도하고 싶은 충동을 느낄 수도 있다. 그런 충동은 스미스 씨가 운동을 하거나 다른 미용시술을 받을 생각이 있는지 없는지와 무관하다.

나는 30대 때 처음 일본으로 여행을 갔는데, 그때 일본의 나이든 남자들이 유독 잘생겼다는 인상을 받았다. 미국에서 내가 경험했던 것과 비교할 때 적어도 일본에서는 여성보다 남성이 훨씬 매력적으로 나이가 드는 것 같았다. 일본 할아버지들은 얼굴에 주름살이 뚜렷했지만 하나같이 멋있어 보였다. 머지않아 나는 일본에서는 남자들이 나이가 든다고 다 대머리가 되지는 않는다는 점이 나의 판단에 영향을 미쳤음을 깨달았다. 머리숱이 얼마 없는 할아버지들(지금 내 모습이 그렇다)의 모습에 익숙해져 있던 사람은 머리카락 색이 진하고 숱도 많은 할아버지들을 보며 매력을 느끼기 쉽다. 일본의 노인들이 비만 없이 다들 호리호리하다는 점도 당연히 내 판단에 영향을 미쳤을 것이다. 이런 것을 고려하면 비교집단이라는 변수는 생각보다 더 복잡한 것 같다. 노인 집단에서라면 친절한 눈빛과 미소와 단정한 머리 모양을 가진 사람은 매우 좋은 인상을 심어줄 수 있다. 하지만 키가 크고 조각상 같은 모델들 사이에 우리처럼 평범한 사람이 있으면 초라해 보이기 십상이다. 대머리 노인들의 모습에 익숙한 사람에게는 지하철 객차 안에 머리숱 많은 노인들이 가득한 광경이 대단히 멋져 보일 수 있다. 나에게 일본 할아버지들은 정말 특별해 보였다. 젊은 사람들이 모여드는 로어 맨해튼에서는 55세 남자도 자기와 어울리지 않는 장소에 온 것처럼 보일 수 있다. 관찰자의 뇌는 그 55세 남자에게서 뻣뻣한 몸, 가늘어지는 모발, 보청기를 발견한다. 하지만 그 관찰자가 노인들로 가득찬 방 안에 들어가서 노인들의 다양한 특징에 익숙해지고 나면 서서히 주름살을 흥미롭게 볼지도 모른다. 나의 뇌는 주름살을 깊이 또는 지혜의 표지로 해석한다. 실리콘밸리나 할리우드에서 일하는 중년의 남녀가 젊어 보이기 위해 성형외과로 달려가는 것과 같은 이치에서, 또래들에게 둘러싸여 지내는 노인들은 온갖 신체 개입을 포기하고 자기 모습에 편안함을 느낀다.

주름살이 매력적이라거나 현명함의 표지라는 이야기를 진지하게 계속 늘어놓을 생각은 없다. 60세가 된 사람이 온라인 데이트 사이트에 자기 사진을 올릴 때, 현명해 보이기 위해 젊어 보이는 사진 대신 일부러 나이 들어 보이는 사진을 올리지는 않을 거라고 나도 생각한다. 데이트 사이트에 나이를 허위로 기재하는 일은 흔하지만, 다들 나이를 줄여서 올리지 실제보다 많은 나이로 올리지는 않는다. 자기표현이란 까다로운 일이다. 어느 62세 여성이 자신을 47세로 소개하고 15년 전에 찍은 사진을 올릴 경우, 그녀의 첫 데이트 상대는 레스토랑에 왔다가 약속한 자리에 앉아 있는 그녀를 발견하고 곧바로 떠나버릴지도 모른다. 그녀의 자기표현은 정직하지 못한 것으로 해석된다.

상대의 입장에서 그것은 바람직하지 않은 특성이다. 그녀는 너무 큰 거짓말을 했다. 만약 그 62세 여성이 자신이 실제보다 다섯 살 어리다는 애매한 암시를 한다면? 그 정도 기만은 어느 정도 용인될 뿐 아니라 일반적인 행동이기도 하다. 그런 자기표현은 본인의 소망이 담긴 것이며, "당신이 나를 직접 만나보고 내 '진짜' 나이와 사람됨을 판단하면 좋겠어요"라는 의미로 해석된다. 사람들은 자세히 간파당하는 것을 좋아하지 않는다. 부정적 고정관념이 있을 때는 더욱 그렇다. 그래서 우리는 창조적으로 표현할 여지를 약간 허용한다. 나는 성형수술을 받는 사람들이 자기 나이를 줄여서 말할 가능성이나 경로할인을 요구할 가능성이 더 높은지 궁금하다. 그리고 나중에는 그들이 자신들의 깊어지는 주름살에서 매력과 가치를 발견하기를 바란다.

이상적인 세상이라면

주름살은 인생의 끝이 아니라

지혜와 유머와 사교성의 증거로

받아들여질 것이다.

우리 몸, 우리 자신을
돌본다는 것
나이듦, 낙인, 그리고 혐오

———————— 마사 누스바움 ————————

1970년대에 미국 여성들은 우리 자신의 몸을 사랑하자는 이야기를 자주 했다. 한 시대를 풍미했던 《우리 몸, 우리 자신Our Bodies, Ourselves》이라는 책의 영향을 받은 우리는 검안경을 손에 들고 우리의 자궁 경부를 들여다봤다. 우리는 우리 자신의 몸이 불결하고 불쾌하고 수치스러운 것이 아니라 역동적이고 경이로운 것이라고 생각하기에 이르렀다. 그리고 우리 몸 자체가 우리 자신이라는 생각을 했다. 우리 베이비붐 세대가 나이 들고 있는 지금, 몸에 대한 그 사랑과 열정은 어디로 간 걸까? 몸에 관한 일련의 새로운 과제가 제기되는 시점에, 우리 세대가 다시 혐오와 수치심에 무력하게 휩싸이고 있는 건 아닌지 격정스럽다.

최근 내시경 검사를 받으러 갔다가 내 맹장을 봤다. 맹장은 분홍색이었고 아주 작아서 잘 보이지도 않았지만, 생전 처음 맹장을 직접 본다는 것은 무척 흥미로운 경험이었다. 가족력 때문에 내시경 검사만 그날로 벌써 네 번째였다. 나는 늘 하던 대로 수면제를 거부하고, 내가 날마다 끌고 다니지만 잘 알지도 못하고 칭찬해주지도 않던 내 몸의 여러 부분을 목격하며 짜릿한 전율을 맛봤다. 의사와도 여러 가지 이야기를 나눴다. 연방대법원의 다양한 판결에 대해, 내가 받는 검사의 세부사항에 대해, 그리고 수면제와 마취라는 문제에 대해 이야기했다. 의사는 자기 환자의 99퍼센트가 진정제를 맞거나 국소마취를 하는데, 갈수록 병원들도 국소마취를 많이 권유하는 추세여서 국소마취가 더 늘어나고 있다고 설명해주었다. (유럽에서는 환자 가운데 40퍼센트가 수면제를 쓰지 않고 내시경 검사를 받는다.) 의사는 수면제와 마취제 사용 때문에 발생하는 비용을 다음과 같이 열거했다. 경제적으로 비용이 많이 든다(이제는 잘 알려져 있는 사실이다). 환자와 그 환자를 데리고 이동해야 하는 사람이 그날 하루 일을 못하게 된다(반면 수면제를 사용하지 않은 환자는 보호자 없이 바로 업무에 복귀할 수 있다). 간호사와 병원 직원들의 시간이 낭비된다. 그리고 당연히 진정제는 위험하며 국소마취는 더욱 위험하다.

내가 한 가지를 덧붙이자면, 수면내시경을 할 경우 자기를 발견하는 놀라운 경험을 못 하게 된다. 나는 내 몸 안에만 있다. 내 몸은 내 존재의 전부이며, 앞으로도 내 몸을 떠나서 내가 존재하진 않을 것이다. 내 몸은 언제까지나 세상에 있진 않을 것이다. 그렇다면 과학이 기회를 준다고 할 때 내 몸과 친해지지 않을 이유가 무엇인가? 처음

마취를 거부했던 건 직장윤리를 생각해서였다. 그러다 내 몸을 들여다보는 즐거움에 매혹당해버렸다.

그러면 무의식 상태로 내시경 검사를 받는 것의 장점은 무엇일까? 당연히 검사비를 많이 받아서 이익을 취하는 누군가가 있다. 미국의 병원들이 수면내시경을 점점 많이 권하는 이유 중 하나는 분명 탐욕일 것이다. 그러면 환자에게는 어떤 혜택이 있을까? 대장에는 고통을 느끼는 신경이 없으므로, 내시경 검사 중에 환자가 불편을 느끼는 건 압력이 가해지기 때문이다(전날 윗몸일으키기를 300회 해서 복근을 자극했다면 그건 다른 문제다. 내 경험으로는 내시경 검사 전날에는 그렇게 무리한 운동을 하지 말아야 한다!). 환자의 불편은 혐오와 수치심에서 비롯되기도 한다. 불편함의 정도를 1부터 100까지로 표시하고 출산의 고통을 100에 가깝다고 하면 대장내시경은 5 정도다. 대장내시경은 안면 박피술보다 통증이 훨씬 덜하고 고작 30분쯤 소요된다. 그렇다면 환자들이 수면내시경을 선택해서 사회, 사랑하는 사람들, 그리고 환자 자신이 큰 비용을 치르도록 만드는 요인은 혐오와 수치심이라는 결론이 나온다. 간호사들의 설명에 따르면 환자들은 내시경 검사 도중에 방귀라도 뀌면 무척 창피해한다. 하지만 검사 전에 대장이 깨끗이 청소된 상태이기 때문에 그것은 방귀 중에서도 가장 깨끗한 방귀라고 한다.

몸에 대한 혐오와 수치심. 적어도 우리 중 일부는 수십 년째 그것과 전쟁을 벌이고 있지만, 그 전쟁에서 승리하고 있는 쪽은 혐오와 수치심인 듯하다. 왜 그럴까? 이 질문에 대한 대답은 노인의 몸에 대한 특정한 낙인과 깊은 관련이 있다. 진화론적으로 형성된 것으로 추정되는 이 낙인은 사회적 성격을 띠며 사람들의 인간관계에 매우 해롭게 작용한다. 그리고 그 낙인은 나이든 사람들이 자기 자신과 맺는 관계에도 악영향을 미친다.[1] 나이듦에 대한 낙인은 일찍 죽지 않는 한 우리 모두가 그 안으로 들어가야 하는 유일한 '혐오 낙인'이다. 한때 여성혐오와 관련된 낙인에 맞서 치열하게 싸웠던 여성들은 이제 나이듦에 대한 강력한 낙인에 그냥 굴복하고 있는 것 같다. 남성들의 경우 인종이나 종교가 주류에 속한다면 낙인과 전쟁을 벌일 준비가 덜 됐을 것이다. 그런 남성들은 최소한의 저항도 못해보고 나이듦에 대한 낙인에 굴복하게 된다. 혐오 낙인에 굴복한다는 말은 자기 자신이 혐오스럽다고 생각한다는 뜻이다. 만약 다른 형태의 낙인들이 사람들의 사회적 예속과 긴밀한 관련이 있다면, 나이듦에 대한 낙인 역시 매우 강력한 사회적 예속이 아니겠는가? 나이든 사람들은 자기 의사와 무관하게 그 낙인찍힌 집단에 들어가서 예속당하거나 자기 자신을 지워버려야 하는 구조가 아닌가?

이것은 아무리 들어도 좋은 이야기가 못 된다. 아니, 매우 나쁜 이야기다. 지금부터 노인의 몸에 찍히는 낙인에 대해 우리가 알고 있는 것들을 살펴보자. 그리고 그 낙인의 기원, 그 낙인과 다른 낙인들의 관계 및 차이점, 그리고 그 낙인의 강력한 영향에 대해 함께 알아보자.

원초적 혐오와 투사적 혐오

혐오란 무엇이며, 혐오의 사회적 역할은 왜 문제인가? 최근 미국에서는 폴 로진Paul Rozin이 이끄는 실험심리학자 팀이 혐오라는 감정에 대해 중요한 연구를 수행했다.[2] 그 연구에 따르면 모든 인간은 자신의 체액, 배설물, 냄새, 그리고 시체가 부패한 모습을 볼 때 극심한 불편을 느낀다. 이런 물질들 또는 냄새와 촉감이 이와 매우 비슷한 다른 물질들(미끈미끈한 곤충, 냄새 나는 동물 등)에 의해 오염될까봐 걱정하는 마음을 나는 "원초적 혐오primary disgust"라고 부른다. 원초적 혐오는 갓 태어난 아기에게서는 발견되지 않지만 모든 문화권에 공통되는 현상이며 아마도 유전자에 새겨진 경향인 듯하다. 원초적 혐오 반응은 경우에 따라 우리를 진짜 위험으로부터 보호하기도 하지만(따라서 이런 반응은 진화의 산물인 것 같다), 로진의 연구에 따르면 그 반응의 인지적 내용cognitive content은 두려움과는 상당한 차이를 보인다. 원초적 혐오는 위험이 아니라 오염에 대한 반응이며, 인체의 동물성과 부패에 대한 반응이다. 또한 실제 위험에 대한 반응보다 클 수도 있고 작을 수도 있다. (위험한 대상 중에는 혐오스럽지 않은 것도 많다. 예쁜 독버섯을 한번 생각해보라. 그리고 사람들은 위험하지 않다고 이성적으로 확신할 수 있는 대상에 대해서도 혐오를 느낀다. 살균 소독한 바퀴벌레라든가, 위험하진 않지만 징그러운 생물을 가지고 실험을 진행한 결과가 그랬다.) 로진은 우리가 혐오를 느끼는 이유는 우리 자신의 동물성에 대한 어떤 것을 거부하기 때문이라고 설명했다. 그는 이 점에 대해 충분히 설명하진 않았지만, 그의 연구에 따르면 우리는 우리가 다른 동물들과 비슷하다는 모든 징표를 거부하지는 않는다. 우리는 힘, 속도, 아름다움 같은 특성들에 혐오를 느끼지 않는다. 반면 부패나 죽음에 관련된 것이라면 모두 거부한다. 즉 우리 자신이 다른 동물들과 마찬가지로 연약하고 취약하며 죽고 부패한다는 사실을 거부하는 것이다.

이 모든 것은 별로 해롭지 않을 수도 있다. 하지만 나는 이런 식으로 자기혐오를 확대하면 반드시 문제가 된다고 생각한다. 우리에게 알려진 모든 사회에서 사람들은 이 지점에서 멈추지 않고 이른바 "투사적 혐오projective disgust"라는 감정에 도달한다. 사람들은 자기 자신과 자신의 동물성 사이에 완충지대를 만들려고 한다. 그래서 유사 동물로서 표적으로 삼을 만한 집단(대개는 힘없는 소수 집단이다)을 찾아내 그 집단에 다양한 동물적 속성들을 투사한다. 사람들은 고약한 냄새나 동물적 성생활 등을 근거로 하위집단을 비난하지만, 사실은 투사를 당하는 집단이 투사를 하는 집단보다 그런 속성을 더 많이 가진 것은 아니다. 이때 투사적 혐오를 하는 사람들의 '생각'은 대략 다음과 같다. '만약 우리와 우리 자신의 동물적 악취·부패 사이에 저 유사 동물들을 세워둔다면, 우리는 동물적이고 유한한 존재로부터 그만큼 멀어질 거야.' 우리에게 알려진 사회 가운데서 어떤 하위집단에게 악취, 끈적임, 지나친 성욕을 비롯한 초동물성hyperanimality을 투사하지 않는 사회는 찾기 힘들다.[3]

혐오 낙인의 종류는 다양하다. 유럽의 반유대주의는 유대인들을 가리켜 신체 접촉을 지나치게 좋아하고, 냄새를 풍기고, 성적 욕구가 지나치다고 하면서 한편으로는 교활하며 지능적이라고 묘사한다.[4] 유럽인들은 유대인을 두려움과 질시의 눈으로 바라보며 한편으로는 혐오했다. 반면 과거에 미국의 흑인들은 성욕이 과도하고 냄새를 풍기며 머리까지 나쁜 야만적 존재로 인식됐으며, 불행하게도 지금도 간혹 그렇게 인식된다. 흑인들은 혐오와 육체적 공포를 불러일으켰지만 부러움의 대상은 아니었다. 다시 말하자면 미국의 흑인들은 육체의 힘이 강하고 공격적인 존재로 받아들여졌다. 힌두교 국가의 카스트 제도상 상위 계급에 속하는 사람들의 눈에 비친 불가촉천민은 더럽고 약한 존재였지만 특별히 공격적이지는 않았다.

여성혐오에 대해 이야기해보자. 여러 나라에서 여성들은 혐오스럽다는 관념이 있었다. 여성에 대한 혐오는 대개 성적 욕구 및 흥분과 결합된 감정이어서, 지그문트 프로이트Sigmund Freud처럼 권위 있는 학자도 성적 흥분에는 혐오가 반드시 포함된다고 주장할 정도였다. 이 혐오(희한하게도 매력과 결부된 혐오)야말로 남녀의 윤리적·지적 평등에 대한 거부의 핵심이라는 페미니스트들의 지적은 옳다. 하지만 여성에 대한 혐오 반응은 친밀한 관계를 피하는 결과로 이어지기보다는, 친밀감과 가정성domesticity은 유지하되 불안에 차서 여성의 성을 감시하고 통제하려는 시도로 이어진다. 물론 여성들이 더럽다는 이유로 기피 대상이었던 적이 없었다는 말은 아니다. 여성의 월경을 둘러싼 금기가 여러 나라에 있다는 사실은 여성혐오 낙인의 힘을 보여준다. 그리고 예의바르고 교양 있고 도덕적이었던 18세기 사람 애덤 스미스Adam Smith는 남성은 성적 욕구가 채워지고 나면 여성을 피한다고 주장했다. "우리는 식사를 할 때 덮개를 벗겨달라고 주문한다."[5] 현대 미국의 법학자 윌리엄 이언 밀러William Ian Miller도 비슷한 의견이다. 밀러는 남성들의 그런 반응은 마음속 깊은 곳에서 나오기 때문에 뿌리 뽑기 어렵고 젠더 평등 달성을 지연시킬 것이라고 주장한다.[6] 남성들은 이런 식으로 여성을 회피하면서도 여성과 주거, 식사, 잠자리를 공유하는 행위는 절대 마다하지 않는다.

다른 사례로 넘어가서 이야기를 계속해보자. 현대 사회의 동성애 혐오자들은 남성 동성애자를 성적 욕구가 굉장히 강하고 혐오스러운 존재로 상상한다. 그리고 이런 반응을 보이는 동성애 혐오자 남성들은 자신이 동성애자 남성에게 성적 매력을 느끼지는 않으리라고 간주한다.[7] 동성애에 대한 폭력적인 혐오 낙인들 가운데 절반 이상은 동성애자 남성들만을 겨냥한다. 영국에서 여성 동성애자들의 행동은 법으로 금지된 적이 없었으며, 미국에서도 여성 동성애자들의 성교가 정치적이고 집단적인 증오 행동의 주요 타깃이 된 적은 없었다. 사실을 말하자면 일반적으로 여성 동성애자들의 성교는 이성애자 남성들에게 혐오스러운 것이 아니라 매력적이고 흥분을 유발하는 것으로 받아들여진다. 남성 동성애자들을 혐오하는 사람들은 대부분 구강성교에 초점을 맞추고 체액이 섞이는 상상, 즉 정액과 대변과 혈액이 모두 한꺼번에 뒤엉키는 상상을 한다.[8] 낙인의 형태가 이렇게 서로 다르다는 점도 중요하지만, 이 모든 낙인을 관통하는 공통점들도 분명 있다.

흥미로운 퍼즐 조각 중 하나가 바로 계급이다. 때때로 계급과 연관된 낙인은 신체에 대한 혐오를 포함한다. 조지 오웰George Orwell은 상위 계층은 항상 하위 계층의 생활환경에 혐오를 느낀다고 주장했지만, 사실 그가 예로 들었던 생활환경은 계층을 막론하고 영국의 모든 가정에 공통된 조건이었다.[9] 법학자 밀러도 자신이 어느 육체노동자와 이야기 나눴던 경험을 떠올리며 비슷한 결론에 이른다.[10] 한편으로 계급 관계에는 정책에 대한 다양하고 이성적인 견해차들이 포함되며, 혐오가 계급 관계의 전부를 결정하지는 않는다. 게다가 합리적인 수준의 계층이동성이 보장되는 나라에서 계급은 일시적인 상태에 불과하다.

이제 우리의 목표에 부합하는 문제의 핵심에 거의 도달했다. 혐오 낙인 가운데 흥미롭게도 다른 낙인들과 다르면서 서로 비슷한 두 가지가 있다. 하나는 육체적·정신적 장애를 가진 사람들에 대한 낙인이다. 장애인에 대한 혐오는 약함과 무능을 겨냥하는 감정이다. 약함과 무능은 우리 모두에게 잠재적으로 열려 있는 범주가 아니겠는가. 장애인에 대한 혐오는 어떤 유형의 질시와도 무관하며 자신이 그렇게 될 것에 대한 공포를 제외하면 어떤 공포와도 연결되지 않는다. 다른 하나는 나이든 사람들(나이든 사람들이 장애인의 범주에 함께 들어가는 경우도 종종 있다)의 몸에 대한 혐오 낙인이다. 이 혐오에도 질시는 없으며 우월한 힘이나 지적 능력에 대한 공포도 없다. 나아가 통제 불가능한 성욕 또는 남들을 강간하려는 욕구에 대한 공포도 없다. 그저 몸이 고장 나고, 죽음을 앞두고 부패할 가능성에 대한 모종의 공포만 있다. '신체 건강한able bodied' 사람들은 장애를 가진 사람들의 몸을 쳐다

보면서 위안(비록 불편한 위안이지만)을 얻기도 한다. '저들은 특이한 사람들이야. 그리고 나는 저렇지 않지.' 나이든 사람들의 몸을 쳐다볼 때는 그런 위안이 불가능하다. 젊은 사람이 노인을 '타자화'하려고 아무리 열심히 애쓰더라도, 그 사람도 마음속 깊은 곳에서는 그 모습이 자신의 미래라는 사실을 안다. 그가 이른 죽음이라는 더 나쁜 운명을 맞이하는 상황은 예외겠지만.

투사적 혐오는 항상 어떤 유형의 신체 접촉에 대한 회피로 이어진다. 이때도 회피의 유형과 정도는 각기 다르다. 과거에 미국의 흑인들은 급수대, 수영장, 식탁, 호텔 침대 등을 백인들과 같이 쓰지 못했다. 당연히 백인들과의 성적 접촉도 엄격하게 금지되어 있었고 대다수 주에서 중죄로 규정됐다(하지만 백인 남성들은 흑인 여성들과 성관계를 맺었고 흑인 여성들을 성적으로 학대하는 일도 흔했다). 하지만 미국계 흑인이 백인 가정을 위해 음식을 준비하고 식탁을 차려주는 일은 허용됐다. 반면 인도의 불가촉천민은 계급이 높은 사람들의 가정에서 음식을 나를 수 없었으며, 숙소와 급수대도 따로 써야 했다. 이런 발상은 여러 가지 이유에서 이상하고 비합리적이다. 미국의 동성애자 남성들의 경우, 그들을 복장으로 구별하기 어렵다는 현실적인 이유에서 식당과 숙소와 급수대를 공유하는 것을 금지당하지 않으며 심지어 수영장도 같이 쓴다. 그래도 이성애자 남성들은 동성애자 남성들을 징그럽다고 여기면서 그들과의 신체 접촉을 최대한 피하려 한다. 그리고 여성들은 종종 남성들끼리의 토론 및 숙의 과정에서 배제되는 경험을 한다.

육체적·정신적 장애를 가진 사람들은 어릴 때 주류의 공간(공적인 장소든 사적인 장소든 간에)에 접근을 거부당한 경험을 간직하고 있다. 그리고 그들 대부분은 장애인을 위한 특수한 시설에서 생활했다. 최근까지도 장애인들은 비장애인 학생들과 함께 교육받을 권리를 행사하지 못했다. 또한 장애인들은 오락적 또는 실용적 목적(예: 버스, 기차 등)의 공공장소에 대한 접근권을 온전하게 혹은 유의미한 수준으로 보장받지 못했다. 미국장애인복지법Americans with Disabilities Act을 통과시키는 데 기여한 증언에 따르면 그런 배제를 "정당화"하는 가장 흔한 논리는 "정상적인" 사람들이 장애를 가진 사람들을 보면 불쾌한 느낌을 받는다는 것이었다고 한다.

혐오와 노인의 몸

투사적 혐오는 언제나 '더럽다'고 여겨지는 성질들을 혐오의 대상에게 귀속시킨다(그리고 그것은 상상일 때가 많다). 혐오 대상은 우리가 아직 받아들이지 못하는 동물적 본성을 우리에게 상기시키는 사람이다. 그렇다면 노인의 몸에 대한 편견은 어떤 점에서 특별한가?

첫째, 노인의 몸과 접촉을 기피하는 행동은 다른 유형의 혐오에 비해 문화적 요인이 적게 작용한다. 주름살과 축 늘어진 피부 등 노년에 달라붙는 낙인은 어떤 측면에서는 문화적 보편성을 띠는 것 같다. 그리고 아직 말을 못 하는 어린 아이들도 나이든 사람과 젊은 사람 중에 선택해야 하는 상황이 되면 나이든 사람에 대한 회피 반응을 나타낸다. 노년의 신체에 대한 혐오는 재생산 적합성과 연관된 진화론적 경향으로 추측할 수 있다. 설령 아이들의 혐오가 전적으로 내재적인 본능은 아니고 주변의 문화적 환경에서 여러 가지 단서를 얻어서 나온 감정이라 할지라도, 적어도 그 일부는 내재적 본능에서 나오는 것으로 판단된다.[11]

둘째, 노인의 몸에 대한 낙인은 완전한 상상이 아니라 적어도 일부는 진실이다. 노인들은 실제로 젊은 사람보다 죽음에 가까워져 있다. 그리고 축 늘어진 피부, 반점, 주름살처럼 낙인이 찍히는 특징들은 실제로 죽음이 가까워진다는 표시라 할 수 있다(물론 운동과 자기관리를 잘 하지 않아서 상태가 더 나빠지기도 한다). 반면 특정 인종에 대한 낙인과 신분에 대한 낙인은 전적으로 상상에 의존한다. 특정 인종과 천민들의 몸에서 나는 냄새는 상류층의 몸에서 나는 냄새와 하나도 다르지 않으며, 낙인찍힌 집단의 성생활이 인간 성생활의 다른 어떤 순간보다 더 '동물적'인 것도 아니다.

노인에 대한 낙인의 모든 측면이 진실에 근거하고 있다고 주장할 생각은 없다. 예컨대 노인들은 모든 분야에서 경쟁력이 떨어지며 일반적인 대화를 이해할 능력이 없다는 통념이 있다. 그래서 의사와 간호사들은 고령 환자들에게 뭔가를 설명할 때 마치 아기에게 말하듯 높은 음조와 유난히 또렷한 발음을 구사한다. 이런 말투를 '어르신 언어elderspeak'라고 부르기도 한다.[12] 휠체어 이용자들이 정신적인 능력에 아무런 문제가 없는데도 사람들로부터 아기 말투를 듣는 경우가 많은 것처럼, 나이든 사람들은 무조건 무능하고 생활의 모든 부분에서 서투르다고 간주된다. 개개인의 능력에 대한 판단은 생략된다. 이것은 명백히 틀린 가정이다. 노인에 대한 낙인에는 진실과 상상이 섞여 있으며, 진실과 섞여 있기 때문에 상상이 유지되고 강화된다.

셋째, 노인의 몸에 대한 낙인은 우리 자신이 충분히 오래 산다면 우리도 불가피하게 저 낙인 찍힌 집단에 들어가게 될 거라는 느낌과 초기부터 연관된다. 주류 집단에 속한 사람들(즉 젊은 사람들) 모두가 언젠가(일찍 사망하지 않는 한) 비주류 집단으로 이동해야 하는 경우는 노인 집단이 유일하다. 이런 미래는 아무리 멀리 있다 해도 처음부터 우리를 위축시킨다. 세월이 흐르면서 그런 감정은 단순한 투사가 아니라 부분적인 또는 완전한 자기귀속self ascription으로 바뀐다. 나이듦에 관한 자기귀속의 특징은 불확실성과 막연한 공포가 뒤섞여 있다는 것이다. 어린 시절의 성장 과정이 사람마다 다르긴 하지만 연령별 일반화와 명백한 기준 법칙bright line rule이 어느 정도 적용되는 것과 달리, 나이듦의 과정은 사람들 사이에 편차가 클 뿐 아니라 인간 생활의 다양한 측면에 걸친 차이가 존재한다. 노년기에 어떤 사람은 정신적 능력은 그대로 유지하지만 몇 가지 육체적 활동을 못 하게 된다. 어떤 사람은 단거리 달리기는 못하지만 피아노 연주는 젊을 때와 똑같이 잘한다. 어떤 사람은 키케로의 책에 나오는 카토처럼 노년에도 대중 연설 능력을 잃지 않는다. 정신적 능력도 한 가지가 아니다. 어떤 사람은 정치나 문화에 대해 어려움 없이 이야기를 나누면서도 사람들의 이름은 잘 기억하지 못한다. 따라서 우리 자신에게도 낙인이 적용될 수 있다는 불안감은 인간 생활의 매우 다양한 영역으로 가지를 뻗는다. 즉 주름살과 늘어진 피부(문자 그대로 해석할 수도 있고, 비유적 의미로 해석할 수도 있다)에 대한 불안의 원천은 우리 삶에 포함되는 다양한 활동의 개수만큼이나 많다.

간단히 말하자면 혐오란 항상 일정한 자기혐오를 포함하는 감정이다. 우리는 다른 사람들에게서 동물성을 발견하고 그것이 우리 자신에게는 없기를 바란다. 하지만 나이듦에 대한 진실은 정면으로 마주할 수밖에 없다. 사실 노인에 대한 혐오는 우리 자신의 두려움에서 비롯된다. 어릴 때부터 학습한 낙인은 처음에는 남들을 향했지만 서서히 우리 자신에 대한 낙인과 배제로 변해간다. 우리 자신의 나이 드는 몸에서 부패가 진행되고 있으며 나중에는 그 몸이 죽음을 맞이할 것이기 때문이다. 우리 자신이 보더라도 그렇고, 남들의 눈에도 그렇다.

이제 대장내시경 검사를 받는 것이 왜 아주 유의미한 경험일 수 있는가를 다시 살펴보자. 대장내시경 검사는 보통 50세부터 받는데, 그 무렵부터 투사적 혐오라는 장기적이고 자기귀속적인 과정이 시작된다. 대장 속에는 배설물과 부패한 것들이 있으므로, 대장은 '노인의 몸은 썩어가며 냄새를 풍기는 배설물 덩어리'라는 낙인을 한눈에 보여주는 상징물이라고 해도 과언이 아니다. 노인의 몸은 어떤 신비로운 존재가 아니라 그저 동물이다. 어떤 종류의 동물일까? 냄새를 풍기는 추하고 역겨운 동물이다.

그러니 의식을 잃고 자기 자신과의 총체적인 대면을 회피하는 쪽이 훨씬 낫지 않겠는가.

편견과 낙인 : 현대의 연구 결과

이제 한발 물러나서 지금까지 발표된 연구 결과들이 우리에게 무엇을 알려주는지를 살펴보자. 모든 연구에는 앞으로 더 많은 연구가 필요하다는 언급이 붙는다. 지금부터 소개하는 모든 연구 결과들은 나중에 수정될 가능성이 있는 것으로 간주해야 한다.[13] 그래도 몇 가지 발견들은 탄탄한 논리 구조를 갖추고 있다.

첫째, 노인들에 대한 편견 가운데는 명시적인 것도 있지만 암묵적인 것도 있다. 다른 영역의 편견들과 마찬가지로, 나이듦에 대한 편견은 무의식적 차원에서 강력하게 작동한다고 알려져 있다. 나이듦과 관련된 자막(예컨대 '늙은이' 또는 '고령' 같은 단어들)을 화면에 잠깐 스쳐가게 하면 자신에겐 나이듦에 대한 의식적인 편견이 없다고 답한 사람들에게서도 부정적인 반응이 나온다.[14] 나이듦에 대한 암묵적인 편견은 아동기의 학습에서 시작되어 우리에게 깊이 내면화되어 있다. 그래서 이런 편견은 없애기가 어렵다.[15]

편견에는 우리가 앞에서 살펴본 것과 같은 노인의 몸에 대한 혐오 반응은 물론이고 더 구체적인 믿음들도 포함된다. 그중 하나가 '나이든 사람들은 인지능력과 기억력이 떨어진다'는 믿음이다. 그래서 노인과 젊은이가 똑같이 뭔가를 잊어버리거나 실수를 저질러도 젊은이의 경우는 인간의 보편적인 약점 때문이라고 이해되지만, 나이든 사람이 그런 실수를 하면 나이 때문이라고 받아들여진다.[16] 비슷한 예로 젊은 사람들이 완치 가능한 병에 걸려 육체적인 어려움을 겪을 때와 달리 나이든 사람이 그 병에 걸렸다고 하면 나이 때문에 어쩔 수 없는 일로 치부된다.[17] 불가피성에 대한 고정관념들은 극히 오랫동안 존재해왔다. 그리하여 우리는 다양한 분야에서 활동하는 다양한 연령의 사람들에게 적용되는 건강 기준에 대해 별로 아는 바가 없다. 무지하기 때문에 고정관념은 더 굳어진다. 남들에 대한 고정관념만이 아니라 자신에 대한 고정관념도 마찬가지다.

고정관념에 긍정적인 요소가 포함된다 해도 그 긍정성에는 부정적인 의미가 숨어 있는 경우가 많다. 따라서 어떤 나이 드는 남자에 대한 긍정적 고정관념은 분석력, 기술, 기존의 질서에 대한 전복적인 도전이 아닌 '지혜'를 강조한다. 여성인 경우 이 '지혜'마저 부정된다. 노년기 여성에 대한 긍정적 전형은 '완벽한 할머니'인데, 이 전형은 유순하고 상냥한 행동을 암시하며 직업적으로 성취를 거뒀다거나 기발한 아이디어를 생산하는 것과는 무관해 보인다.

그리고 예측 가능한 사실이지만 명시적 편견과 암묵적 편견은 둘 다 사람들의 행동에 실질적인 영향을 미친다. 건강 문제를 예로 들어보자면, 고정관념 때문에 노인들이 충분히 치료 가능한 쇠약함이나 질병을 고치러 가지 않는 경우가 있다. 그들이 치료를 원한다 해도 고정관념에 갇힌 의사가 그 환자의 상태가 단순히 '노화의 정상적인 과정'이라고 생각해버린다면 그 환자는 자신에게 필요한 치료를 받을 수 없다. 각종 실험 결과에 따르면 정신적인 능력도 고정관념의 직접적인 영향을 받는다. 사람들이 나이듦에 대한 고정관념 이야기를 반복적으로 들은 상태에서 기억력 및 인지능력 테스트를 실시하면 평소보다 낮은 점수가 나온다.[18] 게다가 자기 자신에 대한 부정적 고정관념을 의식하면서 생활하는 사람의 스트레스는 그 사람의 건강과 행복에 직접 영향을 미친다.[19]

나이든 노동자들에 대한 차별은 '자연스러운 일'이고 그건 차별도 아니라는 주관적인 생각이 광범위하게 퍼져 있다. 미국의 55세 노동자들이 당하는 차별에 대해 포괄적으로 연구한 바에 따르면 문제는 작지 않다. 이 연구에서는 가짜 이력서를 제출하되 일부 이력서에는 나이를 기재하고 나머지 이력서에는 기재하지 않는 방법으로 문제의 심각성을 입증했다.[20] 이 연구에 따르면 사람들은 이런 유형의 차별을 부당한 것으로 보지 않고 자연스러운 일이라고 생각했다.

때로는 노인들 자신이 고정관념의 악영향으로부터 자신을 보호하기 위해 자신이 폄하당하는 집단에 속한다는 사실을 부정한다. 자신이 젊고 유능하다는 생각을 계속 유지하면서 살면 좋은 점도 있다.[21] 하지만 이런 전략을 택할 경우 집단 내부의 유대감이라는 긍정적인 영향을 누리지 못한다.[22] 고정관념의 피해자인 다른 비주류 집단들, 예컨대 인종, 젠더, 그리고 성적 소수자 집단과 장애인 집단의 경우 그들이 세상에서 더 나은 대우를 받고 자아개념을 개선하기 위한 혁명적 운동에서 집단 내부의 유대감이 중요한 역할을 수행했다. 하지만 노인 집단의 경우에는 꼭 그렇지 않을지도 모른다. 노인에 대한 고정관념에는 진실의 요소가 일부 포함되므로 자신이 그 집단의 일원이라고 인정하는 것 자체가 낙인으로 느껴질 수도 있기 때문이다.

중요한 것은 주제와 맥락이다. 만약 노인의 생활여건 개선(돌봄제도 확충, 의료보험, 의무퇴직 폐지 등)을 추구하는 정치적 운동을 벌인다면 집단 내부의 유대감은 낙인이 아니라 긍정적이고 미래지향적인 것이 된다. 이때 집단 내부의 유대감은 활동력을 높이고 자기에 대한 존중을 강화한다. 미국은퇴자협회American Association of Retired Persons, AARP는 지금까지 여러 사안에 대해 확실한 성과를 내어, 유용한 집단적 유대와 자기존중감을 촉진했다.

다양한 활동을 위한 집단별 분리는 어떻게 봐야 할까? 노인들 중에는 노인 전용 헬스클럽에서 운동하는 걸 좋아하는 사람이 많다. 그리고 스포츠 분야에서는 보통 자발적인 집단 분리가 이루어질 때 활동이 더 즐거워지는 것도 같다. 그것은 아마도 집단 분리를 통해 나이든 사람들이 수치와 낙인을 피할 수 있기 때문일 것이다. 나로 말하자면 제대로 연습 안 한 20대 젊은이들 곁에서 천천히 하프마라톤을 완주하면서 즐거움을 느꼈던 적이 있지만. 또 집단별 분리는 AARP와 비슷한 방식으로 노인들에게 도움이 되기도 한다. 노인의 몸이 생신적인 것이 되려면 특별한 관리가 필요하기 때문이다. 아직 초기 단계인 '친노인 혁명prosenior revolution'의 가장 훌륭한 부분 중 하나는 헬스 트레이너들이 노인에게 운동을 덜 시키지 않는다는 것이다. 일반적으로 트레이너들은 노인들에게 더 열심히 운동하라고 지시한다. 가령 내가 전형적인 달리기 관련 손상runner's injury 때문에 뒷다리 관절의 힘줄에 통증을 느끼거나 아킬레스건에 염증이 발생할 경우, 나는 그 증상에 대한 처방도 받지만 한편으로는 코어 운동을 늘리고 발의 힘줄을 움직이는 운동도 더 열심히 하라는 명확한 지시를 받는다. 예전에는 발의 힘줄에 특별히 주의를 기울일 필요가 없었지만 이제 나이에 맞는 처방을 받는 것이다. 이런 방식의 집단별 분리는 성과를 높이고 유용한 활동을 늘리는 데 도움이 된다.

그러나 분리 자체가 해로운 고정관념을 상징하며 노인들의 자존감을 떨어뜨리고 능력까지 감퇴시키는 경우도 종종 있다. 얼마 전에 나는 '노래하는 노인들'이라는 이름의 새로 생긴 노래 모임에 합류하라는 권유를 받았다. 그 모임은 실버타운 내에서 열리지만 회원의 다수는 외부 사람들이고 "가벼운" 노래를 주로 부른다고 했다. 내 생각에 그건 좋은 아이디어가 아니었다. 물론 전문적인 훈련을 받지 못한 사람들 또는 취미로 노래하는 사람들이 모여서 합창단을 꾸린다는 건 괜찮은 생각이다. 하지만 성악은 연령 제한이 없는 즐거운 활동이고, 성악에서 중요한 요소는 훈련과 연습, 그리고 기초 능력이다. 수준 높은 합창에는 연령의 제한이 없다. 합창을 잘하기 위해 필요한 것은 악보 읽기, 고음 발성, 음악 교육, 감각 등의 기술적 능력이다. 음을 가늘게 떠는 비브라토가 너무 많지만 않다면 70세 노인도 20대 젊은이들과 한데 어울려 즐겁게 노래할 수 있다.

연령에 따른 분리가 낙인처럼 느껴지는 상황은 이것 말고도 많다. "고령의 법학 교수"들을 위한 워크숍? "노인 관객"을 위한 오페라와 교향곡 공연? (사실 오페라나 교향곡 공연이 젊은이들을 끌어오지 못해서 결국에는 노인 관객들을 위한 공연이 되는 경우가 너무 많긴 하다. 하지만 그것은 다른 문제다.) 연령별로 중요하게 생각하는 정치적 의제가 다르기 때문에 연령집단별로 투표하자는 발상도 그렇다. 물론 현대 민주

주의 국가들은 어느 정도 분별이 있으므로 그런 식의 집단 분리를 시도하지는 않는다.

분리가 낙인이 되기 쉬운 한 가지 맥락이 있는데, 그건 바로 우정이다. 가족이라는 집단은 세대 간에 지속적으로 접촉하게 해준다는 장점을 지닌다. 하지만 이런 접촉이 항상 긍정적으로 작용하는 것은 아니다. 가족 내부의 세대 간 접촉은 개개인의 능력과 각자가 선호하는 활동에 주의를 기울이게 만드는 대신 상냥한 할머니, 현명한 할아버지라는 고정관념을 강화할 가능성도 있다. 나이든 사람들 가운데 오직 가족과의 만남에서만 우정을 경험하는 사람들은 그들에게 기대되는 사회적 역할을 좁게 이해하기 쉽다. 그 점에서는 직장 동료들 사이의 우정이 더 낫다. 내가 정년퇴직에 반대하는 한 가지 이유는, 정년퇴직이 활동적인 노인들에게서 다양한 연령의 사람들과 우정을 계속 키워갈 기회를 박탈하고 그들을 '퇴직자' 또는 '명예직'이라는 낙인의 길로 보내기 때문이다. 다양한 연령집단 속에서 친구를 선택할 때 노인들은 현실에 안주하지 않고 갖가지 형태의 도전과 직면하게 된다. 그리고 그럴 때 노인들이 부당하게 격리당하거나 노인들 스스로 고립을 선택하는 사태가 예방된다.

자기 돌보기

나이든 사람들이 낙인을 피하기 위해 노력하는 방법 가운데 성형수술과 보톡스, 필러, 피부 박피와 같은 비외과적 성형시술이 있다. 물론 성형 수술 및 시술에 대한 집착(특히 여성들의 집착)은 나이든 사람들에게만 해당하는 이야기가 아니다. 모든 연령의 여성들과 일부 남성들은 주름 제거술, 복벽 성형술, 코 성형 등을 원한다. 이런 시술 가운데는 노인에 대한 고정관념이 아니라 다른 고정관념에 대항하기 위한 것도 있다. 예를 들면 젊은 유대인 여성들은 백인들 중에서도 주류인 와스프White Anglo-Saxon Protestant, WASP(영국계 백인 개신교도)의 미의 기준을 의식해 코 성형수술을 하고, 한국의 여고생들은 눈 모양을 서양인처럼 바꾸기 위해 쌍꺼풀 수술을 받는다. 한국에서는 서양인의 미적 이상에 맞추기 위한 다른 시술들도 인기를 끈다. 한국은 세계의 성형수술 중심지로 불리기도 한다.[23] 미국에서 성형수술을 받은 여성이 20명 중 1명인 데 비해, 한국은 5명 중 1명이다. (미국에서도 부유층에서는 성형수술 비율이 훨씬 높다.) 그리고 미용을 위한 성형수술은 아주 어린 나이에 시작되기 때문에 대학을 졸업할 때쯤 여러 번 수술을 한 여성들도 많다.

사람들이 선택하는 성형수술 중 일부는 의학적으로 바람직한 수술이다. 구개 파열(입천장이 갈라져 제대로 말을 못 하는 질병―옮긴이)을 고치는 수술이 이 스펙트럼의 한쪽 끝에 있다면, 몸집이 큰 아이를 여러 명 출산한 사람의 유방 축소술이나 복벽 성형술은 중간쯤에 위치한다. 이런 수술들은 순전히 미용을 목적으로 하는 수술과는 매우 다르게 느껴진다. 하지만 성형수술의 대부분은 건강에 좋은 영향을 미치지 않거나 의학적으로 바람직하지 않다. 이런 수술들은 대체로 여성미의 기준(대부분 남성이 만든 기준)에 순응하기 위한 것이다. 여성의 아름다움이라는 규범의 일부, 그리고 정도는 덜하지만 남성의 아름다움이라는 규범의 일부는 젊음이라는 이상에 순응한다는 의미를 포함하기 때문에, 나이가 들기 시작하면 미용 시술에 대한 관심도 커진다. 수술과 여러 가지 시술을 통해 젊은이 같은 아름다움을 추구하려는 욕구는 진짜 집착이 될 수도 있다.

우리는 이 점을 어떻게 바라봐야 할까? 베카 레비Becca Levy는 보톡스란 자기 자신에게 낙인을 찍지 않으려는 임시적 방편이며 허망한 시도라고 평가한다. 베카는 보톡스의 장점을 잘 모르는 듯하다. 제3자가 보톡스의 효과를 평가하기 어려운 이유 중 하나는 일반적으로 보톡스 시술이 실패한 경우에만 남들이 알아보기 때문이다. 예를 들면 보톡스 주사로 안면 전체가 마비된 경우라든가, 주름 제거술을 받았는데 마치 무시무시한 가면을 쓴 것처럼 피부가 팽팽해진 경우에나 제3자가 이를 인식하게 된다. 그래서 우리는 성형수술에 대해 섣불리 비판하기 전에 실제 사례를 광범위하게 살펴보아야 한다. 특히 눈에 잘 띄지 않으면서 사람의 개성을 살려주는 수술들에 대해 알아야 한다. 사실 이런 수술들이야말로 성형 기술의 진정한 잠재력을 보여주는 사례다. 뭐든지 최악의 사례를 기준으로 판단하기보다는 잘된 사례를 놓고 판단해야 한다.

그리고 우리는 '자연스러움'을 낭만화하는 함정에 빠지지 않아야 한다. 우리는 모두 어떤 형태로든 우리 몸에 변형을 가한다. 그 방법은 운동, 다이어트, 의상, 머리모양, 치아 관리, 목욕, 다리털 면도 등 다양하다. 인간의 삶은 그 자체가 부자연스러운 것이다. 삶이란 만약 우리가 몸을 개선하려는 노력을 일체 하지 않을 경우 도달할 모습에서 탈피하기 위한 끊임없는 노력이니 말이다. 단지 '부자연스럽다'는 이유로 모든 성형수술을 거부하는 것은 어리석은 일이다. 사실 나는 그런 답변 자체가 낙인의 한 형태라고 생각한다. 30대 여성들이 머리를 염색하거나 파마를 하는 것은 괜찮지만 노년기 여성은 그저 불가피한 법칙에 굴복해야 한다고? 말도 안 된다. 우리 대부분은 젊을 때나 나이들 때나 머리 모양을 바꾸거나 염색하는 일에 찬성하며 치아를 씌우는 일에도 반대하지 않는다. 이런 조치들은 사람을 젊어 보이게 만들 수 있다. 사람들의 원래 모습을 되찾아주기 때문에 젊어 보이는 것이다. 그리고 그들이 '젊게' 보인다는 것도, 나이든 사람은 죄다 보기 싫은 누런 이와 회색 머리를 가지고 있다는 고정관념을 내면화한 사람들에게나 그런 것이다. 사실 성형수술을 과도하게 비난하는 주장들 속에서도 '못생기고 냄새도 나는 혐오스러운 노인'이라는 근거 없는 고정관념이 불쑥 튀어나오곤 한다. "왜 시간의 도도한 흐름에 무조건 항복하고 그냥 추한 외모를 가지고 살지 않는가?" "말끔한 옷, 건강한 몸매, 그리고 피부 관리라는 포장지 밑에 있는 당신의 진짜 모습을 우리는 안다." 우리는 이런 식의 편견에 찌든 충고에 굴복하지 말아야 한다.

그렇다면 우리는 '자연스러움'을 지나치게 존중하는 스킬라(그리스 신화에 나오는 바다 괴물로, 6개의 머리와 12개의 발을 가지고 있다—옮긴이)와 나이를 거스르려 집착하는 카리브디스(그리스 신화에 나오는 바다 괴물로, 하루 세 번 바닷물을 마신 다음 도로 토해낸다—옮긴이) 사이에서 적당한 길을 찾아야 한다. 우선 성형수술에 대한 한국인들의 집착이 왜 과도해 보이는가라는 질문을 던져보자. 두 가지 답변이 생각난다. 첫째, 한국인들의 성형수술은 대부분 유쾌하지 않은 전국민적 자기혐오와 서양의, 특히 미국의 외모 기준에 대한 집착의 결과물이기 때문이다. 여기서 미국의 외모 기준이란 서양인의 눈, 뾰족한 턱, 원형이 아닌 긴 타원형의 얼굴을 의미한다. 둘째, 두 편의 훌륭한 연구에서 인터뷰한 사람들 중 다수가 답변한 내용처럼 여성들이 성형수술을 그렇게 많이 받는 이유는 그들 자신이 지적 능력이나 인품 등 다른 특징에 의해서가 아니라 획일적인 미의 기준에 순응하는 정도에 따라, 아니 오직 그 정도에 따라서만 사회적 평가(그리고 직장에서의 평가)를 받으리라는 합리적인 믿음 때문이다. 자기의 개성을 그렇게 많이 지워버리고 여성의 능력과 가능성에 대한 해로운 고정관념을 드러내는 규범에 순응하는 것은 건강하지 못한 행동으로 보인다.

이렇게 극단적인 경우가 아니라면 우리는 어떻게 해야 할까? 이런 것은 원칙적으로 개인들이 결정할 일이지만 몇 가지 유용한 지침은 있다. (1) 성형수술을 운동과 식단 관리의 대체제로 활용하지 말자. 운동과 식생활 관리를 통해 얻을 수 있는 것을 충분히 얻어내자. (2) 이미 '나'에게 어울리는 외모를 가지고 있다면 고정관념에 순응하기 위해 개성을 지우지 말자. 대부분의 가슴 확대술은 고정관념을 따라가는 행동이고, 심한 경우 보톡스 과용으로 마음 놓고 웃지도 못하게 된다. (3) 성형수술에 돈을 너무 많이 쓰지 말자. 우리의 돈으로 이타적인 일을 할 기회도 많다. (4) 성형수술은 항상 위험이 따르고 회복기간 역시 길고 고통스럽다는 사실을 기억하자. 나로 말하자면 회복의 어려움 때문에 성형수술을 고려하지 않고 있다. 차라리 6주 동안 운동을 하거나 노래를 부르는 일은 고통스럽지 않으니까. 물론 사람에 따라 판단은 다를 수 있다. (5) 비외과적 시술(필러, 박피, 보톡스 외에 자외선이나 색소 침착을 없애주는 '광회소술'이라는 것도 있다. 더 이상하고 기이한 시술도 물론 있다)의 종류는 지금도 계속 늘어나고 있다는 사실을 기억하자. 이런 시술은 회복에 시간이 들지 않고 비용도 적게 든다. 내가 보기에 더 나은 외모를 가지고 싶어 하는 마음은 문제될 것이 없다. 그것은 우리가 날마다 하는 일이니까. 그리고 지금 우리는 젊어 보이는 것이 아니라 외모를 개선하는 것에 대해 이야기하고 있다. 68세 여성의 외모는 어떠해야 한다는 고정된 형판 같은 것은 존재하지 않는다. 그런 것이 설령 있다 해도(우리의 신석기 시대 조상들에게는 있었는지도 모른다) 우리 중 누구도 그런 형판과 똑같아지고 싶어 하지 않는다. 따라서 우리는 '젊다'라는 단어는 항상 다음과 같은 질문으로 이어진다는 점을 생각해야 한다. "뭐랑 비교해서 젊다는 거죠? 2주 전의 나보다 젊어 보인다고요? 당신이 생각하는 68세 여성의 이미지와 비교할 때 젊다고요? 당신은 68세 여성이 이 정도 젊어 보일 권리가 없다고 생각하는 건가요?" 건강하고 아름다운 외모를 젊은이들의 전유물로 여기는 것 자체가 낙인을 찍는 행동이다.

나의 신체긍정주의적probody 조언은 단순하지 않다. 그것은 몸에 신경 쓰지 않았을 때의 당신 모습을 사랑하라는 조언은 아니다. 나이 드는 사람이 자기 몸을 더 아름답게 만들려고 노력하지 않을 이유가 대체 무엇이겠는가? 노인에게는 우울증이 찾아오고 자기혐오가 생겨나기도 한다. 그리고 무엇보다 우리에게 '노인의 몸은 보기 싫고 불필요한 쓰레기 같은 것'이라고 이야기하는 고정관념이 있다. 나는 그런 것을 받아들이느니 차라리 성형수술을 선택하겠다.

낙인에 대한 저항

노인의 몸에 따라붙는 낙인은 현실이며 우리에게 실질적이고도 해로운 영향을 미친다. 현대 사회가 노인의 몸을 '자연스러운 것'으로 만들고자 열심히 노력하고 있는데도 아직은 그렇다. 인류의 역사 속에는 부당한 취급을 받던 대상을 자연스러운 것으로 만들어낸 선례들이 있다. 봉건제에 반대하는 운동, 인종차별을 철폐하기 위한 운동, 여성들의 권리를 찾기 위한 운동, 남녀 동성애자와 트랜스젠더의 평등을 위한 운동, 장애인 권리를 위한 운동은 모두 그런 목표를 지니고 있었다. 연령은 새로운 경계선이다. 우리도 모두 힘을 합쳐 연령차별이라는 비윤리적인(연령차별이 불법인 나라도 여럿 있다) 차별에 반대해야 한다.

한편으로 사회 정의를 달성하기 위한 대부분의 운동에서 낙인찍힌 사람들은 자신들에게 씌워진 낙인을 긍정적인 것으로 창조적으로 변형하기 위한 비공식적인 '반혐오 운동'의 필요성을 느낀다. 과거 미국의 민권운동은 공식적으로 "검은 것이 아름답다Black is beautiful"라는 구호를 내걸었고, 검은 것이 아름답다는 생각을 중심으로 사회운동이 널리 확산됐다. 내가 젊었을 때 활발했던 여성운동은 "우리 몸, 우리 자신"이라는 구호를 만들어냄으로써 여성의 몸을 낙인과 혐오의 대상이 아니라 호기심과 사랑의 장소로 바꾸는 작업을 시작했다. 나이든 사람들에게는 AARP에서 전개하는 훌륭한 정치 활동도 필요하지만 페미니스트들의 '우리 몸, 우리 자신'처럼 자기혐오에 맞서는 운동도 필요하다고 생각한다.

자기혐오에 맞서는 운동은 스스로를 격려하는 운동이 아니라 통합주의 운동에 가깝다고 본다. 나이듦에 대한 낙인은 나이와 무관하게 우리 모두의 내면에 뿌리를 박고 있기 때문이다. 젊은이들로부터 시작하지 않고서는 그 낙인의 해로운 영향을 제한하기가 매우 어렵다. 그 낙인의 핵심은 우리의 구체적인 형상과 우리의 유한성에 대한 낙인이다. 따라서 궁극적으로 우리는 낙인에 효과적으로 대처하기 위해 몸을 대하는 태도를 바꿀 필요가 있다. 과거 '우리 몸' 운동에는 자율성에 대한 요구가 포함되어 있었다. 우리는 의사들이 우리 몸을 마음대로 다루면서 아기를 꺼내지 못하게 하겠다고, 깨어 있는 상태로 우리 스스로 아이를 낳겠다고 선언했다. 또한 그것은 여성의 몸이 불쾌한 것이라는 전 세계적 여성혐오의 주요 담론에 저항하는 것이었다. 그때 우리는 월트 휘트먼Walt Whitman의 문학 작품을 읽든 그렇지 않든 간에 모두 휘트먼주의자였다. 〈나는 몸의 전율을 노래하네I sing the body electric〉라는 휘트먼의 시는 인종 혐오, 여성혐오, 동성애 혐오라는 사회 현상 뒤에 숨어 있는 온갖 수치심과 불쾌함을 당차게 거부하는 선언이었다.

우리가 우리 자신으로부터, 그러니까 우리 자신의 몸으로부터 숨는 일을 그만두지 않는다면 우리가 서로를 사랑할 수 없으리라는 사실을 휘트먼은 알고 있었다. 그는 "몸이 영혼이 아니라면, 영혼은 대체 뭐란 말인가?"라고 노래했다. 혐오에 반대하는 시인의 목소리는 점점 더 격앙된 어조로 우리가 사랑하게 될지도 모르는 신체의 모든 부위를 열거했다. 우리가 원래 좋아했던 "머리통, 목, 귀"에서 시작해서 몸통으로 내려가고, 겉으로 드러나는 부위 가운데 비교적 호감이 가는 "손바닥, 손가락 마디, 엄지손가락, 집게손가락"을 열거한 다음 몸통을 받치는 튼튼한 허벅지로 내려갔다. 그리고 나서 휘트먼은, 마치 나의 대장을 검사했던 의사처럼 언어라는 도구를 써서 우리 몸의 각 기관들을 애무했다. "스펀지 같은 폐, 자루 같은 배, 착하고 깨끗한 창자 (…) 너의 안에 또는 내 안에 있는 빨갛고 가느다라 젤리 덩어리들." 휘트먼은 이것들이 진짜 시라고 주장했고, 실제로도 그런 시를 남겼다. "오, 이것들은 몸의 여러 부분이고, 몸의 시일 뿐 아니라 영혼의 시라네. /오, 아니, 이것들이 바로 영혼이라네."

한때 우리는 휘트먼주의자였다. 젊은 시절 우리에게 넘쳤던 그처럼 심오한 자기 사랑은 지금 어디로 갔는가? 나이가 들면서 우리는 과거에 우리가 맞서 싸우려고 했던 온갖 압력에 굴복하고 있다. 의학에 의한 외적 통제의 힘만이 아니라 자기혐오와 자기부정이라는 더 교활한 힘에 굴복하고 있다. 휘트먼은 혐오가 사회악이라는 사실을 간파하고 있었다. 오늘날 감정을 연구하는 심리학자들은 편견과 배제의 관계에 대한 휘트먼의 직관이 옳았다고 이야기한다. 이제 노년기에 진입한 베이비붐 세대인 우리가 "밤을 되찾아올"(오래된 구호 가운데 또 하나를 사용하자면) 때가 아닐까? 그러니까, 우리가 여러 가지 방법으로 피하려고 애썼던 그 미지의 영역에 대한 권리를 주장할 때가 아닐까?

3장

지난날을
돌아보며

우리는 경험에서 뭔가를 배우고 싶어 한다. 하지만 후회를 통해 무얼 얻을 수 있을까? 과거 속에 살거나 과거에 갇혀버릴 위험이 있지는 않을까? 이와 반대로 현재의 순간만을 생각하며 사는 데는 어떤 문제가 있을까? 혐오는 연령차별과 어떤 관련이 있을까? 외부인의 눈에 쾌락주의적으로 보이고 사회와 유리되어 있는 실버타운을 어떻게 생각해야 할까?

과거를 통해
앞으로 나아가기
회고적 감정의 가치

마사 누스바움

그들은 희망보다는 추억으로 살아간다. 그들에게는 남아 있는 생이 과거보다 짧기 때문이다. 그리고 희망은 미래의 것이고, 기억은 과거의 것이기 때문이다. 그래서 그들은 말이 많다. 그들은 과거를 추억하기를 즐기고 항상 과거에 대해 이야기한다.
아리스토텔레스, 《수사학》, Ⅱ.12, 노인의 성격에 대하여

오, 제발, 제발, 그 먼 옛날 이야기를 꺼내진 말아주세요.
유진 오닐의 〈밤으로의 긴 여로〉 중 제이미 타이런의 대사

사람들은 나이가 들면 과거에 대해, 특히 자신의 과거에 대해 생각하고 이야기하는 시간이 늘어난다. 그것은 자연스러운 현상이다. 앞으로 살아갈 날은 적고 이미 지나온 날들이 더 많다고 생각하기 때문이다. 노인들은 계획을 세우는 일, 희망을 품는 일, 심지어는 뭔가를

두려워하는 일도 과거보다 덜 생산적이라고 느낀다. 아니, 그런 일들은 이타주의적인 의미에서만 생산적이라고 생각한다. 나이든 사람은 자녀와 손자녀, 자신이 사랑하는 다른 젊은 사람들을 위해 희망을 품기도 하고 걱정도 한다. 나이든 사람은 과거를 돌아보는 일에 많은 시간을 쓰는 한편 후회, 죄책감, 과거에 대한 만족감, 그리고 당연하게도 과거에 대한 분노 같은 회고적 감정에 그만큼 많은 시간을 투입한다.

이런 회고적 감정은 왜 필요한가? 어차피 우리가 과거를 바꿀 수는 없는 노릇인데 기억 속의 길을 되밟아가는 과정에 가치가 있을까? 사실 회고하는 일에 시간을 쓸지 말지는 우리의 선택에 달려 있다. 그렇다면 무엇을 생각하고 무엇을 선택해야 할까?

고대 그리스와 로마의 스토아 철학자들은 감정을 정교하게 분류해 목록을 만들었는데, 이 목록에 따르면 감정은 크게 네 가지 범주로 나뉜다. 현재의 좋은 것에 초점을 맞추는 감정(예: 기쁨), 미래의 좋은 것에 초점을 맞추는 감정(예: 희망), 현재의 나쁜 일에 초점을 맞추는 감정(예: 슬픔), 그리고 미래의 나쁜 일에 초점을 맞추는 감정(예: 걱정). 스토아 철학자들은 과거와 직접 관련된 감정들은 인식하지 못했다. 죄책감과 후회는 그들의 감정 분류에 포함되지 않았다. 목록에 없다고 해서 그리스인과 로마인들이 그런 감정을 경험하지 않았다고 볼 수는 없다. 그 목록은 매일 매일의 경험에 대한 상세한 관찰 보고서가 아니라 철학이론의 일부였으니까. 그러나 어쨌든 스토아 철학자들은 동시대의 그리스·로마 사람들이 과거를 누락한 것을 중대한 실수로 여기리라고 판단하지는 않은 듯하다. 그리고 그들의 철학 이론이 모든 감정에 대단히 적대적이었다는 점을 감안하면 그들은 과거에 초점을 맞추는 태도에서 인간 생활에 큰 위험이 되거나 중요한 혜택을 주는 요소도 발견하지 못한 것 같다. 만약 그들이 위험을 발견했다면 감정에 대한 부정적 견해가 더 강화되었을 것이고, 혜택을 발견했다면 그들 철학 이론의 기반이 약화되었을 것이다. 고대 그리스 로마 시대에 감정에 관한 철학적 저술을 많이 남긴 학자로는 키케로와 세네카가 있는데, 감정에 관한 그들의 글은 대부분 나이 들던 시기(60대)에 작성한 것이다.[1] 따라서 키케로와 세네카 역시 나이든 사람들과 회고적 감정을 특별히 연결지어 생각하지 않았다는 결론을 내릴 수 있다.

그리스 로마 시대의 유명 시인들도 같은 생각이었던 듯하다. 그리스와 로마의 비극 작품에 등장하는 노인들은 좀처럼 과거를 회상하지 않는다. 간혹 과거를 회상하더라도 고귀한 혈통을 자랑할 때(혹은 키케로의 경우 상대적으로 미천한 가문에서 태어나 출세했다고 뽐낼 때)라든가 구체적이고 즉각적인 슬픔을 표시할 때에 국한된다. 에우리피데스의 비극 〈트로이의 여인들〉에 나오는 헤쿠바는 살해당한 손자 아스타이아낙스의 시체 앞에 무릎을 꿇은 채로 손자가 생전에 확신을 가지고 말했던 다정한 약속들을 회상한다. 예컨대 할머니 헤쿠바가 사망하면 추도식을 열어주겠다는 약속이나, 아스타이아낙스 자신이 젊은이 무리를 이끌고 장례식에 참가하겠다는 약속 같은 것. 이 장면은 현재 헤쿠바의 불행한 처지를 역설적으로 표현한다. 노년기 여성인 헤쿠바는 왕실 가문의 유일한 생존자여서 그녀가 죽고 나면 애도해줄 사람이 아무도 없었다.[2] 게다가 노예 신분이기 때문에 자신의 장례식이 품위 있게 치러질 가능성이 매우 낮다는 사실도 알았다. 즉각적인 슬픔은 당연한 감정이다. 그리고 과거(아주 먼 과거는 아니다)에 대한 생각은 손자를 잃은 그녀의 슬픔을 증폭시킨다. 만약 극이 이렇게 전개되지 않고 헤쿠바가 오래전의 어떤 사건들에 의해 본인의 성격과 감정이 형성된 과정을 의식하기 시작했다거나 먼 옛날의 사건들에 대한 강렬한 슬픔·후회·가책 등을 발견했다면 참으로 놀라웠을 것이다. 고대 그리스 비극의 나이든 등장인물의 어린 시절 기억을 우리는 알 수 없다. 슬픔은 현재의 좋지 못한 상황과 관련된 고통스러운 감정으로 간주된다.

고대 그리스와 로마 사회 사람들이 남긴 개인적이고 비공식적인 기록에서도 사람들이 자신의 현재와 미래를 이해하기 위해 오래된 과거를 분석하는 모습은 찾아보기 어렵다. 키케로는 친구 아티쿠스에게 자기가 중요하다고 간주하는 것들에 대해 빠짐없이 이야기하고 중요하게 생각지 않는 것들에 대해서도 꽤 많이 이야기한다. 하지만 키케로 자신의(또는 아티쿠스의) 부모에 대해서는 이야기하지 않는다. 키케로는 형제인 퀸투스의 좋지 않은 행실에 대해 이야기하거나 아티쿠스의 누이 폼포니아 이야기를 할 때도 부모에 대해 언급하지 않는다. 또 키케로는 딸인 툴리아를 아끼긴 하지만 그녀가 바람둥이었던 돌라벨라와 사랑에 빠지고 세 번째 결혼을 할 정도로 형편없는 판단력을 가진 것이 어린 시절의 어떤 패턴에서 비롯됐으리라는 생각은 해보지 않는다. 툴리아가 세상을 떠나자 키케로는 집착에 가까울 정도로 강렬한 슬픔을 드러내지만, 딸의 어린 시절이나 오래전 함께 보냈던 시간을 회상하지는 않는다. 자기에게 비판적이지는 않았지만 내향적인 사람이었던 키케로가 그런 질문을 던지지 않았다는 사실에서 우리는 고대 그리스 사회가 어떤 질문들이 가치 있는 것이고 어떤 감정들을 분석해야 한다고 생각했는가를 미루어 짐작할 수 있다.

아리스토텔레스는 노인들이 자신의 과거에 대해 이야기하는 걸 좋아한다고 주장했다. 하지만 그가 노인들이 자기를 이해하기 위해 과거를 연구한다고 생각한 흔적은 없다. 사실 아리스토텔레스의 책에 주로 언급된 감정은 기쁨이었다. 고통스러운 현재를 잠시 잊고 더 행복했던 시절의 기억으로 돌아가는 기쁨. 철학자 에피쿠로스가 임종을 앞두고 쓴 것으로 알려진 편지에도 비슷한 내용이 담겨 있다. 벗들과 대화를 나누던 유쾌한 기억 덕분에 세균성 이질과 요로결석 같은 치명적인 질병으로 인한 육체적 고통에 대항할 수 있었다는 것이다.

반면 현대 사회에서는 과거를 감정을 분류하는 데서 무척 의미 있는 범주로 여긴다. 그리고 과거와 직접 연관된 감정들이 그 사람의 현재 및 미래에 결정적 영향을 미친다고 생각하는 경향이 있다. 이러한 변화에 기여한 세 가지 요인은 유대교와 기독교의 공통된 믿음, 정신분석, 소설이다. 유대교와 기독교는 과거의 생각과 행동에 대해 곰곰이 생각하고 스스로를 돌아보라고 가르친다. 유대교와 기독교에서는 후회, 원망, 죄책감 등의 회고적 감정이 사람의 영혼에 매우 중요하다고 여긴다. 기독교는 사후세계를 믿기 때문에 회고적 감정을 영원한 삶의 조건을 결정하는 열쇠로 받아들인다. 죄책감을 느끼게 하는 행동들을 고백하고 슬퍼하는 사람은 구원을 받을 수 있기 때문이다.

정신분석 이론과 유대교-기독교의 공통된 믿음의 관계는 매우 복잡하며 여기서 논하기에 적합하지도 않지만, 정신분석이 과거가 자아의 현재와 미래의 상태에 결정적 영향을 미친다는 문화적 관념을 강화한 것만은 분명하다. 정신분석의 영향으로 우리는 죄와 비판에 초점을 맞추는 대신 우리 자신을 이해하는 데 집중하기 시작했다. 정신분석학에서는 환자가 어린 시절과 직접적으로 연관된 강렬한 감정을 가지고 있다는 것을 기정사실로 여긴다. 그리고 정신분석의 상당 부분은 환자의 회고적 감정을 이해하고 그 감정들이 현재의 패턴에 어떤 영향을 주는가를 알아내는 작업이다. 정신분석 이론은 현대 사회가 회고적 감정에 흥미를 가지도록 만드는 데 크게 기여했다. 사람들이 특정한 정신분석 이론을 전적으로 인정하든 아니든, 과거에 대한 기억과 감정이 현재와 미래의 행복을 결정한다는 관념은 사람들이 자기 자신에 관해 생각하고 이야기하는 방식에 널리 영향을 미쳤다. 이것은 유럽과 북아메리카에만 해당하는 이야기가 아니다.[3]

더 넓은 범위에 걸쳐 더 장기적인 영향력을 행사한 요인은 소설이다. 소설의 주인공들은 시간의 흐름과 함께 생활하고 변화한다. 그리고 주인공들이 느끼는 감정은 과거, 현재, 미래의 모든 시간대에 걸쳐 있다. 소설을 읽으면서 우리는 어떤 등장인물의 현재와 미래를 이해하기 위해서는 과거에 대한 질문을 던져야 한다는 점을 배웠다. 그래서 사람들은 자신의 현재와 미래를 이해하기 위해 자신의 과거에 대한 질문을 던지기 시작했다. 그 과정에서 과거와 연관된 다양한 감정들이 대단히 중요해진다. 소설에서는 그런 감정들의 중요성을 극대화하기 위해 1인칭 화자가 과거를 회상하는 형식을 활용하기도 한다. 예를 들면 성인이 된 화자가 자신이 오래전에 경험한 감정들을 회상하거나, 오래된 사건과 감정들을 떠올리는 현재 시점의 강렬한 감정들을 설명하는 방법이다. 소설은 정신분석학자들과 비슷하면서도 그들보다 먼저 어린 시절에 특별한 중요성을 부여했다. 어떤 인물의 성격, 목표, 가치관의 발달을 중심으로 서술되는 교양소설 Bildungsroman(주인공이 유년시절부터 청년시절에 이르는 동안 자기를 발견하고 정신적으로 성장해나가는 과정을 그린 소설―옮긴이)이라는 장르는 소설의 역사에서 중요한 위치를 차지한다. 대개의 교양소설에서는 성인이 된 화자가 자신의 과거와 감정적 상호작용을 한다. 가장 비관적인 소설가는 아마도 마르셀 프루스트Marcel Proust일 것이다. 프루스트는 우리의 과거가 현재에도 그대로 반복될 운명이라고 믿는다(혹은 그런 믿음을 가진 화자에게만 이야기를 맡긴다). 프루스트는 우리가 지금 앞에 있는 사람들에게 초점을 맞추는 게 아니라 오래전에 가버린 사람들, 즉 부모나 뜨겁게 사랑했던 연인들에게 초점을 맞춘다고 보았다. 대다수 소설가들은 그렇게까지 극단적인 견해를 피력하지는 않고 이렇게 이야기한다. 어떤 사람의 과거를 아는 것은 그 사람을 알기 위해 중요한 일이다. 우리 자신의 성격에 대한 서사적 연구(소설에 나오는 것과 비슷한 연구)와 회고적 감정들은 우리 자신을 이해하기 위한 귀중한 지침이다.

요약하자면 아리스토텔레스의 책에 나오는 노인들이 과거에 대해 이야기하고 또 이야기할 때 그들은 뭔가 심오하고 귀중한 것을 성취하고 있지는 않을지라도 좋은 시간을 보내고 있는 셈이다(그들 자신도 그렇게 생각할 것이다). 이와 달리 우리는 우리 자신에 대한 지식과 지적인 자기 서사self-narration를 구축하는 것을 과제로 받아들이는 경향이 있다. 그리고 그 과제를 수행하려면 과거를 돌아보는 감정이 반드시 필요하다고 생각한다.

하지만 여기서 '과제'란 정확히 무엇을 의미하는가? 이 과제를 수행하는 좋은 방법은 무엇이고 좋지 못한 방법은 무엇인가? 어차피 우리가 과거를 바꿀 수 없는 마당에 그런 과제들 가운데 진짜로 가치 있는 것이 하나라도 있을까? 어쩌면 우리는 그리스·로마 사람들과 비슷해져야 하지 않을까? 심오한 의미를 찾으려고 과거를 들여다보는 대신 쾌락은 오래 기억하고 고통은 잊으려고 애써야 하는 것 아닐까?

우리 시대에도 그리스·로마 사람들처럼 사는 사람이 간혹 있다. 우리 할머니가 그런 사람들 중 하나였다. 할머니는 104세까지 사셨는데 거의 마지막까지 건강을 유지하셨다. 나는 할머니가 과거에 대해 이야기하는 것을 들어본 적이 없다. 할머니에겐 남편이 둘 있었다. 첫 번째 남편은 대공황기에 자살했고, 두 번째 남편은 내가 열여덟 살 되던 해에 암으로 사망했다. 할머니는 간혹 다른 사람에 대한 우스운 일화를 들려줄 때가 아니면 과거를 돌아보지 않았다. 나는 할머니의 과거 이야기를 할머니가 아닌 어머니에게 들었다. 할머니의 남다른 성격을 보여주는 일화가 있다. 두 번째 남편이 사망한 직후에 할머니는 나에게 유쾌한 노래를 불러달라고 부탁하셨다. 그때 나는 노래를 부르면서도 참 이상하다고 생각했다. 내가 노래하는 동안 할머니는 값비싼 옷을 완벽하게 차려입고 고급스러운 가구가 가득한 우아한 거실에 앉아 계셨다. (사교계 여성들의 초상화를 그려서 번 돈으로 자신의 주특기인 실험적인 작품을 제작했던 화가 존 코흐John Koch[4]가 우리 할머니의 초상화를 그린 적이 있었다. 그 초상화는 지금 우리 집 거실에 걸려 있다. 그림 속의 할머니는 대단히 매력적인 모습이다. "존 코흐의 작품 중에서는 나체화가 단연 최고다." 인터넷에 게시된 어느 글의 제목이다. 우리 할머니는 나체를 드러낸 적은 없다.)

노년기에 접어들자 할머니는 당신의 언니들[5]과 함께 자녀와 손자녀 이야기를 나누는 것을 즐겼다. 가족들 모두에게 담요를 충분히 나눠준 다음에도 할머니는 쉴 새 없이 뜨개질을 하시면서 자녀들의 부부관계 고민이나 건강 문제에 대해 시시콜콜 이야기했다. 할머니는 비싼 골동품들을 반질반질하게 닦았다. 나와 내 자매가 곁에 있을 때, 그리고 나중에는 내 딸까지 함께 있게 되었을 때 할머니는 당면한 일들에 관해 주로 이야기하셨다. 할머니의 옷 가운데 어떤 좋은 옷을 우리에게 줄지 이야기하고, 우리에게 점심으로 뭘 먹고 싶은지 물어보고, 할머니의 사랑하는 돼지들이 어떻게 지내는지에 대해서도 이야기하셨다. 할머니는 도자기·나무·가죽으로 만든 다양한 돼지를 수집하고 그 수집품에 아낌없는 애정을 쏟았는데, 그 돼지들 이야기를 기꺼이 들어줄 정도로 젊은 사람이라면 누구든지 붙잡고 이야기를 늘어놓았다. 우리는 할머니에게 '피글렛Piglet'(《아기곰 푸》에 나오는 아기 돼지—옮긴이)이라는 별명을 붙여드렸다. 우리가 보기에 할머니는 유쾌한 분이었다.

피글렛 할머니는 본인의 과거에 관심이 전혀 없었고 과거를 가지고 뭘 하지도 않았다. 그리고 마지막 몇 주를 빼면 고통을 느끼지도 않았으므로 아리스토텔레스의 이론처럼 "쓰디쓴 현실에서 달아나기 위해 과거의 기억을 떠올릴" 필요도 없었다. 지금껏 나는 할머니만큼 현재에만 온전히 집중하는 사람을 본 적이 없다. 내 생각에 할머니는 현재에만 신경을 썼기 때문에 건강하게 오래오래 사신 것 같다.

하지만 할머니에 대해 말해둘 것이 하나 있다. 할머니의 활기찬 정신력은 감탄을 자아낼 정도여서 직계가족이 아닌 사람들은 할머니와 함께 있는 걸 좋아했지만, 할머니가 필요로 하실 때마다 도움을 드려야 했던 사람들(우리 어머니와 내 자매)은 할머니의 냉담하고 계산적인 성격 때문에 힘들어했다. 할머니의 냉담함은 오래전으로 거슬러 올라간다. 할머니는 부자였던 첫 번째 남편과 여행을 즐기기 위해 8세인 딸(우리 어머니)을 기숙학교에 보냈다. (사실 이런 것은 영국 상류층에서는 흔한 관행이지만 미국에서는 보기 드문 일이다. 그래서 어머니는 버림받은 느낌이었다고 한다.) 그 첫 번째 남편이 재산을 몽땅 잃어버릴 위기에 처하자 할머니는 남편의 곁을 지키지 않고 딸과 함께 여객선을 타고 유럽으로 갔다. 사진 속의 할머니는 해군 제복을 입은 남자들과 함께 활짝 웃고 있다. 할머니는 미국으로 돌아오는 길에 소식을 들었다. 첫 번째 남편이 가진 재산을 다 써버리고 부인과 딸에게 보험

금이라도 남겨주기 위해 호텔 창문에서 뛰어내려 자살했다는 소식이었다. 나는 그분이 남긴 편지를 보관하고 있다. 날짜는 적혀 있지 않고(1934년쯤으로 추정된다), 이스트 55번가에 위치한 페어팩스 호텔(그가 뛰어내린 곳이다) 종이에 타자기로 인쇄된 편지는 "친애하는 거트루드에게"로 시작된다. 편지에는 거트루드와 베티(우리 어머니)가 "덩달아 가난해지도록" 만들고 싶지 않다고 적혀 있다. 마지막은 이렇다. "내가 당신과 딸 둘 다를 위해 현명한 일을 한다고 확신하오. 그것이 지금껏 내 행동의 동기가 되었지. (…) 나는 두 사람을 내 목숨보다 훨씬 많이 사랑한다오."

당시 미국 상류층에서 그런 식의 자기희생이 유행한 것은 사실이다. 하지만 그분은 자기 아내를 잘 알았다. 거트루드는 남편의 목숨을 살리는 대신 가난을 받아들일 사람이 아니었다. 할머니는 위기에 처한 남편을 돌보는 대신 자유를 선택함으로써 사실상 남편을 죽음에 이르도록 했다. 아버지를 깊이 사랑했던 딸(우리 어머니)은 그 편지를 보고 가슴이 찢어졌다. 어머니는 그 편지를 간직하고 있다가 나에게 물려줬다.

우리 할머니가 자기반성을 피해 달아나도 되는 처지였다고 말하기는 어렵다. 할머니는 많은 것을 기억해야 했고, 많은 것을 후회해야 마땅했다. 그러나 왜 그래야 할까? 할머니가 자기반성을 했다면 무엇을 얻었을까? 만약 회상이라는 과제를 수행하지 않았다는 이유로 할머니를 가벼운 사람이라고 판단한다면 나는 고백과 죄책감, 그리고 최후의 심판이라는 인습에 사로잡힌 멍청이인가? 할머니는 이미 좋지 않은 행동들을 했는데, 회고적인 감정이 할머니의 삶을 더 나은 것으로 만들 수도 있었다고 생각해봤자 무슨 의미가 있을까? 의미가 있다면 어떤 의미인가? 이미 할머니가 초래한 고통이 있는데 할머니 자신에게 또 고통을 가했어야 할까?

나는 이 사례를 시험대로 삼아 다음과 같은 주장을 펼치려 한다. '우리가 과거를 되돌아보고 그 과거를 향하는 여러 가지 감정을 고스란히 느끼는 것은 유용하고 가치 있는 일이다.'

회고적 감정들

먼저 몇 가지 용어에 대한 정의가 필요하다. 회고적 감정이란 무엇이며, 회고적 감정을 느끼는 사람은 어떤 생각을 하게 되는가?

행복한 감정을 먼저 살펴보자, 과거를 향하는 행복한 감정들 가운데 가장 중요한 것은 과거에 일어난 일 또는 과거에 우리가 했던 일에 대한 **흐뭇한 만족감**contended satisfaction이다. 그런 감정이 매우 강렬하면 **회고적 기쁨**retrospective joy이라고 표현할 수 있다. 이런 감정들의 가까운 친척으로 **회고적 자부심**retrospective pride이 있다. 회고적 자부심이란 우리가 과거에 좋은 사람이었거나 좋은 일을 했기 때문에 기쁨 또는 만족을 느끼며 자신을 바라보는 감정이다. 그리고 마지막으로 **회고적 사랑**backward-looking love이 있다. 때때로 회고적 사랑에는 회고적 기쁨 또는 회고적 슬픔이 섞여 있으며, 둘 다 섞여 있을 가능성도 있다.

고통스러운 감정은 종류가 더 많고 복잡하다. **슬픔**grief은 당면한 일에 국한된 것일 수도 있지만, 오래전에 잃어버린 뭔가를 향하는 회고적 감정일 수도 있다. 그리스 철학자들은 슬픔을 현재를 향한 감정으로 생각하여 슬픔의 일부를 누락했다. **회한**regret은 과거에 어떤 나쁜 일이 일어났다는 고통스러운 자각과 그 나쁜 일이 일어나지 않았다면 더 좋았을 거라는 생각의 결합이다. 회한과 긴밀하게 연관된 감정은 바로 **후회**remorse 또는 **죄책감**guilt이다. 회한은 과거에 이미 일어난 어떤 사건에 초점을 맞추되 그 사건을 잘못으로 규정하거나 비난하지 않는다. 후회 또는 죄책감(나는 후회와 죄책감이 정확히 구분되지 않는다고 본다)은 우리 자신이 과거에 했던 행위에 초점을 맞춘다. 그리고 그 행동이 잘못이었다는 생각, 우리가 그 일을 하지 말았어야 한다는 생각이 포함된다. 당연한 이야기지만 그리스인들은 그런 회고적 감정들 자체를 아예 인식하지 못했다.

다음으로 분노anger를 살펴보자. 분노는 과거와 미래를 동시에 바라보기 때문에 복합적인 감정이다. 분노는 뒤로는 과거의 잘못된 일(가까운 과거일 때도 있고 먼 과거일 때도 있다)을 향하고, 앞으로는 어떤 종류의 복수를 생각한다.[6] 때때로 그 복수는 상상 속 미래에 존재한다(우리가 직접 나서서 복수하거나, 법을 통해 복수하거나, 신의 이름으로 복수하거나). 때로는 그 상상 속 복수 자체가 과거에 위치한다. "X는 받아 마땅한 벌을 받았어. 그건 좋은 일이지." 복수가 미래의 것이든 과거의 것이든 분노는 우리가 손해를 입어서 생긴 고통을 상상 속 복수의 쾌감과 결합시킨다. 고대 그리스와 로마의 철학자들은 손해가 발생했을 때의 분노를 중요하게 생각했다. 그들은 복수에 초점을 맞췄기 때문에 분노를 미래를 향하는 감정으로 분류했다. 하지만 분노에는 먼 옛날의 사건에 관한 것도 당연히 포함된다.

회고적 감정은 잘못된 길로 들어설 가능성도 있다. 우선 회고적 감정은 사실을 왜곡할 여지가 있다. 회고적 감정은 실제로는 일어나지 않은 사건을 일어났다고 믿거나, 확실히 일어났던 사건을 인지하지 못하거나, 결정적인 인과관계를 잘못 파악하곤 한다(예컨대 단순한 사고를 고의적인 행위로 치부한다). 회고적 감정은 가치를 잘못 판단할 수도 있다. 어떤 사건이나 사람들을 실제보다 더 중요하게 또는 덜 중요하게 생각하는 것이다. 예컨대 우리는 클립 하나를 잃어버렸다거나 하는 사소한 손해 때문에 슬퍼할 수도 있고, 그렇게 사소한 물건을 가져간 사람에게 화를 낼 수도 있다.

회고적 감정들을 한 묶음으로 바라볼 때 추가로 생각해볼 문제가 있다. 회고적 감정, 특히 고통스러운 회고적 감정은 대부분 과거를 바꾸고 싶다는 실현 불가능한 소망을 내포한다는 것이다. 그런데 정말 그런가? 어떤 경우 과거를 바꾸고 싶다는 소망은 명백히 주변적인 것이다. 슬픔이라는 감정은 죽은 사람이 생명을 되찾게 해달라는 소망을 동반하기도 하지만, 그런 소망이 슬픔에 반드시 필요한 요소는 아니다. 우리는 이별을 온전히 받아들이면서도 마음껏 슬퍼할 수 있다.

그래도 어떤 사람은 이렇게 반문할지도 모른다. 이미 잃어버린 것과 지나간 것에 감정적 에너지를 허비할 이유가 무엇인가? 이렇게 답해보자. 슬픔은 우리 삶에 사랑이 중요하다는 것을 표현하는 감정이다. 또 슬픔은 애착의 증거가 되고, 애착의 대상들을 소중히 여기는 사람의 본성을 증명한다. 슬픔은 우리 자신에 대한 감정이 아니라 죽은 사람에 대한 감정이지만 한편으로 우리 자신이 어떤 사람인가를 온전하고 강력하게 표현한다.

일반적으로는 세월의 흐름과 함께 슬픔도 변화한다. 소중한 사람과 헤어진 직후에 우리는 이렇게 생각한다. '내 삶의 중심에 있는 사람이 떠나다니.' 세월이 흐르고 우리가 목표와 관심의 그물을 재정비하면 문장의 시제가 바뀐다. '내 삶의 중심이었던 사람이 떠나버렸어.' 여기서 시제의 변화는 슬픔이 어느 정도 무뎌졌다는 증거다. 하지만 어떤 종류의 슬픔은 우리가 과거를 돌아볼 때마다 그대로 남아 있다. 특히 삶 전반을 평가하기 위해 현재 시점을 벗어나 삶 전체를 한눈에 바라볼 때, 우리는 삶에 여전히 커다란 구멍이 뚫린 모습을 보게 된다. 그 구멍은 누군가를 잃은 자리로서 우리의 정체성과 우리가 사랑했던 사람에 관한 사실적 증거물이다. 마찬가지로 오래전 이별의 슬픔도 그 감정의 주인에 대해 소중한 무언가를 알려준다. 이때 슬픔은 그 사람이 저렇게 누군가를 사랑했으며 그 사랑이 자기 삶의 일부라는 걸 인정한다는 의미를 지닌다.

회한은 슬픔과 마찬가지로 과거의 어떤 나쁜 일이 일어나지 않았더라면 하는 소망을 포함할 수도 있지만, 슬픔에서와 마찬가지로 그런 소망은 회한이라는 감정 자체에 포함되는 게 아니라 주변에 위치한다. 대신 회한에서 강조되는 지점은 그 사건이 일어나지 않았더라면 **더 좋았으리라**는 생각이다. '내 아이들이 그날 고속도로의 그 지점에 있지 않았더라면, 그래서 부주의한 운전자의 차에 치여 죽지 않았더라면 더 좋았을 거야.' 우리는 아이들이 그냥 집에 있거나 다른 길로 갔더라면 더 좋았을 거라고 느낀다. 하지만 바꿀 수 없는 과거를 바꾸고 싶다는 소망은 우리 감정에서 중심에 위치하지 않는다. 게다가 회한은 슬픔과 마찬가지로 현재 시점의 책임과 관심사에 대한 인식이다. '이 사건이 내 삶을 엉망으로 만들어서 지금 내가 이렇게 된 거야.'

죄책감이라는 감정에도 내가 과거에 했던 행동이 나빴고 내가 그 행동을 안 했더라면 좋았을 거라는 생각이 포함된다. 하지만 죄책감은 바꿀 수 없는 것을 바꾸기를 바라는 감정이 아니다. 죄책감은 회한과 마찬가지로 현재를 표현하는 역할을 하면서 그 표현을 통해 미래의 여러 가지 선택을 지시하기도 한다. 과거 내 행동이 잘못되었다는 생각은 곧 그 행동이 나에게 어울리지 않으며 내가 가진 신념에도 부합하지 않는다는 생각이다. 여기에는 그런 나쁜 행동을 다시는 하지 않겠다는 결심이 뒤따른다. 사람에게 도덕적 책무라는 것이 있다고 한다면 이런 종류의 죄책감은 완전한 사람이 되는 과정이다. 하지만 잠시 후 우리는 이런 결론을 재고하게 될 것이다.

지금까지 살펴본 바에 따르면 회고적 감정들 자체가 비이성적인 것처럼 보이지는 않는다. 하지만 회고적 감정들 속에는 진짜 문제가 하나 도사리고 있다. 바로 보복을 하고 싶은 마음이다. 죄책감은 기본적으로 '자기 자신에 대한 분노'라 할 수 있다. 그리고 죄책감과 다른 사람을 향한 분노는 현재를 향하든 아니면 과거를 향하든 간에 인과

응보의 소망을 포함한다. 인과응보의 소망이란 나쁜 행동을 한 누군가가 대가를 치러야 한다는 생각이고, 그 고통은 그 나쁜 행동에 상응하는 것이어야 한다는 믿음이다. 이런 생각은 지극히 인간적인 것이며 어쩌면 진화 과정에서 우리의 정신에 입력된 것인지도 모른다. 그럼에도 그것은 비이성적인 생각이다. 복수를 위해 누군가에게 원래의 고통 또는 손해와 똑같은 고통을 가해서 전체적으로 더 나은 세상을 만든다는 발상은 인류 역사상 오래된 마법적 사고의 불완전한 형태에 불과하다. 우리가 원하는 보복의 대상이 자신이든 다른 사람이든 그것은 비이성적인 생각이다. 잘못을 범한 사람을 처벌하면 미래에 어떤 유용한 목표(억제, 무효화, 개혁)를 달성할 수 있을까? 그럴 수도 있고 아닐 수도 있다. 이것은 실증적인 질문이다. 이와 마찬가지로 우리 자신에게 고통을 가하면 상황이 개선될 수도 있지만 모든 것이 중단되는 결과에 이를 수도 있다. 복수 그 자체로는 가치 있는 목표를 달성하지 못한다.[7]

복수가 무용하다는 나의 주장은 과거(먼 옛날)의 잘못에 대한 분노에만 적용되는 것이 아니라 현재 또는 멀지 않은 과거에 대한 분노에도 똑같이 적용된다. 분노나 자기 자신에 대한 분노(죄책감)는 회고적 감정 가운데서도 매우 강렬한 감정이기 때문에, 우리는 복수의 무용성을 조금 더 강조할 필요가 있다.

다른 사람을 향하는 감정과 우리 자신을 향하는 감정들 가운데 가치 있어 보이는 것으로 '유사 분노quasi-anger'가 있다. 유사 분노란 복수의 소망을 내려놓고 좋은 것을 위해 미래지향적인 생각을 하려고 하는 감정이다. "그런 천인공노할 일이! 다시는 그런 일이 일어나지 않아야 해!" 이런 감정은 일반적인 분노와 여러모로 비슷하지만, 그 행위를 한 사람이 고통을 겪기를 바라지는 않는다. 유사 분노는 그 사람에게 잘못된 행동의 재발을 방지할 전략을 찾으라고 요구하며, 뭐가 됐든 가장 좋은 전략을 찾기를 원한다(당연히 이 전략에는 일종의 처벌이 포함될 수도 있다). 그리고 우리 자신을 향하는 분노 또는 유사 분노라는 감정도 있다. 이때 우리는 자신에게 화를 내면서 더 나은 사람이 되려는 결심을 하지만 본인을 처벌할 마음은 없다. 다른 사람을 향한 분노와 마찬가지로 자기 자신에 대한 처벌은 그것으로 상황이 개선되리라는 전망이 있을 때에만 유용한 전략이 된다. 당연한 이야기지만 생산적이고 미래지향적인 분노 및 자기 분노와 과거에 대한 복수에 초점을 맞추는 공허한 분노 및 자기 분노는 구별하기 어려울 때도 많다.

이제 우리는 회고적 감정을 느끼고 그 감정들에 대해 생각하는 일의 좋은 점을 알아차리기 시작했다. 회고적 감정들은 내가 어떤 사람인지, 내가 과거에 어떤 행동을 했는지, 내가 무엇에 책임을 져야 하는지를 알려주면서 다음과 같은 질문을 던진다. 내 행동이 옳았다고 생각하는가, 아닌가? 그것은 자기 변화를 위해 유용한 질문이다. 하지만 우리에게 자신을 변화시킬 의도가 없고 과거에 우리가 사랑했던 것과 우리가 했던 일을 나쁘게 생각하지 않는 경우에도 회고적 감정은 우리의 정체성을 표현하고 선언한다는 의미에서 유의미한 역할을 수행한다. 단, 회고적 감정을 긍정적으로 활용하기 위해서는 자기를 처벌하려는 무익한 행위의 덫에 걸리지 않아야 한다. 이제부터 과거에 매달리는 삶의 문제점에 대해 더 자세히 알아보자.

"과거가 곧 현재잖아?"

지금부터 감정 에너지의 상당 부분을 과거에 쏟는 삶의 두 가지 사례를 살펴보자. 그렇게 살면 현재와 미래를 직시하지 못해, 본인에게나 다른 사람에게나 파괴적인 영향을 미친다.

유진 오닐Eugene O'Neill의 〈밤으로의 긴 여로Long Day's Journey into Night〉는 미국 연극사를 통틀어 가장 많은 찬사를 받은 작품 가운데 하나다.[8] 그리고 〈밤으로의 긴 여로〉는 관람하기가 대단히 괴로운 연극이다. 아버지, 어머니, 두 아들로 이루어진 네 명의 등장인물과 네 시간을 보내는 동안 관객은 점점 숨이 막히고 무기력한 느낌에 휩싸인다. 관객은 무대로 뛰어 올라가서 등장인물들의 멱살을 잡고 흔들며 제발 그 집착과 파괴와 쓸모없는 행동을 멈추라고 소리치고 싶어진다. 그들이 과거의 패턴을 계속 되풀이하면서 현재의 과제를 직시하지 않기 때문이다. 소포클레스 비극을 관람하는 관객은 등장인물들에게 자기가 아는 것을 말해주고 싶은 충동을 느낀다. 진실의 빛 아래 놓으면 끔찍하고 불행한 것으로 밝혀질 행동을 하지 않도록 등장인물들을 잘 인도하고 싶어진다. '교차로에서 그 노인을 죽이지 마시오. 정당방어라도 안 됩니다.' '과부가 된 매력적인 여왕과 혼인하지 마세요.' 우리가 아는 사실을 그 비운의 남자 주인공도 안다면 그는 분명히 다르게 행동할 것이다. 연극의 주인공들이 특별히 비이성적으로 행동하는 것은 아니다. 그들은 무지할 뿐이다.

오닐의 비극은 다르다. 사전에 뭔가를 안다고 해서 피할 수 있는 비극이 아니다. 〈밤으로의 긴 여로〉에서 발견되는 파괴의 패턴은 등장인물들의 삶의 방식과 그들의 정체성에 깊이 뿌리 박혀 있어서, 그 패턴을 변화시키려면 장기간의 투쟁이 필요하다. 제목에 나오는 '여로'는 문자 그대로 긴 하루 동안 점점 깊어지는 비참과 불행으로 나아가는 과정을 뜻한다. 한편으로 이 연극의 제목은 등장인물들의 인생행로를 암시한다. 그들의 인생은 미래의 빛을 향해 나아가는 대신 이미 정해져 있는 과거의 어둠으로 돌아간다. 이 연극이 우리를 갑갑하게 만드는 이유는 미래에 대한 가능성의 숨결이 오래전에 메말라버린 세계를 보여주기 때문이다. 감정적인 측면에서 밤으로의 '여로'란 현재 또는 미래와 연관된 감정, 즉 희망과 사랑과 두려움 같은 감정으로부터 서서히 멀어져 과거에 뿌리를 두고 과거에만 집중하는 패턴을 반복적으로 암송하는 과정이다.

극의 기본 줄거리는 다음과 같다. (극이 진행되는 하루 동안 등장인물들은 강박적으로 이 이야기를 들려준다. 우리는 그들이 그날 말고 다른 날에도 그 이야기를 반복하리라고 상상하게 된다.) 메리 타이런은 부유한 중산층 가정에서 태어나 전통적인 교육을 받은 사람이었지만 뜨내기 배우와 결혼해 모두를 놀라게 했다. 그 배우는 바로 순회공연의 우상이었던 제임스 타이런. 메리는 순회공연을 하는 제임스를 따라다니기 때문에 일정한 거처가 없다. 메리의 첫째 아이인 제이미는 홍역에 걸렸는데 아기였던 둘째 유진에게 우연히 병을 옮긴다. 유진은 죽고 만다. 메리는 다시 안전하게 임신하기가 어려울 정도로 몸이 약해진 상태였음에도 다시 임신을 하고 고생 끝에 에드먼드를 낳는다. 에드먼드가 태어난 후에 메리는 모르핀 중독자가 된다. 구두쇠 남편이 치료비를 싸게 부르는 의사들만 데려왔기 때문일 것으로 추측된다. 메리는 그때부터 줄곧 중독과 싸우지만 모르핀을 끊지 못한다. 그렇게 23년이라는 세월이 흘렀다. (오닐은 제이미의 나이를 33세, 에드먼드의 나이를 23세로 설정했다.) 메리는 남편 때문에 중독과의 싸움이 더 힘들어졌다고 생각한다. 공연을 하지 않는 시기에 남편이 자신을 수리도 덜 된 휑한 집에 친구 하나 없이 홀로 남겨뒀기 때문에. 첫째 아들 제이미는 떠돌이 알코올 중독자가 됐는데, 그것은 자기가 동생을 죽였다는 죄책감의 영향이기도 했다. 에드먼드는 재능 있는 작가지만 그 역시 알코올 문제가 있고, 바다에서 몇 년을 보낸 후에는 결핵으로 추정되는 전염병에 걸렸다. 그 집안에서 가장 멀쩡한 사람은 아버지인데, 그도 술을 많이 마시지만 공연을 빼먹은 적은 한 번도 없다. 다른 가족들은 자기들의 문제를 그에게 전가하고 비난하느라 바쁘지만, 그에게는 관계와 주체성에 대한 감각도 있는 것 같다.[9]

연극은 한 줄기 희망과 애정 어린 관계에 대한 암시로 시작된다. 메리의 모르핀 중독이 성공적으로 치유된 것처럼 보인다. 메리는 몸에 살이 붙고 기분도 좋아졌다. 그녀의 주위에 있는 사람들도 마음이 편해지기 시작한다. 가족들은 에드먼드의 건강을 염려하지만 약간의 희망을 품는다. 이때 그들은 미래를 바라보면서 미래를 위해 뭔가를 하기로 굳게 결심하고 있다. 이처럼 연극의 도입부는 가족 간의 사랑과 유대감을 충분히 보여준다. 그러나 곧 우리는 그날이 미래로 나아가는 날이 되지 않으리라는 사실을 알게 된다. 알고 보니 그날은(사실 그날만이 아니다) 과거가 모든 인물을 꽉 잡고 목을 졸라대는 날이었다. 메리는 걱정과 희망을 안고 새로운 선택을 해야 하는 현재와 미래를 살아내기 힘들어 다시 모르핀 주사를 맞기 시작한다.[10]

오닐은 그 자신의 삶을 소재로 활용하지만 실제 인물들의 행복했던 미래를 삭제하고 다소 충격적인 방식으로 변형을 가했다. 오닐 자신이 결핵을 앓다가 완치되고 나중에 작가로서 성공한 사실이라든가, 오닐의 어머니가 약물중독 치료를 충실히 받고 8년 동안 약을 끊었다가 암으로 사망한 사실이라든가, 오닐의 아버지가 연이어 성공을 거두고 비교적 장수했다는 사실은 극에 나오지 않는다. 네 명의 등장인물 가운데 극중에서 주어진 막다른 골목 같은 인생을 실제로 살았던 사람은 제이미밖에 없다. 극의 다른 요소들은 대부분 진실이나 일부만을 변형했다는 점에서 우리는 오닐의 목표가 무엇이었는가를 짐작할 수 있다. 그는 과거를 회상하는 감정들이 현재의 관계에 미치는 영향을 알아보려 했던 것이다.

타이런 가족들은 항상 과거에 대해 이야기하며, 그들이 표현하는 감정의 대부분은 과거를 향하고 있다. 에드먼드의 건강에 대한 메리의 합리적인 걱정은 곧 회고적인 분노로 바뀐다. 휴양지와 의사를 선택해야 하는 상황에서 그녀는 과거에 제임스가 했던 인색한 선택들을 문득 떠올린다. 특히 제임스가 그녀를 치료할 의사를 골랐던 일을 기억해낸 메리는 자신의 중독 증세를 남편의 잘못된 선택 탓으로 돌린다. 극이 끝날 무렵에는 에드먼드조차 절박하게 "어머니는 완전히 과거에 살고 있기 때문에 제 결핵은 어머니에게 옮을 수 없어요"라고 선언한다.

메리의 주된 감정은 수동적 공격성을 띠는 숙명론이다. 숙명론은 회고적 분노를 감추기도 하지만 궁극적으로는 회고적 분노의 표현이다. 메리는 종종 숙명론적인 대사를 읊조린다. 예컨대 제이미에 대해서는 이렇게 이야기한다. "네 형은 과거에 만들어진 그대로 살아갈 수밖에 없단다. 너희 아버지도 마찬가지고. 너도 그렇고, 나도 그래." 메리는 현재의 선택을 부정하고 현재를 과거로 전환한다. 그래서 현재를 과거와 마찬가지로 고정불변한 것으로 만들어버린다. 그녀는 제임스의 잘못된 행동(그녀의 생각에 따르면 그렇다), 그의 인색함, 항상 여행을 다니는 것 등이 과거에 어떤 결과를 낳았기 때문에 비난받아야 한다고 생각하는 데 그치지 않고 현재의 나쁜 일들도 모두 제임스 탓으로 돌린다. 회고적 비난은 그녀의 일평생에 걸친 존재 방식이다. 그녀는 자신을 비난하는 말들을 늘어놓기도 하지만 자세히 들어보면 결국 제임스에 대한 비난이다. 제임스를 향한 분노야말로 그녀가 숙명론에 빠지는 궁극적인 원인이다. 그녀는 한 가지 또는 여러 가지 구체적인 행동에 대해 남편을 비난하는 대신 편리하게도 자기 일생에 대한 책임을 전부 그에게 돌린다. 극의 후반부에서 제임스가 그녀의 감정을 이해하려고 애쓰다 마침내 "메리! 제발, 제발, 과거는 잊어버려!"라고 소리치자 그녀는 이렇게 대답한다. "왜? 그리고 어떻게? 과거가 곧 현재잖아? 과거는 미래이기도 하고."

제이미에게도 오래전 아기였던 동생의 죽음의 원인을 제공했다는 본의 아닌 '잘못'이 운명처럼 작용하면서 그의 선택권을 앗아간다. 그래서 그의 모든 감정 역시 과거를 향한다. 극이 끝나갈 무렵 제이미는 냉소적인 말투로 로제티Rossetti의 시구를 인용한다. "내 얼굴을 보세요. 내 이름은 '그랬을지도 몰라'랍니다 / 나는 '이제 그만', '너무 늦었어', '안녕'이라는 이름으로 불리기도 해요."

에드먼드와 그의 아버지는 과거에 비교적 덜 몰입한다. 에드먼드와 제임스는 사람들과 진실한 관계를 맺기 위해 노력하며, 현재와 미래에 대해서도 확고한 감각을 지니고 있다. 하지만 둘 다 결국에는 반복과 회상의 힘에 굴복하고 만다. 제임스는 새로운 예술적 시도를 하기보다 알렉상드르 뒤마Alexandre Dumas의 작품에 나오는 몬테크리스토 백작 역할을 반복해서 맡는 쉬운 길을 선택한다. 자신의 인생에서도 그는 가족 문제에 대해 창의적인 해결책을 찾는 대신 정해진 순서와 반복에 의존한다. 그것은 본질적으로 모든 등장인물들이 하는 행동이다. 이 연극의 등장인물들은 진짜 현재와 미래의 과제에 도전하는 대신, 기억에 의해 학습되고 회고적 감정에 의해 활기를 띠는 반복적인 역할을 재활용하는 쉬운 길을 택한다.

분노는 이처럼 반복적이고 무의미한 회고적 비난을 생성할 때가 많다. 회고적 비난의 반복 속에서 사람들은 진짜 문제와 곤경을 회피하고 먼 옛날에 학습한 각본에 따라 연기를 펼친다.[11] '당신이 먼저 시

작했잖아' '아니지, 당신이 이런저런 나쁜 행동을 먼저 했어'라는 식
이다. 경직성은 코미디의 소재가 되기도 하지만, 오닐의 작품에서는
그 때문에 초래되는 위험이 너무 크기 때문에 경직성은 희극이 아닌
비극의 소재가 된다. 피할 수 있었는데도 등장인물들이 스스로 그 비
극을 불러들인다는 데 진짜 비극이 있다. 등장인물들은 자신들이 불
행하게 살 운명이라고 믿는 쪽이 낫다고 생각한다. 그렇게 믿으면 현
재의 선택에 대한 책임이 면제되니까. 죽어 있는 것이 사는 것보다
쉽지 않은가. 극이 끝날 때 메리는 마지막 회고적 분노를 표출한다.
"그해 봄에 나에게 어떤 일인가가 일어났지. 나는 제임스 타이런과
사랑에 빠졌고 한동안 너무나 행복했어." 이는 다른 말로 이렇게 표
현할 수 있다. "나는 행복한 여자였어. 그랬는데 불행한 운명이 나를
찾아왔어. 당신이 오늘의 나를 만들었어, 출구 없는 밤 속에 살고 있
는 나를."

　노년기에 우리가 그 어떤 회고적 감정을 수용하고 추구하든 간에,
이런 식으로 현재에 대한 책임을 회피하는 태도는 도움이 안 될뿐더
러 좋은 결과를 도출하지도 못한다. 윤리적으로도 문제가 있다. 우리
의 삶은 사후세계가 아니고, 현재는 과거가 아니다. 우리가 비난하는
사람이 우리 자신이든 다른 사람이든, 그리고 그 비난의 대상이 살아
있든 죽었든 간에 회고적으로 사는 것은 지나치게 쉬운 방법이다. 과
거의 행동에 대한 책임(자신의 책임 또는 다른 사람들의 책임)은 우리의
삶을 평가하는 데서 중요한 부분이지만, 책임은 미리 정해진 운명이
라든가 집착에 가까운 복수의 길과는 다른 것이다. 실제로 가장 좋은

형태의 책임은 '변화란 불가능한 것이 아니라 전적으로 가능한 일'이라는 고통스러운 자각으로 이어진다.

과거는 경솔한 사람들에게 여러 가지 덫을 놓기도 한다. 과거를 쳐다보며 살아가는 태도의 또 다른 문제점은 프랑스 작가 미셸 뷔토르 Michel Butor가 《시간의 사용 L'Emploi du Temps》(1957)이라는 독특한 소설에서 다룬 바 있다.[12] 《시간의 사용》은 실제보다 문학적 가치가 저평가되고 있는 실험적 소설이다. 이 소설의 독특한 점은 시간을 가지고 장난을 친다는 것인데, 이는 단지 문학적 효과만을 노린 장치가 아니다. 시간은 처음에는 그럴듯해 보이는 명쾌함과 자기인식을 통해 주인공의 삶에 피해를 입힌다.

자크 르벨은 프랑스에 살다가 영국 미들랜드로 건너왔다. 그는 블레스턴이라는 가공의 도시에 위치한 '매튜스 & 선즈'라는 회사에서 1년 동안 일하기로 했다. 소설의 도입부에서 그는 더러운 창문이 달린 기차의 객실에 있다. 창밖에는 비가 내리고 갈색 안개가 끼어 있으며 희미한 빛이 빗방울에 부딪쳐 굴절되고 있다. 그의 눈에 보이는 것이라고는 희미한 빛의 흔적뿐이다. (소설의 첫 문장은 다음과 같다. "희미한 빛이 늘어났다.") 르벨은 바깥 풍경을 선명하게 보고 싶다는 절박한 충동에 휩싸인다. 하지만 우리는 첫 페이지를 다 읽기도 전에 그 기차 여행이 주인공의 현재가 아니라는 사실을 알아차린다. 그것은 과거를 회상하는 대목이었다. "나는 그날의 풍경을 아주 똑똑하게 기억한다." 그리고 첫 페이지의 맨 위에는 그 이야기의 배경이 5월과 10월이라고 적혀 있다. 그 일을 실제로 경험한 달은 5월이고 저자가 글을 쓰는 달은 10월이라는 뜻이다. 이 소설에는 페이지마다 이런 형식의 주석이 등장한다. 독자들에게 모든 일화가 적어도 두 번 일어나는 사건임을 알려주는 것인데, 두 번 이상 일어나는 사건(르벨이 앞에서 설명했던 과거의 사건으로 돌아가서 뭔가를 수정할 경우)도 적지 않다.

"나의 자아가 흐릿해진다_{cet obscurcissement de moimeme}"고 불평하던 르벨은 블레스턴의 먼지와 안개에 마음을 더럽히지 않고 깨끗하게 유지하기 위해 일기를 쓰기로 결심한다. 아니, 오래전에 했던 결심을 설명한다. 이렇게 해서 실험이 시작된다. 실험을 시작하던 시점에 르벨에게는 아직 외향적인 생활이 있었다. 르벨은 동료들을 만나고, 친구를 사귀고, 로즈와 앤이라는 대조적인 두 여성에게 매혹된다. 매일 밤 일기를 쓰려고 자리에 앉을 때마다 그는 과거에 대한 자신의 서술이 불완전하다는 사실을 발견한다. 그래서 그날 하루의 일만 기록하는 게 아니라 더 먼 과거로 돌아가서 일기를 더 완전하게 다듬는다. 이런 행동은 자꾸만 반복된다. 확실성에 대한 집착 때문에 그는 점점 더 과거로 눈을 돌리고, 예전에 쓴 글을 수정하거나 보충할 필요를 느낀다. "이 토요일, 이 일요일. 나는 정말로 이 날들을 붙잡고 싶다. 이 날들을 완전하게 옮겨 써서 내가 읽을 수 있도록 종이에 펼쳐놓고 싶다. 그러면 이 날들은 빛이 그냥 통과할 정도로 투명해질 것이다." 현재 또는 최근의 경험에 할애되는 글의 비중은 점점 줄어들고, 과거에 대한 집착이 감당하기 어려울 정도로 커진다. 그의 친구였던 사람들, 그의 애인이 될 수 있었던 사람들이 등장하는 지점은 점점 멀어진다. 앤은 다른 사람과 약혼하지만 르벨은 그 일에 대해 아무런 감정도 드러내지 않고 넘어간다. 과거를 회고하는 작업에 골몰하고 있었기 때문이다.

르벨은 프루스트의 소설 《잃어버린 시간을 찾아서》에 나오는 마르셀의 후예라 할 수 있다. 실제로 두 작품은 비슷한 주제를 다루고 있다. 과거를 그대로 재현하는 것은 대단히 어려운 일이다. 만약 누군가가 과거를 재현하는 것 자체를 목표로 끈질기게 노력한다면 그 사람은 필연적으로 현재의 삶과 사랑에서 멀어진다. 프루스트는 충실하게 산 삶만이 회고적인 삶이 될 수 있다고 암시한다. 프루스트의 견해에 따르면 사랑과 우정은 원래 피상적이고 거의 환상에 가까운 것이다. 그래서 우리는 회고적 감정 속에서 그 사랑과 우정의 본질을 다시 포착할 수 있다. 뷔토르의 소설은 이것과 다른 윤리적 교훈을 제공한다. 과거의 확실성에 대한 르벨의 집착은 파괴적이고 불균형적이다. 그것은 그의 달라진 생활환경과 영국에 대한 거부감에서 비롯된 병적인 반응이다.

르벨은 젊은 청년이므로, 우리는 그가 프랑스에 돌아가면 균형을 되찾고 다시 삶에 뛰어들 것이라고 생각할 수도 있다. 블레스턴에 대한 르벨의 증오심은 소설의 후반부로 갈수록 커지면서 서사를 이끌어가는 동력이 된다. 마지막 장은 절반 이상이 2인칭으로 서술되는데 화자는 블레스턴이라는 도시에게 이야기를 건네는 형식을 취한다. 파리의 매력 속으로 들어가면 블레스턴에 대한 거부반응은 사라질 수도 있다. 파리에는 안개도 없고 비도 없고(적어도 르벨의 마음속에서는 그렇다) 시야를 흐리는 뿌연 빛도 없고 오직 맑은 빛만 있으니까!

뷔토르의 소설 제목은 나이 드는 사람들에게 특별한 의미를 지닌다. 시간은 갈수록 짧아지고, 시간을 어떻게 활용할 것인가라는 질문은 점점 시급한 문제가 된다. 회고적 감정과 사고에 활용된 시간은 우리가 친구, 자녀, 손자녀와 상호작용하지 않는 시간이다. 시간을 이런식으로 '사용'하는 것은 우리의 친구들과 친척들이 대부분 사망한 경우에 더욱 유혹적인 방법이 된다. 우리는 중요한 일은 모두 과거에 일어났다고 생각하기 쉽다. 하지만 우리가 관심을 가질 수 있는 새로운 사람(그리고 살아 있는 사람)은 언제나 있다. 과거를 쳐다보며 살면 즐거운 인간관계를 많이 놓치게 된다. 소설《시간의 사용》이 주는 교훈은 과거 회상 작업을 아예 하지 말라는 것이 아니라 그 일에 할애하는 시간의 한도를 정하고 현재와 미래를 풍요롭게 해주는 회상을 하라는 것이다. 지금 우리가 진짜로 가진 것은 현재와 미래이기 때문이다.

현재지상주의: 영원한 아동기?

그렇다면 결국 우리 할머니가 옳았단 말인가? 회고적 감정들의 덫을 모두 살펴보고 나니 할머니처럼 과거는 더 이상 존재하지 않는 것으로 치부하고 영원한 어린이로 사는 편이 낫겠다는 생각도 스쳐간다. 그 유쾌한 삶에는 무엇이 빠져 있는가? 우리 할머니는 실수와 잘못을 솔직하게 인정하지 않았다. 할머니의 삶에는 잘못된 행위들이 존재했고 성격적으로 안 좋은 특징들도 있었다. 그런 것들과 대면하지 않았다는 것은 할머니 자신의 정체성에 솔직하지 못했다는 뜻이 된다. 겉으로 보이는 것은 친절함이라는 합판이었지만 그 뒤의 내용물은 많이 달랐다. 그런 삶에는 모종의 위선이 있다. 매력을 발휘해 사람들을 끌어들이기도 하고 삶과 사랑을 연기하기도 하지만 무엇을 진실하게 사랑하지는 않는다. 아니, 변화를 거부한다는 의미에서 본다면 삶을 살지 않는다고 말할 수도 있다. 우리 할머니가 슬픔이나 죄책감을 경험하지 못했다는 것은 사랑할 줄 몰랐다는 뜻도 된다. 남편이 사망하면 그냥 잊어버리고 쾌활하게 살면 된다는 자세. 이런 감정적 결함을 지닌 사람은 마치 메리 타이런처럼 선택과 발전이 중단된 삶을 산다. 영원한 현재는 영원한 과거와 마찬가지로 경직된 덫이다.

일반적으로 자아성찰은 가치 있는 일이며 완전한 사람이 되는 과정의 일부다. 우리가 과거에 했던 행동들을 솔직히 인정하고 이해하려고 애쓰는 일은 현재에 우리가 완전한 사람이 되기 위해 필요한 과정이다. 그래서 정신분석은 언제나 과거를 돌아보지만 정신분석 자체는 회고적인 과정이 아니다. 우리에게 남은 삶이 얼마나 긴가를 떠나서 정신분석은 '앞으로 나아가는 삶'이라는 과제와 긴밀하게 관련된다. 정직하게 과거를 돌아보는 작업에는 자연히 회고적 감정이 수반되며, 이런 회고적 감정들 가운데는 유쾌하지 않은 것도 있다. 우리 모두의 삶에는 슬픔과 잘못이 포함되기 때문이다.

현재와 미래를 모두 과거에 종속시키는 것이 실수라면, 현재와 미래를 선호한다는 이유로 과거를 폐기처분하는(그리하여 현재와 미래를 빈약하게 만드는) 행동 역시 방향만 반대일 뿐 똑같은 실수다. 마을 사람들 전체가 우리 할머니처럼 사는 것도 불가능한 일은 아니다. 앤드루 블레츠먼Andrew D. Blechman의 소설 《레저빌Leisureville: Adventures in a World without Children》[13]에는 플로리다주와 애리조나주의 실버타운들이 나온다. 이 실버타운들은 현재지상주의적 쾌락을 제공함으로써 노인들로 하여금 자기 내면에 대한 성찰과 고통스러운 감정을 잊도록 해준다. 유일한 라디오 방송국은 어디에서나 "우리 마을의 아름다운 하루입니다!"라는 말을 온종일 반복한다. 사회적인 문제들은 멀찌감치 밀려난다. 사람들은 의미를 추구하지 않고 골프, 음식, 섹스에서 일시적 쾌락을 얻는다. 아리스토텔레스의 책에 나오는 노인들과 달리 이 실버타운의 노인들은 고통을 느낄 것이 두려워서 과거보다는 현재로 주의를 돌린다. 나는 이런 삶의 방식에 대해 당혹스럽다고, 더 나아가 혐오스럽다고 말했던 블레츠먼의 견해에 동의한다. 차라리 우리 할머니의 삶이 나았다고 생각한다. 할머니는 적어도 손자녀와 증손자녀들에게는 인심을 잘 썼다. 손자녀들의 교육을 지원하는 것은 할머니의 계획에서 상당한 비중을 차지했다.

그러면 레저빌 주민들의 문제는 무엇일까? 내 입장을 옹호하기 위해 의견을 더 말해도 되는 걸까, 아니면 내가 개인적 취향에 따른 비합리적인 비판을 하고 있는 걸까? 레저빌 주민들은 비록 경박하지만 유쾌하게 산다. 그리고 현대 사회의 수많은 노인들과 달리 그들은 적어도 고립되어 있진 않다. 그렇다면 레저빌 사람들처럼 살아서 나쁠 것이 뭐란 말인가? 그래도 나는 그 사람들의 생활방식에 대해 일반적인 불쾌감(나에게는 그게 불쾌하게 느껴진다)을 느낄 뿐 아니라 그들에게 중요한 결함이 있다고 생각한다. 레저빌 주민들의 문제점 중 하나는 이타주의가 전혀 없다는 것이다. 그들은 풍부한 자원을 가지고 있는데도 이타적인 마음이 전혀 없다. 아이들을 피한다는 것은 그들이 자신의 자원을 좋은 일에 쓸 수도 있을 자아 바깥의 세상에 무관심하다는 한가지 징후이다.

또 한 가지 문제는 현재지상주의presentism 자체의 부적절함이다. 레저빌의 현재지상주의자들은 대부분의 고통을 회피한다. 여기서도 나는 그들이 완전한 인간이 되는 과업을 수행하지 않고 있다는 느낌을 받는다. 완전한 인간이 되려면 고난, 슬픔, 실패에 직면해야 한다. 그들의 현재지상주의적인 삶은 우리가 상상하는 대다수 동물들의 삶과 비슷하다. 인간 외의 동물들에게는 그런 삶도 나쁘지 않다. 하지만 인간의 삶은 그보다 훨씬 풍부한 가능성을 지니고 있다(사실은 일부 동물들의 삶도). 슬픔은 사랑을 받아들이게 한다. 회한으로는 도덕적 실패와 자기 변화의 가능성을 받아들일 수 있다.

삶의 의미와 자기서사

우리가 적어도 한 번쯤은 고려해봐야 하는 더 강력한 명제가 있다. "우리 인생의 여기저기 흩어진 조각들을 가지고 서사를 만들거나 발견하는 작업을 하면 우리 삶은 더 의미 있고 가치 있는 것이 된다." 회고적 성찰Retrospection은 유의미한 방식으로 수행될 경우 의미를 발견하고 확인하는 것은 물론이고 의미를 구축하는 수단이 된다. 위의 명제는 니체Friedrich Nietzsche를 연상시키기도 하고 일부 낭만주의자들을 연상시키기도 하는데, 어떤 것이 의미 있게 되는 이유를 매력적으로 설명한다. 보편적인 견해에 따르면 우리 삶은 우연한 사건들의 무작위적인 축적처럼 보인다. 그런 무작위적인 삶의 모습은 인간으로서 우리의 가치를 충분히 보여주지 못한다. 종교 교리들은 이 문제를 해결하기 위해 삶의 형상, 그리고 삶의 발전 또는 퇴보를 평가하는 기준이 되는 외부 서사를 제공한다. 만약 우리가 종교 서사를 기준으로 의미를 판단하지 않는다면 우리 삶에 의미를 부여하는 일은 온전히 우리의 몫이다. 그 좋은 방법 중 하나가 삶의 무작위적인 조각들을 가지고 온전한 서사를 완성하는 것이다.

이런 측면에서 회고적 성찰의 역할은 단지 과거와 직면한다는 것만이 아니다. 회고적 성찰은 선택과 형상화를 통해 원래는 우연만 있었던 자리에 예술 작품을 창조하는 일이다. 회고적 성찰을 하는 사람은 과거를 향하는 감정들 속에서 이중의 혜택을 발견할 수 있다. 과거를 향하는 감정들은 우리 정체성을 발견하는 과정의 일부다. 그리고 그 감정들은 우리가 우리 자신의 과거를 재발견하고 그것을 하나의 문학 작품으로 빚어내 인생 서사를 구축하는 과정에서 일정한 역할을 한다.

인생 서사를 구축하려는 욕구에는 좋은 점이 많지만 골치 아픈 면들도 있다. 우선 그런 욕구는 뷔토르의 작품 속에 묘사된 것과 같은 문제로 극심한 고통을 유발한다. 회고적 성찰의 서사에 착수하는 순간부터 우리는 그만큼 미래를 덜 바라보게 된다. 그래서 누구든지 자서전을 집필하는 동안에는 현재의 상호작용들로부터 멀어질 가능성이 높다. 그런데 정신분석에서는 이런 문제가 나타나지 않는 것 같다. 훌륭한 정신과 의사는 내담자의 마음이 현재 삶의 과제에 머무르도록 해준다. 회고적 성찰의 원래 목표가 그것이기도 하니까. 그리고 정신분석은 모든 것이 깔끔하고 아름다운 하나의 이야기 안에 딱 맞게 들어가리라는 기대를 품도록 만들지 않는다. 그런 기대는 현재 진행 중인 삶에 방해가 된다. 현재의 삶은 우리가 만들고 있는 패턴을 너무나 쉽게 무너뜨린다.

더 큰 문제는 삶의 의미에 대한 서사적 관념이 뒤죽박죽인 실제 삶과 대립한다는 것이다. 서사를 만드는 과정에서 우리는 '불필요하고' '반복적이고' '사소한' 일들을 빼버린다. 하지만 그런 일들 역시 인생이다. 우리는 하나의 명쾌하고 단일한, 또는 너무 복잡하지 않은 서사적 곡선이 있다고 믿는다. 실제 우리 삶은 문학작품이 줄거리와 비슷하지 않다. 삶은 문학작품의 줄거리보다 훨씬 다면적이고 다방면적이다. 현실 속의 사람들도 문학작품의 등장인물과 다르다. 현실의 사람들은 줄거리 안에 깔끔하게 들어오지 않는다. 그리고 현실의 사람들에게 뭔가를 잘 이야기하려면 자질구레한 것, 특이한 것, 심지어 문학적 관점에서는 지루한 것에 정성을 쏟아야 한다. 키케로와 아티쿠스가 절친한 친구였던 이유는 그들이 하루하루의 일상을 줄거리가 짜인 혹은 공식적으로 정리된 것으로 바꾸려 들지 않았기 때문이다. 그들 역시 때로는 영웅적인 면모를 과시하려는 욕구에 휩싸였겠지만

(키케로는 다른 친구들과의 관계에서는 그런 유혹을 좀처럼 거부하지 못했다!), 우정의 현실성과 일상적 경험의 현실성을 통해 그 관습적 욕구를 억눌렀던 것으로 보인다. 남성과 여성의 관계에서는 위험이 더 커진다. 말끔하게 정돈된 서사에 대한 욕구 때문에 우리가 현실의 사람들에게 젠더에 기반한 고정관념을 적용할 여지가 있기 때문이다. 문화는 우리에게 '남성의 이야기'는 어때야 하며 '여성의 이야기'는 어떤 모양이어야 하는지를 알려준다. 우리는 사람들의 인생 이야기가 이 전통적인 모양과 일치할 때에만 그 이야기에 만족하는 경향이 있다.

우리가 우리 자신과 관계를 맺을 때에도 같은 문제가 발생한다. 자기 삶을 익숙한 줄거리 형식에 끼워넣으려 마음먹고 있으면 자신의 이야기를 제대로 듣지 못하게 된다. 그리고 젠더에 기초한 기대들은 우리의 관심을 더욱 왜곡한다. 남성들에게는 영웅적 서사를 요구하고 여성들에게는 사랑과 애착의 서사를 요구하는 것이다.

자기서사self-narration라는 개념을 전적으로 부정할 필요는 없다. 그러나 서사를 변형하고 단순화하는 사회 주류의 기대에 대해 의심해보지 않고 자기서사라는 과업에 착수하는 것의 위험은 경계해야 한다. 일상적인 대화 속에, 그리고 다양한 형식의 비목적론적nonteleogical 상호작용 속에 얼마나 풍부한 의미가 담겼는가를 자문해보아야 한다. 예컨대 내가 2장에서 찬양했던 휘트먼의 신체 혐오에 대한 비판을 고려한다면, 대부분의 서사는 몸이 하는 평범한 일들을 다루지 않으면서 내가 이 책의 다른 장들에서 비판한 수치심과 자기수치심의 한 형태를 내보인다고 덧붙일 수 있겠다. (조이스Joyce의 〈율리우스

Ulysses〉는 이런 식의 서사적 혐오를 멋들어지게 전복한다.) 결론: 당신이 아주 자유롭게, 비전통적이고 엉망진창인(모든 의미에서) 이야기를 들려줄 준비가 됐을 경우에만 서사를 구축하는 작업을 하라.

어떤 의미에서, 그리고 어떤 목표 아래에서 인생은 거꾸로 살 필요가 있다. 여기서 어떤 목표란 '자기 이해하기' '자기 변화시키기', 그리고 '현재의 삶을 더 풍부하게 만들기'이다. 이와 같은 회고적 과업을 수행할 때는 두 가지 위험을 경계해야 한다. 하나가 메리 타이런과 같은 과거지상주의pastism라면 다른 하나는 우리 할머니와 같은 현재지상주의presentism다. 그리고 순전히 미학적 입장에서 혼란스러운 것과 불규칙한 것을 거부하는 유미주의aestheticism적인 인간혐오misanthropy, 삶에 대한 증오, 자아에 대한 증오도 마땅히 피해야 한다.

우리가 과거에 했던 행동들을

솔직히 인정하고 이해하려고 애쓰는 일은

현재에 우리가 완전한 사람이 되기 위해

필요한 과정이다.

후회 대신
만족하는 삶

솔 레브모어

현명한 나이듦이란 과거에서 뭔가를 배우는 과정이다. 만약 우리가 배우는 것을 일반화해서 남들에게 전해줄 수 있다면, 젊은 사람들이 우리에게서 지혜를 얻으려 하거나 다음과 같이 물어볼 때 좋은 답변을 해줄 수 있을 것이다. "한 번 더 사신다면 무엇을 바꾸고 싶으세요? 후회하시는 일이 있다면요?" 불행한 결혼을 피하고 싶다거나, 중국어를 공부하고 싶다거나, 구글 주식을 샀더라면 좋았을 거라는 말은 좋은 대답이 못 된다. 약간의 통찰력을 가진 사람이라면 누구나 그쯤은 아니까. 이런 답변들은 노인의 불운을 표현하긴 하지만 진심 어린 후회도 아니고 젊은 세대에게 지혜를 주지도 못한다. 더 나은 답변은 우리가 외국어를 공부했어야 한다는 것이다. '우리가 외국어에 투자했더라면 삶이 더 풍요로워지고 다른 나라 사람들에 대한 이해가 깊어졌을 거다. 이걸 미리 알았더라면 좋았을 것 같다.' 젊은 사람들이 우리에게 조언을 구할 때는 바로 그런 후회되는 일에 대해 묻는 거라고 생각한다. 그러면 그들은 우리의 실수를 타산지석 삼아 큰 잘못을 저지르지 않을 수 있다. 우리의 조언은 우리가 스스로를 정당화하지 않을 때 더욱 귀중해진다. "나는 좋은 직업을 찾았고 40년 동안 사장님에게 충성했어. 그랬더니 아주 행복해지더구나"라는 답변은 설득력이 떨어진다. 듣는 사람 입장에서는 시대가 변했다고 생각할수도 있고, 말하는 사람이 특별할 것 없는 인생 이야기를 정당화한다고 느낄 수도 있다. 이와 대조적으로 "나는 신의를 어기는 행동을 세번 했는데 그때마다 나를 포함한 모든 사람이 그 행동으로 큰 고통을받았단다"라는 답변에는 지혜가 담겨 있다. 이 답변은 일에 관한 것일 수도 있고 사랑에 관한 것일 수도 있다. 그리고 젊은이들이 스스로얻기 어렵거나 대가를 치러야 얻을 수 있는 정보를 담고 있다. 원래좋은 충고는 불행한 사람들이나 자유롭지 못한 사람들에게서 나오곤 한다. 이런 사람들은 과거의 실수나 불운에 대해 곰곰이 생각하는경향이 있다. 그들의 후회는 새로운 모험과 실험과 만족에 방해물로작용한다. 하지만 우리가 실수를 일반화한다면, 다른 사람들이 그 실수를 통해 뭔가를 배울 수 있다. 이상적인 경우라면 우리는 다른 사람들의 후회로부터 뭔가를 배우고, 그 결과 같은 실수를 저지르지 않게 된다.

이런 종류의 충고 가운데는 간단한 것들도 있다. "60세가 넘으면 남들을 지루하게 만들고 싶지 않은 이상 건강 문제에 대해 이야기하지 마세요." "부모, 자녀들과 시간을 함께 보내라. 그것이야말로 귀중한 기회니까." "여행을 다니면서 다양한 사람을 접해보시오." 이런 것들은 오랜 경험에서 나오는 귀중한 조언이고 그 일부는 후회에서 비롯된 조언일 것이다. 하지만 인생에 대한 더 큰 질문들에 대해서라면 어느 한 사람의 생각보다는 에세이와 소설이 많은 것을 전해준다. 마사는 그런 교훈들 중 하나를 소개했다. 과거에서 배우되 과거에 질식당하거나(과거지상주의), 천박하고 이기적인 사람으로 바뀌지(현재지상주의) 말라. 나는 마사가 현재지상주의자들에게 너무 가혹하다고 생각한다. 그래서 오늘을 붙잡을 줄 아는 행복한 사람들을 지지하는 주장을 펼쳐보려 한다. 나이 들면서 인생을 180도 전환하는 사람들을 칭찬할 이유는 얼마든지 있지 않은가. 하지만 근본적이고 심리학적인 질문이 하나 남는다. 삶의 태도나 방식도 학습이 가능한가?

과거를 바라보며 사는 태도는 비관주의자나 항상 부정적인 생각만 하는 사람들에게는 커다란 문제가 된다. 소설가, 심리치료사, 유치원 교사들은 다 아는 사실이지만 우리는 우울한 기운보다 밝은 기운을 주변에 전파할 때 행복한 삶을 살게 된다. 우리가 밝은 태도로 다가가면 사람들이 우리에게 더 친절하게 반응한다는 것이 그 이유 중 하나이다. 그렇다고 사람들에게 "기운을 내세요cheer up"라고 말해서 성공하는 경우는 드물다. 게다가 세상에 괴팍한 노인들이 얼마나 많은가. 사별에 관한 실용서적들은 중용의 길을 제시하려고 애쓴다. '당신의 슬픔을 인식하고, 그 슬픔이 자연스럽게 분출되게 하세요. 그런 다음 당신의 인생을 사세요.' 이런 지침들이 죄책감과 스트레스에 시달리는 사람들에게도 통하는지는 모르겠다. 우울감을 느끼는 사람들에게는 당연히 별 효과가 없다. 대부분의 베스트셀러가 성공한 이유는 그 책들이 검증된 치유책을 알려주기 때문이 아니라 사람들이 자기 자신에 관한 이야기를 읽고 싶어 하기 때문이다. 이런 책들은 약간의 영감을 섞어서 우리의 감정을 강화한다. 원칙적으로 만약 우리가 후회를 통해 뭔가를 배운다면, 혹은 후회의 감정을 내보였기 때문에 용서를 받는다면 후회는 가치가 있다. 하지만 후회는 미래지향적이고 낙관적인 사람들에게 가장 효과가 좋을 것이고, 그런 사람들은 애초에 조언을 필요로 하지 않는다. 유진 오닐의 〈밤으로의 긴 여로〉는 무기력 상태를 훌륭하게 분석하지만 뭔가를 배우고 싶어하는 사람들에게 많은 걸 줄 것 같진 않다. 어떤 사람들은 미래지향적이고 행복하며, 반사회적 행동을 피할 수 있을 만큼의 균형감각 또는 회고적 성찰 능력을 지니고 있다. 반면 어떤 사람들은 원래부터 우울하다. 만약 그 우울감을 정신약리학적 도구로 해결할 수 있다면 운이 좋은 것이다. 만약 그럴 수 없다면 그들 중 소수만이 어둠 속에서 스스로 길을 뚫고 나올 것이다.

  타당한 비판과 단순한 불운의 차이를 생각해보자. 게리는 술을 마신 상태로 과속운전을 하다가 비극적으로 아미르의 생명을 앗아갔다. 소설이라면 아미르가 하필 그 시각에 그 장소에 있었던 것이 기이한 우연의 작용이겠지만, 현실 세계에서 게리 같은 사람들은 일단 제지당하거나 교육을 받아야 한다. "당신이 무모하게 운전을 하면 사람을 죽일 확률이 높아집니다." 만약 후회가 게리에게 뭔가를 가르쳐준다면 그는 다시 일어서겠지만, 그렇다 해도 그는 아미르의 생명이라는 대가를 치르고 나서야 정신을 차린 셈이다. 반면 엘리는 안전하게 운전을 했음에도 어떤 불운이 작용했다고 치자. 예컨대 눈에 띄지 않는 도로 위 얼음 때문에 차가 미끄러지고 그레고리라는 사람이 치어 죽는다. 엘리는 이 비극을 쉽사리 극복하지 못하고 자신을 책망할 수도 있다. 만약 그레고리가 어린아이였다면 자책감은 더욱 커지리라. 엘리와 게리는 둘 다 불운한 사람이고 둘 다 후회하고 있지만 비난은 둘 중 한 사람에게만 가해져야 한다. 앞에서도 말했지만 엘리에게 '후회에 파묻히지 말고 앞날을 생각하라'는 이성적인 충고를 건넨다고 해서 도움이 될 것 같지는 않다. 잘 알려진 이야기처럼 전쟁터에서 살아남거나 홀로코스트 같은 비극적인 사건을 겪고 살아남은 사람들 중 다수는 사랑하던 사람들과 이웃들은 죽었는데 자기만 살아남았다는 죄책감을 평생 느낀다. 오랜 세월 동안 심리치료를 받으며 '당신은 피해자였지 잘못한 사람이 아니다'라는 이야기를 들으면 조금은 나아지겠지만, 특별한 사람이 아니고서는 과거의 아픔을 훌훌 털고 유쾌하게 앞으로 나아가기 어렵다. 내 결론은 이렇다. (1) 사람들이 과거에 했어야 하는 일 속에서 방황하거나 누군가를 비난하는 일에 사로잡히지 않고 과거로부터 배울 수 있다면 그건 좋은 일이다. 하지만 (2) 비난 받아 마땅한 행동을 제지하는 것도 좋은 일이다. 마지막으로 (3) 사람들에게 낙관적인 자세로 앞날을 생각하라고 충고하는 것은 슬퍼하는 사람들에게 힘을 내라고 말하는 것만큼이나 무익한 일이다.

실버타운의 현재지상주의자들에게 보내는 응원

다음으로 마사의 표현을 빌리자면 '현재지상주의자'들이 있다. 플로리다의 퇴직자 마을인 더빌리지The Villages 주민들이라든가, 유람선을 타고 자기에게 집중하는 삶을 즐기는 퇴직자들이 여기에 포함된다. 나는 이런 장소들을 동경하지는 않으며, 내가 알기로 마사도 이런 곳에 가고 싶어 하지 않는다. 마사는 사람들 대부분이 은퇴를 원하는 70대와 80대에도 계속 일하고 싶어 할 것이다. 수많은 노인들이 자기만의 오아시스에 젊은 사람들(특히 학교에 다니는 어린 학생들)이 존재하지 않기를 바라는 것과 반대로 마사는 대학원생들과 참신한 아이디어에 둘러싸여 지내기를 좋아한다. 나의 다른 동료는 더빌리지의 서부 양식을 모방한 상점 외부 장식, 디즈니랜드를 축소해 옮겨온 것 같은 분위기, 그리고 퇴직자를 겨냥하는 다른 부동산 개발사업과 마찬가지로 골프를 비롯한 '실버' 활동들이 강조되는 것을 비웃는다.[1] 그러나 사람들이 인생의 마지막 남은 3분의 1을 즐기고 싶어 하는 것이 뭐가 그리 나쁜가?

현재 미국 노인들의 5퍼센트 정도는 실버타운 같은 노인 주택단지에 거주한다. 플로리다의 더빌리지는 미국에서 가장 넓고 가장 빠른 속도로 성장하고 있는 퇴직자 주택지구다. '활동적인 노인들을 위한 마을'이라는 홍보 문구에 걸맞게, 더빌리지 내의 주택단지들은 대부분 55세 이상인 사람이 1인 이상 있는 가구에만 입주 자격을 준다. 19세 미만(학교에 다니는 나이) 미성년자의 방문은 1년에 30일까지만 허용된다. 더빌리지에 공급되는 주택과 다양한 여가활동은 미국 중산층의 취향과 잘 맞아떨어진다. 주민들은 수백 개의 클럽에서 모임을 열고 취미 활동을 한다. 주민들은 문화체육 센터, 수영장, 골프연습장 등을 이용하는데 이런 시설들 가운데 일부는 추가 요금을 내지 않고도 이용 가능하다. 기반시설과 조경, 라디오와 뉴스레터, 광고는 낙관적이고 쾌활한 분위기를 띤다. 비록 자기계발과 영성에 치우쳐 있긴 하지만 각종 강좌를 열어 교육도 하고, 가끔 역사를 재현하는 행사도 열린다. 그리고 문화 프로그램들은 고급스럽지는 않고 대중적이다. 음악 등 각종 공연예술도 마찬가지여서, 오래된 대중음악이 대부분이고 고전음악은 축약해서 연주된다.

더빌리지 같은 마을들이 생겨나고 인기를 끄는 것은 나쁜 소식이 아니라 좋은 소식이다. 상위 1퍼센트, 아니 10퍼센트의 퇴직한 노인들은 맨해튼이나 팜스프링스Palm Springs 같은 곳에서 젊은 사람들과 섞여 문화시설을 향유하는 것을 선호할지도 모른다 하지만 대다수 미국인은 그럴 처지가 못 된다. 1930~1960년에 태어난 평균적인 퇴직자 입장에서 은퇴를 생각해보자. 이 사람들이 자랄 때는 에어컨이 없었고 일류 고등학교와 대학교도 없었으며, 음악과 드라마와 컴퓨터게임이 없었다. 스카우트 활동과 교회 여름캠프가 전부였다. 그들은 주변 사회가 점점 풍요로워지는 모습을 목격했지만, 정작 본인들은 쉴 새 없이 일해 가족을 부양하면서도 그 부를 충분히 나눠 갖지 못했다. 더빌리지 주민들의 중간소득을 보자. 그들은 공적연금을 받고 있으며 다른 형태의 퇴직 후 소득은 평균 수준이다. 아마도 그들은 미국의 다른 지역에 있던 자택을 팔고 그 돈으로 플로리다 중부 지역에 위치한 20만~50만 달러 정도의 집에 투자했을 것이다. 더빌리지에는 공화당원이 민주당원의 두 배쯤 된다. 이곳은 평균 집값이 훨씬 비싼 팜비치Palm Beach나 샌디에고San Diego와 다르다. 그리고 이곳은 미국의 수많은 도시들 가운데 퇴직자 비율이 높은 도시인 플로리다주 클리어워터Clearwater와 애리조나주 스코츠데일Scottsdale보다도 노인이 더 많다. 클리어워터와 스코츠데일에서는 인구의 20퍼센트가 65세 이상인 데 비해 더빌리지에서는 65세 이상 인구 비율이 57.5퍼센트에 이른다. 참고로 노인들이 많이 모여 사는 스코츠데일, 팜스프링스, 뉴욕주의 차파쿠아Chappacua(빌 클린턴과 힐러리 클린턴 부부가 이곳에 산다는 사실은 유명하다)도 백인 비율이 높다는 점에서는 더빌리지와 같지만 거주자들의 중간소득과 집값은 더빌리지보다 훨씬 높다.

더빌리지 같은 실버타운들이 빠르게 성장하고 있지만 중산층 퇴직자들 대부분은 자신들이 일하고 가정을 꾸렸던 지역에 머무르고 싶어 한다. 물론 어떤 노인들은 거동이 불편해서 돌봄이 제공되는 시설로 옮겨야만 한다. 나는 더빌리지의 기록적인 성장을 중산층 미국인들이 그간 자신들이 열심히 노력해서 쌓은 국가적인 부의 일부를 드디어 향유하는 것으로 보고 싶다. 그들은 자신들보다 돈을 잘 버는 사람들이 해외여행을 다니고, 별장을 구입하고, 자녀를 사립대학에 보내고,《뉴요커New Yorker》를 구독하는 모습을 평생 지켜봤다. 은퇴와 함께 새로운 취향을 계발하는 사람도 있겠지만 노인들 대부분은 누구로부터도 방해받지 않고 자신들이 원래 좋아하던 활동과 텔레비전을 즐기고 싶어 한다. 40년 동안 일했으니 그들은 스트레스 없는 삶을 누릴 자격이 있다. '레저빌'(이름도 똑똑하게 잘 지었다)은 현재지상주의자 대학생들이 원하는 '안전지대safe spaces'를 노인들에게 맞게 변형한 공간이다. 일반적으로 대학 교수들은 레저빌과 안전지대를 달가워하지 않는다. 교수들은 젊은 사람들이나 나이든 사람들이나 똑같이 고전이나 현대 과학을 탐구하며 새로운 아이디어를 얻기를 바란다. 하지만 시장이 우리에게 보여주는 바에 따르면 대다수 노인들은 다른 종류의 도전을 원하며 지적 굴욕(노인들은 그런 감정을 자주 느낀다)이나 새로운 스트레스를 받고 싶어 하지 않는다. 실버타운은 노인들이 즐겁게 서로 어울리고, 섹스를 더 많이 하고, 나이 때문에 낙인찍히는 느낌을 받지 않을 수 있는 곳이다. 퇴직하기 전까지 그들의 삶에는 자율성이 많지 않았다. 그들은 경기 변동, 무능한 고용주, 정부 정책, 질병, 가족 문제, 성공 등에 이리저리 휩쓸리다 이따금씩 구제될 뿐이었다. 그런 사람들에게 은퇴 후의 꿈은 자기가 주도권을 가질 수 있고 가치 있는 사람으로 대접받는 곳으로 이사하는 것이다.

노인들은 은퇴 후의 귀중한 시기에 자신들만의 공동체에서 살기를 원할 수도 있고, 어쩌면 자기도 모르는 사이에 그렇게 살고 있을지도 모른다. 사람들이 자기와 배경 또는 믿음이 비슷한 사람들과 교류하면서 위안을 얻는 정도는 세대별로 다소 차이가 난다. 우리 부모님의 친구들은 모두 부모님과 종교 교파가 같고 인종도 같은 분들이었다. 내 친구들은 종교 면에서 한결 다양하며 인종과 민족은 완전히 각양각색이다. 내 자녀들의 경우 인종·민족·젠더의 측면에서 나보다 더 다양한 친구들을 사귀고 있지만 그 친구들의 정치적 성향은 별로 다양하지 않은 것 같다. 대개 성인들의 친구관계 패턴은 우리가 다녔던 대학의 인구통계학적 특징과 어느 정도 일치한다. 예컨대 현재 퇴직 상태인 중국계 미국인들은 자신들의 언어를 구사하고 음식 취향에도 맞게 돌봄을 제공하는 실버타운을 찾을 수 있다. 알파 카파 알파Alpha Kappa Alpha(역사가 오래된 아프리카계 미국인 여성들의 단체―옮긴이)는 노스캐롤라이나주에서 55세 이상 아프리카계 미국인을 위한 '아이비 에이커스Ivy Acres'라는 실버타운을 개발하고 있다. 무스 우애조합Loyal Order of Moose(1888년에 처음 설립된 우애조합으로 일리노이주 무스하트에 본부를 두고 있으며 조합원에게 숙박 등의 서비스를 제공한다―옮긴이)은 퇴직한 조합원들을 위해 플로리다주에 '무스헤이븐Moosehaven'이라는 이름의 "만족스러운 도시"를 만들었다. 부동산 개발업자들은 종종 교회와 협력하여 특정한 고객들을 위한 주거단지를 개발한다. 마치 더빌리지가 골프를 내세우는 것처럼 그들은 특정한 집단을 겨냥한 음식, 오락시설, 편의시설을 내세워 홍보한다. 이런 주택지구들은 하나같이 다양한 입주민을 환영한다고 말하지만 핵심 고객층은 분명히 정해져 있다. 어쩌면 노인들은 층별로 사람들을 나눠 수용하고 각 층의 특정 민족이나 집단에게 맞춘 음식·음악·서비스를 제공하는 요양원에서 생활하는 기분이 들지도 모른다.

만약 이렇게 노인들을 격리하는 것이 시대착오적인 일처럼 느껴진다 해도 부동산 개발업자들만 탓할 일은 아니다. 사람들에게는 선호도라는 것이 있으며 그 선호도는 누구와 결혼할지, 그리고 나중에는 은퇴 후 시기를 누구와 함께 보낼지에 반영된다. 다음 세대의 실버타운은 훨씬 다양해질 거라고 추측해볼 수 있다. 법적·사회적·경제적 변화 덕분에 다음 세대의 학교와 일터에 다양성이 더 확보되었기 때문이다. 50년 후 중국계 미국인들의 실버타운이 여기저기 생겨난다고 해도 놀랍진 않을 것 같다. 중산층과 부유층에 속하는 중국계 미국인들은 혈통이 다른 사람과도 혼인을 많이 할 것이고, 이웃들 또는 대학 친구들과 함께 은퇴할 것이다. 어떻게 보면 실버타운의 규칙을 제공하는 건 대학들인지도 모른다.

마사가 설명한 대로 레저빌의 퇴직자 주민들은 현재지상주의자다. 하지만 그들 대부분은 과거를 돌아볼 때 후회에 젖기보다는 만족해한다. 자녀들이 성공하면 그들은 더욱 만족해하며 자랑도 한다. 자녀들이 잘 되지 않는다면 그들은 손자녀에게 집중하거나 골프 실력을 키우려 애쓴다. 그들은 안전한 장소를 원하고, 대부분은 자신에게 그럴 자격이 있다고 생각한다 하지만 나쁜 소식으로부터 자유로울 순 없다. 그들에게는 FOX 뉴스와 NPR 방송이 있지만, 동료 주민들의 장례식에도 참석해야 한다. 노년의 문상객들에게 장례식은 남은 시간이 얼마 없다는 사실을 상기시킨다. 만약 그들이 자기에게 시간이 많다 여긴다면 외국어를 배울 수도 있겠지만 그들은 현실적인 사람들이기 때문에 함께 골프를 치고, 노래하고, 뜨개질을 하고, 이제 시간적 여유가 생겨 가능해진 수백 가지 일을 하면서 즐거운 시간을 보내는 쪽을 택한다. 우리도 때로는 그들의 실버타운을 부러워하면서, 우리와 취향이 비슷한 사람들 속에서 살고 싶다는 생각을 한다.

4장

리어왕에게서
무엇을
배울 것인가

리어왕의 약점은 어디에서 기인한 것일까? 그는 노년에 왜 그렇게 불행했을까? 우리는 리어왕이 후계자를 잘못 선택한 사실에서 무엇을 배워야 할까? 리어왕은 더 나은 후계자를 골라야 했을까, 아니면 딸들을 공평하게 대해야 했을까? 어떤 경우에 유산 상속을 보류하는 것이 좋을까? 통제권을 넘겨주는 법은 어떻게 배워야 할까?

통제권을
상실할 준비

———————— 마사 누스바움 ————————

오늘날 제작되는 〈리어왕〉 연극들은 너나없이 나이듦이라는 테마에 집착한다. 제2차 세계대전 직후에 상연된 〈리어왕〉이 공허와 절망, 무의미함을 강조했던 것처럼(피터 브룩Peter Brook이 제작하고 폴 스코필드Paul Scofield가 출연했던 유명한 작품을 필두로 그런 연극이 많이 만들어졌다), 요즘에는 나이듦이라는 테마가 유행한다. 최근 들어 〈리어왕〉 연극이 갑자기 인기를 끄는 요인이 그것인지도 모른다. 제작사들은 그들이 타깃으로 삼은 관객들의 선입견을 따라간다. 오늘날 셰익스피어 연극을 관람하는 사람들은 대부분 자신의 노년에 대해 불안을 느끼거나, 나이든 친척을 돌보고 있다. 아니면 둘 다이거나.

원로 배우들 역시 리어왕 역할을 원했다. 육체적으로 매우 힘든 역할이었음에도 그들은 꺼려하지 않았다. 로런스 올리비에(76세에 리어왕

역을 맡았다), 이언 매켈런(68세), 스테이시 키치(68세), 크리스토퍼 플러머(72세), 샘 워터스턴(71세), 존 리스고(69세), 프랭크 란젤라(76세), 데릭 재커비(72세), 그리고 가장 최근의 글렌다 잭슨(80세)까지. 확실히 요즘 나오는 〈리어왕〉 연극은 셰익스피어가 처음 만들어 무대에 올렸던 것과 상당한 거리가 있다. 셰익스피어의 시대에는 리처드 버비지Richard Burbage가 39세의 나이로 리어왕을 연기했고, 20세기 초반의 리어왕이었던 존 길구드John Gielgud는 29세였다. (스코필드는 불과 40세였지만 그가 출연한 〈리어왕〉은 나이듦을 강조한 작품이 아니었으므로 이 점은 상관 없다.)

이미 유명해진 고전이라도 강조하는 측면을 달리하여 제작하면 새로운 시야를 열어준다. 〈리어왕〉도 예외가 아니다. 그러므로 나는 나이듦이라는 테마를 강조하기로 마음먹은 연출가들을 비판할 생각은 없다. 극중에서 리어왕은 딸들에게 겉으로 표현되는 사랑을 요구한다. 그는 자신에게 아첨하는 두 딸(거너릴과 리건)에게 왕국을 반씩 물려주고 진심으로 그를 사랑하는 딸(코델리아)에게는 아무것도 물려주지 않는다. 희곡 〈리어왕〉은 '재산의 박탈' '상실', 궁극적으로는 '광기'라는 테마를 탐구한다. 실제로 셰익스피어도 그런 특징들이 리어의 나이와 무관하지 않다고 생각했다. 그러나 나이듦을 강조할 때 상투적으로 해석하는 것은 문제가 있다. 일부 연출가는 원작이 담고 있는 나이듦에 관한 진정한 통찰로부터 우리를 멀어지게 만드는 선택을 한다. 예를 들어보자.

2014년 시카고에서 찬사를 받았던 〈리어왕〉 연극은 이렇게 시작된다.[1] 배우 래리 얀도Larry Yando가 모호하지만 현대적인 배경 속에서 왕 역할을 한다. 나이든 재벌 총수인 그는 최고급 가운을 입고 화려한 침실에 앉아 있다. 값비싼 오디오에 프랭크 시내트라Frank Sinatra의 노래들을 하나씩 넣고 틀어보는 중이다. 그는 마치 싫증난 장난감을 집어던지는 아이처럼 심통을 부리며 〈댓츠 라이프That's Life〉 〈마이 웨이My Way〉 〈위치크래프트Witchcraft〉에 질색한다. 노래가 마음에 안 들 때마다 불만의 표시로 플라스틱 리모컨을 부숴버리고 곁에 있는 비서들에게 다른 리모컨을 달라고 한다. (이유 없는 파괴 행동을 반복한다는 설정은 번지수가 틀린 것 같다. 왕위를 상속받은 군주들과 달리 재벌 총수들은 낭비하지 않는 습관 덕분에 지금의 자리에 오른 사람들이다. 그리고 리모컨을 부수지 않고도 노래를 쉽게 바꿀 수 있다.) 마침내 얀도는 〈아이브 갓 더 월드 온 어 스트링I've Got the World on a String〉이라는 곡을 듣고 만족해하며 유쾌한 춤을 춘다. 파트너도 없이 혼자 추는 춤이지만 움직임이 제법 날렵하다. 《시카고 트리뷴Chicago Tribune》의 비평가 크리스 존스Chris Jones는 이 장면을 두고 "값싼 선택"이라고 평하면서 그 이유를 다음과 같이 밝혔다. "리어처럼 정말로 자신이 세상을 쥐고 흔든다고 믿고 싶어 하는 사람들은 그렇게 노골적인 언어에 자신을 노출시키지 않는다."[2] 하지만 리어는 행복하다. 그의 행동 하나하나에 어떤 광기와 불안이 나타나긴 하지만 나이듦의 징후는 보이지 않는다. 남을 사랑하지 못하고 심술이나 부리고, 나이가 들었지만 여전히 건강하며, 자신의 권력에 폭 싸여 있고, 모든 일과 모든 사람을 자기 마음대로 하는 데 익숙한 한 남자를 보여주는 매력적인 연기다. 선곡이 어색하기는 했지만 말이다.

하지만 얼마 후 리어는 사위들의 이름을 얼른 기억해내지 못한다. 머릿속에 떠오르지 않는 단어들을 찾는 동안 그의 얼굴에는 공포에 질린 표정이 스쳐간다. 치매 초기의 파괴적 영향. 충격적인 순간이 아닐 수 없다. 과연 이것이 설득력 있는 해석일까? 연출가 바버라 게인스Barbara Gaines는 연극 팸플릿에 "리어는 우리 모두의 이야기"라고 썼다. 본인이 노인일 수도 있고, 나이든 친척이 있을 수도 있다. 아니면 둘 다일 수도 있다. 4막 7장에서 리어는 자신이 "80세가 넘었다"라고 말한다. 이 정도면 극중 리어의 나이를 상당히 구체적으로 밝힌 셈이다. 그러나 얀도는 《시카고 선타임스Chicago Sun-Times》와의 인터뷰에서 리어를 "80세 노인이 아니라 나와 동년배의 남자"로 보고 연기했다고 말했다. 현재 얀도의 나이는 58세이다. 그러니까 우리가 본 장면은 매우 일찍 발병한 치매를 묘사한 것인 듯하다. (이런 설명은 얀도가 2막 이후에 보여준 리어의 움직임과 일치하지 않는다. 극의 뒷부분에서 얀도는 나이가 매우 많은 사람처럼 발을 절뚝거리며 걸었다. 하지만 그냥 넘어가자. 지금 나는 연극의 1막에 대한 이야기를 하고 있으니까.) 그렇다면, 무대 위의 리어는 암묵적이든 명시적이든 간에 조기 치매 환자로 묘사되고 있는가?[3]

게인스와 얀도처럼 〈리어왕〉 연극의 시작 부분에 노년기의 육체적 쇠퇴와 정신적 취약성을 드러내는 해석은 거의 상투적인 것이 됐다. 이름을 잊어버린다는 설정은 일찍이 크리스토퍼 플러머가 선보였는데, 그것이 그가 최초로 생각해낸 아이디어인지는 잘 모르겠다. 실제로는 아덴판(아덴Arden판은 셰익스피어 작품들을 현대적으로 각색해서 출간한 영국의 유명 판본을 말한다. 1998년에 전집이 처음 발행됐다―옮긴이) 희곡을 편집한 포크스R. A. Foakes가 연극의 첫머리에 나이듦과 관련된 내용을 삽입했고, 이것이 1990년대 〈리어왕〉 연극들의 특징이 됐다. 1990년대 〈리어왕〉 연극에서 리어는 통상 "폭력적이고 적대적인 환경에 갇혀 점점 불행해져가는 노인"으로 묘사된다.[4] 나이듦이라는 테마가 유행하자 〈리어왕〉 연극은 과잉 공급되기 시작했다. 관객들은 다소 자아도취적인 태도로 자신의 임박한 미래 또는 먼 미래를 생각하며 연극을 관람했다.《로스앤젤레스 타임스Los Angeles Times》에 훌륭한 평론을 쓴 찰스 맥널티Charles McNulty는 '나이듦이라는 테마의 유행이 과연 바람직한 것인가'라는 질문을 던지면서, 이는 베이비붐 세대가 노년기에 접어들고 있기 때문에 생긴 유행이라고 지적했다. 심지어 그는 〈리어왕〉 연극을 상연하려는 시도 자체를 잠시 중단할 때가 왔다고 주장했다.[5]

그런데 얀도의 '기억력 감퇴'라는 설정은 무엇이 문제일까? 가장 명백한 문제 한 가지는 원작 희곡에 그런 내용이 전혀 없다는 것이다. 원작 속의 리어는 건강을 잃기 전까지 정신적 불균형을 드러낸 적이 없다. 건강을 잃은 다음에도 리어가 보여준 모습은 일종의 '광기'에 가까웠지, 상투적으로 묘사되는 지극히 익숙한 알츠하이머 증세와는 일치하지 않았다. 리어의 언어는 유창하고, 그의 눈은 인간과 세계의 속성을 꿰뚫어본다. 리어를 처음부터 '알츠하이머'라는 상자에 넣어버렸다는 것이, 게인스에 대한 더 적절한 비판일 것이다. 사실 연출가는 작품에 의미를 부여하기 위해 원문에 직접 언급되지 않은 내용을 추가로 삽입할 수 있으며, 또 그래야만 한다. 그런데 게인스의 작품은 리어를 처음부터 알츠하이머라는 상자에 가둬버린 탓에 연극 초반부의 리어와 후반부의 정신이 나갔지만 매우 예리하게 상황을 파악하는 리어가 잘 연결되지 않는다. 얀도의 후반부 연기가 전반부 연기에 비해 관객 및 비평가들에게 큰 감명을 주지 못한 이유 가운데 하나가 이것이다.

1막(여기서 나는 연극의 1막에 대해서만 논의한다)에서 리어의 나이 듦에 대해 이야기하는 인물은 거너릴과 리건이다. 이들은 믿음직한 증인이 아니다. 그리고 둘의 대화에서 알츠하이머 같은 종류의 질환은 전혀 언급되지 않는다. 거너릴은 이렇게 말한다. "알다시피 아버지 나이에는 모든 게 오락가락하잖아You see how full of changes his age is."(〈리어왕〉 1막 1장 190행) 여기서 거너릴은 리어가 감정적으로 변덕을 부려 코델리아에게 유산을 물려주지 않았다는 이야기를 하고 있다. 그런 변덕의 원인은 여러 가지로 짐작해볼 수 있지만 치매는 아니다. 거너릴의 말에 리건은 이렇게 대답한다. "아버지는 노쇠하신 거야. 하지만 아버지는 언제나 본인을 잘 알지 못하셨지."(294~295행) 이 대사는 나이에 대해 언급하면서 오래된 문제를 암시한다. 이것이야말로 우리가 앞으로 하려는 논의의 핵심이다. 거너릴도 리건도 리어가 치매 또는 정신적 쇠퇴 때문에 고생하고 있다는 암시를 한 적은 없다. 리어의 감정에 일관성이 없다는 이야기를 했을 뿐이다. 그리고 그들의 의견에 따르면 그런 감정적 변덕은 순전히 리어의 본래 성격 탓에 나타나는 현상이다.

리어의 성격에서 해답을 찾아야 하는 이유를 알고 싶다면 1막에 나타난 리어의 인간관계를 살펴보자. 딸들을 대할 때(가장 아낀다는 코델리아와 있을 때도) 리어는 격식을 따지고, 냉랭하게 굴고, 상대를 지배하고 조종하려 한다. 리어는 의도적으로 종속관계를 드러내는 연설을 한다. 그는 서로 애정을 주고받는 관계에 속하기를 절대로 원하지 않는다.[6] 우정에 관해 이야기하자면 리어에게는 우정 비슷한 것도 없다. 그에게는 아내가 없고, 한때 아내였을 여자를 추억하지도 않는다. 충실한 신하인 켄트 백작과의 관계에서도 리어는(왕위에서 내려오기 전에나 후에나) 오직 명령하는 지배자 역할만 하며 불복종은 확실하게 처벌한다. 비록 나중에는 그의 진실한 충성을 받아들이기로 하지만 말이다. 우정을 나누는 호혜적 관계로 발전할 가능성이 있는 건 그와 광대 풀Fool의 관계다. 〈리어왕〉에 나오는 광대는 실제 궁전의 어릿광대들과는 달리 왕의 힘을 두려워하지 않는다. 둘의 관계는 연극의 뒷부분으로 갈수록 성숙해지며, 리어가 인간다운 모습으로 변해가는 과정에 도움을 준다.

나이듦, 통제권, 그리고 자기를 안다는 것

〈리어왕〉의 1막 1장에서 리어를 치매에 걸려 망령든 사람으로 묘사하는 것이 문제인 가장 큰 이유는 그런 표현 때문에 우리가 그 연극의 강력한 테마 하나를 이해하지 못하기 때문이다. 그 테마는 바로 '권력을 움켜쥐고 자기가 천하무적이라는 환상에 빠져 있던 사람이 갑작스럽게 권력을 상실할 때 벌어지는 일들'이다. 리건의 말이 맞다. 리어는 자기 자신을 몰랐고, 자기의 됨됨이에 대해 조금도 이해하지 못하고 있었다. 왕이었던 리어는 자신이 신과 비슷한 존재로서 모든 사람과 모든 일을 통제할 수 있다고 생각하며 살았다. 그리하여 나이듦에 대해 하나도 준비가 안 된 상태였다. 나이가 들면 통제권을 상실하고 돌봄을 필요로 하게 된다. 스스로 왕이라고 믿으면서 이 세상을 살아가는 건 자신의 발전에 좋지 않다. 만약 내가 정말로 왕이라면? 나 자신에 대해 잘 모를 가능성이 높다. 나는 내가 의존적이고 취약한 인간이라는 점을 이해하지 못할 테니까.

예리한 평론가 재닛 애들먼Janet Adelman은 이제 딸들이 자신에게 힘을 행사한다는 사실을 문득 깨달은 리어의 심리에 대해 다음과 같이 말했다. "끔찍하게도 그는 자기 자신이 아닌 여성들의 힘에 의존하고 있었다. 게다가 그 자신의 내면에도 여성성이 있다는 두려운 사실을 깨달았다."7 재닛이 말하는 여성성이란 수동성passivity, 통제하지 않음noncontrol, 그리고 무엇보다 다른 사람을 필요로 한다는 것을 의미한다. 광대 풀의 간결한 표현을 빌리자면 리어는 "전하의 세 딸을 전하의 엄마로" 만들었다(1막 4장 163행). 그러면서도 보살핌을 필요로 하는 '아이'가 될 준비 또는 자신이 약한 아이라는 사실을 인정할 준비는 하지 않았다.

알츠하이머가 문제라고 해버리는 것은 지나치게 손쉬운 결론이다. 알츠하이머는 외부에서 우리에게 세차게 덤벼드는 힘이다. 그것은 누구에게나 일어날 수 있는 일이고, 누구에게나 대체로 비슷한 모습으로 찾아온다. 알츠하이머는 우리가 지금까지 살아온 삶의 방식과 무관하며 우리의 정체성을 빠른 속도로 지워나간다. 리어의 문제는 그 자신에게 있다. 그는 성미 고약하고 때로는 폭력적인 남자, 통제하는 관계가 아닌 어떤 관계에도 익숙하지 않은 남자로 남아 있었는데 갑자기 환경이 정반대로 바뀐 것이다. 그리고 권력을 내려놓을 준비는 전혀 안 되어 있었다. 통제권은 곧 리어의 정체성이었다. 주변 사람들이 갑자기 그를 존경하지 않고 극진히 모시지 않게 되자 스스로 생각하는 자아상의 중심이 흔들렸다. "여기에 나를 아는 사람이 하나라도 있느냐?Does any here know me?" 그가 수행원들을 거느리는 일에 거너릴이 강력하게 반대했을 때 그는 이렇게 묻는다. 여기서 '나를 안다'라는 말은 리어의 전능한 힘과 그가 뭐든지 하고 싶은 대로 할 권리를 인정한다는 뜻이다. 그러나 그는 이제 왕의 지위를 의미하는 "짐we"이라는 단어는 쓰고 있지 않다. 자신이 권력을 상실했음을 암묵적으로 인정하기 때문이다. 그의 독백은 계속된다. "이것은 왜 리어가 아닌가, 내가 누구인지 나에게 말해줄 수 있는 사람은 누구인가?"(1막 4장 217~221행). 극중의 리어는 자기 자신에 대해 "이해력은 떨어지지 않았고 분별력은 희미해지지 않았다"라고 말하지만, 비평가들은 이를 그가 사람들의 모든 무례와 불복종이 한낱 꿈이라며 자기 위안하는 대사라고 해석한다. "하! 자고 있는가, 아니면 깨어 있는가? 이건 진짜가 아닌 게 분명해." 하지만 머지않아 리어는 그 사람들이 자신을 무시하고 무례하게 대하는 것이 꿈이 아니라 현실임을 알게 된다.

진짜로 통제력을 상실할 준비가 잘된 사람은 우리 가운데 아무도 없다. 그리고 나이가 들수록 무력감이 여러 형태로 우리를 습격한다. 어쩌면 타격을 가장 적게 받는 사람들은 진짜로 알츠하이머에 걸린 사람들인지도 모른다(그들은 자신에게 무엇이 없는지를 금방 잊어버리니까). 다른 사람들에 대한 통제를 중심으로 자기 정체성을 유지해온 사람에게는 무력감이 더 파괴적인 충격과 함께 찾아온다. 그 사람은 이제 과거에 가졌던 정체성의 핵심을 유지할 수가 없다. 다른 정체성과 다른 나아갈 길을 찾아내야 하는 것이다. 얀도가 연기한 첫 장면은 훌륭했지만, 그 남자는 더 섬세하고 더 많은 것을 보여줄 수도 있었다. 그리고 권력 상실을 계기로 새롭게 자아를 탐색할 수도 있었다. 연극의 후반부에서는 실제로 그런 탐색이 시작되기도 한다. 하지만 그것은 리어의 과거 정체성이 무너지면서 정신이 반쯤 나가버린 후의 일이다.

사실 얀도는 2012년 시카고에서 상연된 〈엔젤스 인 아메리카Angels in America〉에서 리어왕과 상당히 비슷한 인물인 로이 콘Roy Cohn을 역을 맡았을 때 고뇌에 차서 자아를 탐색하는 모습을 보여줬다. 그 역할 덕분에 그는 시카고에서 연기대상을 받았다. 얀도의 로이 콘 역할은 전반적으로 리어왕 역할보다 성공적이었으며 관객들에게 설교하려 드는 억지스러운 메시지도 없었다. 그 공연에서 우리는 완전한 힘(사람들을 유혹하거나 파괴하는 힘, 진실을 창조하거나 없애버리는 힘, 파괴 행동에서 느끼는 육체적인 기쁨)에 익숙했던 한 남자가 서서히 쇠약해지는 육체와 점점 가까워지는 죽음 앞에서 어떻게 변해가는지를 보게 된다. 그 남자의 변화는 매우 흥미진진하다. 우리는 자기 자신에 대해 모르는 포악한 남자의 내면에서 휘몰아치는 공포, 잔인성 그리고 마지막에는 온정의 기색을 발견하게 된다.

나는 게인스가 얀도에게 리어왕을 로이 콘처럼 연기하게 해줬더라면 좋았으리라고 생각한다. 그랬다면 우리는 나이듦에 관해 뭔가를 배웠을 것이다. 나이듦을 불쌍하게 묘사하고 기분이나 달래주는 흔해 빠진 감상적 이미지들 대신 나이듦의 명백한 속성인 윤리적 귀감과 윤리적 고민들을 목격했을 것이다.

철학적 일반화의 함정

이쯤에서 내 전문 분야인 철학이 가진 문제점을 살펴보자. 철학자들은 뭐든지 일반화하기를 좋아하는데, 때로는 지나친 일반화의 함정에 빠진다. 물론 우리가 일반화를 전혀 하지 않는다면 우리는 무엇을 배울 수도 없고 사람들을 가르칠 수도 없을 것이다. 과거가 미래를 위한 지침이 되고 어떤 사람의 경험이 다른 사람의 경험을 위한 지침이 되는 것처럼, 어떤 종류의 일반화들은 유용하다. 니체는 일반화 능력이 없는 종種은 빨리 소멸한다고 주장했다. 그런 종은 새로운 포식자를 만날 때 그 포식자가 과거의 포식자와 닮았다고 판단하여 얼른

달아나지 못하기 때문이다. 게다가 모든 과학 분야에서는 열심히 일반화 작업을 한다. 그리고 수많은 요인 가운데 어느 것이 실제로 결과에 영향을 미치는지 알아보기 위해 실험을 반복적으로 수행한다.

우리가 〈리어왕〉과 같은 위대한 문학 작품을 즐기는 것 역시 일반화 덕분에 가능한 일이다. 만약 리어의 이야기를 그저 과거에 실제로 일어났던 희한한 일이라고만 여긴다면, 그 이야기는 지금의 〈리어왕〉처럼 우리에게서 깊은 공감을 이끌어내지 못할 것이다. 철학자 아리스토텔레스의 말처럼 시는 역사보다 "더 철학적"이다. 역사는 실제로 일어났던 이런저런 사건들에 대해서만 이야기하는 반면 시는 극적인 성격을 띠고 있어서 인간 생활에서 "실제로 일어날 수도 있는 사건들"을 보여주기 때문이다.[8] 우리가 리어에게 흥미를 느끼는 이유는 인간의 가능성이 일반화된 모습을 알아보고 싶어 하기 때문이다. 우리는 관심 있는 사람들의 삶에 나타날 수도 있는 어떤 패턴을 보고 싶어 한다

하지만 어떤 형태의 일반화는 현실을 은폐하고 진보를 가로막는다. 우리는 이런 부작용을 필요 이상으로 잘 안다. 여성, 소수민족, 무슬림, 유대인 등 비주류에 속하는 사회적 집단을 전형화stereotyping하는 것은 그들을 예속시키는 수단이었다. 1873년 미국의 마이라 브래드웰Myra Bradwell은 여성들이 변호사가 되는 것을 금지하는 일리노이주 법에 도전장을 던졌다. 브래드웰은 이미 법률 교육을 받고 현장 실습을 마친 후 사실상 변호사로 활동하고 있었지만 일리노이 법원에 출입할 수는 없었다. 미 연방대법원은 경건한 종교 교리에 근거한 일

련의 전형들을 내세우며 여성의 법조계 진출을 금지하는 기존 법률이 타당하다고 판결했다. "여성들의 바람직한 본성인 수줍음과 연약함 때문에 여성은 공적 생활을 하는 자리에 부적합하다. (…) 여성의 가장 중요한 운명과 사명은 고귀하고 선량한 아내와 어머니의 직분을 수행하는 것이다. 이것은 창조주의 법이다."[9] 이 판결문을 작성한 브래들리 판사는 수많은 여성이 결혼하지 않고 있으므로 그 일반적인 법칙에도 예외가 있다는 점을 인정했다. (마이라 브래드웰은 기혼여성이었다.) 하지만 그는 "법률은 예외적인 경우를 근간으로 하는 것이 아니라 사물의 일반적인 성질을 바탕으로 적용해야 한다"고 결론 내렸다.

이런 일은 늘 있다. 특히 힘이 약한 집단에게 증거도 없이, 아니 사실은 강력한 반증이 있는데도 그들을 일반화한 설명들을 제시하고 이를 구실 삼아 순응을 요구하는 일이 비일비재하다. 오랫동안 모욕적인 일반화의 희생자였던 노인들은(노인에 대한 일반화는 다른 장에서 다루려고 한다) 다른 누구보다도 일반화에 질려 있을 것 같다. 그러니 무엇이 예외적인 것이고 무엇이 예외가 아닌지 잘 모를 때는, 그리고 우리가 가진 지식이 계속 변하고 있을 때는 겸손한 태도로 개별 사례에 대해서만 이야기하자. 그것이 분별 있는 행동이다.

철학자는 무슨 일을 해야 할까? 첫째, 철학자들은 **규범적 일반화** normative generalizing와 **묘사적 일반화**descriptive generalizing를 구별해야 한다. 지금까지 리어왕에 대해 이야기하면서 나는 플라톤과 아리스토텔레스 시대 이후의 윤리철학에 자주 등장하는 일반화 유형인 '규범적 일반화'를 했다. 즉 어떤 삶의 패턴들은 고결한virtuous 것이고 어떤 삶의 패턴들은 고약한vicious 것이라고 평가했다. 어떤 삶의 패턴들은 성공을 부르고 어떤 패턴들은 그렇지 못하다고 했다. 다른 사람을 통제하기를 즐기는 것은 그 자체로 문제가 되기 쉬운 속성이다. 그런 사람들은 나이 드는 과정에서 낯설고 불쾌한 느낌을 받을 확률이 높다. 예컨대 사랑과 관계를 상실하는 느낌은 우리에게 그렇게 살지 않으려고 노력할(아직은 되돌릴 수 있다) 이유를 제공하기 때문에 인류 전체에게 유의미하다.

여기까지는 다 좋다. 대화가 있어야 할 자리를 오만이 차지해버리지만 않는다면. 사람은 누구나 이상과 목표를 필요로 한다. 그리고 규범적 일반화는 사람들에게 정말로 중요한 가능성과 기회가 어떤 것인가를 판단하기 위해 반드시 필요하다. 인권이나 헌법적 자유에 관한 이론은 대단히 일반적인데 그것도 규범적 일반화의 일종이다. 여기까지도 괜찮다. 권리란 사람들로 하여금 무엇에 강제로 순응하도록 만드는 것이 아니라 특정한 기회들을 보장하는 것이니까. 기회 보장에 대해서는 경제적 불평등과 나이듦을 다루는 7장에서 자세히 이야기할 것이다. 나는 특정한 '역량capabilities', 즉 실질적인 기회는 모든 국민에게 대단히 중요하므로 기회를 보장하는 것에 헌법적 지위를 부여해야 한다고 생각한다.

그러나 우리는 과도한 혹은 모호한 **묘사적 일반화**에 근거해 규범적 이론이 만들어지는 것을 조심해야 한다. 또한 묘사적 일반화의 영역에서는 특히 사회적 낙인과 차별이 판단을 왜곡시키기 쉽다는 점을 유념해야 한다. 브래들리 판사는 여성이 변호사로 활동하는 것은 나쁜 일이라는 규범적 결론에 이르렀다. 그것은 그가 묘사적 일반화의 수준이 높은 특정한 명제들을 굳게 믿고 있었기 때문이다. 그 묘사적 명제들의 예를 들어보자. '극소수의 여자들만 법률가로 일할 수 있다.' '대부분의 여성은 아내와 엄마가 되기를 원한다.' '아내와 엄마들은 변호사가 될 수 없다.' '여성들이 변호사처럼 논쟁하는 법을 배우면 남성화되고 가정에서 임무를 제대로 수행하지 못하게 된다.' 현재 우리가 아는 바와 같이, 이 명제들은 모두 거짓이다.

가장 큰 잘못은 여성들의 이야기를 단수형으로 기록하는 '방식'이다. **'이것은** 한 여성의 삶이고, **이것이** 그녀의 이야기입니다. 당신, 마이라 브래드웰이라는 기혼 여성이 조금 특별한 직업을 가졌다고 해도 상관없습니다.' 우리는 브래드웰의 이야기를 무시해버린다. 아니, 그저 아내와 어머니가 되는 것만이 여성의 올바른 역할이라고 선언한다. 이 경우 군이 단수형 묘사를 고집하는 행위 자체에 숨겨진(혹은 아예 숨기려 하지도 않는) 규범적 견해가 없다고 말하기는 어렵다. '이것이 우리가(남성들이) 원하는 여성들의 모습입니다. 이것이 우리가 **만들고자 하는** 여성들의 모습입니다.'

악의 없는 비규범적 묘사에서도 이렇게 단수형으로 표현하는 '방식'은 터무니없는 거짓을 만들어내기 십상이다. 여성들은 이미 자기 운명을 스스로 선택하고 개인으로 존중받을 권리를 선포했다. 최근에 나는 슈만Schumann의 연작 가곡으로 이루어진 〈여성의 사랑과 삶 Frauenliebe and Leben〉이라는 공연을 보러 갔다. '여성들'의 이야기는 단수형이었고 내용도 단순했다. 여자가 사랑에 빠지고, 결혼 신청을 받고, 신청을 수락하고, 결혼을 한다. 처음에는 성관계를 두려워하지만 곧 행복해진다. 그녀는 아기를 낳고, 남편의 죽음에 깊은 슬픔을 느낀다(낭만적인 연가곡은 항상 슬프게 끝난다). 이 이야기는 눈물샘을 자극하긴 하지만 오늘날의 시각에서는 다소 우스꽝스럽게 느껴진다. 하지만 내가 관람한 공연에는 매우 흥미로운 점이 있었다. 노래들을 모두 바리톤 성악가가 불렀다는 것이다. (서양 가곡의 세계에서 여성들은 남녀 역할을 넘나드는 특권을 가진 반면 남성들은 남자 역할만 해야 한다. 소프라노는 슈베르트의 〈겨울나그네Winterreise〉나 말러의 〈방황하는 젊은이의 노래Lieder eines fahrenden Gesellen〉를 부를 수 있지만 남자들은 그렇게 '여성적인' 가곡을 부르지 않는다.) 게다가 이 남자 성악가는 쉴 틈도 없이 고전적인 남성의 이야기로 넘어가서 슈만의 〈시인의 사랑Dichterliebe〉을 불렀다. 낭만적인 연가곡들이 흔히 그런 것처럼, 그 남자의 이야기도 내용이 단순하고 단수형으로 이루어져 있었다. 하지만 여성의 이야기와는 다른 내용이었다. 그는 어떤 여자와 사랑에 빠지고, 그녀의 사랑을 얻어내지만, 그 부모는 그가 가난하다는 이유로 반대한다. 여자의 부모는 그녀를 부유한 남자와 혼인시키고, 그녀는 부모의 선택에 순응한다. 그래서 남자는 방황하다가 결국에는 죽는다. 독일의 유명한 성악가 마티아스 괴르네Matthias Goerne가 과감하게도 남녀 역할을 모두 소화한 그날의 공연은 다음과 같은 질문을 떠올리게 한다. 어느 이야기가 누구의 것인가? 두 이야기 중 하나라도 누군가의 것이 있는가? 두 이야기 모두 아름답긴 하지만 균형잡힌 거짓말이 아닌가? 그날 공연의 관객 가운데 그 묘사적인 전형을 곧이곧대로 받아들인 사람은 하나도 없었다. 우리는 그 공연을 그 가곡들이 탄생한 시간과 장소의 두 이야기, 하지만 그때도 그랬고 지금도 그렇고 특정한 누군가의 이야기가 아닌 두 이야기로 받아들이고 숙고하라는 요청을 받았다. (사실은 이 연가곡을 작곡한 슈만 본인도 조울증으로 인한 합병증으로 일찍 죽기 전까지는 행복한 삶을 살았다. 그가 사랑했던 아내 클라라는 역사상 가장 뛰어난 여성 피아니스트이자 작곡가, 그리고 유능한 사업가로 알려져 있다. 클라라는 슈만 가정의 주된 수입원이었고 자신의 콘서트 일정을 요령 있게 관리했다. 여성 연가극과 일치하는 유일한 사실은 그녀가 슈만보다 오래 살았다는 것이다. 40년이나 더!)

나이듦에 대한 고정관념

지금까지 공개된 노년에 관한 이야기들의 문제점은 노년의 다양성을 충분히 보여주는 이야기가 너무 적다는 것이다. 그래서 우리는 일부만 진실인 이야기를 듣고도 별다른 의구심을 가지지 않는다. 아리스토텔레스의 비극 이론은 하나의 비극이 인간의 모든 가능성을 보여준다고 하지 않았다. 어떻게 비극 한 편이 모든 가능성을 보여주겠는가? 모든 비극이 인간의 가능성 일부를 우리에게 보여준다는 것이 아리스토텔레스의 비극 이론이다. 따라서 비극을 지속적으로 경험한다면(매년 여러 편의 비극을 감상했던 고대 그리스 사람들처럼), 우리는 인간의 가능성에 대해 더 넓게 이해하고 성격 유형과 환경 사이의 다양한 상호작용을 목격할 것이다. 이해를 넓히기 위해서는 나이듦에 관한 이야기를 계속 수집해야 한다.

우리는 이 점을 어느 정도 인지한 상태에서 문학 작품을 감상한다. 〈리어왕〉은 단순히 셰익스피어의 작품이라는 이유만으로, 그리고 나이듦에 관한 훌륭한 문학 작품이 상대적으로 드물다는 이유만으로 현명하지 못한 일반화의 유혹을 불러일으킨다. 그러나 나 같은 사람이 "잠깐만요. 클레오파트라를 보통 여자로 보지 않는 것처럼, 리어왕을 보통 남자로 볼 수는 없습니다"라고 말한다면 독자들도 동의할 듯하다. 대개의 경우 우리는 문학 작품 속에서 실로 다양한 계층의 인물들(여성, 남성, 청소년, 왕 등)을 만나기 때문이다. 예컨대 우리는 셰익스피어 역사극에서 중요하게 다뤄지는 사실 하나를 쉽게 발견한다. 군주제 국가에서 왕들은 제각기 다른 방식으로 통치자 역할을 하며, 그 대가는 수많은 사람이 치르게 된다는 것이다.

철학 서적들로 눈을 돌릴 때 우리는 한결 까다로운 문제에 부딪친다. 철학자들은 이야기를 지어내고 또 지어내는 창의적인 예술가가 아니다. 철학자들은 실제로 일어난 다양한 사건들에 관해 글을 쓰는 역사가와도 다르다. 철학자들은 온갖 것을 일반화하는 사람들이다. 키케로가 집필한 책이 《나이듦에 관하여》한 권뿐이라거나, 시몬 드 보부아르Simone de Beauvoir(1908~1986)가 그보다 훨씬 분량이 많기는 하지만 나이듦에 관한 저서를 딱 한 권 남겼다는 사실에 우리는 놀라지 않는다. 철학자들은 같은 주제를 여러 번 다루지만, 한 가지 주제 안에서 인간 행동의 다양성을 보여주려는 의도로 글을 쓰고 또 쓰고 하지는 않는다. 이처럼 하나의 일반화된 저술만 남기는 것은 명확한 의미 전달과 분류에 도움이 되지만 한편으로는 위험할 수도 있다.

나이듦은 일반화의 위험이 아주 높은 주제다. 우선 아동기나 청소년기와 비교해도 노년기에는 훨씬 다양하고 많은 이야기가 존재한다. 어떤 사람들은 90세가 넘어서도 건강하게 사는 반면, 어떤 사람들은 훨씬 일찍부터 심각하고 치명적인 병에 시달린다. 어떤 사람들은 100세가 넘게 살면서도 치매를 전혀 경험하지 않는 반면, 어떤 사람들은 50대부터 벌써 치매를 경험한다. 치매의 유형도 다양하다. 어떤 사람들은 지적인 작업은 할 수 있지만 길을 찾아다니지는 못한다. 또 어떤 사람들은 인지 능력이 전반적으로 감퇴한다. 리어의 사례가 보여주듯 성격 유형에 따라 나이듦의 양상이 달라지기도 한다. 그리고 우리가 앞으로 살펴보게 되겠지만 노년기의 경제적·사회적 환경(빈곤한가 아니면 부유한가, 강제 퇴직했는가 아니면 일을 계속하는가)이 건강과 감정과 생산성에 커다란 영향을 미친다. 이 책에서 나와 솔은 이처럼 다양한 길들을 독자에게 선명하게 보여주려고 노력했다. 인구 고령화가 진행되는 과정에서 개인과 사회 모두 여러 가지 선택을 해야 하기 때문이다.

다음으로 나이듦은 널리 퍼진, 아니 거의 보편화된 사회적 낙인의 대상이다(이것은 이 책에 자주 나오는 말이다). 나이듦에 관한 우리 사회의 담론들은 고정관념으로 가득 채워져 있으며, 그 고정관념은 대부분 나이든 사람은 추하고 무능하고 쓸모없다고 치부하는 모욕적인 내용이다. 마이라 브래드웰을 생각해보자. 그녀의 시대에는 여자들을 포함한 수많은 사람이 여자, 특히 결혼한 여자는 변호사가 될 수 없다고 믿었다. 반면 지금은 거의 모든 중산층 백인 여성과 아시아 여성이 여자도(결혼한 여자도 포함된다) 학문적 자격을 갖추고 열심히 노력한다면 당연히 변호사가 될 수 있다고 생각한다. 거의 모든 법과대학원과 법률사무소도 여기에 동의한다. 흑인 여성과 라틴계 여성들이 그 정도의 자기 확신을 가지고 있지 못하다면 그 차이는 잘못된 인종적 고정관념 탓이다. 인종적 고정관념은 채용시장에서 서서히 사라지고 있으며 잠재적 구직자들의 의식 속에서는 그보다 더디게 사라지고 있다. 현대 사회는 나이듦에 대한 담론을 이제서야 막 재평가하기 시작했다. 이런 상황에서 어느 세대인들 고정관념의 영향으로부터 자유로울 수 있겠는가?

마지막으로 노인에 대한 고정관념 가운데 가장 유해한 것 한가지는 노인들에게 주체성이 없다는 것이다. 그런 고정관념에 따르면 노인들은 그저 운명의 희생양일 따름이다. 물론 운명이 어딘가에 있기는 하겠지만 보통 우리는 운명이 언제, 어디에 있는지 모른다. 리어의 이야기에서 잘못된 선택과 그 선택의 더 나쁜 결과들이 우리에게 알려주는 것처럼 노년기에도 능동적인 선택의 여지가 상당히 많다. 나이든 사람들을 묘사하면서 그들의 주체성과 선택을 박탈하는 것은 가장 모욕적인 태도로 그들을 비인간화하고 대상화하는 행동이다.

만화경처럼 다채로운 작품들을 한꺼번에 창조하지 않고 나이듦에 관한 책 한 권을 쓸 때는 묘사에서의 일반화 문제를 어떻게 해결해야 할까? 우선 문학과 역사(그리고 문학과 역사 속에 존재하는 경험적인 데이터)를 활용해 다양한 사례를 발굴한 다음 그 사례들을 연구해 공통점이 무엇인지 찾아보는 방법이 있다. 또 한 가지 방법은 대화체로 글을 써보는 것이다. 대화의 결론은 특정한 인물 또는 인물들에 관한 결론이 되면 충분하며 꼭 저자 자신의 결론일 필요는 없다. 하지만 이 두 가지 방법으로 저술된 책들 역시 성급한 일반화의 유혹을 완전히 피해가지는 못했다. 서양 문화사를 통틀어 나이듦이라는 주제를 다룬 유명한 철학 서적은 내가 앞에서 언급한 《나이듦에 관하여》와 《노년》이 전부다.

1장에서 나는 키케로의 《나이듦에 관하여》를 분석했다. 키케로는 문제를 인식하고 그 문제에 정면으로 부딪쳐 아주 훌륭한 솜씨로 나름의 결론을 이끌어낸다. 《나이듦에 관하여》는 나이듦의 다양한 모습에 대한 생생한 토론으로 가득하다. 그리고 이 책은 일반화된 서술의 한계를 의식해 대화체를 사용한다. 카토는 이런저런 것들(예컨대 정원 가꾸기가 건강에 좋다는 믿음)에 집착한다는 이유로 부드럽게 놀림 당한다. 하지만 내가 보기에 《나이듦에 관하여》는 지나치게 잘 정리된 책이어서 나이듦의 복잡성을 충분히 보여주지 못한다. 그 복잡성을 훨씬 더 효과적으로 보여주는 것은 키케로의 개인적인 편지들이다.

나이듦에 대한 일반화의 위험

이제부터 철학적 일반화의 위험을 보여주기 위해 내가 선택한 사례인 보부아르의 《노년*La Vieillesse*》(영어로는 '성년The Coming of Age'으로 잘못 번역되기도 하지만 '노년'이 맞다)에 대해 이야기해보자.[10] 《노년》은 1970년에 출간됐다. 보부아르는 그 후속작으로 1974년에 대화체 형식의 에세이를 썼는데, 그 에세이는 나중에 《작별 의식*Les Adieux*》이라는 제목으로 출간됐다. 《작별 의식》은 보부아르가 장 폴 사르트르Jean-Paul Sartre(1905~1980)와 대화하는 형식이다(영어로는 Adieux : A Farewell to Sartre이라는 제목으로 번역 출간된 바 있다).[11]

《노년》은 영문판으로 585쪽에 달하는 매우 긴 책으로서, 50쪽 정도 되는 키케로의 간명한 글과 대조를 이룬다. 《제2의 성》과 마찬가지로 이 책에서도 문학과 역사에서 수집한 갖가지 사례가 제시된다. 보부아르가 그 사례들을 정밀하게 분류하지 않아 다소 혼란스러운 느낌은 있지만, 이 책도 《제2의 성》과 마찬가지로 유용한 데이터를 많이 제공한다. 《노년》의 제1부는 경험에서 얻은 정보가 많이 담겨 있어 유용하다. 보부아르는 프랑스의 부유하지 않은 노인들, 특히 요양원에서 암울한 생활을 하는 사람들의 실제 모습을 보여준다.

《노년》의 제2부에서 보부아르는 나이듦에 대한 주관적 경험을 논한다.[12] 핀란드 철학자 사라 헤이네마Sara Heinämaa가 지적한 대로 보부아르는 설득력 있고 공감이 가는 어느 에세이에서 에드문트 후설Edmund Husserl의 현상학적 방법론을 충실히 따른다. 후설의 방법론은 철학자들에게 자기성찰을 통해 어떤 대상의 본질을 일반화하라고 지시한다. 하지만 후설의 방법론을 따랐다는 사실이 변명이 되지는 않는다. 후설의 방법론은 어떤 현상들을 설명하는 데는 매우 효과적이지만, 그 방법론이 그야말로 지뢰밭처럼 위험한 '나이듦'이라는 영역에서도 가치 있다고 판명될지는 의문이다. 내 결론을 미리 밝히자면 《노년》은 내가 접해온 유명한데 엉터리인 철학 서적들 가운데서 가장 엉터리다. 이 책이 엉터리인 이유는 내가 앞에서 설명한 일반화의 세 가지 위험을 모두 보여주기 때문이다. 이 책은 다양성을 함부로 짓밟고, 부분적이고 모욕적인 전형들을 합리화하며, 노인들에게서 주체성을 박탈한다.

나의 정체성에 대해 보부아르가 어떻게 설명했는지 한번 보자. (보부아르는 자신이 논하는 대상의 연령을 정확히 밝히지는 않았지만 《노년》 제1부의 분석은 법적인 의무퇴직 연령인 65세에서 시작하는 듯하다.) 보부아르에 따르면 나이듦은 점진적인 과정이 아니고 진보도 아니다. 나이듦은 갑작스러운 깨달음처럼 찾아온다. 이 "놀라운 일surprise", 또는 "변형metamorphosis", 또는 "깨달음revelation"이란 그전까지 다른 사람들이 '나'를 경험하던 방식, 즉 나의 주관적 정체성의 일부가 급격하게 부정적인 방향으로 변하는 것이다. 어떤 면에서 나는 나름대로 젊다고 느낄 수도 있지만, 사회가 갑자기 나를 경멸하는 것을 보고 주관적 자아의 극적인 변화를 경험한다. 남들의 눈에 보이는 모습 역시 주관적 정체성의 한 부분이기 때문이다.

여기서 멈춰보자. 그 갑작스러움은 어디에서 비롯되는 것일까? 아마도 보부아르는 의무 정년퇴직을 염두에 둔 것 같다. 정년퇴직은 어떤 사람이 사회 속에서 지니는 의미를 갑작스럽게 변화시킬 수 있다. 하지만 그것은 일시적인 현상이며 우리에게 그 어떤 것의 본질도 알려주지 못한다. 나는 묻고 싶다. 왜 내가 내 현재 나이(69세)보다 일곱 살이나 어린 어느 프랑스 철학자에게 21세기의 철학자인 내 삶의 의미를 알려달라고 해야 하는가? 나는 나나 또래인 친구들의 경험을 정확히 인식하지 못한다. 우리가 건강과 영양에 관해 더 많은 지식을 확보한 덕분에 많은 것이 달라졌는지도 모르지만, 나이 드는 과정에는 언제나 다양성이 있었다. 보부아르는 나이듦을 일반화하면서 나에게 강제로 이런 말을 시키려고 한다. "오, 세상에, 내가 의식하든 못하든 나도 저렇게 느끼고 있는 게 틀림없어." 미안하지만 난 싫다. 보부아르가 행복하지 않다니 안타까운 마음은 들지만, 그녀가 그냥 "나는 이러저러한 불행을 겪고 있다"라고 말했으면 좋겠다. 나로 말하자면 지금 건강하고 활기차다고 느끼고 있으며, 어느 때보다 많은 존경을 받는다. 하지만 보부아르가 단정하는 것과 달리 지금의 나는 남들에게서 받는 존경에 집착하지 않는다.

브래들리 판사라면 이렇게 말할 것이다. "마사와 힐러리 같은 몇몇 사람은 예외적인 경우입니다. 예외를 기준으로 법을 만들 수는 없습니다." 미안하지만 나는 그 말에 반대한다. 내가 아는 나이든 사람들은 대부분 혈기왕성하며 내가 하는 일과 비슷한 활동 또는 전혀 다른 활동에 몰두하고 있다. 물론 더러는 병으로 고생하고 있지만, 키케로가 정확하게 지적했듯이 그것은 인생의 어느 시기에나 생길 수 있는 일이다. 나이듦에 관한 보부아르의 일반화를 보고 있자면 다른 사람들에게 '여성'이나 '시민'으로 사는 올바른 방법은 이거라고 알려주는 프랑스인 특유의 잘난 척하는 경향이 떠오른다.[13] 그뿐만 아니라 더 근본적인 문제가 있다. 우연인지 몰라도 보부아르의 주장은 노인들을 경멸하는, 우리에게 익숙한 사회적 고정관념에 지나치게 잘 맞아떨어진다. 지금은 그런 고정관념에 도전하는 노인들을 심심찮게 볼 수 있으며, 우리 사회도 노인들을 있는 그대로 바라보기 시작했다. 베이비붐 세대 노인들은 수적으로 우위일 뿐 아니라 과거의 허구적인 이야기에 의해 규정되는 것을 단호히 거부한다.

그래서 나는 보부아르의 《노년》을 읽으며 엉터리인 것을 넘어 나쁘다고 생각했다. 내 생각에 그 책은 사회적 낙인 및 부정의에 가담하고 있다. 말하자면 한 유대인이 책을 써서 유대인의 '본질'은 육체적으로 쇠약하고, 겁이 많아서 창의적인 활동은 못 하고, 계략이나 꾸미고, 깊은 통찰이 없는 존재로서 삶을 경험하는 것이라고 주장하는 행위와 비슷하다. 그런데 잠깐만. 그 책은 누군가가 이미 썼다. 오토 바이닝거Otto Weininger! 바이닝거가 1903년에 출간한 《성性과 성격》은 한때 유럽 지식인들의 필독서였다. 바이닝거 자신이 유대인이라는 사실 때문에 많은 사람이 그가 들려주는 유대인의 본질 이야기를 믿었다. 그러나 《성과 성격》은 괴상한 이념을 선동하는 책에 불과하다. 마찬가지로 미국의 어떤 흑인이 흑인들은 본래 폭력적이라서 강간과 살해를 범하기 쉬운 존재라는 내용의 책을 쓴다고 생각해보라. 잠깐만. 누군가가 그 비슷한 책도 썼다. 미국 대법관을 지낸 클래런스 토머스Clarence Thomas는 자서전에서 자신이 리처드 라이트Richard Wright가 쓴 소설 《미국의 아들Native Son》의 폭력적인 주인공 비거 토머스Bigger Thomas(소설 속에서 주인의 딸과 연인을 죽여 사형당한다―옮긴이)와 일체감을 느낀다고 털어놓았다.[14] 요약하자면, 일반화를 하는 사람이 그 집단의 일원이라는 이유만으로 그 일반화를 믿어서는 안 된다. 그런 주장은 '순응적 선호adaptive preferences'(억압당하는 사람들 또는 불리한 처지에 있는 사람들이 자기 마음이 편해지는 방식대로 그 상황을 긍정적으로 재해석하는 현상―옮긴이)라든가 약자들의 '자기혐오self-hatred'라는 개념으로 논박 가능하다.

노년의 본질에 대한 보부아르의 주장에서 세 번째 문제(그리고 가장 큰 문제)는 암울한 숙명론이다. 그녀의 숙명론은 나이든 사람들에게 어떤 주체성도 인정하지 않는다. 나이듦은 돌연변이처럼 어느 날 갑자기 우리를 찾아온다. 키케로의 대화 상대였던 카토는 이 점에서 훨씬 주도면밀했다. 카토는 우리의 운명은 어느 정도는 우리 자신이 결정한다는 점을 이해하고 있었다. 우리는 자제력, 운동, 식생활, 독서 습관, 대화와 우정을 통해 스스로 운명을 결정한다. 노년기의 몸 역시 그냥 주어지는 것이 아니다. 노년기의 몸은 매우 다양하게 나타나는 가능성들의 집합이다. 우리는 나이가 들면 근육의 건강을 젊은 시절과 동일하게 유지하기 위해 더 규칙적으로 운동해야 할지도 모른다. 하지만 카토가 오래전에 제출했던 그런 견해는, 모든 사람이 수동적인 자세로 획일적인 운명을 맞이한다는 보부아르의 견해와는 크게 다른 것이다. 우리 자신을 불멸의 존재로 만들 수는 없지만, 더 행복해지고 더 강해지고 더 활동적이 되기 위해 할 수 있는 일은 정말로 많다.

보부아르가 노인들의 주체성을 부정하는 것은 인생을 대하는 유럽인들 특유의 기묘한 태도와 관련이 있는지도 모른다. 내가 일과 운동을 강조하는 것이 지극히 미국적인 생각인 것처럼. 그러나 그렇다 해도 《노년》이 거짓투성이 책이라는 점에는 변함이 없다. 만약 보부아르가 그저 "이 시대를 사는 프랑스 여성으로서 나는 이런 식으로 생각하도록 교육받았다"라고 말했다면 나도 그녀가 틀렸다고 말하진 못했을 것이다. 물론 프랑스에 가서 보니 프랑스 노년 여성들도 요즘에는 그런 태도로 살지 않는 것 같았지만. 나로 말하자면 달리기를 하다가 경미한 부상을 입고 물리치료를 받으러 갔을 때 "나이가 많으셔서 달리기는 적합하지 않습니다"라는 소리 대신 "코어 운동이 부족하신 듯하네요. 발목도 더 단련하셔야 해요"라는 말을 듣는 나라에 살아서 기쁘다. 만약 보부아르가 그녀 자신의 경험을 부정의한 사회 분위기 탓으로 돌렸다면 나는 불평하지 않았을 것이다. 하지만 그녀가 나의 정체성과 내 삶의 경험에 대해 설교하려 든다면, 나는 테러리스트의 행위에 저항했던 무슬림들의 책에서 한 페이지를 빌려와 이렇게 대답하고 싶다. "거기서 내 이름은 빼주세요."

보부아르는 주체성에 이르는 단 하나의 좁은 길만을 인정한다. 하지만 그 길은 일부 사람들에게만 열려 있다. "나이듦이 과거 삶에 대한 보잘것없는 패러디가 되지 않게 하는 방법은 하나밖에 없다. 우리 삶에 의미를 부여하는 목표들을 위해 계속 노력하는 것이다. 어떤 개인 또는 집단에 대한 헌신, 대의에 대한 헌신, 사회적·정치적·지적·창의적 작업에 대한 헌신 등이 목표가 될 수 있다." 이러한 자격 요건을 보면 사람들 대부분, 즉 심각한 치매를 앓는 사람이 아니면 사실상 모두에게 주체성을 행사할 길을 열어주는 것도 같다. 그리고 보부아르는 미래가 있는 삶을 사는 한 가지 방법은 후대에 도움을 주는 것이라고 덧붙인다. 하지만 《노년》의 전반적인 서술로 미루어볼 때 보부아르는 이 탈출구가 예술가나 사상가들 같은 특별한 사람들에게만 열려 있다고 믿는 듯하다. "다수 노인들은 고독과 반복과 권태 속에서 쓸쓸하고 보람 없는 삶을 산다."[15] 보부아르의 입장은 《작별 의식》에서 더 선명하게 드러난다. 사르트르는 사람은 어떤 종류든 공동의 정치적·사회적 활동을 통해 미래 세대에 기여할 수 있다는 입장이다. (그는 예술가와 지식인들은 이런 방식으로 후대에 기여하지 않는다고 본다. 그들의 작품은 공동체의 목표가 아니라 개인적인 목표를 염두에 두고 생산되기 때문이다.) 반면 보부아르의 주장에 따르면 세대를 뛰어넘는 미래는 예술가와 지식인 같은 탁월한 개인들만이 획득할 수 있다.[16]

내가 보기에는 사르트르와 보부아르 둘 다 무책임한 일반화의 오류에 빠진 것 같다. 보부아르는 그녀 자신이 지적인 작업을 중요하게 생각했기 때문에, 그리고 사르트르는 정치적 활동에 애착을 가지고 있었기 때문에 그랬으리라 생각한다. 지식인 계급에 자유분방한 사람들이어서인지 둘 다 근시안적이다. 둘 중 누구도 자녀와 손자녀 양육이 세상에 의미 있게 기여하는 방법이라고 생각하지 않는다. (보부아르는 그런 주장에 시큰둥하게 반응하며, 사르트르는 그것을 언급조차 하지 않는다.) 그러면 젊은 동료, 학생들, 다른 사람의 자녀와 손자녀들과의 세대를 초월한 우정은? 인간이 아닌 동물과 지구에 대한 관심은? 유명인이 아닌 사람이 자신의 신념에 따라 일상적으로 수행하는 소중한 일들은? 자원봉사 활동, 금전적 기부, 유산을 남기는 행위 등은? 이타적 행동에 대해서는 8장에서 다룰 예정이지만 보부아르와 사르트르가 이런 것들을 논의하지 않는다는 것은 기이한 일이다. 죽음을 앞두고 돈에 관해 이야기한다는 게 지나치게 자본주의적인 행동이라고 여겼던 걸까?

뻔뻔하게도 독자들에게 "나이 들면 원래 서글픈 것"이라고 말하면서(의심을 품는다거나 반어법을 쓰는 기색은 전혀 없다) 다수의 평범한 사람을 모욕하는 이 슬픈 책들로부터 우리는 무엇을 배워야 할까? 우리 철학자들은 글을 쓰기 전에, 특히 나이듦에 관한 글을 쓰기 전에 다음과 같은 말을 자신에게 들려줘야 할 것 같다. 철학자여, 부디 기억하시오. 당신의 경험은 그저 당신의 경험일 뿐이오. 그러니 계속해서 배우시오. 당신 자신과 세상의 다양한 사람들에 대해 호기심을 가지시오. 사람들에게 삶을 어떻게 경험해야 한다고 설교하기 전에 그들이 경험하는 삶에 대해 물어보시오. 당신의 삶과 똑같지 않은 삶들에서 의미를 발견할 준비를 하시오. 다양성을 존중하시오.

또한 당신의 세대가 사회적 편견과 낙인 때문에 일그러지지 않도록 당신 자신을 보호하시오. 지식인이 아닌 사람들이나 돈벌이 하는 사람들에 대한 편견과 학자 집단의 하위문화도 경계 대상이라오.

겸손이 약이라오. 유머 감각도 언제나 좋지요. 겸손과 유머감각이 없는 철학자들을 조심하시오. 그들이 당신이 느껴야 하는 감정을 당신에게 가르쳐줄 정도로 자신이 대단하다 뻐기더라도 조심해야 하오. 아니, 그럴 때 더욱 조심하시오. 그런 행동은 딸들의 사랑을 각본으로 만들려고 했던 리어왕과 다를 바가 없지 않소?

우리 모두는 좋든 싫든

노년기에 돌봄을 필요로 하게 될 때

우리가 어떤 대접을 받을 것인가에 대한

징표를 찾으려 한다는 점에서

리어와 닮은꼴이다.

유산 분배와 상속,
그리고
돌봄 비용 지불하기

솔 레브모어

비극 〈리어왕〉은 나이듦으로 시작해서 재빨리 유산 배분, 상속권 박탈, 그에 뒤따르는 후회라는 주제로 옮겨간다. 재산을 다른 이들에게 물려주려고 할 때 우리는 감정적이 되기도 하고 오해를 초래하기도 한다. 자녀들에게 재산을 불균등하게 물려줄 경우라면 감정은 더욱 격해진다. 부모를 포함한 피상속인들은 상속과 관련된 결정, 그리고 그 결정이 해석되는 과정에 집착하곤 한다. 상속인들은 피상속인의 결정을 인정하거나 원망하거나를 떠나서 그 반작용까지 짊어져야 한다. 이런 것들은 나이듦이라는 문제에서 중요한 소주제들이다. 특히 운이 좋아서 재산을 나눠주거나 받는 입장에 있는 사람들에게는 이런 점들이 중요하다. 문학 작품 속의 인물과 실존 인물을 통틀어 유산 분배를 결정할 때 사랑, 또는 사랑의 표현이 고려돼야 한다고 생각했던 사람은 리어왕이 최초도 아니고 마지막도 아니었다. 리어는 누군가에게 물려줄 재산과 권력을 가지고 있었지만 그것은 분배하기 쉬운 자산들이 아니었다. 게다가 리어의 딸들 중 한 명은 결혼하지 않은 상태였고, 나머지 두 명은 권력을 갈망하는 남자와 결혼한 상태였다. 유산 분배의 이런 측면이 가정 상황이 각자 다른 자녀들 문제에서 요즘에는 경제적 처지가 서로 다른 자녀들의 문제로 바뀌었다. 혼합가족blended family(이혼한 이들끼리 새롭게 만나 꾸린 가정 ─옮긴이)들은 말할 것도 없다. 때로는 가족 구성원들 간의 차이 때문에 서로를 경계하게 된다. 손자녀의 수가 다르면 자녀들의 경제적 처지도 달라진다. 조부모는 손자녀의 대학 등록금 마련을 도와주고 싶겠지만, 성인이 된 자녀들은 형제들 가운데 스스로 선택해 아이를 많이 낳은 사람이 재산도 많이 받는 건 불공평하다고 생각할지도 모른다. 유산 상속이나 증여에 집안의 피가 섞이지 않은 손자녀들이 포함되어서 자신의 상속분이 줄어드는 것을 싫어하는 자녀들이 있을지도 모른다. 직업 선택, 소유권, 그리고 가족 사업체에 취직하는 문제에서도 마찬가지 일들이 벌어진다. 경제적 상황들이 우연히 그렇게 된 것이 아니라 선택의 결과라면 갈등은 더 심각해진다. 리어가 딸들에게 자신에 대한 사랑을 표현해보라는 과제를 내고 그 대답에 따라 재산 상속분을 결정하자 온 집안이 뒤집어지지 않았던가. 리어와 달리 오늘날 대부분의 사람은 유산을 자녀들에게 균등하게 분배해야 한다는 사고방식을 지니고 있다.

리어왕 이후의 근대적인 믿음에 따르면 우리는 자녀들을 다 똑같이 사랑해야 하며 재산을 분배하는 데서 특정 자녀를 우대하지 말아야 한다. 이런 믿음은 '평등한 결과' 및 '개개인의 필요'에 대한 강력한 직관과 종종 충돌한다. 부유한 사람들의 경우 기부 또는 그 비슷한 행위를 하려고 하면 그런 갈등이 증폭되곤 한다. 가정 바깥의 사회에 대한 우리의 책임을 백성들에 대한 리어의 책임과 비교해 생각해보자. 리어가 백성들의 행복을 고려하지 않은 것은 잘못이라고 말할 수 있다. 적어도 겉으로 드러난 면만 보자면 리어는 자식들 중 누가 나라를 가장 잘 통치할 것인가, 또는 어떤 형태의 유산 분배가 정치적 안정 또는 번영으로 이어질 것인가를 고민한 흔적이 없다.[1] 우리는 리어보다 훨씬 나은 선택을 할 수 있다. 셰익스피어는 리어의 허영심, 자기에 대한 몰이해, 가족 간의 애정, 그리고 은퇴 후의 미래에 초점을 맞췄다. 이런 것들은 우리 모두가 생각해볼 중요한 문제들이다. 하지만 이것들이 전부는 아니다.

자산 계획은 나이듦에 관한 책에서나 〈리어왕〉에 관한 에세이에서나 중요한 소주제가 되겠지만, 논의의 출발점으로는 적합하지 않다. 리어왕의 취약성을 다룬 마사 누스바움의 에세이에서 출발하는 편이 좋겠다. 마사는 리어왕에게 어떤 조언을 했을까? 우리 자신이 은퇴할 준비가 됐는지, 혹은 다른 사람의 도움을 필요로 하는 현실에 잘 대비하고 있는지 여부는 어떻게 판단할까? 만약 우리가 취약한 부분에 대비하지 못하고 있다면 무엇을 해야 할까? 은퇴를 앞둔 사람들은 새로운 도전을 해보라는 충고를 종종 듣는다. 그리고 실제 사례를 보더라도 새로운 일을 배우고 시도하는 사람들에게 행복이 찾아온다. 잃어버린 젊음을 한탄하기보다는 '경험의 승리triumphs of experience'(하버드대학에서 75년 동안 사람들의 전 생애에 걸친 발달을 연구한 그랜트 연구Grant Study에서 나온 개념. 이 연구에 따르면 젊은 시절에 행복하지 못했더라도 노년기에 행복하게 잘산 사람들이 꽤 많았다—옮긴이)를 추구할 때 더 재미있고 더 좋은 결과가 나온다.[2] 마찬가지로 노인 요양시설에서 노년에 이른 사람을 아이 취급하지 않고 가능할 때마다 통제권과 의사결정권을 주는 게 그 사람 개인에게도 건강보험 제도에도 좋다. 리어는 존중을 얻기 위해 이 딸에게서 저 딸에게로 옮겨 다니기만 했을 뿐, 자기가 할 일은 거의 남겨두지 않았다. 사람은 영원히 살지 못하므로 우리에게는 기대와 책임에 관한 대화가 필요하다. 리어의 비극을 거울삼아 앞날을 미리 생각해보자.

애정의 크기에 따른 유산 분배?

여러 면에서 〈리어왕〉의 교훈은 지나치게 쉽다. 유산 배분의 문제를 보자면, 말로 표현하는 사랑에 비례해서 재산을 분배하지 말아야 한다는 것은 당연한 이야기다. 영화를 자주 보는 사람이라면 리어가 딸들에게 제시하는 과제 내지 애정 테스트가 실수라는 점을 대번에 알아차리리라. 리어의 어리석음이 우리의 결정에 영향을 미치는 다른 형태의 허영심과 크게 다르지 않다는 점에 주목해야 할 것이다. 예컨대 우리는 자선단체들이 우리가 기부한 것에 대해 감사하기를 바라지만, 우리를 가장 요란하게 칭찬하는 사람들에게 가장 큰 돈을 주는 것은 어리석은 행동이다. 리어의 허영심은 그의 판단력을 흐리게 했다. 설령 그가 딸들의 대답을 제대로 읽어낼 수 있었다 할지라도, 딸들의 진실한 애정의 크기에 따라 유산을 배분하는 것은 현명하지 못한 일이다. 원작의 첫 장면 대신, 리어가 딸들이 자기 감정을 토로하는 것을 엿듣는 장면으로 극이 시작된다고 가정해보자. 리어는 그 장면이 유산을 얻기 위해 딸들이 꾸며낸 것이 아니라고 확신한다. 만약 딸들 중 하나인 코델리아가 아버지의 미래에 대해 무심하게 또는 불확실하게 이야기한다면 리어는 당연히 상처를 받을 것이다. 1막 1장에서 코델리아의 비열한 자매 거너릴과 리건은 아버지에게 아첨하는 반면, 코델리아는 사랑을 고백해보라는 리어의 요청을 거부하고 "딸 된 도리로서 아버지를 사랑해요. 그 이상도 그 이하도 아닙니다"라고 대답한다. 그리고 코델리아는 사랑을 유한한 것으로 취급하면서 이런 대사를 읊는다. "내가 결혼을 하게 된다면, 손을 내밀어 나의 결혼 서약을 받는 군주께서 내가 가진 사랑의 절반, 내 보살핌과 의무의 절반을 가져갈 것입니다." 이 대사들 대신 코델리아가 그녀의 성격에 걸맞게 다음과 같이 말했다고 상상해보자.

우리 아버지가 얼마나 좋은 아버지였는지 나는 알지 못해요.

다른 아버지를 가져본 적이 없으니까요.

내 마음을 내 입안으로 억지로 들어오게 할 수도 없죠.

나는 딸 된 도리로서 아버지를 사랑하지만,

그 말조차 겉만 번지르르한 아첨일지 몰라요.

내가 결혼을 하면, 내 사랑의 절반은 나의 새 군주에게 갈 겁니다.

부디 그는 의무와 보살핌이라는 오랜 관습에 반대하는 사람이기를.

코델리아가 실제로 이 대사들을 읊는 것은 아니다. 위의 대사는 셰익스피어가 창조한 원문을 풍자적으로 변형한 결과물이다. 만약 코델리아가 이처럼 냉정하고 합리적인 생각들을 입 밖에 냈다면, 리어는 화가 머리끝까지 나서 코델리아에게 아무것도 주지 않고 재산과 왕국을 다른 두 딸에게 물려주기로 결심할 것이다. 그는 코델리아의 이유 있는 망설임보다 미래의 애정과 보살핌에 대한 약속(그것이 말뿐인 약속이라 해도)을 선호했을 것이다.

만약 셰익스피어가 위에서 대안으로 제시한 첫 장면으로 대체해 리어를 왕위에서 내려오게 만들었다면 리어는 조금 덜 어리석게 보였을 것이다. 그럴 경우 리어는 코델리아가 말한 "겉만 번지르르한 아첨"이 아니라 애정의 증거를 기준으로 행동한 셈이기 때문이다. 그리고 리어가 코델리아의 상속분을 박탈한 결정도 덜 충동적인 것으로 보였을 것이다. 리어의 임무는 후계자로 적합한 사람에게 왕국을 물려주어 백성이 전쟁과 기근으로 고통받지 않도록 하는 것이라는 점도 분명하게 드러났을 것이다. 만약 리어가 왕좌를 포기하기 전에 딸들에게 하야한 뒤 자신에게 무엇을 해줄 것인지 물어봤다거나 비밀리에 알아봤다면 어땠을까? 딸들 가운데 하나는 수많은 기사들로 이루어진 수행원단과 공동 통치를 제안하고, 다른 하나는 정직하게 아버지를 자주 찾아가겠다고만 약속하고, 코델리아는 모르겠다고 말하거나 애매한 대답을 했을 것이다. 현재의 우리는 은퇴를 앞두고 이렇게 큰 불확실성을 경험하지는 않는다. 우리에게는 안정적인 제도가 있고 의지할 수 있는 변호사들도 있다. 우리는 실버타운에 집을 미리 계약해둘 수도 있고, 온전히 신뢰하지 않는 사람들의 간섭 없이 재산을 관리할 수도 있다. 그러나 이런 독립성에는 한계가 있다. 우리 모두는 좋든 싫든 노년기에 돌봄을 필요로 하게 될 때 어떤 대접을 받을 것인가에 대한 징표를 찾으려 한다는 점에서 리어와 닮은꼴이다.

안타깝게도 셰익스피어의 희곡 원문을 읽는 독자들은 코델리아보다 리어의 입장에 더 기울게 된다. 견실한 성품을 지닌 코델리아는 4막에서 아버지를 돌보기 위해 돌아온다. 하지만 때는 늦었다. 코델리아는 고통을 겪고 살해당한다. 리어는 불행을 자초하고, 백성들도 그와 함께 점점 불행해진다. 앞에서도 강조했지만 리어의 은퇴 및 왕위 계승 계획에 백성들의 행복은 반영되지 않았다. 만약 리어가 왕국을 똑같이 3등분해서 나눠주고 왕좌에서 내려오겠다고 선언했다면? 딸들이 왕권을 행사하는 모습을 보고 리어 자신이 큰 기쁨을 얻기보다 무척 괴로워하리라는 사실을 알면서도 권력을 내려놓았다면? 그렇다면 우리는 리어의 딸들이 서로 싸움을 벌이며 왕국을 혼란에 빠뜨리는 모습을 보며 리어를 동정했을 것이다. 우리가 은퇴할 때 그 자리를 계승하는 사람들이 어떻게 하는지를 지켜봐야 한다는 것이 어쩌면 리어왕의 비극적인 교훈인지도 모른다. 어떤 사람들은 후계자가 그 일을 어떻게 수행하는지 모르는 편이 낫다고 생각한다.

그게 아니라면 리어는 왕국을 온전히 보존하면서 단 한 명의 상속인에게 물려주기로 마음먹을 수도 있었다. 셰익스피어가 리어왕에게 아들들이 아닌 딸들이 있는 상황을 만든 이유는 관객의 기대 때문이 아닐까. 아들들이 상속 후보에 포함되면 관객들은 그중 한 명(예컨대 맏아들)만 선택되어 왕위에 오르리라고 기대했을 것이다. 리어는 외부 세력을 끌어들여 동맹을 체결하는 방법도 따져보았겠지만, 관객들은 분할된 왕국이 아니라 통일된 잉글랜드를 생각했으리라. 그래서 연극 〈리어왕〉은 왕위 계승의 규칙들을 무시하거나 우회한다. 셰익스피어의 시대에 관객들은 왕위 계승이라는 문제를 동화책에만 나오는 이야기 또는 일상생활과 동떨어진 일로 간주했겠지만, 현대의 독자들은 리어의 결정을 우리 모두 언젠가 맞닥뜨릴 일로 받아들일 수 있다. 우리에게 물려줄 왕국이 없다 해도. 상속법은 일정 기간 동안 왕위 계승의 법칙을 그대로 따랐고, 현대의 독자들은 왕국이 온전히 유지되기를 기대한다. 우리 대부분은 재산을 단 한 명의 상속인에게만 물려주려고 하지 않는다. 표면상 리어가 가장 아끼는 딸이었던 코델리아가 아직 미혼인데 왜 그가 왕국 분할을 서둘렀는지는 불분명하다. 그는 자신의 애정 테스트가 코델리아를 돋보이게 하여 그녀에게 가장 큰 것을 물려줄 수 있으리라 생각했는지도 모른다. 리어를 가장 사랑하는 딸과 왕국을 다스리기에 가장 적합한 딸이 일치하지 않을 경우 현대의 독자들은 짜증을 낼지도 모른다. 리어의 맹목성은 〈리어왕〉을 상속의 전략과 윤리에 관한 지침이 아니라 나이든 사람의 취약성에 대해 경고하는 이야기로 바꿔놓는다.

왕국 또는 가문의 사업을 온전하게 유지해야 하는 이유는 여러 가지가 있다. 역사상 재산 상속 계획의 그림자 속에서 악행과 살인이 저질러진 예는 수도 없다. 그것은 상속 계획의 내용과도 무관하다. 장자 상속제도는 그 자체로 살인을 유발했다. 영국 역사와 문학을 잘 아는 관객들은 흔히 장자 상속제 때문에 첫째 자녀가 표적이 되며 둘째 자녀가 다음 표적이 된다고 생각한다. 하지만 피해가기 어려운 문제가 하나 있다. 재산을 똑같이 분배할 계획을 세운다 해도 상속인들이 경쟁자들을 밀어낼 가능성이 있다는 것이다. 상속의 공식을 어떻게 정하든 간에 위험한 유인은 형성된다. 어떤 나라에서는 후계 문제가 자유재량에 맡겨진다. 왕이 자녀들 가운데서 왕위 계승자를 선택하거나, 지위가 높은 몇몇 원로들이 후계자 선출의 권리를 위임받는다. 이런 제도는 살해당하는 비율을 낮추기 위해 도입됐을 가능성이 있다. 경쟁에서 이기기 위해 부정한 행위를 했다는 의심을 받으면 선택될 확률이 낮아지기 때문이다. 한편 왕위를 상속받을 가능성이 있는 사람들 사이의 끊임없는 경쟁은 별로 좋지 않다. 그 경쟁에서 최종적으로 패배한 사람들의 노력은 헛된 것이 될 우려가 있다.

　〈리어왕〉은 나쁜 행동의 위험은 피상속인이 상속 계획을 세웠다고 해서 끝나는 것이 아님을 우리에게 알려준다. 분할을 하든 안 하든 간에 우리의 왕국 또는 기업은 상속인들 사이의 전쟁터로 변해버릴 가능성이 있다. 그리고 왕국이나 기업이 분할될 경우에는 어떤 계획을 세우더라도 위험하기 마련이다. 3이 위험한 숫자라는 사실은 아이들도 안다. 둘이 힘을 합쳐 하나를 공격할 수도 있고, 그 밖에도 여러 가지 이유로 3은 불안정하다. 왕국이나 기업을 둘로 쪼개는 경우에도 불안정과 갈등은 생겨난다. 리어는 허영심의 대가를 치렀지만, 설사 그가 왕국을 분할하지 않고 아첨을 제일 잘하는 딸 한 명에게 물려줬거나 딸들이 사랑을 고백하는 정도에 비례해서 왕국을 셋으로 분할했더라도 결과는 똑같이 나빴을 가능성이 있다.

리어의 문제는 그가 재산을 물려주기 한참 전에 시작된 것이다. 첫째 딸과 둘째 딸은 이미 심성이 비뚤어졌다. 어쩌면 리어가 고통을 겪는 이유는 그가 딸들을 제대로 키우고 가르치지 못했기 때문인지도 모른다. 아니면 문제는 리어가 태어나기 전부터 존재했는지도 모른다. 선대 왕들이 자신들의 필요에 따라 어떤 패턴을 만들고 후계자들이 그것을 깨뜨리지 못하게 해놓았을 수도 있다. 민주적인 승계든 혈통 승계든 간에 미리 정해진 패턴에 대한 강력한 기대가 형성되어 있는 사회에서는, 왕위를 이어받고 싶으나 그러지 못해 실망한 사람이 공동체에 큰 해를 입히지 못한다. 만약 리어의 왕국에서 귀족과 백성들이 한 명의 자격 있는 후계자에게 왕위가 평화롭게 이양되리라는 믿음을 가지고 있었다면, 리어가 왕위에서 내려온 뒤 그렇게 큰 혼란이 찾아오지는 않았을 것이다. 안정으로 이어지는 승계 계획은 여러 가지가 있을 수 있지만, 안정은 여러 형태의 승계 계획에 뒤따를 수 있지만, 왕국을 온전하게 유지하기 위해서는 어떤 계획 또는 전통이 필요하다는 점을 강조하고 싶다. 하지만 왕국을 온전히 유지하기 위해서는 계획 또는 전통이 필요하다는 점은 명백해 보인다. 왕의 자손들에게 똑같은 몫을 물려주기 위해 왕국을 분할하는 것은 지속가능한 전략이 아니다. 사회의 근대화와 상인 계급의 성장을 보여주는 흥미로운 지표는 바로 일반 대중의 상속 관행과 권력자들의 상속 관행이 분리되는 것이다. 나는 내 자녀들에게 재산을 똑같이 나눠줄 수 있고, 내 자녀들도 어느 날 자기 아이들에게 그렇게 할지 모른다. 그러다 보면 장기적으로는 균등 분배가 안정적인 관습으로 자리 잡을 것 같다. 하지만 이는 왕들에게는 적용되지 않는다. 17세기 정도까지는 부나 권력을 소유했던 사람 중 누구도 재산을 균등하게 분할하지 않았을 것이다. 셰익스피어 시대와 우리 시대 사이 언젠가의 부유한 가문이라면 왕위 계승 과정을 모델로 삼을 수도 있었으리라. 그러나 이제는 워싱턴이나 버킹엄 궁전, 리야드의 왕가에서 이루어지는 권력 승계가 각자의 집안에서 재산을 상속할 때의 패턴과 유사할 거라고 여겨지지 않는다. 그럼에도 우리는 〈리어왕〉에서 사랑과 상속에 관한 교훈을 찾아낼 수 있다.

만약 리어가 원래 코델리아에게 왕위를 넘겨줘야 하는 입장이었는데 코델리아가 그를 격노하게 만들었다면, 그는 다른 딸들 중 한 명을 골랐어야 한다. 통치에 필요한 능력을 기준으로 판단할 수도 있고, 그를 헌신적으로 돌봐주겠다는 약속의 신빙성을 기준으로 다소 이기적인 판단을 할 수도 있었다. 리어에게 유리한 해석 중 하나는 그가 자기 정신이 아직 멀쩡할 때 은퇴해서 왕위를 넘기고 싶어했지만 코델리아가 미혼이어서 불리한 입장이었다는 것이다. 또 한 가지 해석은 리어가 딸들과 그 남편들까지 포괄하는 왕실 여러 세력들 사이의 합의를 이끌어내려고 했다는 것이다. 그 나라에서 코델리아가 혼자서 왕국을 통치할 수 있었을지 여부는 우리도 잘 모른다. 아마도 〈리어왕〉의 관객들은 코델리아가 왕국을 다스리면서 욕심 많은 언니들과 그 남편들을 견제하려면 결혼으로 강한 세력을 구축할 필요가 있다고 생각했을 듯하다.

유산 분배 전략

이제부터는 사랑에 비례해서 재산을 분배하려 했던 리어의 계획과 사랑의 '표현'에 의존하는 그의 전략을 구분해서 살펴보자. 후자의 전략은 리어의 허영심을 드러내는 비극적인 실수라고 말할 수 있다. 하지만 만약 우리가 리어를 허영심 많은 사람이 아니라 실용적인 사람이라고 상상한다면, 그가 처했던 상황은 요즘 세상의 부유한 사람들이 염두에 두고 있는 것과 별로 다르지 않아 보인다. 우리에게는 물려줄 왕국은 없지만 우리보다 오래 살 것으로 예상되는 사람들을 통제할 기회(또는 우리가 그렇게 행동할 위험)는 있다.

대부분의 사람과 마찬가지로 리어는 '감사'를 중요하게 생각한다. 우리는 그것을 단순하고 자기중심적인 모습으로 해석할 수도 있지만, 시각을 달리하면 그렇게까지 이기적이지 않고 충분히 이해되는 행동으로 볼 수도 있다. 감사할 줄 모르고, 거짓말을 잘하고, 그 재산을 모으기 위해 부모가 어떤 희생을 했는지도 모르는 상속인에게 누군들 큰 선물을 주고 싶겠는가? 리어가 감사를 중시했던 것은 어느 고용주가 면접이 끝난 뒤 "감사합니다"라고 인사하는 구직자를 선호하는 것과 비슷하다. 그 고용주는 감사할 줄 아는 구직자가 면접을 단순한 정보 교환의 자리로 생각하거나 고용주에게만 도움되는 시간으로 여겨 인사도 없이 가버리는 구직자보다 직원으로 적합하다고 믿는다. 유산을 물려주려는 사람 역시 감사하는 마음을 가진 상속인을 선호하게 마련이다. 허영심에 젖어서가 아니라, 감사는 훌륭한 인품과 관련이 있기 때문이다.

피상속인은 자신이 죽은 후에도 누군가 자신을 기억해주기를 바랄 것이고, 그런 바람은 사회적으로 이로운 결과를 낳기도 한다. 그런 바람은 항상 이성적인 것은 아니며, 죽음이 생의 마지막이라는 견해와는 철학적으로 양립 불가능하다. 하지만 사람들은 자신이 잊히지 않기를 바라고, 그 바람은 죽음이 임박할 때 더 강렬해진다. 모금 전문가들은 다 아는 사실이지만 부유한 사람들은 남성이든 여성이든 건물과 같은 오래 지속될 구조물이나 프로젝트에 자기 이름을 새겨 넣고 싶어 한다. 보통 기증자들은 자신의 이름이 50년 정도 보존될 예정이라고 하면 만족한다. 50년이면 기증자 본인의 자녀들과 손자녀들이 그 사람을 기억할 충분한 기간이다. 우리는 증손주들이나 한 번도 만나보지 못한 임의의 시민들에게 '기억된다'는 것을 애써 상상하지 않는다. 기억에 대한 인간적인 욕구는 영원한 삶이나 진화론적 생존을 추구하는 것이라기보다는 자기가 아는 사람들과 금방 떠올릴 수 있는 사람들이 자기를 기억해주고 자기의 영향을 받기를 바라는 마음이다. 달리 말하자면 노인들에게서 뚜렷이 나타나는 허영심 또는 사후에 대한 걱정은 다른 사람들이 선한 행동을 하도록 영향을 주는 한 가지 전략으로 이해할 수 있다.

사람들에게 기억되려는 바람과 미래에 영향을 미치려는 욕구에 대해서는 할 말이 더 있지만, 이런 주제들과 자녀들을 평등하게 대우하는 관습에 관한 이야기는 나중으로 미루려 한다. 8장에서 우리는 철학적 쟁점과 유인incentive의 문제를 다룰 것이다. 지금은 상속인들의 감사 표시가 피상속인의 분배에 대한 결정에서 비중 있는 역할을 할 수도 있다고만 말해두자.

감사는 신뢰의 대용품이 되기도 한다. 구직자들로부터 감사 인사를 듣고 싶어 하는 고용주도 바로 그런 경우다. 하지만 고용주가 그런 구직자를 선호하는 배경에는 다른 설명이 있을지도 모른다. 감사를 표현하는 사람들은 어릴 때 예절 교육을 잘 받았거나, 요령이 좋거나, 불필요한 충돌을 피하고 안전을 추구하는 사람일지도 모른다. 감사에 대한 선호는 신뢰할 수 있는 사람을 찾고 싶은 마음에서 비롯된다. 리어는 통제권을 양도해야 하는 처지에 있으면서도 일정한 존경과 돌봄을 받기를 원한다. 그는 기사들을 수행원으로 거느리기를 바라고, 안락하게 머무를 거처를 원한다. 그와 식솔들의 식사가 나오는 부엌도 필요하다. 퇴직금 제도와 실버타운이 없던 시대에 이런 것들을 보장받는 방법은 무엇일까? 어떤 부모는 자녀가 영원한 애정을 고백하고 공개적인 약속을 한다면 자신이 늙고 쇠약해져도 보호를 받으리라고 생각한다. 설령 자녀들 중 하나가 평소 약속을 쉽게 어긴다거나 그 약속에 따르는 희생을 과소평가한다 할지라도, 가족과 공동체의 압력이 있으므로 그 약속은 지켜지리라 믿는다. 가족이 아닌 잠재적인 돌봄 제공자들(그리고 잠재적 상속인들)이 어떤 약속인가를 하고, 성서에 손을 올리며 맹세를 하는 등의 방법으로 자신의 약속을 확실한 것으로 만들려고 애쓸지도 모른다. 사람들은 나이든 사람에게서 특혜 또는 재산을 얻기 위해, 또는 단순히 걱정을 가라앉히기 위해 약속을 한다. 흥미롭게도 리어의 딸들 가운데는 애정 고백의 가치를 높이기 위해 신의 권위에 호소한 사람은 없었다.

모종의 대가가 따르긴 하지만, 신탁 증서 같은 계약서를 작성해 노후에 부모를 돌보는 자녀에게 보상을 제공하는 방법도 있다. 나는 그것은 어디까지나 부모 자식 간의 문제라는 입장이다. 나이든 사람에게 자녀가 아예 없거나 돌봄을 제공할 수 있는 자녀가 없다면 당연히 불안감은 증폭될 것이다. 그런 상황에서 명시적인 제안과 약속의 중요성은 더욱 커진다. 어느 노인에게 직계 자녀가 없을 경우 가속 중 누가 돌봄을 제공할 것인가가 덜 명확한데다, 그 노인이 병약하고 고독하며 의지할 데 없더라도 주변인 누구도 안타까워하지 않을 수도 있으니까. 그러나 가족의 돌봄에 관한 계약을 체결한다는 것은 냉정하기도 하지만 생각보다 훨씬 어려운 일이다. 다른 이유도 있겠지만, 대개의 경우 결국 누군가는 그 돌봄에 대해 주관적인 판단을 내려야만 하기 때문이다. 만약 부모가 자녀 중 한 사람의 집에 들어가서 살게 된다면, 부모는 적당한 비용을 지불하면서도 균등 분배라는 규칙에 익숙한 다른 자녀들의 마음이 상하지 않도록 신경을 써야 한다. 그리고 다른 자녀들 사이에서 부모를 모시는 자녀가 부모에게 온당치 못한 영향력을 행사하고 있다는 의심이 생기지 않도록 해야 한다. 지금의 우리에게는 리어가 상상도 못했던 물리적 시설과 법적 제도가 있다. 현대적 시스템의 좋은 점은 그것을 활용한다고 해서 젊은 세대에게 모욕이 되지 않는다는 것이다. 적어도 신뢰할 수 있는 가족, 친구, 또는 공식적인 피신탁인에게 자금 관리를 맡기고 우리 대신 가족들이 지불하는 비용을 변제해달라고 부탁하기는 어렵지 않다. 이런 계획을 안전하게 변형한 것이 연금이다. 연금이란 수령자가 사망하기 전까지 매달 소득을 지급하는 경제적 장치를 가리킨다. 연금은 장수할 '위험'에 대비하는 보험이기 때문에 생명보험의 반대 개념으로 묘사되기도 한다. 나는 연금에 가입하고 매년 나에게 돈이 지급되도록 하되, 내가 돈을 관리할 수 없게 되거나 나이가 아주 많아진 다음부터는 가족이나 다른 어떤 사람을 수령인으로 지정할 수 있다. 내가 지급받는 연금이 내 생활비로만 쓰이도록 명시적인 약속을 체결할 수도 있다. 내가 살아 있는 한 연금은 꼬박꼬박 지급될 것이고, 내가 그 연금에 가입했던 시점에 나의 기대수명이 짧았다면 초기 투자액 대비 연간 지급액은 더 커진다. 연금 상품을 미리 구입하고 지급 시작 날짜를 유예해서, 비교적 적은 비용으로 매우 장수하게 될 때의 생활비를 보장받을 수도 있다. 실용적인 관점에서는 수수료가 낮은 연금 운용사를 선택하는 것이 무척 중요하다. 수수료 항목은 계약서에 숨겨져 있거나 눈에 잘 띄지 않는다. 노력을 약간 기울인다면(판단력이 쇠퇴하거나 금전에 대한 감각이 약해지기 전에 연금에 가입한다면) 우리는 경제 컨설턴트 또는 중개인 노릇을 하고 대가를 두둑이 챙기는 브로

커들에게 수수료를 지불하지 않고도 비용이 적게 드는 연금 상품을 찾아낼 수 있다.

생활비를 보장받는 수준을 넘어 우리 자신에게 돌봄이 제공되리라는 보장을 받고 싶다면 더 많은 것이 필요하다. 리어와 마찬가지로 우리는 다른 사람들로부터 받기를 원하는 돌봄이 사랑에서 나온다고 믿을 수 있을 때, 혹은 적어도 긍정적인 의무감에서 나올 때가 더 좋다고 생각한다. 어떤 사람들은 그런 돌봄이 자신을 기다리고 있다고 굳게 믿는다. 모든 세대는 자기 자녀들에게 무조건적인 지원을 한다. 그래서 그 피상속인들이 노년에 이르렀을 때 자녀들이 자신을 세상에 나오게 하고 키워준 부모를 돌봐주는 것이 당연해 보인다. 하지만 가족 간에도 불화가 생길 수 있고, 다툼이 많을 수도 있고, 구성원들이 비이성적일 수도 있다. 자녀들은 자신의 어린 시절을 제대로 기억하지 못할 수도 있다. 시가나 처가 식구들로부터 존중받지 못한다고 느끼는 자식들의 배우자 때문에 자식들과 오해가 생기기도 한다. 우리는 가족들이 우리가 원하는 일을 실제로 해줄지 확신하지 못한다. 그래서 시도할 가치가 있는 보편적인 방법에 기댄다. 우리는 돈을 손에 꼭 쥐고 있으면서 유언장 작성을 미루거나, 유언장을 변경하겠다고 협박하거나, 유언장 내용을 공개하지 않는다. 아니면 부유한 노인의 경우 상당한 액수를 몇 년마다 증여하면서 재산을 거의 다 소진하는 전략도 가능하다. 그러면 그 노인이 써놓은 유언장을 통해 나중에 분배될 몫은 거의 남지 않는다. 의도적인 행동이든 의도하지 않은 결과든 간에 사람들은 명시적으로 부탁하고 싶지 않은 또는 부탁할 수 없는 행동들을 유도하려는 목적에서 유산 배분을 미룬다. 그리하여 유산 상속을 기대하는 사람들은 부유한 개인들이 필요로 하는 것들을 잘 들어주는데, 내 경험상 그들은 나이가 점점 많아지는 잠재적 피상속인의 약점을 이용하기도 한다.

마음 같아서는 나도 '유산 분배 유예하기'가 매력적이고 효과적인 전략이라고 말하고 싶다. 그런 방법을 써서라도 자녀들이 부모에게 친절해질 수 있다면, 자녀들의 애정과 감사와 경제적 이해관계의 결합이 동기를 유발한다고 해서 뭐 그리 나쁘겠는가? 하지만 몇 가지 문제가 있다. 첫째, 부모(또는 다른 피상속인)의 노년이 불필요한 스트레스 또는 냉소로 채워진다. 부모와 자녀 모두 자기 본모습대로 행동하지 못하고 서로의 속내를 추측하느라 바빠진다. 자녀가 부모를 찾아가고 친절을 베풀 때마다 사랑이 아닌 돈 때문이라는 생각이 불쑥불쑥 든다. 노인에 대한 아첨과 편집증이 기묘하게 동거하는 상황이 만들어질지도 모른다. 자녀의 애정이 의무감보다 크기를 바라는 마음이야 항상 있지만, 상속을 보류하는 피상속인 또한 자기의 전략이 지나치게 잘 통한다는 의심을 품지 않을 수 없다. 상사 역할을 해본 사람들 중 의심이 많거나 자기성찰에 능한 사람은 누구나 그 느낌을 안다. 부하 직원들에게는 상사의 비위를 맞출 이유가 너무나 많기 때문에, 부하 직원들이 인사치레로 하는 좋은 말들은 다른 부서 직원들에게서 나오는 좋은 말보다 가치가 적다. 재산을 가진 노인 역시 사람들이 자신에게 호의를 베풀 때마다 비슷한 상황에 처한다. 어떤 사람들은 위안보다 진실을 원하지만, 어떤 사람들은 진실을 알고 싶어 하지 않는다. 아마 리어는 자기가 내줄 것이 없을 때 딸들이 자기를 어떻게 대하는지를 눈으로 직접 확인해야 직성이 풀리는 성격이었을 것이다. 하지만 대부분의 사람은 혹독한 대가를 치러가면서까지 진실을 알고 싶어 하진 않는다.

돌봄을 보장받기 위해 유산에 대한 결정을 유예하는 전략의 두 번째 문제점은 애정에 대한 정확한 보상을 제공하기가 어렵다는 점이다. 피상속인이 최근 시점의 친절 또는 냉대만 기억하거나 과대평가할 가능성이 있고, 그럴 경우 돌봄과 애정에 정확하게 보상하는 시스템이 만들어지지 않는다. 만약 내가 죽기 전까지 나의 유산 상속 계획을 매년 수정한다면, 마지막 수정 시점과 가까운 경험에 지나치게 큰 비중을 두게 될 것이다. 작년에 내가 사소한 모욕을 당했다는 이유로, 몇 년 전까지 줄곧 나를 사랑하고 돌봐줬던 자녀(또는 사실은 그저 합리적이고 독립적인 자녀)에게 불리한 조항을 넣을지도 모른다. 지금까지와는 달리 신호를 알아차리는 능력이나 장기 기억과 단기 기억을 조화시키는 능력이 감퇴할 수도 있으므로 위험은 한층 커진다. 노년기에 이르면 복잡한 감정과 반응들을 통제하는 능력을 잃어버리기 쉽다. 그 결과 우리가 동기를 부여하려고 하는 사람들이 피로를 느끼거나 보상 체계 안에서 믿음을 상실할 우려가 있다. 유산 배분을 유예하는 전략이 조금이라도 효과가 있으려면 잠재적 상속인들이 자신들의 노력에 대한 보상을 제대로 받을 거라고 믿어야 한다. 잠재적 상속인들은 모든 해를 돌봄이 끝날지도 모르는 해로 여기므로 피상속인을 기쁘게 하려고 애쓸 것이다. 아니면 잠재적 피상속인의 감정을 상하게 하지 않으려 의도적으로 적당한 거리를 유지할지도 모른다. 잠재적 상속인들은 피상속인이 몇 년 내로 사망할 확률이 낮다는 사실을 파악할 것이다. 그렇다면 죽음이 1~2년 앞으로 다가올 때까지 기다리는 것이 영리한 선택이다. 그때쯤 되면 그 계산적인 사람은 피상속인의 곁에 머무르며 최대한 애정 어린 도움을 제공한다. 그 사람은 아첨과 편집증의 조합을 놓고 도박을 하는 셈이다. 나는 재산이 아주 많은 사람들이 가정생활을 이런 식으로 묘사하는 걸 들은 적 있다. 사실 그들이 묘사한 자녀들의 행동은 비합리적인 것이 아니었고 숙고할 여지가 있는 행동이었다.

부유한 사람이 이런 문제를 회피하기 위해 주기적으로 재산을 증여한다고 해보자. 예컨대 피상속인이 자녀들에게 불균등한 생일 선물이나 크리스마스 선물을 준다면 선한 행동에 보상이 가능하며 미래의 행동에 보상할 재산을 충분히 남겨놓을 수도 있다. 하지만 이것도 쉬운 일은 아니다. 그리고 선물을 받지 않더라도 기꺼이 돌봄과 애정을 제공할 용의가 있었던 상속인들을 소외시킬 위험이 있다. 예컨대 부모가 한 자녀를 다른 자녀보다 공공연히 선호하는 모습을 보이고 나면, 편애의 대상에 끼지 못한 자녀가 부모의 바람대로 행동할 가능성은 매우 낮아진다. 그렇다면 현실적으로 피상속인은 재산 분배를 유예하다가 자신의 사후에 불균등한 분배가 이루어지도록 해야만 한다. 사후에는 자녀들의 원망(또는 감사)을 목격할 기회가 없으니까.

지금까지 내가 냉혹하고 이성적인 분석을 통해 하려고 했던 이야기의 결론은 다음과 같다. 노년기에 자녀들의 노력과 애정을 평가하거나 유도하기 위해 재산 분배를 유예하는 것은 위험한 전략이다. 하지만 리어처럼 자식의 애정을 적나라하게 확인하기 위해 전 재산을 미리 증여하는 일도 위험하기는 마찬가지다. 나는 나 자신을 위한 비용을 충분히 확보하기 위해 재산을 나중까지 가지고 있을 계획이다. 그러다 돌봄이 필요해지면 돌봄을 제공하는 사람에게 그 비용을 지불할 수 있기를 바란다. 과연 누가 나를 돌봐줄 것인지, 만약 돌봄과 방문에 보상이 따르기는커녕 경제적인 부담만 지게 된다면 내 구닥다리 농담에 누가 웃어줄 것인지는 굳이 알고 싶지 않다.

리어의 잘못에서 배울 수 있는 것

만약 자녀들이 우리를 돌봐주게 된다면 감정적인 오해가 생길 가능성이 있다는 걸 반드시 염두에 두어야 한다. 내 경우 운 좋게도 마음씨 좋고 사려 깊은 형제들이 있었다. 그들은 나보다 부모님과 가까이 살았기 때문에 어려운 시기에 우리 부모님을 돌봤다. 그리고 그들에게는 마음씨 좋고 잘 도와주는 배우자가 있었다. 내가 할 수 있는 일은 감사하는 것이 전부였다. 나는 형제자매들을 믿고 돈을 맡기면서 그들이 부모님 돌봄에 드는 비용을 필요한 만큼 쓰도록 했다. 사실 우리 가족에게는 시간과 감정적 에너지를 투자하는 일이 더 크게 느껴졌고 비용 문제는 그다음이었다. 하지만 형편이 어려운 가정 또는 구성원들이 서로를 신뢰하지 않는 가정에서는 돌봄과 관련해 중요한 결정을 내릴 때 의견 차이가 생기는 경우도 많이 목격했다. 돌봄이란 본래 공평하게 나눠 짊어지기가 어려운 일이다. 가족 내에서 그 엄청난 노력을 기꺼이 감당하는 구성원에게 자원을 몰아서 준다면, 다른 구성원들은 자신들이 그 수령인에게 압박을 받는다거나 그들 자신의 보잘것없는 노력 역시 보상을 받아야 한다고 생각할지도 모른다. 만약 돌봄을 주로 제공하는 사람에게 보상을 지급하지 않는다면, 그 사람(또는 그 사람의 직계 가족)은 나머지 가족 구성원들이 자신에게 충분히 감사하지 않는다고 느끼고 원망을 품을지도 모른다. 예컨대 감사하는 마음에서 다른 형제가 자기 돈을 내놓을 경우, 돌봄을 제공하는 형제는 그것을 사랑보다 돈이 낫다는 뜻으로 해석하고 언짢아하거나, 의무감에서 비롯된 행동으로 여기고 싫어할지도 모른다. 애정과 가족에 대한 의무를 상품화하는 것은 불가능한 일이다. 노력의 비대칭성은 불가피하며, 노력이 비대칭적이면 당연히 갈등의 여지가 생긴다. 현금으로 지출하는 돌봄 비용은 부모의 재산에서 나오고 다른 형제자매들도 형편이 닿는 대로 돌봄 비용을 분담해야 마땅하다. 하지만 가족 구성원이 직접 제공하는 돌봄에서는 이런 것들도 큰 도움이 못 된다. 만약 우리가 자녀들을 잘 키웠다면, 혹은 그저 운이 좋다면 이런 것을 하나도 걱정하지 않겠지만 세상에는 불행한 리어가 수없이 많고 원망을 품는 형제자매들도 많다. 그래서 우리는 이런 문제에 신경을 써야 한다.

부모 자식 관계에도 원망이 없는 것은 아니다. 나이든 사람과 그 사람의 자녀 사이에서 돈 문제에 얽힌 격하고 감정적인 상호작용이 목격되는 것은 흔한 일이다. 성인이 된 자녀가 부모를 돌보려면 일을 그만둬야 하는데, 가족들은 그런 희생 또는 사랑의 표현 또는 혈육에 대한 의무의 숨은 비용을 고려하지 못할 수도 있다. 부모는 자녀들에게 유산을 똑같이 나눠준다는 유언장을 써놓았는데 나중에 자녀 중 한 사람이 경제적 희생을 하게 되는 경우, 그 사람은 자신이 물질적인 인정을 받을 자격이 있다고 생각할지도 모른다. 자녀들 가운데 하나가 희생을 해서 부모의 집으로 이사했는데, 정작 부모는 자식 입장에서는 집세를 안 내도 되니까 좋을 거라고 생각할 수도 있다. 나는 나중에 나를 돌봐줄 사람에게 경제적 희생에 대해 최대한 보상해줄 작정이고, 그 보상을 결정하는 과정에 다른 가족들도 참여시켜야 한다고 생각한다. 나는 자녀들 가운데 누구도 나를 돌보기 위해 직장을 그만두지 않기를 바라며, 그런 의사를 자녀들에게 이미 전달했다. 그러나 뜻하지 않게 그런 일이 생길 경우, 나는 다른 자식에게 도움을 청해서 그 경제적 희생을 계산하고 돌봄을 제공하는 이가 원망을 품지 않도록 최선을 다해 보상하려 한다.

리어가 자신의 백성을 생각하지 않는 잘못을 범했다면, 우리가 노년 계획을 세울 때 나눔의 의무를 고려하지 않는 것도 잘못인 것 같다. 평균에 가까운 적당한 부를 가진 사람들은 자신이 사망할 날짜를 미리 알지 못하기 때문에 재산을 가진 상태로 사망할 것이다. 나도 자녀들에게 얼마를 물려줄지 결정한 뒤 남은 재산 전부를 좋은 곳에 기부하지는 못할 것이다. 나 자신을 위해 돈이 얼마나 필요할지 모르니까. 전 재산을 내주고 나서 상속인들이 제공할 돌봄에만 의존하는 행위가 얼마나 무모한가를 우리는 이미 확인했다. 자녀가 여러 명일 때는 더욱 그렇다. 만약 의지할 수 있는 자녀가 하나라면 나는 그 자녀와 상황을 의논한 후 내 전 재산의 관리와 돌봄을 믿고 맡길 의향이 있다. 또 우리는 매년 일정한 소득을 보장받기 위해 연금에 가입할 수 있다. 부부 중 오래 사는 사람이 사망할 때까지 연금이 계속 지불되는 상품에 가입하는 것도 괜찮은 방법이다. 하지만 연금 전략이 나눔의 의무까지 다 해결해주지는 않는다. 해마다 연금 급여로 받는 돈을 전부 써버리지는 않기 때문에 우리 대부분은 남는 돈이 얼마간 생긴다. 그래서 그 돈을 기부할 것인가, 자녀에게 남겨줄 것인가, 다른 사람들에게 맡길 것인가라는 고민이 생긴다. 앞에서 약속한 대로 이 문제는 8장에서 다시 다루겠다.

단순하게 말하자면 자선단체들 역시 모금을 위해 노인들에게 아첨할 가능성이 있다. 허영심이 많은 사람이나 외로운 사람, 손님이 찾아오기를 바라는 사람은 관심을 끌기 위해서라도 재산을 오래도록 가지고 있어야 한다. 이기적인 관점에서 최고의 전략은 특정 자선단체들을 구체적으로 지정해 일정한 액수를 기부하면서, 우리가 사망한 후에 그 단체들에 기부금이 가도록 하겠다고 암시하는 것이다. 덜 이기적인 기증자라면 자녀들이 공동체의 대의에 관심을 갖도록 유도할 수도 있다. 자선단체는 기증자에게 그 또는 그녀의 생전에 상당 액수를 기부하는 것이 자녀에게 모범이 되고 남들 보기에도 좋을 거라고 설득할지 모른다. 일반적으로 자선을 목적으로 하는 기부나 증여는 앞에서 논의한 문제들을 일으키지 않는다. 설령 그 자선단체가 기부의 효과를 과장했다거나 거짓 애정을 표현했다 해도 문제될 것은 거의 없다. 만약 우리의 자녀가 거너릴이라는 사실을 알게 되면 괴로우리라. 하지만 우리의 모교가 학생들에게 장학금을 약속대로 잘 지급하거나 우리 지역의 병원이 실제로 응급한 환자를 훌륭히 치료하는 한, 그 학교나 병원의 총장이 연례 만찬에서 다른 사람(아직 돈을 내지 않은 잠재적 기증자)을 더 반가워하고 우리를 푸대접한다고 해도 괴로워할 필요는 없다. 우리는 그 총장의 애정을 원하는 것이 아니라 그가 기부금을 많이 모아서 좋은 일에 쓰기를 바라는 마음이어야 하니까. 자선단체 기부를 유예하는 유일한 이유는 우리 자신의 노후 생활에 돈이 얼마나 필요하게 될지 정말로 잘 모르기 때문이다. 기부 전략에 대해서도 따로 논의할 필요는 있지만, 지금으로서는 리어의 잘못에서 우리가 많은 것을 배울 수 있다는 결론으로 충분하다. 그렇다고 리어의 교훈을 자녀들에게 한 푼도 안 주고 좋은 목적의 기부도 안 하면서 재산을 몽땅 끌어안고 있으라는 것으로 해석하면 곤란하다.

5장

적절한
은퇴 시기를
생각한다

은퇴한 지 한참 지나서도 일할 때 행복하고 생산성도 높은 노인 집단에게 채용 기회를 보장하려면 어떻게 해야 할까? 고용계약서의 정년퇴직 조항은 누구에게 유리하고 누구에게 불리할까? 많은 사람이 60세 전에 은퇴하는 이유는 뭘까? 그리고 평균 퇴직연령이 높아지는 이유는? 미국은 강제 퇴직을 포함한 일체의 연령차별을 법으로 금지하고 있다. 그것은 현명한 것일까?

정년퇴직이
필요한 이유

솔 레브모어

내가 75세가 되어서도 55세 때와 똑같이 일을 잘 해낼 것 같지는 않다. 그래도 고용주는 나를 계속 고용해야 한다. 미국에서 고용주는 68세가 된 직원에게 퇴직을 요구할 수 없다. 채용 조건으로 정년퇴직을 의무화할 경우 연령차별age discrimination로 간주된다. 설사 그 직원이 젊은 나이에 채용되었고, 일정 연령에 도달하면 은퇴한다는 규정을 모든 직원에게 똑같이 적용한다 할지라도 마찬가지다. 조종사, 경찰관, 주 법원 판사, 로펌, 투자은행 임원(임원은 피고용인이 아니므로), 가톨릭 사제 등은 예외지만 이들은 소수에 불과하다. 대다수 노동자가 68세 전에 은퇴하기는 하나, 68세에 반드시 은퇴해야 한다는 법은 없으므로 고용주들은 중년 또는 노년 노동자를 채용하길 꺼린다. 나중에 해당 직원의 생산성이 떨어지기 시작할 때도 그가 은퇴하지 않을 거라고 생각하기 때문이다. 게다가 어느 직종에서든 직원이 나이가 들면 생산성이 떨어지더라도 보수는 올라간다. 내가 75세가 되면 나는 55세 때보다 고용주에게 덜 유용한 존재가 될 확률이 높을 뿐 아니라 55세 때 받던 것보다 훨씬 많은 임금을 받을 것이다. 고용주들은 고령 직원들의 임금을 삭감하면, 아니 동결하기만 해도 연령차별 소송을 당할까봐 우려한다. 이 장에서 나는 노사 양쪽의 합의가 있는 경우에도 강제 정년퇴직을 금지하는 현행법을 폐지하자는 주장을 펼치려고 한다. 그 과정에서 일터의 고령 노동자들에 대한 우리 인식도 한번 점검해보려고 한다.

앞으로 살펴보겠지만 미국의 현행법과 제도는 우연의 산물이라고도 할 수 있다. 정년퇴직 금지는 고령 노동과 무관하게 세법과 규제법이 발전하는 과정에서 만들어진 조항이며, 자기 이익을 추구하는 국회의원들의 근시안적 사고의 결과물이다. 나는 일정한 한도 내에서 고용주와 피고용인이 자유롭게 계약을 체결할 수 있어야 한다고 본다. 그 때문에 일부 노동자들이 특정한 연령에 의무적으로 은퇴해야 하는 상황이 발생하더라도 그 편이 낫다. 고령 노동자들은 젊은 시절 의무퇴직 조항이 있는 계약에 동의한 것을 후회할 수도 있겠지만, 젊은 노동자들은 드디어 지원할 수 있는 일자리가 생겨서 기뻐하지 않겠는가. 그리고 고용주들이 고용 조건을 자체적으로 설정할 수 있다면 그들도 나이든 구직자를 기꺼이 채용하려고 할 것이다. 내가 보기에 우리는 대부분 우리 자신에게 유리한 방안을 선호한다. 우리가 원하는 만큼 오랫동안 일할 수 있고 은퇴 시점을 우리가 주도적으로 결정한다는 것은 당연히 좋은 일이다. 그리고 어떤 사람들은 은퇴하기보다는 일을 계속하며 더 풍부한 인생을 살아간다. 나도 그 가운데 하나다. 하지만 그렇다고 해서 고용주가 고용 조건을 나름대로 정해 다른 시민들 또는 나처럼 일을 선호하는 사람들까지 '의무적인mandatory' 퇴직에 동의하게 만드는 것 자체를 금지해야 한다고 생각지는 않는다. 여기서 '의무적인' 퇴직이라는 용어를 정의할 때에는 주의해야 한다. 고용주들에게 특정 연령이 지나면 임금이 저절로 삭감되는 체계를 만들 권한을 허용하는 방법도 있다. 논쟁의 여지가 더 많은 이야기를 해보자. 정년퇴직 계약이 법적으로 무효가 됐을 때 뜻밖의 이익을 얻은 세대의 부유한 노동자들로 하여금 이제 그 이익을 내려놓게 하거나, 동료 대부분이 은퇴하는 나이를 넘겨서도 직장에 남아 있는 고령 노동자에게 세금을 많이 부과하자는 것이 내 주장이다. 나는 내 일을 사랑하며 은퇴할 계획이 없다. 그러므로 여기서 내가 하는 주장은 나 자신의 이해관계와 충돌하나 사회 전체의 이익과는 일치한다. 계약에 따른 퇴직을 허용해야 할 이유는 충분하다. 여기서는 그 이유들을 하나하나 설명하는 대신 의무퇴직 금지법이 바람직한 결과로 이어지지 못하는 이유를 설명하겠다.

미국에서는 지금도 그렇지만 과거에도 의무퇴직이라는 개념이 드물었다. 어떤 주에는 판사들이 특정한 연령에 이르면 은퇴해야 한다는 규정이 있다. 예컨대 뉴햄프셔 주에서는 판사의 은퇴연령이 70세로 정해져 있다. 현재 미국 연방법은 다른 여러 나라의 법과 마찬가지로 민간 항공기 조종사들의 은퇴연령을 65세로 규정하고 있다. 그러나 이런 식의 의무퇴직은 드문 예에 속한다. 과거에는 사적인 계약에 따른 자유방임형 의무퇴직permissive mandatory retirement이 보편적이었지만 현재는 아니다. 피고용인이 아닌 파트너, 치안을 담당하는 공무원, 고위 관리와 성직자에 대해서만 자유방임형 의무퇴직이 법적으로 허용된다. 미국의 연령차별 금지법은 고용주가 피고용인에게 비자발적 퇴직을 요구하지 못하도록 규정하고 있다. 그러한 퇴직 요청이 오랫동안 효력이 유지된 계약에 따른 것이든, 피고용인에게 선택권이 있고 합의된 퇴직으로 더 큰 경제적 보상을 받든 마찬가지다. (솔직히 나는 피고용인에게 그렇게 명시적인 선택권을 주는 경우는 들어보지 못했다.) 하지만 고용주가 고용과 퇴직의 패턴을 예측 가능하게 만들어 합법적으로 은퇴를 장려하는 행위는 허용된다. 고용주가 합법적으로 은퇴를 장려하는 이유는 예측가능성이라는 장점 때문이기도 하지만 고령 노동자 해고의 잠재적 비용을 회피하기 위해서이기도 하다. 고령 노동자를 해고하려면 법적 기준에 따라 그 노동자가 비윤리적인 행동을 했다거나 직장에서의 의무를 수행하지 못했다는 등의 '확고한 사유'(업무 성과가 평균 이하라는 것은 합법적인 해고 사유가 아니다)가 있어야 하므로 잠재적 비용이 상당하다. 현재까지 가장 효과적인 방법은 피고용인의 자발적인 퇴직을 유도하는 방향으로 퇴직연금을 설계하는 것이었다. 우리의 논의 역시 퇴직연금의 설계를 통해 희망퇴직을 장려하는 방법에서 시작하려 한다.

은퇴에 영향을 미치는 변수

미국 노동자는 대부분 70세가 되기 전에 자발적으로 퇴직한다. 1990년대에 미국인의 은퇴연령 중간값median retirement age은 57세로 떨어졌다. 1910년의 은퇴연령 중간값은 74세였다(!). 그해 태어난 아이들의 기대수명은 약 50세였는데 말이다. 그때는 사회보장 제도도 없었고 세금공제 혜택을 받는 사적연금 상품도 없었다. 오늘날 기준으로 보면 당시 사람들은 전반적으로 일찍 죽었지만 살아 있는 노인들은 일을 계속했다. 은퇴라는 개념은 아예 없었거나, 자기 회사를 매각한 다음 할 일이 전혀 없던 중소기업 사장들에게나 적용되는 말이었다. 사람들은 먹고살기 위해, 또는 일을 해야 한다는 기대를 받았기 때문에 노년에도 계속 일했다. 고용주가 제공하는 퇴직연금은 보잘것없는 액수였고(수백 달러), 저축으로 돈을 모아놓은 노인은 거의 없었으며, 실버타운이란 것도 생기기 전이었다. 노년에 일을 할 수 없거나 출퇴근이 불가능한 처지가 되면 가족과 함께 집에 머물렀다(직장에 기숙사도 없었거니와 대중교통도 발달하지 않았던 시대였다). 지금도 가난한 나라들에는 이런 관행이 남아 있어서, 기대수명이 65세나 70세인데도 거리에서 노인들을 찾아보기 어렵다. 하여간 1910년대에는 상당수 미국인이 죽는 순간까지 일했다. 그들 대부분은 죽음을 맞이하기 몇 달 전 또는 몇 년 전(몇 십 년 전이 아니라)에야 직장을 그만뒀다.

퇴직자 집단의 규모가 커지면 자발적 퇴직은 더 매력적인 것이 된다. 만약 오래 사는 노인이 소수에 불과하다면 그들은 뿔뿔이 흩어지거나 각자 자기 가정에서 생활할 가능성이 높다. 그런 소수의 노인들은 현재 우리가 생각하는 '은퇴'에 대비해 저축을 해놓았을 것 같지도 않다. 미국의 실버타운은 1920년대를 전후하여 처음 만들어졌는데, 1920년대는 젊은 사람들이 바글바글하지 않은 곳에서 여가활동을 즐기고 싶어 하는 퇴직자들이 상당히 많아진 시점이었다. 그 무렵부터 사적연금이 세금우대 혜택을 받기 시작하면서 사적연금 상품도 인기를 끌었다. 하지만 연금 상품들이 지급하는 급여는 퇴직 전 소득에 훨씬 못 미쳤다.

1900년대를 거치는 동안 기대수명, 연금 혜택, 전반적인 생활수준이 모두 상승하면서 평균 은퇴연령은 서서히 **낮아졌다**. 하지만 지난 20년 동안 사람들의 건강이 증진되고 노동 강도는 낮아지는 등의 여러 요인이 작용한 결과, 연금 수령에 필요한 재직 기간이 늘어나고 은퇴연령 중간값은 62세로 상승했다. 희망퇴직 연령은 남성이 여성보다 높다. 그리고 흥미롭게도 건강 상태가 좋고 경제적으로 풍족하고 학력이 높은 사람일수록 퇴직을 '늦게' 한다. 전체 미국인 가운데 5~10퍼센트에 해당하는 소수만이 70세가 넘어서까지 전일제로 일한다.

은퇴 결정에 영향을 미치는 중요한 변수 가운데 하나로 퇴직연금 구조를 들 수 있다. 정부 또는 민간 기업이 설계하는 퇴직연금은 퇴직 결정에 영향을 주려는 의도로 만들어졌을 수도 있지만 의도하지 않은 결과로 이어졌다. 퇴직연금을 어떻게 설계하느냐는 기술적인 문제겠지만, 퇴직연금 구조는 현재의 퇴직 관행과 연금 개혁안에도 영향을 미치므로 한번 생각해볼 가치가 있다. 법이나 고용계약에 따라 퇴직하는 사람이 연금을 더 많이 받도록 하는 장치들 때문에 이 구조가 중요하다고 하는 것이다.

우선 **확정급여형 퇴직연금**defined benefit(노동자가 받을 퇴직급여의 수준이 사전에 결정되어 있는 형태—옮긴이)을 살펴보자. 확정급여형 퇴직연금은 정부기관에서 일하는 노동자에게 보편적으로 적용되는 방식이며 민간 기업들도 꽤 많이 채택하고 있다. 확정급여형 퇴직연금은 연금 수령인에게 나중에 지급할 액수를 구체적으로 정해놓는다. 정확히 말하면 지급액을 계산하는 공식을 미리 정해놓는데, 보통 그 공식은 퇴직 전 몇 년 동안의 급여를 토대로 한다. 확정급여형 퇴직연금은 이처럼 '확정된' 유형으로, 일정한 범위 안에서 연금의 액수를 대충 알 수 있으며 연기금의 투자 수익에 직접 영향을 받지 않는다. 확정급여형 퇴직연금 방식을 채택한 고용주는 매년 직원들에게 임금으로 지급할 돈에서 일정한 비율을 따로 떼어 적립 및 투자하면서 훗날 퇴직연금으로 지급할 돈을 마련한다. 지불하기로 약속한 금액이 확정되어 있으므로 기금을 잘못 운용하여 발생한 손실(또는 운용을 잘해서 생긴 수익)은 고용주의 몫이다(적어도 처음에는). 반면 **확정기여형 퇴직연금**defined contribution은 고용주가 납입할 부담금을 미리 정해놓는 방식이다. 고용주 또는 피고용인, 또는 양측이 공동으로 일정한 액수를 정기적으로 납입한다. 납입금은 대개 월급에서 공제하며, 피고용인이 나중에 받는 퇴직연금의 액수는 그 납입금의 합계와 운용손익에 따라 결정된다. 세금은 퇴직금을 분배할 때 부과되며, 매년 적립금이 늘어날 때라든가 임금의 일부를 퇴직연금 계정으로 돌릴 때는 부과되지 않는다. 비과세된 돈으로 기금을 운용하기 때문에 이 유형의 연금에는 조세를 유예하는 혜택이 따르는 셈이다. 확정급여형 퇴직연금은 사실상의 세금우대 저축이며, 확정기여형 퇴직연금은 투자수익률에 따라 이자를 지급받는 세금우대 연금과 비슷하다.

고용주가 제시하는 계획에 따라 상당한 액수의 퇴직연금을 받을 예정인 노동자들은 이 퇴직연금과 함께 공적연금 혜택을 받는다. (미국의 공적연금은 사회보장연금Social Security이라고도 불린다. 거의 모든 노동자는 의무적으로 공적연금에 가입해야 한다. 가장 두드러진 예외는 주정부 공무원이다. 주정부 공무원들은 원래 공적연금에서 배제되다가, 1950년 이후로는 주정부가 공적연금 체제에 편입될 경우에 한해 해당 주의 공무원들도 공적연금에 가입한다. 현재 몇몇 주는 공무원들에게 지급할 공적연금 때문에 연금대란에 직면해 있다.) 대부분의 확정급여형 퇴직연금은 공적연금 혜택을 받을 수 있는 연령보다 **일찍** 퇴직하도록 강력하게 유도한다. 퇴직연금 혜택의 상한선을 정해놓고, 일을 계속하려는 사람들에게 납입금을 내라고 하며, 권장 은퇴연령이 넘었는데도 직장에 남아 있는 사람들의 혜택을 축소하기도 한다. 주정부 또는 연방정부 공무원의 경우 퇴직연금 혜택을 가장 많이 받을 수 있는 연령은 60세 직전이다. 고용주 입장에서 이것은 합리적인 선택이다. 고령자가 일을 하고 있으면 그를 대체할 인력을 신규 채용하는 경우보다 훨씬 높은 임금을 지급해야 한다. 또 고용주 입장에서는 나이 들어 생산성이 떨어진 직원 또는 생산성은 제자리걸음을 하거나 감소하는데 임금은 계속 높아지는 직원을 해고하려면 상당한 노력을 투입해야 하나, 퇴직연금을 통해 퇴직을 권고하면 이런 노력이 절감된다.

고용주가 선호하는 방식대로 지급 액수를 조정할 권리가 주어지는 경우 확정급여형 퇴직연금은 의무퇴직(자유방임형 의무퇴직)과 거의 같은 효과를 내도록 설계될 수 있다. 하지만 고령 노동자 가운데 생산성이 매우 높은 사람들이 있는데도 왜 고용주들은 노동자들의 조기 퇴직, 심지어는 강제적인 퇴직을 원할까? 고용주들은 정년퇴직 제도를 폐지하기 위해 로비하지 않았고, 공적연금을 설계하는 과정에서도 중요한 역할을 하지 않았다. 전통적인 관념에 따르면 직원들은 어떤 기업에 처음으로 입사해서 교육을 받은 시점에 '과한 임금'을 받는다. 다른 회사에서 교육 비용을 절감하기 위해 이미 교육을 받은 직원들을 낚아채갈 가능성이 있으므로 고용주는 교육이 끝난 직원의 이직을 방지하려고 '과한 임금'을 지불한다. 고용주는 교육 중인 직원들에게는 비교적 낮은 임금을 지불하며, 중견 사원들의 경우 이탈을 방지하기 위해 필요 이상으로 높은 임금을 지급한다. 어떤 시점이 되면 직원들은 생산성이 가장 높은 나이를 넘기고 게으름을 피우거나 그냥 자리만 지키면서 계속 높은 임금을 받는다. 이 문제를 해결하기 위해서는 임금체계를 만들 때부터 근속연수가 늘어날수록 임금이 높아지다가 생산성이 떨어지고 다른 회사로 이직할 가능성이 낮다고 예측되는 연령에 이르면 임금 삭감이 시작되도록 하면 된다. 하지만 이런 제도를 사람들에게 올바르게 이해시키기란 쉽지 않다. 현대 사회에는 연령차별을 금지하는 법이 있으므로, 직원이 나이가 들었다는 이유로 임금을 삭감한다면 소송이 제기될 것이 분명하다. 아니면 어느 고용주가 젊은 노동자들을 채용하면서 '해마다 임금이 올라가지만 30년 후부터는 낮아진다'고 설명하는 상황을 생각해보자. 나중에 60세가 된 노동자는 불만을 표시할 수도 있지만, 고용주는 그것이 30세 때 했던 약속이며 고령 노동자에 대한 차별이 아니라고 주장할 수 있다. 연령차별은 40세 이상의 노동자에게 해당한다고 법에 규정되어 있기 때문이다. 정년퇴직을 찬성하는 입장에서도 똑같은 주장을 펼칠 수 있다. 고용주는 68세 노동자에게 은퇴를 요구하지 않는 대신 30세인 모든 직원과 38년 후에 퇴직하기로 약속하는 계약을 체결하는 것이다! 그러나 이런 식으로 먼 훗날의 권리를 포기하는 계약은 법적으로 거의 허용되지 않는다. 설령 허용한다 해도 지금 이런 주장들을 새롭게 제기하고 시험해보기에는 너무 늦은 감이 있다.

중요한 점은 고용주들이 처음에 노동자들을 훈련시키는 데는 아무런 제약이 가해지지 않지만, 노동자들이 고임금을 받으며 직장에 너무 오래 다니지 않도록 하려면 정년퇴직이 거의 유일한 방법이라는 것이다. 두 번째로 중요한 점은 고령 노동자들에게 드는 비용을 걱정하는 고용주는 확정급여형 퇴직연금 설계를 통해 퇴직을 권고할 수 있다는 것이다. 노동자에게 지급하는 보수를 임금에서 퇴직연금으로 돌리고, 퇴직연금을 원하는 은퇴연령을 중심으로 지급하도록 하면 된다. 은퇴 시점을 규정하는 것이 법으로 금지되더라도 고용주들은 확정급여형 퇴직연금이라는 수단으로 자신에게 유리한 결과를 얻어낼 수 있다. 그 결과는 대단히 매력적이다. 고령에도 일을 잘하는 특별한 노동자들은 은퇴를 두고 선택할 수 있기 때문이다.

젊은 사람들과 관련이 있는 연령 하한선 제도의 효과에 대해서도 짚고 넘어가자. 법률은(사적인 파티도 마찬가지지만) 운전면허 취득과 같은 여러 사안에 대해 연령 하한선을 설정한다. 우리 사회가 16세 이상에게만 운전을 허락하고 렌트카 회사들이 21세 또는 25세 이상의 면허 소지자에게만 차를 빌려주는 이유는 사람의 성숙도 및 다른 장점들을 일대일로 결정하는 비용이 너무 크기 때문일 것이다. 물론 14세 청소년이지만 성숙한 사람도 있고, 뛰어난 18세 직원도 있다. 하지만 스펙트럼의 양 극단에서는 때때로 범주화를 허용하는 것이 유용하고 합리적이다. 집단을 매우 폭넓게 정의하면 차별에 대해 걱정을 덜 해도 된다. 우리 모두 한때는 젊었고, 우리 모두 언젠가 노인이 될 테니까. 그런 경우에 법은 개별 소수자에 대한 차별을 우려하지 않는다. 실제로는 젊은 운전자에 대한 차별이 고령 노동자에 대한 차별보다 문제가 많다. 젊은 운전자들은 정치적인 힘이 약한 집단이기 때문이다.

계약을 통해 쌍방이 동의한 경우에도 의무퇴직이 법적으로 금지되는 조건에서 고용주들은 보상과 연령의 관계를 해체하려고 할지도 모른다. 노동자들이 성과에 따라 수수료를 받는 산업 분야에서는 자연히 그렇게 된다. 내가 앞에서 제안한 대로 생산성이 하락하는 고령 노동자 또는 근속연수에 따라 임금은 높아지는데 생산성은 그대로인 고령 노동자에게 임금을 적게 준다 해도 문제는 생긴다. 그 과정은 그 고령 노동자에게는 모욕적으로 느껴지고 고용주에게는 비용을 발생시킬 가능성이 있다. 만약 일정 연령을 상회하는 모든 노동자의 임금을 동일한 비율로 삭감한다면 그 노동자들 중 다수는 진짜로 연령차별의 희생양이 된다. 설령 U자를 거꾸로 한 모양의 임금곡선에 대해 노사 양측이 사전에 합의하고 법적으로 문제가 없다 해도 그것은 매력적인 방법이 못 된다. 생산성이 매우 높은 고령 노동자들은 실제 자신의 기여도에 비해 임금을 덜 받게 되므로 다른 회사로 가버릴 가능성이 있다. 생산성 낮은 노동자들만 남은 회사를 원하는 고용주가 어디 있겠는가? 이런 방법은 사회적 관점에서도 바람직하지 않다. 젊은 노동자와 고객들은 고령 노동자들이 성과를 잘 못 낸다고 생각해서 그들을 무례하게 대하게 된다. 이 회사의 낮은 임금 때문에 유능한 고령 노동자들이 다른 직장으로 옮겨가고 없다는 사실은 그들의 눈에 보이지 않는다

공적연금과 고액의 퇴직연금이 없던 시절에 고용주들은 노동자를 언제든지 마음대로 해고할 수 있었다. 노동조합이 결성되고 각종 보호 장치들이 만들어진 후부터는 숙련 노동자를 마음대로 해고할 수 없게 됐다. 하지만 고령 노동자가 실질적으로 퇴직할 수밖에 없도록 만드는 임금체계와 퇴직금 제도가 있었다. 그리고 나서 공적연금 제도와 합의에 의한 정년퇴직의 시대가 왔다. 정년퇴직 계약은 연령차별 금지법이 시행된 후에도 거의 변하지 않았다. 그래서 철강 노동자들과 학교 교사들은 여전히 다른 노동자들보다 일찍 은퇴해서 퇴직

연금을 받았다. 예컨대 공립학교 교사들의 퇴직연령 중간값은 58세였고, 퇴직 교사들의 대부분은 마지막 해 임금의 60∼75퍼센트에 해당하는 퇴직연금과 생활 보조금을 받았다. 58세가 넘어서도 일을 계속하는 교사들은 상당한 액수의 퇴직연금 혜택을 포기해야 했다. 그리고 일을 계속하려면 그전까지 받던 임금의 대략 절반 정도만 받으며 일해야 했다. 이런 조건에서는 60세 이후에도 일을 계속하는 사람이 별로 없었다. 확정급여형 퇴직연금이 정년퇴직 계약의 역할을 대신한 셈이었다.

불행히도 어떤 고용주들은 퇴직연금 기금을 충분히 마련해놓지 않았고, 어떤 고용주들은 세금 혜택을 받을 속셈으로 지나치게 많은 돈을 연금 기금으로 돌려놓았다. 새로운 법이 통과되자 확정급여형 퇴직연금은 고용주들에게 매력을 잃었다. 물론 연령차별 금지법이 제정되면서 정년퇴직이 사실상 폐지된 다음에는 확정급여형 퇴직연금이 고령 노동자들을 관리하는 데 유용하게 쓰였다. 확정급여형 퇴직연금은 공공 부문 노동자의 80퍼센트에 적용되지만 민간 부문 노동자에게 적용되는 비율은 15퍼센트로 낮은 편이다.

지난 15∼20년 동안 퇴직연령의 중간값이 꾸준히 상승한 요인은 확정급여형 퇴직연금에서 확정기여형 퇴직연금으로 이행해간 것이라고 볼 수 있다. 노동자들 중 많은 수가 직접 세금우대 계좌를 이용해 노후 대비 저축을 하게 되면서 퇴직연금 혜택을 아예 받지 않기도 했다. 고용주 입장에서는 퇴직을 유도하기가 불가능하지는 않더라도 어려워진 셈이다. 미국 법률은 '황금의 악수golden handshake'(퇴직자 또는 조기퇴직자에게 지급되는 고액의 퇴직금—옮긴이), 즉 62세 무렵의 노동자가 2~3년 내로 퇴직하기로 합의하면 고용주가 보상금을 지급하는 행위에 대해서는 대체로 묵인한다. 하지만 30세가 되는 시점 또는 채용되는 시점에 '65세가 되면 은퇴한다'고 합의한 노동자에게 그에 대한 답례로써 돈을 지불하는 것은 불법적인 차별에 해당하거나 계약법에 의해 무효가 된다는 견해가 지배적이다. 차별금지법이나 계약법의 적용을 받지 않는 사람들, 즉 로펌과 컨설팅 회사의 파트너 등 전문직업인들은 아직도 정년퇴직 계약을 체결한다. 일반적으로 그들의 파트너십 계약에는 65세가 되면 파트너 관계를 종결한다는 내용이 담긴다. 이와 유사하게 기업 임원들과 대학 이사들은 종종 사적 계약에 따라 특정 연령에 이르면 은퇴하라는 요구를 받는다. 대학 이사들의 경우 교수직에서 물러나야 한다는 요구를 받지는 않지만 학교 운영과 관련된 직위와 추가적인 보상은 정해진 시점(예컨대 68세)에 종결된다.

이러한 사적 계약들은 정년퇴직 제도의 긍정적인 측면을 보여주는 좋은 예다. 물론 어떤 노동자들은 특정 연령을 훌쩍 넘기고도 일을 훌륭하게 해낸다. 관리자로서 탁월한 실력을 발휘하는 85세 노인도 있는데, 이런 사람들에게 강제은퇴를 요구하면 막대한 개인적·사회적 비용이 발생할 것이다. 일부 로펌들은 이처럼 보기 드문 보석 같은 인재들을 계속 붙잡아두려고 갖은 노력을 기울인다. 하지만 대다수 직장에서는 누군가에게 은퇴하라는 말을 건네는 것만으로도 분위기가 어색해지고 말썽의 소지가 생긴다. 정년이 정해져 있지 않을 경우 그런 대화는 더 많이 필요해진다. 연령차별 금지법에 따르면 어떤 노동자가 더 이상 업무를 수행할 수 없거나 과실을 범했다는 사실을 회사가 입증해야 강제 은퇴가 가능한데, 그것은 까다롭고 비용이 많이 들 뿐 아니라 모욕적인 과정이다. 그래서 일부 고용주는 자신과 일부 직원에게 비용이 발생하더라도 차라리 특정 연령에 도달하면 퇴직을 요구한다는 규칙을 만드는 쪽을 선호한다. 또 계약에 따른 은퇴는 새로운 피고용인과 새로운 아이디어가 들어올 자리를 만들어준다. 정년퇴직 계약을 허용하더라도 모든 고용주가 정년퇴직 규정을 채택해야 하는 건 아니기 때문에 퇴직자가 창업을 하거나 다른 일자리를 구하는 데는 아무런 제약이 없다. 나는 정년퇴직이 계약에 의해 이루어지고 사람들의 자유를 보장한다는 측면에서 불쾌하지 않은 제도일 수도 있다고 주장하는 것이다.

계약에 의한 정년퇴직이 인정될 경우 나이든 사람들을 따라다니는 편견은 오히려 줄어들 것이다. 만약 어떤 직장에 있는 모든 사람이 70세에 퇴직해야 한다는 규칙이 있다면, 70세가 넘은 사람들은 퇴물이 된 사람처럼 보일 위험이 있다. 심지어 그들이 직장에 있지 않을 때에도. 그러나 더 나은 가능성도 있다. 고령 퇴직자들이 어떤 계약에 동의했기 때문에 선배들의 퇴직으로 혜택을 입었고 이제는 후배들을 위해 기꺼이 자리를 비워준다고 받아들여지는 것이다. 모두에게 동일하게 적용되는 은퇴 규칙은 성과가 낮은 고령 노동자들이 골칫거리로 여겨지다가 한참 만에 밀려나는 불편한 과정보다 모양새가 더 나을 수도 있다. 정년퇴직이 없는 직장에서는 고용주가 고령 노동자들의 임금을 삭감하거나 그들을 내보내기가 어렵기 때문에 고령 노동자들이 가장 무능한 사람들로 보일지도 모른다. 내 주장이 엉터리 같다고 생각하는 독자에게는 관찰과 사색을 권유하고 싶다. 은행에서 당신은 어떤 은행원 앞으로 걸어가는가? 내 경험에 따르면 사람들은 30대와 40대 은행원을 가장 많이 선택한다. 30대와 40대 은행원들은 충분한 경험이 있어서 일처리가 빠르고 단골손님을 잘 알아보지만, 경험이 너무 많은 은행원들은 속도가 느리다. 물론 75세 은행원이 젊은 은행원과 똑같이 능수능란하게 일을 처리할 수도 있겠지만, 고용주 입장에서 나이든 은행원에게는 근속연수에 상응해 높은 임금을 지급해야 하는데 생산성이 40세 때의 두 배로 늘어난 건 확실히 아닐 것이다.

앞에서도 언급했지만, 만약 특정 연령에 퇴직하도록 하는 고용계약을 법적으로 허용한다면 고용주들은 중년과 노년 직원들을 채용하고 싶어질지도 모른다. 현재도 고용주는 나이든 구직자를 차별하지 못하게 돼 있지만, 채용되지 '않은' 사람들이 법정 소송을 성공적으로 해내기란 어렵다. 연령차별 소송은 고령 노동자에 대한 채용 거절보다는 고령 노동자의 해고에 항의하는 내용이 대부분이다. 예컨대 어느 고용주가 55세 구직자가 65세가 되면 은퇴하기로 약속한다는 조건 아래 그를 채용할 의사가 있다고 하자. 하지만 그 고용주의 변호사들은 특정 나이에 은퇴를 강요할 수 없으며 그런 계약을 체결할 경우 회사가 연령차별 소송을 당할 위험이 있다고 조언한다. 만약 평균적인 노동자가 70세 이후로 성과가 떨어진다면 합리적인 고용주는 어느 직원을 내보내야 하는지 판단하는 일을 회피할 것이다. 하지만 전 직원이 70세에 퇴직하기로 약속되어 있을 경우에는 중년 구직자를 채용할 이유가 더 많아진다.

미국에서 의무 정년퇴직을 금지하는 법이 시행됐을 때, 피고용인들은 노사 양측이 원래 합의했던 것보다 오래 일자리를 유지할 권리를 얻은 셈이었다. 정년퇴직이 폐지된 후에 채용된 사람도 많기 때문에, 만약 정년퇴직 연령을 명시하는 계약을 다시 허용할 경우 기존에 체결한 계약에도 그 법이 적용되는가를 명확히 정해야 한다. 정년퇴직이 폐지됐을 때처럼 그전에 체결한 계약에도 새 법을 소급해 적용할 것인가, 아니면 새로 체결하는 계약에만 적용할 것인가? 이론상 정년퇴직이 허용되기를 간절히 바라는 고용주는 기존 직원을 전부 해고한 다음 자신이 원했던 정년퇴직 조항이 들어간 새로운 계약서를 쓰자고 제안할 수도 있다. 정치인들은 노동자들의 지지를 갈망하기 때문에 이런 가능성을 미리 차단할 것이다. 다시 말하자면 오늘날 노동자들의 대다수는 65세 또는 70세가 넘어서 은퇴할 계획을 세우고 있을 텐데 아무런 보상 없이 그들의 기대를 깨뜨리는 것은 부당하게 느껴진다. 물론 기존 계약은 고용주들에게 불리했던 면이 있었고, 실제로 고용주들은 퇴직에 관한 기존의 계약조건을 무효화하는 법이 제정되기를 바라기도 한다. 기존 계약을 무효화하는 것은 피고용인 입장에서 불공정한 일이다. 아니, 정치적으로 실현 불가능한 일이다. 정년퇴직 조항이 법적으로 무효화된 시점에 뜻밖의 이익을 얻은 사람들은 현재 피고용인 가운데 소수로, 나처럼 1980년에 채용된 사람들이 그렇다. 고용주 입장에서는 젊고 유능한 직원에게 자리를 내주기 위해, 직원이 나이가 들수록 높아지는 인건비를 절감하기 위해, 또는 생산성이 낮아진 직원들을 솎아내기 위해 나 같은 피고용인이 70세에 은퇴하기를 바란다. 그런 고용주는 퇴직연금, 정부 보조를 받는 의료보험 등 각종 금전적 혜택을 제공하면서 은퇴를 유도해야 한다. 이런 혜택은 전 직원에게 적용되기 때문에 비용이 만만치 않게 들어간다. 그렇다고 생산성이 낮은 일부 고령 노동자들에게만 은퇴를 권고한다면 소송을 당할 위험이 있다.

실제로 고용주들은 그동안 퇴직자를 금전적으로 우대하는 조치들을 만들었고, 상당수 피고용인도 그런 조치를 받아들이고 있다. 어떤 고용주가 65세에 이른 모든 직원이 68세에 퇴직하기로 약속하면 1년 분 임금에 상응하는(또는 그 이상의) 퇴직수당을 주겠다는 제안을 한다고 치자. 이런 계획들이 장기간 효과적으로 시행되면 나중에는 퇴직수당을 받거나 거절하는 피고용인들이 의무퇴직 폐지의 혜택을 입지 않은 사람들로 묶같이될 것이다. 그러면 고용주 입장에서는 법을 많이 바꿀 필요가 없다. 고용주들은 그저 임의적인 고용계약(소송당할 염려 없이 노동자를 해고할 수 있는 계약)의 시대에서 정년퇴직 계약의 시대로, 그리고 확정급여형 퇴직연금의 시대를 거쳐 이제는 보상금 계약의 시대로 넘어왔다고 생각하면 된다. 더 비관적인 이야기를 하자면, 그동안 고용주들은 회사가 원하지 않는 나이까지 남아 있으면서 소송의 위험을 달고 다닐 사람을 가급적 채용하지 않는 요령을 습득했다. 고용주들이 시간제 노동자를 엄청나게 많이 쓰게 된 것이 의료보험료와 각종 복리후생비 부담 외에 퇴직에 관한 계약을 할 수 없어서라고 한다면 지나친 주장이 되겠지만, 의무퇴직 제도의 폐지와 시간제 노동자의 증가 사이에는 모종의 인과관계가 있을 것 같다. 대학의 경우 정규직 노동자가 시간제 노동자로 신속하게 대체됐다. 대학들은 규모를 확장하기 위해 정교수가 아닌 겸임교수를 채용했다. 겸임교수들 사이에서는 자리와 급여를 놓고 치열한 다툼이 벌어진다. 반면 일자리를 잃을 위험이 0에 가까운 상태로 원하는 만큼 오래 일할 수 있는 교수들은 전체 교수진의 절반 미만이며 신규 채용자 중에서는 비중이 더 낮다.

의무퇴직이 있는 체제를 위하여

만약 정년퇴직 계약을 금지해서 고용주들이 지불하는 비용이 더 늘고 그 결과 수많은 피고용인들에게도 불리해진다면, 현행법을 개정하라는 압박이 별로 없는 이유는 무엇일까? 예를 들어 사적인 계약에 한해 퇴직연령을 정할 수 있도록 허용한다고 해보자. 현재의 피고용인들은 이러한 변화에 반대할 것이다. 그리고 고용주가 기존 직원들을 내보낸 다음 개정된 법에서 허용하는 퇴직 조항을 넣어 재계약을 제안할 가능성이 있으므로 우리는 기존 피고용인들을 보호해야 한다. 게다가 기존 피고용인들은 새롭게 허용된 의무퇴직 계약에 서명할 수 있는 직원들의 자리를 만들기 위해 자신들이 해고당할까봐 걱정하게 된다. 만약 새로운 피고용인과의 계약에만 의무퇴직 조항을 넣을 수 있도록 한다면 그 법안은 아주 미미한 정치적 압력만 있어도 통과시킬 수 있을 것이다. 이 경우 고용주들은 얻을 것이 별로 없다. 새로운 법의 혜택을 한참 지나서야 누릴 수 있기 때문이다. 법률 개정을 위한 비용은 지금 '지불'해야 하지만 그 혜택은 먼 훗날에나 돌아온다. 그나마도 법이 도로 바뀌는 일이 없어야 유효하다. 퇴직연금 기금의 고갈을 초래했던 바로 그 근시안적 사고방식 때문에 어떤 사람들은 계약의 자유를 위한 노력을 정치적으로 비방하거나 저지하려 할지도 모른다. 더욱이 우리 사회는 고령화가 진행되고 있기 때문에 주요 정치 세력들은 노인의 선택권에 대한 제한으로 비춰질 수 있는 것이라면 뭐든 반대하는 쪽으로 기울기 쉽다. 주정부와 지방정부들이 퇴직연금 기금 고갈 문제에서 타협하여 정치적 해결책을 이끌어내지 못한다는 사실만 봐도 그렇다. 만약 의무퇴직 금지법이 언젠가 폐지된다면 주요 이익집단들의 반발을 계산에 넣고 단계적인 개혁을 실행해야 할 것이다.

법 개정에 대한 반대를 줄이는 방법 가운데 하나는 변화의 시기를 늦춰 그에 따른 부담을 미래로 넘기는 것이다. 만약 2037년부터 고용계약에 퇴직연령을 명시하도록 허용한다는 내용의 법안을 2017년에 제출한다면 통과 가능성은 상당히 높다. 그런 변화로 손해를 보는 사람들이 명확하지 않고 정치적으로 세력화되어 있지도 않기 때문이다. 그런 변화로 혜택을 입을 구직자들이 누구인지도 2017년에는 특정할 수 없다. 그리고 변화를 원하는 고용주 입장에서는 훗날 자신이 얻을 이익은 줄어들지라도 정치적 로비 활동에 크게 투자하지 않아도 되니 좋다.

또 다른 방법은 고용주들이 뒤집힌 U자 곡선을 그리는 임금체계를 도입하는 대신 보완책을 실시하겠다고 선언하는 것이다. 상상하기는 어렵지만 주정부가 근속연수 30년을 넘긴 모든 공무원의 임금을 매년 5퍼센트씩 예외 없이 삭감한다고 치자. 사용자인 주정부는 그렇게 해서 비용을 절감하고 직원들의 은퇴를 유도함으로써 신규 고용을 창출할 수 있다. 법원이 그런 계획을 승인할지는 불확실하다. 설령 그 계획을 승인한다 해도 새로 채용되는 직원들에게만 적용될 것이 거의 확실하므로 비용 절감 효과는 수십 년 후에나 나타난다. 따라서 이 계획은 실행하는 데 드는 노력에 비해 효용이 크지 않다고 판단된다.

내 생각에 더 나은 전략은 법적으로 특정한 나이(예컨대 68세)가 넘은 사람은 연령차별 소송을 제기하지 못하게 하는 것이다. 공적연금과 그밖의 퇴직연금들은 퇴직자에게 소득을 제공하는데, 그것은 은퇴한 사람에게 자동으로 주어지는 법적으로 보장된 혜택의 일부다. 그런 점을 감안해 일부 고용주들이 68세가 넘은 직원에게 임금을 매년 5퍼센트 삭감한다는 내용의 계약을 제안할 수 있다고 하자(피고용인이 그 연령에 도달하기 전에 자동으로 임금을 삭감하려면 연령차별 소송의 위험을 감수해야 한다). 또 어떤 고용주들은 68세가 되면 자동으로 고용계약이 종료된다는 내용의 계약서를 작성해도 된다고 하자. 미국에서 68세는 최대한의 공적연금 혜택을 받을 수 있는 연령이다. 하지만 고용주와 피고용인이 협상하여 68세 이상 또는 양측이 합의한 특정 연령을 넘어서 적용되는 새로운 근로계약을 체결할 수도 있다.

요즘에는 은퇴 연령이 따로 정해져 있지 않지만, 나 같은 직업을 가진 사람들은 보통 68세에 은퇴한다. 하지만 우리 학교는 나에게 68세 이후에도 일할 수 있는 자리를 제안했다. 내 임금은 68세 이전에 받던 임금과 무관하게(과연 무관할까?) 다시 조정됐다. 어떤 나라에서는 퇴직연금을 수령할 수 있게 되는 나이에 맞춰 은퇴연령을 미리 정해놓는 방법으로 퇴직을 규제한다. 예컨대 이스라엘에서는 남자는 67세, 여자는 62세로 은퇴연령을 정해놓고 있다(현재 이스라엘 정부는 은퇴연령을 단계적으로 70세와 64세까지 각각 상향 조정하는 절차를 밟고 있다). 공공 부문과 민간 부문 모두 67세가 되면 남성 노동자의 고용은 종결된다. 그리고 그는 정부로부터 퇴직연금을 받기 시작한다. 67세가 넘어서도 원래 고용주나 다른 고용주와 유료 계약을 맺을 수는 있지만 실제로 그런 일은 드물다. 이 글에서 내가 제안한 방안이 실현된다면 미국도 이스라엘과 비슷해질 것이다. 다만 남녀의 정년은 동일하게 정하는 것이 좋겠다(예컨대 둘 다 68세). 그리고 미국은 다른 나라보다 퇴직연금 혜택이 적기 때문에 은퇴연령을 넘은 사람들 가운데 상당수는 다시 어딘가에 채용될 가능성이 있다.

놀랍게도 법으로 남성보다 여성의 퇴직연령을 낮게 규정하고 있는 나라들이 적지 않다. 일반적으로는 5년 정도가 차이 난다. 성별에 따른 퇴직연령의 차이는 제2차 세계대전 기간에 처음 생겨난 것인데, 지금은 이 차이를 없앤 나라도 많다. 지역을 막론하고 여성이 남성보다 오래 살지만, 여성의 퇴직연금 수령 연령을 남성보다 높게 설정한 나라는 하나도 없다. 일반적으로는 여성이 남성보다 **일찍** 은퇴한다. 성별과 무관하게 일정한 연령이 되면 퇴직연금 수령 자격이 주어지는 미국 같은 나라에서도 그렇다. 한편 여성은 누군가를 돌보는 입장이 될 가능성이 높기 때문에 대체로 연금을 납부하는 기간이 남성보다 짧다. 퇴직연령을 높이자는 제안, 즉 연금을 최대치로 수령할 수 있는 나이에 은퇴하도록 하자는 제안은 보통 여성들의 강력한 반발에 부딪친다. 여성들이 반발하는 이유는 일단 이른 퇴직을 기대하기 때문이지만, 한편으로는 평균적으로 여성이 남성보다 소득이 낮은데 은퇴연령이 올라가면 저임금 노동자들이 잃을 것이 더 많기 때문이다.

퇴직연령이 명시된 계약을 법적으로 허용하는 체제로 서서히 나아가기 위한 아이디어가 하나 더 있다. 부유한 고령 노동자에게 세금을 징수하기 시작하는 것이다. 유권자 대부분은 공적연금의 지불능력 상실을 우려한다. 또한 유권자들은 지금까지 가족을 부양하며 살았는데 이제는 자신의 은퇴를 미뤄가며 일해야 하는 노인들을 안타깝게 생각할 것이다. 고령 노동자들은 정년퇴직이 없다는 사실에 의존했을지도 모르고, 그저 어려운 시절을 잘 버텨낸 것인지도 모른다. 퇴직연령의 중간값에 다다르기 전에 은퇴하는 사람들에게만 퇴직연금의 최대 혜택을 주는 방안을 생각해보자. 단, 해당 연령 이후의 연소득이 7만 5000달러 이하여야 한다. 공적연금 혜택의 상한선이 연 3만 달러로 정해져 있으며 현재 퇴직연령의 중간값인 62세에 퇴직하는 사람이 이 액수를 받을 수 있다고 가정하자. 나의 제안에 따르면 63세 때 퇴직하는 사람의 상한선은 2만 7000달러가 되고, 64세에는 2만 4000달러가 된다. 혜택은 이런 식으로 점점 줄어들어서, 어떤 부유한 사람(연소득이 7만 5000달러 이상인 사람)이 72세가 넘어서 퇴직할 경우에는 공적연금 혜택을 아예 못 받게 된다. 이런 계획이 실현된다면 퇴직연령의 중간값을 넘어서 일하는 고소득자에게 상당한 액수의 세금을 물리는 효과를 낼 수 있다. 65세에서 72세 사이에 매년 7만 5000달러 이상을 벌다가 72세에 은퇴하는 사람은 평생 동안 공적연금 혜택을 받지 못하는 것이다. 62세 이후로는 1년 일할 때마다 3000달러에 남은 기대수명을 곱한 값만큼 비용을 지불하는 셈이다. 물론 그 비용을 당장 지불하는 것은 아니지만. 예컨대 65세가 아닌 66세에 퇴직을 선택하는 사람이 17년 정도 더 산다고 가정하면 1년 더 고액 연봉을 받았다는 이유로 해마다 3000달러의 손실이 발생한다. 이자율을 5퍼센트로 가정하면 퇴직연령의 중간값 이후에 추가로 소득이 생긴 해마다 암묵적으로 부과된 세금이 현재 가치로 3만 4000달러에 달한다. 게다가 그 고령 노동자의 소득에 대해서는 일반적인 소득과 마찬가지로 소득세가 부과된다. 이 정도면 10만 달러를 벌어들이는 65세 노동자에게는 상당한 부과금 또는 벌금이 된다. 아마 연봉 50만 달러를 받는 임원이나 의사에게는 별다른 영향이 없겠지만 말이다.

현대와 미래의 공적연금 수령인들은 대부분 내 계획에 찬성할 것 같다. 소수 집단이 지불하는 비용으로 기금을 만들어 연금제도의 문제를 해결하자는 계획이기 때문이다. 이 계획으로 손해를 보는 사람들은 매우 부유한 고령 노동자들이다. 그들 대부분은 정년이 정해져 있다고 생각하고 직장생활을 시작했는데 중간에 뜻밖의 혜택을 입은 사람들이다. 젊은 사람들 가운데서도 나중에 고액 연봉을 받기를 기대하는 사람들은 공적연금을 싫어할지도 모른다. 공적연금 납입금은 의무적으로 내야 하는데 나중에 자신들이 받는 연금은 액수가 적거나 아예 없을지도 모르니까. 하지만 이런 결과는 퇴직연령의 중간값보다 늦게 퇴직하기로 스스로 결정한 사람에게만 해당된다. 나의 계획이 실현될 경우 연봉이 7만 5000~15만 달러인 노동자들은 퇴직연령의 중간값 이후까지 일할 경우 부과되는 상당한 액수의 암묵적 세금을 피하기 위해 조기퇴직이나 일반적인 은퇴를 더 많이 선택할 것이다. 7장에서 공적연금에 대한 과감한 계획을 제시할 것인데, 그 계획은 노인빈곤층과 저축 없는 세대의 문제를 해결하기 위한 것이다. 여기서는 고용주들이 쉽게 내보내지 못하는 고령 노동자들의 일자리를 다른 사람들에게 개방하는 데 초점을 맞추고 있다.

지금까지 간략하게 설명한 세제개혁 방안은 퇴직연령의 중간값을 기준으로 하는 안이지만, 확정급여형 퇴직연금이 30년 동안 적립된 시점부터 시행해도 된다. 이 계획은 진보적인 색채를 띠기도 하지만, 사실은 고용주들에게 직원의 근속연수가 많아지면 연봉을 삭감한다는 내용의 계약을 허용하는 방안과 크게 다르지 않다. 두 계획은 모두 퇴직을 유도하려는 목적 또는 고령 노동자의 임금을 생산성에 대한 기대와 일치시키려는 목적에서 설계된 것이다. 그리고 두 계획은 공통적으로 은퇴를 원하지 않는 특별한 고령 노동자들에게 일을 계속할 여지를 남겨준다.

부유한 공적연금 수령인들에게 세금을 부과한다는 계획이 없는 상태에서 현재의 체제는 우리 사회의 부유층과 중산층 사이에 빈부 격차가 생긴 이유를 상당 부분 설명해준다. 정부 공무원들과 노동조합에 소속된 노동자들은 상당히 젊은 나이에 퇴직한다. 앞에서 살펴본대로 퇴직연금이 이런 패턴을 유도하긴 했지만, 대체로 이런 직장에서는 고령 노동자가 일을 계속하기가 힘들다. 젊은 상사가 새로 와서변덕을 부리거나 터무니없는 요구를 한다면 은퇴는 곧 위안이 된다. 주요 대학의 교수나 과학자처럼 다양한 전문직에 종사하는 운 좋은사람들은 경우가 다르다. 이런 일은 육체적으로 힘들지 않고 이들 대부분은 즐거운 마음으로 일하러 간다. 하지만 늦게 퇴직하는 사람들이 불균등하게 높은 임금을 받을 경우 정년퇴직 제도의 부재는 소득불평등을 증폭시키는 결과로 이어진다. 이것 때문에 정년퇴직 계약을 허용해야 한다고 주장할 수는 없겠지만, 생각해볼 여지는 있다.

내가 주장하는 바는 의무퇴직 금지법이 원래는 이익단체들이 주도하는 민주주의 체제에서 만들어졌는데 막상 시행되고 나니 되돌리기 어려워 난감해진 법들 중 하나라는 것이다. 연령차별을 금지하는규칙들은 호소력이 있으며 다수의 유권자들은 자신들이 차별금지법으로 혜택을 입는다고 생각한다. 그 규칙이 정년퇴직 조항을 전면 금지하는 데까지 확대될 때도 유권자들은 자신들의 삶이 나아질 거라고 생각했다. 처음에는 연령차별 금지법에 몇 가지 예외 조항이 있었기 때문에, 그 법률이 도입되는 데 반대하던 세력들도 고령 노동자가골칫거리가 되는 명백한 사례들을 지적하기가 어려웠다. 유권자들은 누군가가 더 이상 업무를 수행할 수 없다는 점을 입증하는 일은 대단히 어렵다는 점을 과소평가했다. 고용주들은 연령차별 금지법 반대 활동에 적극적으로 투자하지 않았다. 그들은 확정급여형 퇴직연금이라는 수단으로 상당히 효과적으로 퇴직을 유도할 수 있었기 때문이다. 실제로 정년퇴직 금지법이 시행됐을 때 대다수 기업은 확정기여형 퇴직연금 방식을 채택하고 있었고, 직원들은 공적연금을 수령하는 연령에 도달하기 전에 퇴직했다. 이제 상황이 달라졌다. 퇴직연령의 중간값은 높아지고 있지만 조기퇴직을 장려하는 주된 수단은 법률 등 여러 가지 이유로 무용지물이 됐다. 다수의 노동자들은 생산성이 임금 수준과 일치하는 시점이 지나서도 그 자리에 오래 머무르려 한다. 그러면 고용주들의 고충은 커질 것이고, 고령 노동자들이 퇴직하기 전까지 채용되지 못하는 젊은 노동자들도 힘들어할 것이다. 게다가 인구 전체 연령의 중간값이 높아지면서 노인들이 상당한 정치력을 획득했다. 정년퇴직 금지법을 공격하거나 성과가 낮은 직원(연령차별 금지법의 보호를 받는)을 해고하기 쉽게 만들려는 시도를 했다가는 노인이라는 강력한 집단의 맹렬한 반대에 부딪칠 것이다. 한편 젊은 노동자들이 그만큼 맹렬하게 변화를 옹호할 것 같지는 않다. 청년이라는 잠재적인 이익단체의 구성원들은 법이 바뀐다고 해서 자신들 개개인이 이익을 본다고 확신하지 못하기 때문이다. 본래 정치라는 영역에서는 명백한 잠재적 패배자에 해당하는 집단이 여기저기 흩어진 잠재적 승리자 집단보다 훨씬 활발히 움직이고 성공을 거둔다. 젊은 노동자와 유권자들이 나서서 정년퇴직 금지 조항(피고용인들이 동의하더라도 정년퇴직을 금지하는 조항)을 폐지할 가능성은 낮다.

만약 변화가 생긴다면, 그것은 기업들이 계약의 자유가 보장되는 다른 나라로 옮겨가고 있다는 증거가 나온 다음일 듯하다.

주로 정년퇴직의 형태로 이루어지는 연령차별은

어떤 합리적인 규칙이 아니라

사회적 편견을 근거로 한다.

그리고 그것은 다른 모든 차별과 똑같이

매우 비윤리적이다.

강제 은퇴에
반대한다

마사 누스바움

나와 동년배인 모든 미국인 학자들과 마찬가지로 나는 순전히 때를 잘 만난 덕분에 끔찍한 운명에서 벗어났다. 69세인데도 나는 여전히 즐거운 마음으로 학생들을 가르치고 논문을 쓰고 있으며 은퇴할 계획은 없다. 왜냐하면 미국이 정년퇴직 제도를 폐지했기 때문이다. 또 한 가지 행운. 법이 바뀐 지 벌써 오래됐으므로 나는 정년퇴직 조항에 서명해야 한다는 생각을 해본 적도 없고 나 자신이 65세가 되면 내 의사와 무관하게 활동을 중단하는 신세가 되리라고 생각해본 적도 없다.

게다가 철학자는 신기하게도 장수하는 직업이므로 나는 직업적 특성상 '인생 후반'에 나의 생산성이 만족스러운 수준일 거라고 예측할 수 있었다. 키케로를 비롯해 고대 그리스와 로마의 철학자들, 그리고 근현대의 수많은 철학자들이 장수했다는 사실은 다른 장에서 언급했다. 내 또래의 철학자들은 젊은 시절부터 그런 이야기를 익히 들었다. 비교적 최근의 사례들 또한 우리의 희망과 어긋나지 않는다. 작고한 철학자 존 롤스John Rawls는 50세 때 《정의론A Theory of Justice》을 출간하기 전까지 논문이 두 편밖에 없었다. 힐러리 퍼트넘Hilary Putnam은 90세 생일을 며칠 앞두고 2016년 사망했는데, 마지막 순간까지 발상을 전환하고 새로운 개념을 고안했다. 그의 85세 생일 기념 학술행사에서 젊은 철학자들은 논리수학에서 종교철학에 이르는 다양한 분야에 걸친 그의 업적을 열거한 논문을 사흘에 걸쳐 발표했다. 그 자리에서 퍼트넘은 활기차게 일어나 모든 논문에 일일이 반응했으며, 거의 항상 발표자보다 재미있는 말을 던졌다.

그래서 유럽이나 아시아에 직장을 잡았던 철학자들이 나보다 몇 살 아래인데 벌써 은퇴하는 모습을 보면 이상하기도 하고 불행해 보이기도 한다. 그들 중 몇몇은 교수 자리와 연구실을 내준 것은 물론이고 대학에서 제공하는 주택에 살지 못하게 되어 새로운 거처를 구해야 했다. 한적한 교외로 나가서 살다 보니 동료 학자들이나 대학원생들을 자주 만나기 어려워진 사람도 있다. 아니면 그들이 의식적으로 과거의 동료들을 자주 만나지 않는 것인지도 모른다. 어느 쪽이든 내 눈에는 뭔가 잘못된 것처럼 보인다. 나는 나 자신이 운명에게 불려가는 순간까지, 또는 다른 일을 해보고 싶어지는 순간까지 내 일을 계속할 수 있어서 기쁘다.

나는 이상주의적이고 낭만주의적으로 사는 사람이어서 내 일을 지극히 사랑한다. 솔은 나와 반대다. 그에게 삶은 확고한 현실이다. 그러니 이제부터는 내 감정이 어떻다는 소리는 그만두고 주장을 개진하려고 한다. 다행히 나는 준비되어 있다. (만약 이것이 이메일이라면 이 문장 뒤에 웃는 얼굴 이모티콘을 넣었을 것이다.)

경고: 이 글에서 나는 별생각 없이 같은 업무를 반복하는 사무직 노동이나 힘든 육체노동에 대해 이야기하는 것이 아니다. 노동자 스스로 의미 있다고 느끼는 일에 대해 이야기하려는 것이다. 미국에서 단순 직업이나 육체노동에 종사하는 사람들에게 은퇴는 인기 있는 선택이며, 적절한 조건만 갖춰진다면 솔이 제시하는 의무퇴직도 괜찮은 방안일지 모른다. 우리는 은퇴가 허용되는 연령과 반드시 은퇴해야 하는 연령을 신중하게 구별해야 한다. 요즘에는 따분한 직장에서 조기퇴직하고 더 의미 있는 두 번째 직업을 선택하는 경우가 늘고 있다. 내가 다니는 예배당의 랍비와 성가대 지휘자만 해도 둘 다 여성인데 최근에 직업을 바꿨다고 한다. 만약 특정한 형태의 의무퇴직으로 그런 커리어 전환의 문이 닫힌다면, 노인들이 선택할 수 있는 의미 있는 두 번째 직업은 자원봉사밖에 남지 않을 것이다. 자원봉사는 충분한 수입을 가진 사람들만 할 수 있다.

의료보험, 평등, 순응적 선호

더 깊이 들어가보자. 학계에서 내가 목격한 정년퇴직 가운데 가장 좋았던 사례는 핀란드의 정년퇴직이다. 나는 핀란드에 장기간 체류한 적이 있는데, 지금은 나와 친한 친구들 대부분이 65세에 도달해 정년퇴직자가 됐다. (핀란드에서는 모든 분야에서 정년퇴직이 강제된다. 내가 잘 아는 곳은 학계인 만큼 일단 핀란드의 학계에 초점을 맞춰보자.) 핀란드의 자연환경은 건강에 좋으므로 나의 퇴직자 친구들 역시 대부분 건강하고 아직 생산성도 높을 것 같다. 하지만 그들은 강의를 하거나 사무실로 출근하지 않는다. 그들 중에 불평하는 사람은 없다. 내가 아는 범위 내에서 핀란드 사람들은 대체로 만족을 표한다. 사실 핀란드는 사회 규범상 불평불만을 허용하지 않는다. 핀란드인은 절박한 상황에서도, 심지어 동료에게도 불평하지 않는다. 그들의 사고방식에 따르면 불치병에 걸렸을 때 바람직한 대처법은 인생이 마감되기 며칠 전까지 침묵하는 것이다. 그래서 내 핀란드인 친구들은 불평을 하지도, 이익단체를 만들어 운동을 시작하지도 않는다. 그럼 그들의 마음 깊은 곳에는 어떤 생각이 있을까? 핀란드의 사회적 규범이 사람들의 마음속 깊은 곳까지 영향을 미칠 것이다. 나름대로 조사하고 관찰하고 사람들에게 물어본 결과 나는 핀란드 사람들이 만족을 느낀다고 진심으로 믿게 됐다. 만약 강한 불만을 품는다면 그들은 그 감정에 대해 죄책감을 느낄 것이다.

핀란드 철학자들은 왜 미국인들 대부분이 싫어하고 거부하는 제도에 만족할까? 내가 보기에는 사회적 규범과 기대가 가장 큰 요인 같다. 하지만 그것보다 먼저 언급하고 싶은 다른 요인들이 있다.

첫째 요인은 의료보험이다. 핀란드에는 보장성이 높고 질도 높은 보편적인 국영 의료보험 체계가 있다. 핀란드 의료보험은 모두에게 동등하게 적용되며 가입자가 일을 하든 안 하든 의료와 요양 양쪽에서 고품질의 서비스를 제공한다. 핀란드 사람들은 어릴 때부터 이런 체계 속에서 자라기 때문에 노후에 들어갈 돌봄 비용을 걱정하지 않는다. 미국의 메디케어Medicare와 메디케이드Medicaid가 제공하는 노인 보험은 핀란드 체계와 비교해 몇 가지가 부족하기 때문에 미국의 노인들은 더 불안할 수밖에 없다. 최근에는 핀란드가 의료보험 예산을 삭감하기 시작하고 요양보험을 불균등하게 적용하기로 했으므로(불평등에 관한 장을 참조하라) 핀란드 사람들도 은퇴에 대한 걱정을 예전보다는 많이 한다. 물론 국제적인 기준으로 보면 핀란드 사람들은 여전히 많이 보장받는 편이다. 하지만 의료보험의 안정성은 내가 지금 이야기하는 사람들, 즉 일이 자신에게 의미 있기 때문에 일하려는 사람들에게는 핵심적인 문제가 아닐 것이다.

더 중요한 요인은 평등이다. 핀란드인들은 정년퇴직을 차별이라고 생각하지 않는다. (그들의 말에 따르면) 모든 사람이 똑같은 대우를 받기 때문이다. 서열을 의식하게 하는 메시지는 없다. 무조건 숫자로 계산된 나이에 따라 예외 없이 은퇴한다. 특정 연령에 도달하기 전에 존재했던 지위의 차이는 은퇴와 무관하다. 그러니 수치심을 느낄 이유가 없다. 솔의 계획은 여러 면에서 매력적이긴 하지만 그 계획에 지위의 평등은 담겨 있지 않다. 계약 때문에 강제로 퇴직한 사람들은 권력을 가지고 있어서 유리한 장기 계약을 미리 따낸 사람들과 자기 처지를 비교하며 풀이 죽을 것이다. 추측건대 미국인들은 핀란드 사회제도를 좋아하지 않겠지만 솔이 제시한 시스템에 더 불만이 많으리라. 솔의 시스템에서 우리는 불쾌한 비교를 하게 되니 말이다.

그래도 나는 핀란드 친구들에게 묻고 싶다. 이성적으로 생각해서 모든 노인이 똑같이 안 좋은 대우를 받는 것이 왜 '좋은 평등'이냐고. 우리는 모든 시민에게 종교의 자유 또는 표현의 자유를 박탈하는 것을 '좋은 평등'이라고 여기지 않는다.

만약 사람들이 진짜로 생산성 낮은 사람이 됐을 때 퇴직을 당한다면, 아니 그럴 때만 의무퇴직을 당한다면, 그 사람들은 솔의 시스템에서보다 더 큰 모욕감을 느낄 것이다. 하지만 적어도 마음속에서는 그 차별대우에 근거가 있음을 인정할 것이다. 학계에서 논의되는 모든 합의퇴직 방안에 내재된 불평등 문제는 그렇게 합리적이지 못하거니와 확고한 학술적 근거도 없다. 우리는 이미 그것을 경험하지 않았던가. 의무퇴직 제도가 폐지되기 오래전에 미국 대학들은 누구를 은퇴시킬지를 판단할 때 학문의 유행과 사회적 편견 등 업무와 무관한 요인들을 고려했다. 내가 하버드대학원에 있던 시절 하버드대학은 합법적인 권한에 따라 피고용인 중 일부는 65세에, 일부는 68세에, 일부는 70세에 퇴직하도록 결정했다. 당시 퇴직연령에 대한 판단 기준은 학문적 업적이나 학교에 기여한 정도가 아닌 것이 분명했다. 대학 당국은 유행과 인기도, 동창들의 인맥, 심지어는 계급과 (슬프지만 인정할 수밖에 없다) 반유대 감정을 의식했다. (젠더는 선택의 근거가 되지 못했다. 정년을 보장받은 여성 교수는 없었으니까.) 요약하자면 불평등한 대우는 일반적으로도 문제가 되지만, 불평등한 대우가 교육기관에 학문적 사명과 별 관계 없는 기존의 위계질서를 따르면서 학문 활동을 왜곡할 동기를 제공할 경우 한층 더 심각한 문제가 된다.

솔의 계획대로 된다면 이런 식의 왜곡이 줄어들까? 사람들이 은퇴 연령에 가까워질 때 협상하지 않고 미리 협상을 하는 만큼, 어느 정도까지는 왜곡이 방지될 것 같다. 그러나 불평등이 학교 시스템의 일부로 굳어지고 나면, 사전 계약을 체결할 때도 건전한 학문적 가치를 판단 기준으로 삼지 못하게 된다. 예컨대 대학들은 사전계약서를 작성하면서 그 사람이 자신들이 선호하는 유형의 인물인지, 아니면 그 시대에 부합하는 인물인지 여부를 판단할 수 있다. 1970년대에 하버드 대학의 평판을 떨어뜨렸던 편견(1970년대부터 미국에서 인문학과 기초 학문을 경시하기 시작한 현상을 가리킨다—옮긴이)에서 우리가 완전히 벗어났다는 농담은 하지 말자. 우리에게는 아직도 편견이 있다. 그 편견이 구체적으로 무엇이며 어디에 있는지 모를 뿐이다. 확실한 것은 교육기관들은 항상 "중요하지 않은irrelevant" 학문이라든가 "쓸모없는useless" 학문에 대한 편견으로 가득 차 있다는 점이다. 오늘날 환경에서는 인문학 교수들은 대부분 단기계약을 체결하고 더 "중요한" 학문을 전공한 사람들은 장기계약을 따낼 우려도 있다. 나이든 인문학 교수들이 은퇴한다고 대학들이 그 자리를 젊은 인문학 교수로 채울 것 같지도 않다. 유럽에서는 젊은 교수를 채용한다는 것이 의무퇴직을 옹호하는 논리로 자주 제시되지만, 미국의 대학이라면 그 학과를 아예 축소해버릴 가능성이 높다. 만약 저명한 노교수들이 인문학 학과들을 보호하지 못하게 된다면 학과 통폐합이나 축소에 대한 반발은 오늘날보다 줄어들 것이다(유럽에서는 이런 주장을 펼치기가 어렵다. 유럽인들은 왕성하게 활동하는 저명한 철학자들을 은퇴시키는 것이 젊은 학자들을 보호하는 방법이라고 믿는다).

물론 정년퇴직 제도가 없더라도 잘못된 가치관 때문에 대학들이 새로운 사람을 채용하지 않고 은퇴한 사람의 자리를 더 "유망한" 학과에 배당할 수도 있다. 그러나 시간이 약이다. 대부분 유행은 한때뿐이고, 학교와 사람들은 이따금 정신을 차린다. 사실 나는 인문학을 옹호하는 이야기를 늘어놓으면서 인문학 경시 풍조도 곧 바뀔 거라는 주장을 계속 하고 싶다. 만약 그걸 위해 200살까지 살아야 한다면 기꺼이 그렇게 하겠다.

핀란드는 독특한 방법으로 평등 문제가 발생하는 것을 방지했다. 65세를 넘긴 사람을 모두 똑같이 대우하는 것이다. 이런 조치가 우리에게 진정한 법 앞의 평등을 보장하는가라는 질문은 여전히 유효하며, 나는 뒤에서 이 문제를 다룰 것이다. 그런데 문제가 하나 더 있다. 사회과학에서 '순응적 선호Adaptive Preference'(억압당하는 사람들 또는 불리한 처지에 있는 사람들이 자기 마음이 편해지는 방식으로 그 상황을 긍정적으로 재해석하는 현상—옮긴이)라고 부르는 유명한 개념을 생각해보자. 순응적 선호란 사회가 뭔가를 허락하지 않을 때 사람들이 스스로 눈높이를 낮춰 그것을 좋아하지 않게 되거나 애초에 기대하지도 않게 되는 현상을 의미한다. 정치학자 존 엘스터Jon Elster는 이 현상에 이솝 우화에서 따온 '신 포도sour grapes'라는 별명을 붙였다.[1] 엘스터는 주로 봉건제 사회를 이런 개념으로 설명했다. 수백 년 동안 사람들은 세상에는 두 종류의 계급이 있고 각 계급에 속한 사람들의 운명이 다르다는 '사실fact'에 익숙해졌고, 그래서 그 운명에 저항하지 않았다. 엘스터의 주장에 따르면 산업혁명을 계기로 생산적인 불만이 한꺼번에 터져나왔다. 경제학자 아마르티아 센Amartya Sen은 '여성은 태어날 때부터 남성보다 열등하며 남성보다 약한 존재'라고 가르치는 나라에서 여성들이 자신의 교육 수준과 건강 상태에 만족한다고 말하는 현상을 순응적 선호 개념으로 설명했다. 센은 1943년 인도 동부 벵갈에서 발생한 대기근Great Bengal Famine 이후 배우자를 잃은 남편들과 아내들을 연구했다. 홀로 남은 남편들은 자신의 건강 상태에 대해 끝없는 불만을 표시했다(수족처럼 시중을 들어주던 사람이 이제 없으니까). 홀로 남은 아내들은 이제 자신들은 세상에 존재할 이유가 없는 거나 마찬가지라는 말을 거듭해서 들은 상태였다. 중립적인 의학적 검진 결과 그들에게는 영양 결핍을 비롯한 여러 가지 질병이 있었는데도, 그들은 자신의 건강 상태가 "괜찮다"거나 "좋다"고 대답했다.[2] 우리의 몸이 평소에 느끼는 것이 우리의 기준점이 된다. 만약 내가 지금까지 살면서 충분한 영양을 섭취한 적이 한 번도 없다면, 그리고 여성은 남성보다 약하다는 말을 날마다 들었다면, 나는 객관적인 기준으로 건강하지 않더라도 내 몸 상태가 좋다고 생각할 것이다.

낙인에 관한 에세이에서 나는 순응적 선호가 노인들에게 광범위하게 나타난다는 연구 결과를 인용할 것이다. 그리고 순응적 선호와 일상 속의 암묵적인(하지만 엄연히 불법인) 연령차별의 관계를 탐구할 것이다. 그래서 나는 핀란드 친구들의 긍정적인 말을 곧이곧대로 받아들이기가 조금 망설여진다. 그들의 만족은 그저 갓난아기 때부터 '65세가 되면 다른 사람들을 위해 자리를 비워줘야 한다'고 들은 사람들이 그 현실에 자신의 희망을 적응시킨 결과인지도 모르니까. 미국인들이 그런 시스템에 만족하지 못하리라는 예상은 엘스터의 분석에 등장하는 산업혁명 같은 것인지도 모른다. 생산적인 불만이 터져나왔다. 베이비붐 세대들은 가만히 누워서 죽을 날만 기다리기를 거부한다.

순응적 선호는 현실에 영향을 미친다. 하지만 고령 노동자가 은퇴할 경우에 주어지는 각종 사회적 혜택에도 불구하고 고령 노동자의 수는 예상처럼 빠르게 줄어들지 않고 있다. 노년기의 노동 생산성에 관한 편견이 거짓임을 입증한 연구도 여러 편 있다.[3] 따라서 우리는 고령 노동자들이 실제 기여도에 비해 많은 임금을 받는 것이 아닐 뿐더러, 순응적 선호에 의해 활동을 억제당하지 않았을 경우 그들이 발휘했을 생산성을 기준으로 본다면 오히려 돈을 적게 받고 있다는 결론에 도달하게 된다.

불행히도 우리가 지금까지 수행한 연구로는 사회적 낙인과 의무퇴직의 상호관계를 파악하기가 어렵다. 다만 정년이 정해져 있지 않다는 사실이 우리 주변에서 흔히 발견되는 모욕적인 메시지들을 어느 정도 상쇄한다는 추측은 가능하다. 적어도 지금의 미국 노인들은 일관되게 부정적인 메시지가 아니라 긍정과 부정이 섞인 메시지를 받고 있다. 이 연구는 미국 데이터와 영국 데이터를 함께 활용하는데, 영국은 원래 어떤 분야에는 정년퇴직이 있고 어떤 분야에는 없는 나라다. 그래서 우리의 데이터로 사회적 낙인과 정년퇴직의 상호작용을 연구하기는 어렵다. 핀란드를 보면서 내가 우려하는 부분은 우리가 스스로 우리의 가능성과 기대치를 조정하게 될 가능성이다. 만약 우리가 생산적인 노동은 65세에 끝난다는 말을 갓난아기 때부터 듣는다면 우리는 그 말을 믿고 우리의 가능성과 기대치를 그것에 맞춰 조정하지 않겠는가? 즉 우리는 노인이 되면 활동을 중단할 것이라고 스스로 생각하며, 다른 사람들도 그렇게 기대한다. 사무실 공간과 연구 지원 같은 혜택은 고사하고 늘 받던 초대장이나 젊은 동료들로부터의 존경 어린 대접도 받을 수 없다.

그리고 우리는 자신이 쓸모없는 존재라고 간단히 생각해버리기 때문에 항의도 하지 않는다. 은퇴한 내 핀란드 친구 중 하나는 처음에는 남편(남편 역시 의무퇴직을 했다)과 함께할 시간과 헬스클럽에 다닐 시간이 늘어났다는 생각에 행복해했다. 하지만 2년이 지나자 그녀는 친구인 내가 핀란드로 강연을 하러 갔는데도, 강의 후 저녁식사 자리에 나오는 걸 부끄러워한다. 내가 초대를 했지만 그녀는 그 자리에 자신이 어울리지 않으니 거절해야 한다고 생각한다. 이것은 심리적 억압 psychological tyranny 중에서도 나쁜 억압이다.

명예퇴직은 당사자들의 모욕감을 덜 수 있는 형태로 다시 설계해야 할 것 같다. 우리 로스쿨에서는 은퇴한 교수들도 연구실을 가지고 있으면서 원탁 오찬에 초대받으며, 본인이 원할 경우 강의를 맡기도 한다. 하지만 교수 외의 다양한 직업에 두루 적용 가능한 해결책을 설득력 있게 제시한 사람은 아직 없다.

물론 솔의 계획 하에서는 핀란드 체제에 비해 개인이 유연성을 훨씬 많이 발휘할 수 있다. 솔의 계획에서 불평등 문제를 야기하는 바로 그 특징은 순응적 선호라는 변수에 대해서는 긍정적으로 작용한다. 솔의 계획은 특정한 연령이 되면 일을 그만둬야 한다고 강제하지 않는다. 사람들은 자기 주변에서 나이가 들어도 생산적으로 일하는 이들을 자주 보게 되고, 노인들은 자신을 모욕적인 사회 규범을 통해 바라보지 않아도 될 것이다. 그래도 걱정되는 부분은 있다. 미국은 유독 젊음을 숭배하는 사회이기 때문에, 우리 모두가 사회의 심리적 억압에 저항하고 우리 자신과 그 가치를 올바로 인식하기 위해서는 정년퇴직 제도 자체를 아예 폐지하는 방법밖에 없다. 그래야 우리가 존중받으며 생산적인 삶을 계속 살아가고, 숫자로 계산된 나이에 따라 우리 자신의 가치를 판단하지 않을 수 있다.

때로는 유연한 정책의 장점이 명확하더라도, 유연성에 수반될 가능성이 있는 오용을 방지하기 위해 경직된 규칙per se rule을 정하는 것이 좋다. 예컨대 성희롱 정책은 완고하다. 설령 그 정책 때문에 별 문제없는 성적 관계가 일부 금지되는 한이 있더라도 오용을 방지한다는 점에서 경직된 규칙이 더 낫다.

평등한 법적 보호

정년퇴직 제도 폐지의 가장 큰 장점은 밀John Stuart Mill이 여성차별 폐지를 옹호하며 주장했던 것과 동일하다. 밀은 사회의 중요한 기구들이 "불공정보다는 공정함에 근거해서" 운영되는 것이 좋다고 했다. 정년퇴직 제도를 폐지할 때의 혜택은 그게 다가 아니다. 노동은 사람의 건강과 행복을 위해 반드시 필요하다. 이것은 키케로가 일찍부터 간파했으며 지금은 폭넓게 인정되고 있는 사실이다. 미국식 체제의 장점 가운데 하나는 이제 사람들이 같이 일하는 동료들의 나이를 별로 의식하지 않는다는 것이다. 그리고 출근 전날의 즐거움도 덤으로 얻을 수 있다. 나이가 제각각인 동료들과 만나 대화를 나누고 연령을 초월한 우정을 가꿀 기회를 기다리게 되니까. 1장에서 언급했듯, 키케로의 책에는 젊은 청년들이 카토를 찾아가서 그에게 존경을 표하며 그의 곁에 머무르는 모습이 나온다. 키케로는 세대를 넘나드는 우정이 나이든 사람에게나 젊은 사람에게나 무척 귀중하다는 점을 알았고, 자신의 나이든 스승들에 대해서도 종종 언급했다.

밀은 모든 형태의 지배가 그 지배력을 행사하는 사람들에게는 "자연스러워" 보인다는 점을 강조했다. 봉건제 사회에서 귀족들은 '농노들은 태어날 때부터 다른 종류의 인간'이라고 생각했다. 혁명이 일어나고 나서야 비로소 의식이 바뀌었다. 인종차별과 성차별도 마찬가지로 그 차별이 '본성nature'에서 비롯된다는 믿음(그것도 진실한 믿음)으로 합리화됐다. 장애인에 대한 차별은 과거에는 사회악으로 간주되지 않았다. 오랜 세월 동안 이른바 '정상인'들은 사회가 자신들의 필요(그들의 신체적 한계는 여기에 포함된다)에 부응해야 마땅하며 '불구자들the handicapped'은 사회 바깥에 머무르는 것이 자연스럽다고 생각했다. 과거 성적 지향에 근거한 차별은 남녀 동성애자들이 "본성에 반하는" 행동을 한다는 논리로 부당하게 합리화되었다. 다음번 의제는 연령이다. 아직까지 현대 사회는 연령에 따른 불평등한 대우를 차별로 보지 않는다. 왜냐하면 그건 "본성이니까". 그 말은 틀렸다. 주로 정년퇴직의 형태로 이루어지는 연령차별은 합리적인 규칙이 아니라 사회적 편견을 근거로 한다. 그것은 다른 모든 차별과 똑같이 매우 비윤리적이다.

이제 '정년퇴직 제도를 폐지하면 비용이 너무 많이 든다'라는 가장 흔한 반대 논리에 대해서도 생각해보자. 우선 우리는 공적연금을 통해 노인들을 지원하는 방법보다 노인들이 계속 생산적으로 일하도록 하는 쪽이 비용이 덜 든다고 지적할 수 있다. 또한 우리는 여기서 끝내지 말고 이렇게 대답해야 한다. "어떤 집단을 다른 집단과 똑같이 존중하고 법적으로 평등하게 보호하는 문제에서는 비용보다 법률이 우선한다." 장애를 가진 아이들을 공립학교 교실에서 다른 아이들과 똑같이 공부하게 하는 문제에 대해 비용이 든다는 반론이 나왔을 때, 미국 법원은 학교의 경영상 적자 때문에 학생들을 "추가로" 수용하기 어렵다는 주장은 다수에 비해 이미 불리한 위치인 어떤 집단에 더 부담을 지우는 근거가 될 수 없다고 판결했다. 이것이 올바른 반응이다.

그러면 일자리가 부족하기 때문에, 아니 더 날카로운 표현을 써서 "그들이" "우리의" 일자리를 빼앗아가고 있기 때문에 "일터에서 여성과 소수자들을 몰아내자"라고 말하는 사람들에게는 뭐라고 답해야 할까? 이성을 가진 사람이라면 이런 주장에 분개하면서, 일할 자격을 갖춘 모든 사람에게 평등의 원칙에 따라 기회를 부여하는 것이야말로 가장 중요한 사회 정의라고 반박할 것이다. 세상의 모든 사람이 이성적이지는 않은 탓에 이런 '주장'을 펴는 이들은 최근 미국 주류 정치에서 큰 세력으로 부상했다. 그러나 대중의 분노를 살지도 모른다는 두려움 때문에 옳은 일을 중단할 수는 없다. 민권운동 시대에 무자비한 폭력이 인종차별 철폐 투쟁을 중단시키지 못했던 것처럼.

우리가 이런 이야기를 하면 반대론자들은 고령 노동자는 너무 비싸다고 대답할 것이다. 나이든 사람은 정신적·육체적으로 특별한 대우를 요한다고 말할지도 모른다. 우선 키케로의 책에 나온 가상인물 카토가 했던 대답을 그대로 들려주자. 그건 순전히 여러분의 습관에서 비롯되는 결과라고. 노인들 대부분은 특별한 대우를 전혀 요구하지 않는다고. 설령 노인들이 특별한 대우를 요구한다고 치자. 미국 장애인법Americans with Disabilities Act(장애인들에게 평등한 고용 기회 및 공공서비스와 편의시설 이용의 접근성을 보장하기 위해 1990년 미국에서 제정된 법―옮긴이)에 따르면 고용주들은 모든 장애인 노동자에게 합리적인 수준의 편의를 제공해야 한다. 편의를 제공하는 데 드는 비용은 정의를 실현하기 위한 필요조건으로 인정받는다.

하지만 모든 편의를 제공했는데도 노인들의 업무 수행 능력이 정말로 심하게 저하된다면? 미국식 시스템에서 고용주들은 그런 노인들에게 보상금을 제안하면서 퇴직을 유도할 것이고, 학계 외의 영역에서는 정당한 요건을 갖춰 해고를 단행할 수도 있다. 현재 미국에서 금지되는 것은 단 두 가지다. 노인에게 편의를 제공하길 거부하면 안

되고, 연령에만 근거한 해고도 불법이다. 노인들의 삶은 무척 다양하기 때문에 이것이 합리적인 원칙이다. 연령차별의 주된 형태인 의무퇴직은 우리 시대의 가장 비도덕적 행동이다. 의무퇴직은 정의에 관한 어떤 이론도 외면할 수 없는 정의의 다음번 경계선이다.

미국이 의무퇴직 제도를 거부하고 연령차별을 금지하는 법을 채택한 것은 잘한 일이다. 나는 모든 나라가 미국의 선례를 따라야 한다고 생각한다. 사실 법의 힘은 상상 이상으로 강력했다. 미국은 어느 나라 못지않게 젊음을 예찬하지만 한편으로는 고령 노동자들을 무척 공정하게 대우하는 나라인 것 같다. 만약 법이 확실하고 명료하지 않았다면 미국의 고령 노동자들은 지금처럼 공정한 대우를 받지 못했을 것이다. (미국은퇴자협회AARP를 필두로 한 로비단체들의 활동이 없었다면 법은 확실하고 명료하게 만들어지지 않았을 것이다.) 연령차별은 불법임에도 끈질기게 유지되고 있어, 아직 해야 할 일이 많다. 그래도 나는 우리 같은 나이든 교수들에게 '마지막'이 정해져 있지 않아서 기쁘다. 물론 우리 모두를 기다리고 있는 '마지막'은 있지만. 그리고 유용한 일을 하는 것은 그 궁극적인 마지막에 대한 부질없는 걱정에 빠져들지 않는 좋은 방법이다.

6장

중년 이후의
사랑

오페라, 연극, 영화에서 나이든 여성은 어떻게 묘사되는가? 현명한 사람은 무엇을 기준으로 애인을 선택할까? 연애에서 나이는 왜 중요한가? 나이 차이가 많이 나는 커플을 어떻게 봐야 할까?

나이 드는 여성의
연애와 섹스
리하르트 슈트라우스의 거짓말,
셰익스피어의 바른말

마사 누스바움

나이든 여성들의 사랑에 관한 에세이를 시작하는 방법은 무수히 많다. 대중문화를 인용하는 것이 그중 하나다. 실제로 나는 글의 마지막 부분에서 영화 몇 편을 분석할 작정이다. 대신 글의 시작 부분에서는 '고급예술'인 오페라 이야기를 하려고 한다. 이 선택은 내가 오페라 애호가라는 사실과도 관련이 있지만, 어느 정도 거리를 두고 객관적인 시점에서 사랑과 나이듦에 대한 거짓말들을 정면으로 반박하기 위함이기도 하다. 리하르트 슈트라우스Richard Strauss의 〈장미의 기사Der Rosenkavalier〉(1910)는 고급예술인 동시에 대중적인 작품이다. 적어도 지나간 시절에는 대중적이었다. 〈장미의 기사〉는 우리에게 해로운 어떤 거짓말과 편견들을 드러낸다. 문화적 차이가 있으므로 현재의 우리는 그것이 거짓임을 어렵지 않게 알아차린다. 그러나 우리가 사는 세상에도 그것과 비슷한 거짓말들이 난무하고 있다.

가식적이고 감상적인 오페라

〈장미의 기사〉는 유명한 주류 예술작품 가운데 나이 드는 여성의 사랑과 성이라는 주제를 폭넓게 다룬 희귀한 작품이다.[1] 어느 저명한 비평가는 〈장미의 기사〉야말로 20세기에 작곡된 오페라 중 가장 대중적인 작품이며 "매력적이고 아름답기까지 해서 언제나 관객의 사랑을 듬뿍 받는 궁극의 작품"이라고 주장한다.[2] (내가 보기엔 모든 관객의 사랑을 받지는 않는다!) 그리고 정말 많은 사람이 〈장미의 기사〉가 중요한 주제들을 다루는 방식을 높이 평가한다. 첫 장면은 대단히 과감하고 관능적이다. 서곡에서 오케스트라가 성적 쾌락을 노골적으로 묘사하는 곡을 연주한 직후, 대원수의 부인인 마르샬린이 10대 청년 옥타비안과 함께 침대에 누워 있는 모습이 보인다. 이 장면을 본 사람들은 이제부터 여성의 나이듦이라는 주제에 대해, 그리고 어쩌면 나이차에 대해서도 진지한 탐색이 이루어질 것이라고 예상한다. 극이 전개되는 동안 마르샬린은 옥타비안을 그와 같은 또래의 젊은 여성에게 보내줘야 한다는 사실을 받아들인다. 그녀의 사색은 달콤쌉싸름하다. 그녀는 시간의 불가피한 흐름을 인정하면서 불꽃같은 연애를 포기하고, 남편(이 남편은 아예 등장하지 않는다)이 오래전에 그녀를 데려가서 아내로 삼았던 것과 같은 전통을 따른다. 이 오페라에서 마르샬린의 사색과 플롯의 전체적인 구성은 심오하다는 평가를 받는다. 그리고 슈트라우스의 의도는 마르샬린을 덕망 있고 지혜로운 여성으로 묘사하려는 것이었다. 그는 여성이 나이가 들면 어떤 모습이어야 하고 어떤 행동을 해야 하는가에 대한 규범을 제시하려 했다. "그녀의 지혜와 지식은 감탄을 자아낸다." 어수룩한 비평가 버튼 피셔Burton Fischer가 쏟아낸 칭찬이다. 그는 마르샬린의 선택을 다음과 같이 평가했다.

마르샬린은 양심과 지혜를 가진 현명한 인물로서 현재와 과거와 미래에 대해, 즉 시간에 대해 깊이 이해한다. 그녀는 예민한 감수성에 힘입어 자기 마음을 솔직히 인정하고 (…) 이야기를 올바른 결론으로 이끈다.[3]

피셔의 과장된 수사법이 약간 거슬리긴 하지만, 수많은 비평가와 관객이 정확히 이런 식으로 반응했다. 그리고 슈트라우스 역시 사람들이 이런 반응을 보이기를 기대했던 것이 분명하다. 마르샬린은 슈트라우스가 노년기에 창조했던 차분하고 현명한 여성 인물 중 하나다. 반대로 슈트라우스가 젊은 시절에 작곡한 작품들에는 정신이상이거나 심리적으로 흥미로운 특징을 지닌 여성 주인공(엘렉트라, 살로메)이 곧잘 나온다.

독자 여러분의 반응을 예상해볼 겸, 마르샬린의 장점을 나열해보자. 마르샬린은 남들이 행복해지기를 바라는 친절한 사람이다. 그녀는 소유욕이 강하지도 않고 폭군도 아니다. 그녀는 예의범절을 잘 지킨다. 그리고 그녀에게는 적어도 한 번 나이듦에 관한 훌륭한 대사가 주어진다. "그리고 '어떻게'가 중요해. 거기서 모든 게 달라지거든und in dem Wie - da liegt der ganze Unterschied." 이것은 1막에 나오는 유명한 아리아의 끝부분으로, 나이듦 자체는 불가피한 과정이지만 그 안에서 어떻게 살아가느냐는 우리가 선택하기 나름이라는 내용을 담고 있다. 이 대사와 함께 나오는 음악 역시 완성도가 높다. 이 대사는 심사숙고하는 느낌이 아니라 공중에 떠 있는 것처럼 가볍게 끝나기 때문에 웃음을 나타내는 떤꾸밈음과 잘 어울린다.

칭찬은 거기까지. 슈트라우스와 그의 오페라 대본 작가였던 휴고 폰 호프만스탈Hugo von Hoffmanstahl의 첫 번째 거짓말은 불가피성에 관한 것이다. 내가 보기에 이것은 '빤한 거짓말'이다. 이 오페라의 '교훈'에 따르면 여성들에게 나이듦은 굴복과 포기를 의미한다. 여성이 나이가 들면 그의 삶은 처녀 때와 마찬가지로 무조건 금욕적인 것이 되어야 한다. 그것이 '올바른 결말'이다. 대게 관객들은 이 거짓말에 속아서 마르샬린의 성숙한 처신에 박수를 보낸다. 마르샬린의 진짜 나이는 오페라의 대본에는 나오지 않지만 나중에 슈트라우스가 밝힌 바에 의하면 32세인데도 관객들은 그 거짓말에 넘어간다. 여성 관객들, 그리고 일부 남성 관객들 역시 그녀의 나이가 상당히 많은 것으로 상상했을 것이다. 설사 그렇더라도 그들은 속아 넘어간 것이다. 여성 인물이 흥미로운 도전을 할 수 있는 상황인데도 관객들은 문화적 통념을 너무 쉽게 받아들인다. 슈트라우스는 이중의 게임을 한다. 그는 노년기 여성의 사랑이라는 주제를 다룸으로써 과감하다는 찬사를 듣는 동시에 그 주제에 관해 대단히 전통적인 이야기를 들려주며 관객을 만족시킨다. 〈장미의 기사〉에서 그는 관객에게 도전(그는 자주 관객에게 도전하여 인정받았다)하기는커녕 관객을 위로하고 현실적인 의심과 상상의 여지를 차단한다.

이 오페라에 대해 아무것도 몰랐더라도 독자 여러분은 내가 이런 이야기를 하리라고 대충 예상했을 것이다. 그래서 여기까지는 슈트라우스의 거짓말도 빤하지만 나의 반론도 재미가 없다.

이제 조금 더 교묘한 거짓말을 다룰 차례다. 슈트라우스의 시대에 살던 관객들만이 아니라 현대의 오페라 관객들조차 마르샬린의 체념을 당연한 일로 받아들이는 이유는 무엇일까? 마르샬린의 섹스에 대한 선택을 생각해보자. 본인의 설명에 따르면 원래 마르샬린은 수녀원에 머물고 있었는데 누군가가 그녀를 데려가더니 사랑하지도 않는 사람과 결혼을 시켰다. 그녀의 동의를 구하는 과정은 거의 없었다. 남편이라는 사람은 공연 내내 사냥만 다니기 때문에 무대에 등장하지도 않는다.[4] 작곡가 슈트라우스의 의도처럼 마르샬린이 정말로 똑똑하고 현명한 여성이라면 우리는 그녀가 애인에게서 무엇을 얻으려 할 거라고 짐작해야 할까? 섹스. 그렇다. 하지만 섹스는 10대 남자에게서만 얻을 수 있는 건 아니다. 아마도 그녀는 대화, 유머, 그리고 인간 대 인간의 진실한 사랑을 원할 것이다. 그런데 극중에서 마르샬린은 17세(옥타비안의 나이는 슈트라우스가 정확히 밝혔다)밖에 안 된 소년에게 관심을 가진다. 아니, 실제로 그 소년은 더 어릴지도 모른다. 오페라 공연에서 옥타비안 역할은 여성 메조소프라노 성악가가 맡아도 되기 때문이다. 마르샬린은 사춘기 소년의 성적 열망에 의존하며, 대화라든가 인간적인 친밀함의 가능성은 전혀 없는 관계를 추구한다. 알려져 있는 바를 토대로 판단하면 옥타비안은 겉모습은 아름답지만 매우 아둔한 10대 소년이다. 똑같이 오페라에 나오는 10대 소년이라도 모차르트가 창조한 케루비노(옥타비안의 원형으로 알려져 있다)는 한결 깊이 있는 인물이다. 케루비노는 뜨거운 욕정보다 사랑을 우선시하며, 자신의 감정을 표현하기 위해 매우 아름다운 노래를 지어 부르기도 한다. (〈그대는 아는가, 사랑의 괴로움을Voi che sapete〉이라는 훌륭한 아리아는 케루비노가 작사하고 작곡한 것으로 나온다. 그리하여 케루비노라는 인물은 옥타비안에게는 없는 흥미롭고 생생한 느낌을 자아낸다. 옥타비안도 사랑스러운 노래들을 부르긴 하지만 사랑에 관한 노래를 하지는 않는다. 그가 작곡을 했다는 암시도 없다.) 케루비노는 뛰어난 유머감각을 지니고 있는 반면, 옥타비안은 유머감각이라는 분야에서 낙제점에 가깝다(슈트라우스와 호프만슈탈은 모차르트와 다 폰테Da Ponte가 아니니까).

18세기 비엔나에는 틀림없이 흥미로운 남자들이 많았을 것이다. 그리고 오페라의 세계에서 유부녀와의 정사가 허용되는 것으로 묘사된다는 점으로 미루어볼 때 그 남자들 대부분은 유부녀와의 사랑에 관심이 있었을 것 같다. 그러면 "예민한 감수성"과 "지혜"를 가진 현명한 여성 마르샬린은 어떻게 행동했을까? 주변의 모든 남자들 가운데서 하필이면 섹스에만 관심을 기울이고, 지적인 대화를 나눌 줄 모르고, 그녀를 한 인간으로서 알려고 하지도 않는 남자를 선택했다. 그 남자는 마르샬린을 아름다운 연상의 섹스 선생 내지는 언제든 가질 수 있는 물건쯤으로 여겼다. 그는 어차피 좋은 가문의 처녀들을 사귈 수 있는 처지도 아니었다. 그럼 마르샬린은 왜 그런 선택을 한 걸까? 정신적 불안 때문에? 권력과 통제에 대한 욕망 때문에? 그럴싸한 동기는 제시되지 않는다. 그렇게 현명하다는 여성에게 아무 동기도 없다는 것이야말로 그게 거짓말이라는 증거다. 관객에게 (암묵적으로) 제공되는 유일한 설명은 그녀에게 다른 선택의 여지가 없었다는 것이다.

물론 마르샬린의 '선택'은 그 관계가 끝나는 것이 필연처럼 느껴지는 이유를 설명해주긴 한다. 그녀와 옥타비안의 관계를 유지해줄 동력이 전혀 없으므로, 옥타비안이 사회의 기대를 따라 그녀를 떠나 부잣집 딸 소피와 혼인해도 이상할 것은 없다. 옥타비안은 그 부잣집 딸과도 재미있게 이야기할 거리가 없다. 머지않아 그는 시골로 사냥을 떠나고 소피는 혼자 남아 그녀의 세대에게 '불가피한' 삶을 몸소 실천할 것이다. 21세기에 사는 우리는 마르샬린과 옥타비안의 관계가 끝난다는 사실에 안도감을 느낄지도 모른다. 두 사람의 관계에는 약간의 소아성애pedophilia적 요소가 있고 부적절한 비대칭성과 통제의 가능성도 발견되기 때문이다.

물론 이런 부적절함은 나이차와는 아무런 관련이 없다(희한하게도 대다수 평론가들은 나이차와 관련이 있다고 말한다). 남녀 양쪽이 성숙한 성인으로서 지성과 인격과 재치를 갖추고 대화를 나눌 줄 안다면 나이차는 그다지 또는 아무런 의미가 없다. 둘의 관계가 부적절해 보이는 이유는 옥타비안이 멍청하기도 하지만 성숙한 연애를 하기에는 너무 어리기 때문이다.

일부 남성 독자들이 내가 17세 소년의 매력을 잘 몰라서 그런다고 생각할지도 모르니, 한 가지는 분명히 밝히고 넘어가야겠다. 대다수의 성숙한 남성, 아니, 모든 성숙한 남성은 소년 같은 자아를 가지고 있다. 그들의 성적 호기심과 유쾌한 수용성은 무척 매력적이다. 나는 남자들의 소년 같은 측면들을 긍정적으로 바라보고 있으며, 소년 같은 남자와 현명한 선생 같은 여자가 잘 어울릴 수도 있다고 생각한다. 어쩌면 노년의 여성이 젊은 여성보다 모성이 더 많이 발달해서 남성들의 그런 측면을 더 잘 받아줄지도 모른다. 아동 정신분석의 대가였던 도널드 위니컷Donald Winnicott의 아름다운 표현을 빌리자면 좋은 엄마의 역할은 "자기 자신을 잃지 않으면서 아이에게 공감하고, 항상 아이의 곁에 있으면서 즉흥적인 신호를 받아주고, 진심으로 기뻐하는 것"이다.[5] 사실 이것은 훌륭한 섹스 상대의 역할에 대한 설명으로도 부족함이 없다. 모든 성인은 유아적인 면을 지니고 있으며, 훌륭한 섹스는 유아적인 요소를 따뜻하게 포용한다. 그리고 위니컷은 성인이 된 남녀 모두가 '엄마' 역할을 수행할 수 있다고 강조하긴 했지만, 문화적으로 아기를 양육하는 역할이 여성들에게 더 많이 계발된 것은 분명한 사실이다. 그래서 여자들이 남자 아기를 볼 때 더 쉽게 기뻐하며 더 반가워한다는 설도 있다. 좋다. 이 모든 것을 기꺼이 인정하겠다. 그러나 나는 이런 것들 때문에 여자들이 실제로 10대 소년을 유혹하는 행위에 이끌린다거나, 그런 선택이 덜 슬프고 덜 한심한 것이 된다고는 생각지 않는다.

그래서 이것은 교묘한 거짓말이다. 나이 들고 외로운 여자가 있다고 치자. 그녀는 아름답다고 묘사되지만 결혼생활은 불행하다. 그 여자는 그 어떤 진실한 사랑, 또는 진짜로 흥미진진한 애인을 찾지 못하고 있다. 만날 수 있는 사람이라고는 호르몬이 넘쳐나서 아무하고나 동침할 용의가 있는 사춘기 소년밖에 없었으므로 그녀는 그 소년을 선택한다. 그렇게 해서 그녀는 자기를 우스운 사람으로 만들고, 심지어는 그 행위를 "완전한 사랑"이라고 부르기도 한다(3막). 물론 그런 여성은 실제로도 많고 문학 작품에도 많이 등장한다. 가장 유명한 사례로 영화 〈졸업The Graduate〉(1967)의 로빈슨 부인이 있다. 하지만 우리는 그런 여성들을 현명하고 깊이 있는 사람으로 여기지 않는다. 그것이 나이 드는 여성이 해야 하는 행동의 표본이라고 보지도 않거니와 그녀의 진실한 선택이라고 여기지도 않는다. 당연히 우리는 그런 여자들을 형사재판에 가끔 등장하는 고등학교 교사들과 마찬가지로 어리석고 한심하고 비겁한 사람들이라고 생각한다. 이 작품의 교묘한 거짓말은 다음과 같다. '현명한 여성은 자신이 나이 들고 있다는 사실을 직시한다. 그녀는 나이가 들고 있기 때문에 대단히 부적절한 성적 선택을 할 것이 예상된다. 그래서 현명한 그녀는 강렬하게 분출되는 성욕을 억누르고 애인 구하는 일을 스스로 중단한다(또는 애인 구하는 일을 아예 시작하지도 않는다. 지금까지 단 한 번도 애인을 구해본 적이 없기 때문에). 나중에는 마음을 비우고 섹스 없는 삶을 운명으로 받아들인다.' 어째서? '그녀는 나이든 여성이고, 똑똑한 남자는 아무도 그녀를 거들떠보지 않을 테니까. 호르몬이 과잉 분비되는 사춘기 남자아이라면 또 몰라도.' 이것은 단순한 거짓말이 아니라 생성적인 거짓말이다. 사람들이 이런 것을 믿기 시작하면 그 믿음이 다시 선택을 강제하기 때문이다. (영화 〈졸업〉도 이것과 비슷한 유형의 거짓말을 하고, 이것과 비슷한 유형의 여성혐오를 당시의 신세대 대중에게 전파했다.)

이제 슈트라우스의 거짓말들을 다른 시각에서 고찰해보자. 슈트라우스는 왜 이런 플롯을 선택했으며, 왜 옥타비안의 나이를 극단적으로 어리게 설정한 것일까? 슈트라우스는 나이 드는 여성이 할 수 있는 선택에 대한 자기의 교묘한 거짓말을 진심으로 믿었는지도 모른다. 하지만 다른 추론도 가능하다. 슈트라우스는 옥타비안 역할을 여성 메조소프라노 성악가에게 맡기고 싶어 했다. 적어도 20세기 초반까지 유효했던 오페라 공연의 관습상[6] 그가 옥타비안을 여성 메조소프라노에게 맡기고 싶으면 반드시 그를 어린 10대 소년으로 설정해야 했다. 메조를 선택하면 밀집형 화음close harmony이 들어가는 매우 아름다운 노래를 작곡할 수 있으므로 음악적으로 유리해진다. 그러나 더 솔직히 말하자면 슈트라우스는 인류 사회에서 오랜 전통을 지닌 일종의 포르노그래피를 만든 셈이다. 두 여성의 성적인 포옹 장면을 이성애자 남성들에게 보여주면서 그들을 흥분시키는 포르노. 남성 관객들이 〈장미의 기사〉 첫머리에 등장하는 과감한 성교 장면을 보면서 반드시 그런 포르노를 연상한다는 법은 없다. 옥타비안은 원래 남성이기 때문이다. 그러나 다시 한 번 솔직해지자. 메조소프라노의 신체 조건을 감안하면 그런 변론은 설득력이 없다. 남성 관객들은 오페라를 관람하면서 포르노를 볼 때와 같은 쾌감을 맛보게 된다. 만약 슈트라우스가 가식적인 이중의 장치를 통해 그들을 배려하지 않았다면, 그들은 아마도 옆자리의 아내나 애인 곁에서 그런 쾌락을 즐기는 것에 대해 양가적인 감정에 휩싸였을 것이다. (내가 이성애자 남성에 초점을 맞추는 이유는 이러하다. 오페라 〈장미의 기사〉는 동성애자 남성들에게 특별히 인기 있는 작품이 아니다. 동성애자 남성들은 오페라라면 뭐든 다 좋아하긴 하지만, 그들은 남성의 신체를 멋지게 보여주는 브리튼Benjamin Britten의 〈빌리 버드Billy Budd〉 같은 작품을 선호한다.) 그러면 여성 관객들은? 잘은 모르겠지만, 〈장미의 기사〉가 여성들에게도 인기가 많다는 사실은 다수 여성들이 그 오페라의 거짓말에 속아서 그런 식의 사랑 이야기를 받아들이고 있음을 암시한다. 그런 거짓에 동의하지 않는 여성들도 당연히 있다. 나는 동의하지 않는다.

이제 가장 교묘한 세 번째 거짓말을 살펴보자. 세 번째 거짓말은 나이 드는 여성의 성생활과 감정에 대해 이런 식으로 표현해야만 관객들이 받아들인다는 것이다. 상투적인 줄거리에 따르면 나이 드는 여성은 어리석기 때문에 최악의 선택을 하며, 나중에 정신을 차리고 그 선택을 철회한다. 다시 말해, 그 나이 드는 여성은 처벌받아야 한다. 그것도 이중으로. 어리석고 얄팍한 관계 속에 던져지는 것이 첫 번째 벌이고, 세월과 운명에 관한 고상한 대사와 함께 그 관계를 포기해야 하는 것이 두 번째 벌이다. 이는 과거에 소설 속 남성 동성애자들의 연애가 반드시 죽음으로 끝나야 했던 것과 매우 흡사하다. 실제로 소설가 포스터E. M. Forster는 소설 《모리스Maurice》에 대한 〈최후의 전언 Terminal Note〉에서 그 소설의 출간을 자신의 사후로 미룬 이유를 설명한 바 있다(동성애를 소재로 하는 파격적인 소설 《모리스》는 1913년에 집필됐지만 작가의 사후인 1971년에 이르러서야 출간됐다). 포스터에 따르면 문제는 그 소설이 남성 동성애자들의 사랑을 다뤘다는 점이 아니라 그 주인공들이 행복한 결말을 맞이한다는 점이었다.

행복한 결말은 반드시 필요했다. 나는 굳이 다른 결말을 써야 한다고 생각지 않았다. 어쨌든 소설 속에서는 두 남자가 사랑에 빠지고 영원히 행복하게 살도록 만들기로 결심했다. (…) 만약 둘 중 하나가 올가미에 목을 매달거나 동반자살을 해서 소설이 불행하게 끝난다면 그것은 포르노그래피도 아니고 소수자들의 유혹을 보여주지도 않으니 아무런 문제가 없으리라. 하지만 내 소설 속의 연인들은 둘 다 처벌받지 않고 무사히 살아남기 때문에 결과적으로 범죄를 부추기게 된다.[7]

여기서 포스터가 말하는 '범죄'는 비유적인 표현이 아니다. 영국에서는 남성들끼리의 동성애를 1967년까지 범죄로 취급했다. 반면 나이 드는 여성과 그에 동의하는 남성 사이의 성교는 불법으로 간주된 적이 없다! (국회의원들이 이 점을 놓친 것은 오랫동안 남색의 탈범죄화에 반대하는 가톨릭 자연법 이론Narual-Law의 결정적인 약점으로 받아들여졌다. 자연법 이론에 따르면 재생산의 가능성을 염두에 두지 않은 모든 섹스는 법으로 금지할 수 있다. 일부에서는 그런 섹스를 무조건 금지해야 한다고도 주장했다.)[8] 그러나 문화적 또는 사회적인 견지에서 두 가지 성교는 거의 똑같이 취급됐다. 20세기 초반 관객들은 섹스를 즐기는 남성 동성애자의 처벌을 원했다. 그들은 남성 동성애자들의 성교를 용납하지 않았고, 소설가 포스터가 그런 견해를 작품에 반영하기를 바랐다. 당시의 관객들, 그리고 현재의 관객들은 나이 드는 여성을 처벌하고 싶어 한다. 그래서 그들은 슈트라우스의 도움을 받아 나이 드는 여성의 금욕의 '필연성'과 그녀가 그것을 기꺼이 받아들이는 '심오한 지혜'에 관한 미학적 픽션을 탄생시켰다.

범위를 넓혀 보자면 원래 픽션의 주된 역할은, 특히 19세기와 20세기 초반에 픽션이 했던 역할은 성적 "반항아"로 간주되는 사람들에게 "마땅한 벌"을 내리는 것이었다. 결혼하지 않고 아이를 낳은 여자, 직업적 성공을 노리는 여자, 간통을 범한 여자, 아니면 그저 똑똑한 남자를 원하는 여자 등이 성적 반항아로 간주된다.[9] 이 목록에 포기라는 "지혜"를 보여주지 않는 나이든 여성이 들어간다는 사실을 알아차리기는 어렵지 않다.

이 세 번째 거짓말은 정말로 거짓인가? 관객이 존재하는 조건에서 나이 드는 여성의 성에 대한 선택을 매력적으로 묘사하고, 그녀가 진정 현명한 사람으로서 훌륭하고 흥미로운 선택을 하고 적어도 문학이나 역사가 허락하는 범위 내에서 그 선택과 함께 행복하게 살아가는 모습을 보여주는 것은 가능한 일일까? 이 질문에 대한 답이 "예"라는 점을 확인하기 위해서는 휴고 호프만슈탈보다 깊이 있고 명망 높은 어느 극작가를 만나봐야 한다. 그 극작가는 다름 아닌 〈안토니우스와 클레오파트라Antonius and Cleopatra〉를 써낸 셰익스피어William Shakespeare다. 알다시피 셰익스피어는 훌륭한 역사극을 많이 집필했으며, 클레오파트라는 역사 인물 가운데서도 독보적인 매력을 지닌 여성 주인공이다. 클레오파트라와 안토니우스Marcus Antonius의 사랑에 대해서는 역사적 증거가 많이 남아 있다. 아우구스투스 황제가 제동을 걸었기 때문에 둘의 사랑이 '영원히' 지속되진 못했지만, 두 사람은 죽음을 맞이할 때까지 사랑의 감정을 간직했던 것으로 알려져 있다. 어쨌든 셰익스피어는 그가 희곡으로 각색할 수 있었던 수많은 역사적 사건들 중에서 클레오파트라와 안토니우스의 이야기를 선택했다. 셰익스피어의 시대에 영국에는 여왕이 있었고 그가 작가로 활동하는 동안 그 여왕도 같이 나이 들어갔다(엘리자베스 1세는 1601년에 68세로 사망했다). 그리고 여왕에게도 오래된 연인이 있다는 소문(사실이 아닐지도 모른다)이 파다했으므로, 셰익스피어는 클레오파트라와 안토니우스 이야기로 관객들을 끌어들일 수 있을 거라고 판단했다.

그러면 〈안토니우스와 클레오파트라〉 이야기를 해보자.

세월을 관통하는 사랑

연극 〈안토니우스와 클레오파트라〉를 본격적으로 살펴보기 전에 이 희곡이 집필된 시점을 고려해보자. 셰익스피어는 그가 집필한 모든 희곡에서 관능적인 사랑이라는 주제를 다뤘지만,[10] 그중 두 작품은 인생 중 특정 두 시기의 사랑에 대한 고찰로서 함께 읽으라고 미리 계획한 것만 같다. 이 두 작품은 셰익스피어의 짧은 생애(1564~1616)에서 한 쌍의 버팀목 같은 역할을 한다. 〈로미오와 줄리엣Romeo and Juliet〉은 셰익스피어가 극작가로 활동을 시작한 지 6년 만인 1595년에 발표된 작품이다. 〈안토니우스와 클레오파트라〉는 1606년 작품으로서 그가 단독으로 집필한 마지막 희곡들 가운데 하나다. 두 작품의 집필 시기는 11년밖에 차이 나지 않지만, 그 11년은 셰익스피어의 통찰력이 강해지고 성숙도가 높아지면서 놀라운 생산성을 보여준 기간이었다. 〈로미오와 줄리엣〉을 집필했을 때 그는 31세로 아주 젊지는 않았다. 하지만 그가 초창기에 쓴 작품에는 어김없이 젊은 시절의 경험이라는 주제가 등장한다. 〈안토니우스와 클레오파트라〉를 썼을 때 그는 이미 42세였고, 엘리자베스 시대의 기준으로 42세는 노년에 접어들고 있다고 여겨지는 나이였다. 나이듦에 관해 설득력 있는 작품을 쓰려면 작가가 노년이 되거나 적어도 노년에 가까워져야 유리하다.

문학평론가 차히 자미르Tzachi Zamir가 지적하듯 〈로미오와 줄리엣〉은 젊은 시절의 사랑이 지닌 과장되고 화려하고 다소 추상적인 성격을 표현한다. 젊은이들의 사랑은 미적으로 형상화된 몸의 이미지에 초점을 맞추고("오늘 밤 전까지 나는 진정한 아름다움을 본 적이 없었소."), 유머감각 없이 서로에게 푹 빠져들고, 세속적이고 신체적인 성격을 초월하려고 한다. 줄리엣은 태양이고, 그녀의 두 눈은 "온 하늘에서 가장 아름다운 두 개의 별"이다. 그녀는 평범한 인간들의 머리 위에 우뚝 솟아 있는 "휘황찬란한 천사"로 묘사된다.[11] 이런 식의 사랑은 현실을 괄호 속에 넣어버린다. 이런 사랑은 사실과 증거에 적대적인 태도를 취한다. 왜냐하면 이런 식의 사랑은 땅 위에 있지 않고 높은 곳에 올라가기만을 원하며 구체성을 결여하고 있기 때문이다. 줄리엣은 천사라는 추상적인 이미지로 표현된다. 그녀가 다른 이들과 구별되는 어떤 인간적 특징을 가지고 있는지는 로미오도 모르고 관객들도 잘 모른다. 젊은이들의 사랑은 실제로는 몸에 대한 사랑이 아니다. 사실 그 사랑은 이상한 덩어리 같은 실제의 몸을 달가워하지 않으며, 그 몸에서 나오는 모든 액체와 맛과 냄새에 대해 거부에 가까운 감정을 표현한다. 젊은 연인인 로미오와 줄리엣의 대화에는 몸의 감각을 나타내는 단어들이 빠져 있다. 그들의 대화는 신체를 이상화한 풍경에 대한 단어들로 이루어진다.

로미오와 줄리엣이 이상에 사로잡혀 있다는 징후 가운데 하나는 희곡 〈로미오와 줄리엣〉에 잠과 꿈의 이미지가 지속적으로 등장한다는 것이다. 그 이전의 평론가들과 마찬가지로 자미르는 그 희곡 자체가 독자들을 마음이 평온하고 꿈꾸는 것 같은 상태로 유도한다고 주장한다. 그런 분위기는 단순한 건망증으로 해석되기도 하고, 유아적인 나르시시즘으로 해석되기도 한다. 자미르는 이 두 가지 해석을 모두 거부하면서 그 분위기는 미를 인식하는 경험의 변화 과정이라는 결론을 제시한다. 자미르의 설명에 따르면, 우리는 그 복잡한 상태로 이끌려 들어가면서 우리 자신이 미학적인 아름다움을 어떻게 인식하며 그 인식이 일상생활에 무심할 때가 얼마나 많은가를 깨닫는다.

자미르가 말하는 '꿈꾸는 것 같은 상태'는 사람들 사이의 상호작용 또는 심오한 의미를 이해하는 데는 유리하지 않을지도 모른다. 〈로미오와 줄리엣〉은 멀찌감치 떨어져 초월적인 관점으로 이해할 수 있는 작품이 아니다.

　나는 자미르가 부정했던 해석 가운데 하나가 마음에 든다. 연극 〈로미오와 줄리엣〉의 몽환적인 장면들과 전체적인 줄거리 모두가 젊은 시절의 사랑이 내포하는 유아적 나르시시즘을 보여준다는 해석이다. 로미오와 줄리엣의 사랑은 어떤 의미에서 아름답다. 하지만 그들의 사랑은 자신들 외의 인간에 대한 진정한 관심과 무관하며 심지어는 유쾌한 성적 호혜성과도 무관하다. 어떤 사람을 이상화하는 것은 그 사람의 필요에 반응하는 것과 다르다. 사실 누군가를 이상화하면 몸을 경멸하게 되므로 어떤 종류든 간에 만족스러운 성적 상호관계로 이어지기가 어렵다. 아주 젊은 사람들은 자신에게 몸이 있다는 사실조차 거의 잊어버리고 산다. 그들의 몸은 아주 건강하고 탄탄하기 때문에 굳이 몸에 관심을 기울일 필요가 없는지도 모른다.[12] 몸은 단지 매력적인 하나의 형체일 뿐 맥박이 뛰고 욕망과 한계를 가지는 실체가 아니다. 이것은 몸에 대한 매우 미성숙한 태도로서 다른 사람과 함께하는 생활의 현실을 견뎌내지 못할 가능성이 높다. 나이 들어서도 이런 미성숙한 태도가 유지될 경우 연애나 결혼이 깨지는 사유가 된다.

　결론: 10대들은 남성이든 여성이든 간에(그리고 나이가 조금 더 많든 적든 간에) 실제 사람과의 육체적 사랑에 미숙하다.[13]

　이제 〈안토니우스와 클레오파트라〉로 가보자.[14] 이 연극은 이른바 노년기의 사랑을 묘사한다. 안토니우스와 클레오파트라는 자신들이 성인이라는 사실을 기쁘게 받아들이고 삶 자체에서 너무나 많은 재미를 느끼기 때문에 인간 생활을 초월할 의사가 없다. 로미오와 줄리엣은 음식을 먹지 않는다. 안토니우스와 클레오파트라는 끊임없이 음식을 먹는다. 로미오와 줄리엣에게는 직업이 없다. 안토니우스와 클레오파트라는 친구이자 서로를 지지하는 동료로서 각자의 왕국을 통치하느라 많은 일을 한다. 로미오와 줄리엣에게는 유머감각이 없다. 안토니우스와 클레오파트라의 삶은 우아한 농담과 지극히 사적인 놀림(자미르는 그것을 "특이한 습관"이라고 부른다)으로 이루어진다. ("오, 흘러간 시절이여! 그 시절에 나는 그이가 인내심을 잃을 때까지 그이를 놀려대며 웃었는데.") 로미오와 줄리엣은 서로에게 완전히 몰두한 나머지 주변의 다른 사람들에게는 아무런 관심이 없다. 안토니우스와 클레오파트라는 주변의 이상한 사람들에 대한 뒷담화를 즐기며, 저녁 시간에 거리를 거닐면서 사람들의 우스운 행동거지를 구경한다. 로미오와 줄리엣은 서로에게 이야기할 때 과장된 숭배의 언어만 쓴다. 안토니우스는 모욕적인 말, 심지어는 나이를 모욕하는 말(그는 그녀를 "오래된 나일강의 뱀"이라는 애칭으로 부른다)로 클레오파트라에게 다가갈 줄도 안다. 클레오파트라는 낚시용 갈고리 이야기를 재미난 농담으로 바꿔서 웃음이 터져나오게 만든다. 자미르의 표현을 빌리자면 이 모든 특징들은 젊은 연인들의 사랑과 대조된다. "이들의 사랑은 삶을 초월하려 하지 않고, 삶의 본질에 어긋나는 격렬함을 항상 유지하지도 않는다. 그저 삶을 살아가면서 삶이 제공하는 일상적인 기쁨과 사랑이 어우러지도록 한다."[15]

젊은이의 사랑과 노년의 사랑의 차이를 보여주는 또 다른 징표는 시간의 역할이다. 로미오와 줄리엣은 지금이 낮인지 밤인지는 인지하지만 계절과 해의 흐름은 거의 인식하지 못한다. 안토니우스와 클레오파트라의 사랑은 그 자체가 세월의 한 토막이다. 역사적 사실과 마찬가지로 연극에서도 두 사람은 10년이 넘는 시간을 함께한다. 그리고 과거, 현재, 미래의 감촉은 항상 그들의 사랑에 조미료 역할을 한다.

인간의 몸은 이상적인 미학적 형태가 아니라 시간이 흐르는 강과 같다. 안토니우스와 클레오파트라는 이상화된 몸의 이미지가 아닌 서로의 진짜 몸에 주의를 기울인다. 그래서 10대의 연인들과 달리 그들의 몸은 정신에 의해 활력을 얻는 것으로 묘사된다. 그들의 특별한 정신은 언제나 활기차게 무언가를 탐색하며, 친밀한 대화를 통해 상대의 특별한 정신과 상호작용 한다. 클레오파트라는 매력적인 여성으로 묘사되지만, 자미르의 설명대로 연극 〈안토니우스와 클레오파트라〉는 셰익스피어가 참조한 역사적 문헌들과 달리 미모라는 측면을 부각시키지 않는다. 대신 셰익스피어는 우리로 하여금 그녀의 경이롭고 복합적인 성격에 주의를 기울이도록 만든다. ("나이는 그녀를 움츠러들게 만들지 못하고, 관습은 그녀의 변화무쌍함을 꺼뜨리지 못한다.") 클레오파트라의 유혹은 주로 정신적인 수단으로 이루어진다. 안토니우스의 표현에 따르면 그녀는 "남자들이 생각지도 못하는 교묘함"을 지니고 있다. 그녀는 안토니우스의 관심이 자신에게만 머물도록 하기 위해 정성들여 갖가지 책략을 세운다. 수작을 걸고, 변덕을 부리고, 사적으로 놀리는 말을 건네고, 일부러 뭔가를 알려주지 않고 상대를 안달하게 만들기도 한다. 하지만 그게 다는 아니다. 그녀는 안토니우스와 같은 꿈을 꾸고, 신뢰에 기초한 협력을 하고, 그의 업적에 대해 진심 어린 칭찬을 하고, 자신도 그와 동등한 존재임을 당당하게 주장한다. (시녀 샤미안이 안토니우스에게 복종하고 아첨도 좀 하라고 충고하자 클레오파트라는 현명하게도 그 말을 무시한다. "바보 같은 충고로구나. 그거야말로 그이를 잃는 길이거늘.")

로미오와 줄리엣은 모든 사람에게 단점이 있고 인간적 취약성이 있다는 사실을 까맣게 모르는 것처럼 보인다. 하지만 현실의 사랑은 인간적 결함과 취약성을 섬세하게 다루고 존중해야 한다. 나이든 안토니우스와 클레오파트라는 이 점을 아는 것 같다. 악티움 해전이 안토니우스의 패배로 끝난 직후 클레오파트라는 안토니우스가 정치적으로 어려운 상황에 놓였다는 사실을 의식하면서 자신의 사랑을 섬세하게 조율된 방식으로 표현한다. 그녀는 언제 그에게 다가가야 하며, 무슨 말을 해야 하고 무슨 말을 하지 말아야 할지를 예리하게 판단한다. 비평가들은 클레오파트라의 공감능력을 별로 칭찬하지 않지만 나는 클레오파트라가 그 점에 있어서 뛰어나다고 생각한다.

그런데 클레오파트라는 진짜로 안토니우스를 사랑하는가? 우리가 이 질문을 던져야 하는 이유는 대다수 평론가들이 클레오파트라에게 호감을 느끼지 않는데다, 그렇게 복잡하고 변덕스럽고 권력까지 가진 여자는 누군가를 사랑할 줄도 모른다고 짐작해버리기 때문이다. 이 질문을 던지는 이유는 하나 더 있다. 이들의 사랑에는 우리 사회가 이상적인 사랑에 필요하다고 으레 생각하는 것들이 지극히 부족하다. 즉 아찔한 황홀경이 없다. 이들의 사랑은 일상적인 업무와 대화의 전개 속에 푹 잠겨 있다. '클레오파트라는 진짜로 안토니우스를 사랑하는가'라는 질문에 지나치게 집착하던 자미르는 심부름꾼이 클레오파트라에게 안토니우스의 혼인 소식을 전하는 장면에서 결국 확실한 답을 찾는다. 클레오파트라는 심부름꾼을 호되게 나무란 다음 어린 애처럼 성질을 부리면서 그의 머리채를 잡고 방안을 돌아다닌다. (지시문: "그녀는 그를 위아래로 세게 흔들어댄다.") 자미르의 견해에 따르면 클레오파트라의 분노 반응은 "가장 냉소적인 관객들에게도 그녀의 사랑이 (…) 진실하다는 점을 납득시킨다".

하지만 이것은 지나치게 단순한 추론이다. 우선 질투는 사랑의 증거가 아니다. 질투는 통제권을 갈망한다는 증거에 더 가까운데 이런 갈망은 사랑에 독이 된다. 어떻든 간에 클레오파트라의 반응을 단순한 성적 질투의 표현으로 보기는 어렵다. 클레오파트라는 안토니우스의 결혼이 뜨거운 열정 때문이 아니라 정치적 목적에 따라 이루어진다는 사실을 안다. 그리고 그녀는 뛰어난 직관으로 옥타비아가 지적으로나 육체적 매력으로나 자신의 경쟁상대가 되지 않는다는 사실을 재빨리 간파한다. 중요한 사실은 옥타비아가 "신성하고 냉랭하고 고요한 대화"를 나눈다고 묘사된다는 것이다. "평범한 눈과 정지된 결론"을 가진 옥타비아는 "생명체라기보다는 하나의 몸뚱이를 보여준"다. (옥타비아를 위해 덧붙이자면, 첫 번째 평가는 비교적 공정한 에노바르부스Enobarbus에게서 나온 것이고, 두 번째의 모욕적인 평가는 클레오파트라 자신이 한 말이고, 세 번째 모욕적인 평가는 앞에서 언급한 심부름꾼이 다시 머리채를 잡히지 않으려고 내뱉은 말이다. 심부름꾼은 안토니우스의 결혼생활에 대해 클레오파트라가 듣고 싶어 하는 말이 무엇인지 정확히 알고 있었다.) 즉 클레오파트라의 감정은 경쟁자의 성적 매력과 정신세계에 대한 질투가 아니었다. 나중에 그녀는 옥타비아가 어떻게 생겼는지 묻긴 하지만, 그 질문은 불운한 심부름꾼이 질질 끌려다니고 나서 한참 지났을 때 비로소 나온다. 그전에 그녀는 "그이가 혼인했다고?"라고 세 번이나 묻는다.

그렇다면 클레오파트라의 감정은 성적인 질투가 아니라 그녀 자신의 삶의 조건에 대한 좌절이다. 통치자로서 뛰어난 역량을 발휘하는 여성, 개성과 재치가 있으며 빛나는 업적을 쌓은 여성, 육체적 매력까지 지닌 여성, 왕국을 다스리는 여성인 그녀가 갑자기 계약결혼 때문에 사랑에 제약을 당하는 처지가 됐다. 이것이 그녀에게는 아주 터무니없고 부당하게 느껴졌으므로 비이성적인, 심지어는 유아적인 방식으로 반응할 수밖에 없었던 것이다.

클레오파트라는 안토니우스를 진심으로 사랑한다. 하지만 질투가 그 사랑을 증명하지는 않는다. 사랑을 증명하는 것은 그녀가 하찮은 사회적 제약에 대해 위엄 있게 항의하는 모습이다. 그리고 가장 중요한 증거는 그녀가 안토니우스의 혼인으로 생겨나는 제약들을 순순히 받아들이고 인내하며 살아간다는 점이다. 거칠게 끌려다닌 심부름꾼은 예외지만. (하지만 클레오파트라는 정말로 현실의 한계를 인정하는 걸까? 혹시 심부름꾼의 머리채를 잡고 질질 끌고다니는 행동이라든가, 그를 소금물에 담가 피클로 만들어버리겠다는 우스꽝스러운 협박 자체가 또 하나의 커다란 농담이고 그녀의 결심과 불굴의 의지를 나타내는 연극적 장치는 아닐까? 그전까지의 상황으로 보건대 그녀는 훨씬 정교한 게임을 할 줄 아는 사람이다. 클레오파트라 역할을 맡는 배우는 그 장면을 여러 가지 방법으로 연기할 수 있을 것이다.) 간단히 말하자면 한계를 받아들이는 바로 그 행동이 사랑을 입증한다. 옥타비아는 안토니우스를 뜨겁게 사랑할 필요가 없다. 옥타비아는 다른 이유에서 계약을 맺은 것이고, 그녀가 안토니우스를 사랑하든 안 하든 그 계약은 유효하다. 세월 자체가 클레오파트라의 사랑의 증거다.

일반적으로 노년의 사랑에는 항상 부담이 따른다. 모든 사람에게는 과거와 현재가 있으며 과거와 현재는 언제나 사랑을 방해한다. 세월은 풍요의 원천이 될 수도 있지만 고통의 원천이 될 수도 있다. 사랑하는 사람의 과거와 현재를 몽땅 함께 짊어지고 산다는 것은 막중한 책임이다. 젊은 연인들은 그런 책임을 짊어질 필요가 없다. 그런 책임을 잘 수행하려면 젊은 연인들에게는 요구되지 않는 다양한 자질(자기의 한계 인정하기, 유머와 이타성, 인내와 겸손, 자기에 대한 이해)을 갖춰야 한다.

로미오와 줄리엣의 사랑은 사랑을 천상의 세계로 끌고 올라감으로써 세상을 변화시켰다. 줄리엣은 태양이다. 우리가 태양을 잘 모르는 것처럼, 우리는 줄리엣이 무엇 때문에 웃음을 터뜨리는지 모른다. 안토니우스와 클레오파트라는 세상 안에서 하루하루의 경험을 더 생생하고 더 우습고 놀라운 것으로 만들며 세상을 변화시킨다. 그 두 사람에게 서로가 없는 세상은 슬프도록 지루한 것이 된다. "내가 이 따분한 세상에 계속 살아야 하나요?" 안토니우스가 죽어갈 때 클레오파트라는 그에게 묻는다. "그대가 없는 세상은 돼지우리나 다름없는데?" 그녀가 말하는 '돼지'란 인간의 몸이 아니라 흥미로운 대화가 없는 삶이다. 노인들의 사랑에서도 세상은 변화한다. 그것은 초월적이고 추상적인 변화가 아니라 인간적이고 구체적인 변화다.

나이 드는 여성의 관능적 사랑이라는 주제에 대해 철학은 거의 침묵으로 일관한다. (보부아르도 이 주제는 다루지 않았다.) 더 일반적으로 이야기하자면 내가 아는 철학자 가운데 연인 또는 부부의 '노년기 사랑'이 가진 복잡한 속성에 대해 훌륭한 설명을 해준 이는 하나도 없었다. 이것은 단순한 우연도 아니고 노년의 사랑에 대해 논의를 꺼리는 문화의 산물도 아니다. 이 점에서 철학은 문학의 도움을 받아야 한다. 추상적인 산문만 가지고는 노년기의 특이하고 변화무쌍하고 구체적인 사랑을 전달할 수 없다. 노년기의 사랑은 허풍 속에 진실한 감정을 담고 있다. 노년의 여성이 관능적 사랑의 파란만장한 변화를 겪는 동안, 문학 작품의 관찰자 또는 독자의 경험은 인식론적 중요성을 지닌다. 그 노년의 여성은 "성숙한" 사랑에 대한 의견을 밝히고 기존의 주장들을 분석하는 입장이 되는데, 이것은 어떤 추상적인 설명으로도 불가능한 일이다.

그러면 우리는 마르샬린과 달리 성숙하고 심오하고 만족스러운 선택을 했던 클레오파트라에게서 무엇을 배워야 할까? 성숙한 사랑은 관능적인 것인 동시에 개인적인 것이다. 그 사랑의 관능적 측면은 기억, 유머, 공통의 내력에서 비롯되기 때문에 그 자체로 사적인 것이다. 바로 그 이유에서 나이든 사람들의 사랑은 젊은이들의 사랑이 가질 수 없는 깊이를 가진다. 그런 깊이는 마르샬린이 17세 소년에게서 사랑을 찾으려 했던 것과 같은 헛된 시도로는 절대 획득할 수 없다. 나이 드는 여성의 사랑에는 시간 감각이 있기 때문에 그녀 자신과 상대의 몸을 환상 속의 이상이 아니라 구체성을 띠는 것으로 만든다. 이것은 여러 측면에서 깊은 만족으로 이어진다. 그 만족감에는 자기 자신과 자신의 유한성을 인정하고 사랑하는 사람(나이는 상관없지만 17세보다는 훨씬 많아야 한다!)의 유한성을 받아들이는 감정도 포함된다. 또 사회적·정치적 배경은 나이 드는 여성의 사랑을 더 풍부하게 만들수도 있지만 그 사랑을 제약하고 울타리를 칠 수도 있다. 안토니우스와 클레오파트라에게 사랑은 육체적이고 일상적인 성격을 띠기 때문에 희극적이다. 바로 그 이유에서 그들의 사랑은 비극적이기도 하다. 회복 불가능한 커다란 손실을 입을 수도 있기 때문이다.

노년의 여성 배우들

과거에 영화에서 나이 드는 여성들은 철저히 무시당했다. 나이 드는 여성이 영화에 등장한다 해도 어머니와 할머니일 뿐 연애와 섹스의 상대로 나오지는 않았다. 하지만 요즘에는 베이비붐 세대가 노년기에 접어든 데다 나이든 사람들이 집에서 TV나 비디오를 시청하기보다 영화를 보러 극장에 자주 가기 때문에 일종의 틈새시장이 생겨났다. 그래서 나이 드는 여성들이 육체적 관계를 맺거나 사랑에 빠지는 영화가 꾸준히 제작되고 있다. 여기서는 비교적 최근에 개봉된 영화 네 편을 통해 현대적 시각을 살펴보는 동시에 노년의 사랑과 시간에 대한 우리의 논의를 이어가보자. 내가 선정한 영화 네 편은 다음과 같다. 다이앤 키튼Diane Keaton과 잭 니콜슨Jack Nicholson이 출연한 〈사랑할 때 버려야 할 아까운 것들Something's Gotta Give〉(2003), 메릴 스트립Meryl Streep과 알렉 볼드윈Alec Bladwin이 출연한 〈사랑은 너무 복잡해It's Complicated〉(2009), 블라이스 대너Blythe Danner와 스티브 마틴Steve Martin이 출연한 〈꿈속에서 만나요I'll See You in My Dreams〉(2015), 헬렌 미렌Helen Mirren과 옴 푸리Om Puri가 출연한 〈로맨틱 레시피The Hundred-Foot Journey〉(2014).

일반적인 수준에서 먼저 들여다보자. 이 네 편의 영화가 개봉될 당시 여성 배우들의 실제 나이는 57세(키튼)에서 72세(대너)에 걸쳐 있었다. (80세의 주디 덴치Judi Dench와 매기 스미스Maggie Smith가 환상의 호흡을 보여준 〈베스트 엑조틱 메리골드 호텔The Best Exotic Marigold Hotel〉(2011)과 2015년에 개봉된 그 후속작을 함께 분석할 수도 있었지만, 이 영화들은 공허하고 재미도 없어서 제외했다.) 네 편의 영화에서 여성들은 매우 매력적으로 묘사되며 실제로도 대단히 매력적이다. 그들은 자기들과 연령이 비슷한 남자들은 물론이고 훨씬 젊은 남자들의 눈에도 매력적으로 비친다(〈꿈속에서 만나요〉에서 우울증을 앓는 젊은 수영장 청소부는 대너에게 반하지만 그것을 육체적으로 표현하지는 않는다. 그리고 〈사랑할 때 버려야 할 아까운 것들〉에서 키아누 리브스Keanu Reeves가 연기한 매력적인 의사는 자기보다 20년 연상인 키튼과 상당 기간 진지하게 교제한다). 여성들은 단순히 말동무나 감정 교류의 상대를 찾는 것에 그치지 않고 섹스에 대한 욕구를 분명히 표시한다. 나중에는 사랑 없는 섹스보다 사랑을 선호하며, 자신들의 활기찬 모습에 반응하는 남자를 선택한다.

하지만 정해진 자격 요건이 있다. 이 네 편의 영화는 나이 드는 여성들이 성적 매력을 계속 유지하기 위해서는 비슷한 나이의 남성들보다 자기관리에 신경을 훨씬 많이 써야 한다는 메시지를 전한다. 음식을 계속 먹어서 배가 불룩해진 여자 알렉 볼드윈이나 잭 니콜슨은 없다. 얼굴에 상처와 잡티가 생긴 여자 옴 푸리도 없다. 여성 주인공들은 모두 주름살이 있다. 특히 미렌은 성형수술을 받지 않고 운동도 별로 안 하는 사람으로 나온다. 하지만 그녀는 40대 때보다 아름다워 보인다. 그들은 자기관리를 할 수 있을 정도의 경제적 여유를 갖추고 있어야 한다. 그들 모두가 여왕은 아니지만 그들 모두에게는 돈이 있다. 그리고 〈보이후드Boyhood〉(2014)에서 퍼트리샤 아퀘트Patricia Arquette가 우아하게 나이 드는 모습은 사회적 계층에 따라 노화의 징후가 더 빨리 나타날 수도 있다는 사실을 보여준다. 비록 이 네 편의 영화들은 리하르트 슈트라우스의 거짓말들을 지지하진 않지만, 성적 매력을 유지하기 위한 조건을 좁게 정의하면서 젠더 불평등과 계급 불평등을 조장한다.

이 영화들은 또 한 가지 흥미로운 공통점을 지니고 있다. 대녀가 맡은 역할(그녀는 상속받은 돈으로 생활한다)을 제외한 모든 여성들은 성공한 직업인이고 자기 분야의 정점에서 만족스럽게 활동하고 있다는 것이다. 그들 중 한 명은 빵집 주인이고(스트립), 한 명은 유명한 요리

사(미렌), 한 명은 극작가(키튼)로 나온다. 이들은 나이가 들어도 섹시하게 느껴지는 여성의 모습을 매우 설득력 있게 보여준다. 클레오파트라 못지않은 지적 능력과 전문성(그렇다고 세속성, 취약성, 유머가 없다는 이야기는 아니다)은 그들을 매력적인 연애 상대로 만드는 중요한 요인이다.

이 영화들에 표현된 사랑과 성에 대해 논의하기 전에, 우리는 이 영화들의 내용을 애정 전선을 중심으로 간략히 알아볼 필요가 있다.

〈사랑할 때 버려야 할 아까운 것들〉에서 키튼과 니콜슨은 실제 자기와 같은 나이인 인물을 연기한다. 촬영 당시 두 사람은 각각 56세와 63세였다. 키튼은 성공한 극작가인데 정체기를 맞이해 글이 잘 써지지 않는다. 니콜슨은 자기보다 한참 어린 여자들과 데이트를 즐기는 플레이보이로 나와 키튼의 딸과 연애를 시작한다. 두 사람이 밀회를 위해 해변가 별장에 갔더니 뜻밖에도 키튼이 그곳에 있었다. 그때부터 키튼과 니콜슨 사이에는 적대적이지만 재치 있는 불꽃들이 날아다닌다. 니콜슨이 갑작스러운 심장마비 증세를 보여 병원에 갔더니 36세의 매력적인 의사(키아누 리브스)가 그를 치료한다. 그 의사는 키튼을 보고 한눈에 반한다. 키튼의 집에서 요양하던 니콜슨은(키튼의 딸과는 헤어졌다) 키튼에게 매력을 느껴 잠시 관계를 맺지만, 원래 바람둥이인 그는 휙 떠나버린다. 혼자 남은 키튼은 화가 치민 나머지 니콜슨의 행각을 연극 대본에 집어넣어 대성공을 거둔다. 두 사람은 그 연극이 처음으로 상연되는 장소에서 재회하는데, 그때 키튼은 리브스와 데이트를 하고 있다. 니콜슨은 자기 잘못을 깨닫고 외롭게 지내다가 자신에게 진짜 애인이 필요하다는 결론에 이른다. 두 사람은 부부가 된다.

〈사랑은 너무 복잡해〉는 2009년에 개봉된 작품이다. 2009년 개봉 당시 주인공을 맡은 배우들의 실제 나이는 다음과 같다. 메릴 스트립 60세, 알렉 볼드윈 51세, 스티브 마틴 64세. 스트립은 빵집을 성공적으로 운영하고 있으며, 이혼한 전남편 알렉 볼드윈은 다른 여자와 재혼했다. 아이들 때문에 한자리에 모인 스트립과 볼드윈은 비밀리에 바람을 피우기 시작한다. 한편 스트립은 그녀의 집을 짓고 있는 건축가(마틴)에게 서서히 빠져든다. 마침내 스트립과 볼드윈의 정사는 끝이 나고, 스트립과 마틴이 연인 사이로 발전한다.

〈꿈속에서 만나요〉가 개봉되던 2015년, 블라이스 대너는 72세였고 샘 엘리엇Sam Elliott은 70세였다. 대너는 수영장이 딸린 호화로운 저택에 사는 부유한 과부로 분한다. 그녀는 자신에게 반한 우울한 청년 로이드와 친하게 지낸다. 그녀는 상류층 노인들의 주택단지에 사는 여자 친구들을 종종 만난다. 그러다 그 친구들과 함께 남자친구 찾기에 도전한다. 그녀는 한참 동안 데이트를 하지 않았으며, 그녀가 사랑하던 개도 죽고 없다. 실버타운 여자들이 쇼핑을 하는 동안 샘 엘리엇이 대너를 발견하고 따라다니기 시작한다. 요트를 소유한 부유한 퇴직자인 샘은 대너를 설득해서 데이트를 하고 육체 관계를 맺는다. 대너는 섹스가 수십 년 만에 처음이었다. 한편 대너는 수영장에서 일하는 청년 로이드의 도움으로 성악에 대한 사랑을 되찾는다. 엘리엇은 심장마비로 돌연 사망한다.

〈로맨틱 레시피〉에서 말로리 부인(헬렌 미렌, 개봉 당시 그녀는 68세였다)은 프랑스 시골 마을에서 유명한 프랑스 레스토랑을 운영한다. 그런데 인도에 살던 어느 가족이 불의의 사고로 그 마을에 정착하게 된다. 인도인 아버지(옴 푸리, 개봉 당시 그는 63세였다)의 지휘 아래 그 가족은 말로리 부인의 식당 바로 맞은편에 인도 음식점을 연다. 플롯의 상당 부분은 인도인 가족의 아들이 최고의 프랑스식 요리사가 되기 위해 노력을 기울이고, 그가 젊은 프랑스 아가씨와 이따금씩 애정 행각을 벌이고, 나중에는 그가 말로리 부인의 도움을 받아 요리계의 스타로 떠오르는 과정에 할애된다. 그런데 두 음식점의 인정사정없으면서도 유쾌한 경쟁 때문에 미렌과 푸리는 유쾌한 적수가 된다. 그들은 서로를 쓰러뜨리기 위해 계략을 꾸미는가 하면 경쟁 음식점의 요리를 깎아내린다. 한쪽은 고급스러운 정통 음식이고, 다른 하나는 입에 착 달라붙는 대중적인 인도 음식이다. 음식도 대조적이지만 성격 면에서도 대조적인 두 사람은 서서히 애인 사이로 발전한다. 미렌의 쌀쌀맞은 성격은 푸리의 투박한 육체적 매력 앞에서 녹아내린다. 미렌은 숨겨져 있던 푸리의 우아함과 상냥한 면을 끄집어낸다. (두 사람이 아무도 없는 레스토랑에서 조용히 춤추는 장면은 셰익스피어 작품에 뒤지지 않는다.)

그럼 우리는 이 영화들을 보면서 무엇을 발견하게 되는가? 첫째, 남자든 여자든 아무런 일도 하지 않으면 더 이상 섹시하지도 않고 로맨틱하지도 않다. 나는 〈장미의 기사〉에 대한 과도한 칭찬을 이해할 수 없는 것과 마찬가지로 〈꿈속에서 만나요〉에 대한 호의적인 비평을 전혀 이해할 수 없다. 〈꿈속에서 만나요〉에 묘사되는 세계는 따분한 곳이고 심지어 불쾌하기까지 하다. 그 영화에 나오는 사람들도 따분하긴 마찬가지다. 그들은 기생충 같은 존재다. 그 영화를 보는 내내 나는 머릿속으로 '기생'이라는 단어를 떠올렸다. 그 영화에 나오는 독신 여성인 대녀와 그 여자 친구들인 레아 펄먼Rhea Perlman과 준 스큅June Squibb은 아무것에도 관심을 가지지 않으며 내용 있는 대화를 나누지도 않는다. 그들이 하는 일이라고는 브리지 게임을 하고 남자를 만나러 나가는 것뿐이다. 진지한 취미를 가진 사람도 없다. 정치, 문화, 넓은 세상에서 일어나는 일에도 관심 두지 않는다. 이타적인 정신이나 어떤 꿈을 가진 사람도 없다. 역겨운 시거를 피우면서 자기 요트 자랑이나 늘어놓는 샘 엘리엇도 마찬가지다. 대녀와 샘은 잘 어울리는 짝이다. 둘 다 깊은 감정도 없고 내면세계도 없는 사람이니까. 대녀는 훌륭한 배우인 만큼, 영화 속의 그녀는 진짜로 취약한 사람처럼 보인다. 그녀가 성적 욕구를 재발견하는 장면은 매력적일 수도 있었겠지만, 그녀는 섹스 상대에 대해 털끝만큼도 관심이 없다. 그 영화에서 진짜 공감을 불러일으키는 인물은 불운한 수영장 청년이자 실패한 시인인 마틴 스타가 유일하다. 오직 그만이 꿈을 가지고 있으며 자기 일에 헌신한다. 이 불행하고 불쾌한 영화의 교훈은 인간의 복잡성 자체가 위기에 처해 있다는 것이다. 복잡성은 사용하지 않으면 사라진다.

이런 분석의 필연적인 귀결은 사랑은 돈으로 살 수 없으며, 우리에게 할 일이 아무것도 없다면 삶에 무관심해지고 무기력한 상태가 되기 쉽기 때문에 진실한 사랑을 하는 데 큰 방해가 된다는 것이다. 돈은 어느 정도까지는 있으면 좋다. 다른 두 편의 영화에 나오는 연인들은 상당히 안락한 삶을 살기 때문에 하루하루의 밥벌이에 목을 매지 않고 자기가 좋아하는 일을 할 수 있어 삶과 사랑에서 다 유리한 입장이다. 나머지 두 영화의 남녀 주인공들 중 실제로 가난을 겪은 적이 있는 사람은 푸리가 맡은 남자주인공밖에 없다. 불굴의 의지를 보여주는 그의 단호한 표정은 어떻게든 살아남기 위해 대단히 열심히 일해왔다는 증거다. (푸리는 수십 년 동안 인도 영화계에서 주연 배우로 활동하면서 폭력배 역할을 자주 맡았다. 그에게서 셰익스피어 시대의 위엄이 느껴지는 이유는 얼굴에 있는 얽은 자국과 주름살과 몸에 생긴 주름살이 그의 고생을 드러내기 때문이다. 그는 2017년 1월에 사망했다.)

이 영화 네 편에 등장하는 연인들은 하나같이(대니와 엘리엇은 제외하고) 생기가 넘친다. 그들이 생기가 넘치는 이유는 사랑을 하든 사랑을 안 하든 간에 할 일이 많기 때문이다. 그들은 사랑이 갑자기 툭 떨어지기를 바라며 가만히 앉아 있지 않는다. 그들 중 우울한 사람도 없다. 그들은 최고를 원하는 훌륭한 전문가들이며, 전문가라서 삶에 적극적으로 참여하기 때문에 애인을 찾는 일도 가능해진다. 다시 말하면 직업적 책임은 개인 생활로부터 도피하는 수단이 아니며, 나이가 들면 개인 생활에 오히려 큰 도움이 된다. 직업은 우리로 하여금 계속 생생하고 활기찬 분위기로 살아가게 해주기 때문이다. 두 여성 주인공은 자기 일을 사랑하며 그 일의 성과로 대중의 인정을 받는다. 푸리는 가업을 깊이 사랑한다. 비록 그는 창의적인 예술가는 아니지만 경영에는 소질이 있다. 볼드윈은 잘나가는 변호사다. 그는 일에 대한 사랑을 말로 표현하진 않지만 분명 지적이고 활기찬 사람이다. 주인공들 가운데 특이한 경우가 〈사랑은 너무 복잡해〉의 마틴이다. 마틴이 연기하는 인물은 유능한 건축가로서 로맨틱하고 창의적인 성격이 두드러져야 마땅하다. 하지만 마틴은 그 역할에 어울리지 않는 배우인 듯하다. 뒤로 갈수록 그는 비현실적이고 어색해 보인다. 그래서 〈사랑은 너무 복잡해〉는 균형이 깨진 영화가 되고, 관객들은 스트립이 볼드윈과 맺어지기를 바라기에 이른다.

키아누 리브스도 같은 이유에서(배역에 어울리지 않고 연기가 엉성해서) 키튼의 연인 자격이 없어 보이는 걸까? 그건 아닌 것 같다. 키아누 리브스는 훌륭한 배우이고, 자신을 위해 만들어진 그 역할을 잘 소화했다. 대본을 보면 우리는 그가 젊기 때문에 크게 불리하다고 생각하게 된다. 복잡한 애인을 이해하고 그녀의 재치와 자기 이해력을 따라잡아야 하니까. 하지만 그의 나이(36세)는 진짜 문제가 아니다. 진짜 문제는 그가 옳은 일만 하는 심각하고 재미없는 사람이라는 것이다. 그는 성실한 의사지만 유머감각이나 승부욕은 없다. 그는 지나치게 달콤하고 밋밋하다. 간단히 말하자면 그가 젊은 남자여서가 아니라 따분한 젊은 남자라서 문제다. 나중에 가면 그는 따분한 할아버지가 될 테니까. 반면 니콜슨은 젊은 시절에도 매우 흥미로운 인물이었다(〈잃어버린 전주곡Five Easy Pieces〉을 보라). 노년의 사랑에는 조금 색다른 것이 필요하다.

놀랍게도 셰익스피어의 통찰은 새로운 시대에도 잘 들어맞는다.

노년의 사랑은 사람들이 자신들의 과거, 오랜 시간 동안 겪은 곡절, 그리고 과거를 항상 인식하는 데서 비롯되는 희극과 비극에 대한 감각을 사랑과 결합하기 때문에 그만큼 매력적이다. 노년의 연인들은 인간으로서 살아갈 준비가 됐다고 해도 무방하다. 그들은 모두 뭔가를 잃어버린 적이 있으며, 그들은 이제 모든 것이 완벽하기를 기대하지 않기 때문이다. 그들은 자신의 몸 안에서 편안함을 느낀다. 몸은 비극의 가능성을 품고 있지만 재미있기도 하다는 사실을 알기 때문이다. 스트립과 볼드윈의 섹스가 굉장한 묘미를 지니는 것도 이처럼 우리가 머무는 시간의 감각에서 비롯된다. 두 배우는 매우 설득력 있게 역사를 창조하고 그것을 장난스럽게 수용하며 그 안에 머무른다. (이것은 스트립과 마틴의 새로운 연애가 설득력이 부족한 또 하나의 이유가 된다.) 사실 〈장미의 기사〉에 관한 내 주장의 일부를 옮겨오자면, 스트립과 볼드윈의 성적 관계는 그들이 각자 서로의 어떤 시기들 또는 축적된 시간들을 알기 때문에 더 강력해 보인다. 내견내 볼드윈은 스트립이 예전에 발견하지도 못했고 좋아하지도 않았던 아이 같은 면모를 드러낸다.

나머지 두 여자는 애초부터 남자들과 대비되고 스트립과도 다른 인물로 설정된다. 그들은 둘 다 자기방어적이고 차가운 성격이다. 키튼은 감정적인 생활과 어느 정도 거리를 두고 해변가의 외로운 별장에 살면서 글쓰기를 통해 삶을 경험하고 있었다. 미렌은 사람들이 그녀 앞에서 위축될 정도로 큰 성공을 거둔 여성이었는데, 남들에게 인간적인 모습을 좀처럼 보여주지 않았다. 짓궂고 거친 남자들이 유머를 통해(푸리의 경우에는 유머와 적대감이 합쳐졌다) 그들에게 취약성을 지닌 인간의 모습을 되찾아준다. 그리고 두 여자는 자신의 취약성을 다시 발견하고 즐거워한다. (할리우드의 로맨틱 코미디에서 이런 주제는 진부한 것이다. 이 주제에 관해서는 스탠리 카벨Stanley Cavell이 역작인《행복을 찾아서Pursuits of Happiness》에서 예리하게 분석한 바 있다. 그는 특히 캐서린 햅번의 역할을 집중적으로 연구했다.)[16] 그렇다고 그 남자들이 보잘것없는 사람이라는 뜻은 아니다. 두 여자는 그 남자들에게서 품위와 존중, 그리고 우아함을 이끌어낸다.

보통 영화는 나이듦에 관해, 특히 나이 드는 여성들에 관해 여러 가지 거짓말을 한다. 과거의 영화들은 편견에 근거한 거짓말에 훨씬 많이 의존했다. 어떤 영화들은 리하르트 슈트라우스보다 더했다. 슈트라우스는 적어도 마르샬린에게 대단히 아름다운 노래를 부르게 해주지 않았나. 몇몇 뜻있는 여성 배우들의 오랜 연기생활과 단호한 의지, 위험을 무릅쓰고 그 여성들의 이야기를 들려주려 했던 감독과 작가들 덕분에 오늘날 대중문화의 세계는 더 신뢰 가고 더 셰익스피어적인 곳으로 변했다.

잠깐만. 혹시 이 에세이도 거짓말, 가장 흔하고 가장 악의적일 수도 있는 거짓말에 의존하고 있지는 않은가? 사랑은 한 쌍의 연인에게만 찾아오고, 우리는 한 번에 한 사람만 사랑할 수 있다는 어마어마한 거짓말. '새 애인을 선택한다는 것은 예전 애인을 거부하는 것이고, 여자의 운명은 한 남자와 영원히 함께하는 것이다. 혹은 여러 명의 남자와 함께하되 한 명씩 순차적으로 함께하는 것이다.' 이 영화들은 하나같이 '진정한 사랑'을 발견하고 그 사랑을 받아들이는(블라이스 대너의 경우에는 애도하는) 것으로 마무리된다. 다른 모든 사랑은 폐기처분돼야 한다. 특히 미국 사회에서는 이런 견해가 강하다. 하지만 실제 우리의 삶은 말끔하게 정돈되지 않으며 훨씬 다채로운 행복의 가능성이 존재한다. 나이 드는 여자들은 배타적 감정의 한계에 대해 한두 가지쯤 배워놓았어야 한다. 예컨대 다이앤 키튼이 키아누 리브스와 잭 니콜슨과 동시에 데이트를 하면 왜 안 되는 걸까? 관객들이 깔끔하게 정리된 결말을 원한다는 사실 때문에 영화 제작자들은 리브스를 따분한 인물로 만들고 니콜슨을 훨씬 재미있게 만들어야 한다는 압박을 느꼈다. 스트립은 스티브 마틴에게 유머나 장난기가 있는지 알아보는 동시에 전남편과 바람을 계속 피우면 왜 안 되는가? 하지만 이 경우에도 관객들은 그런 것을 허용하지 않을 것이다. 키튼과 스트립은 아직도 그 옛날의 신데렐라 이야기를 믿는 사람처럼 행동한다. 관객들이 신데렐라를 믿으니까.

현실의 삶은 영화보다 낫다. 아니 영화보다 나을 가능성이 있다. 그러니까 할리우드는 나이든 여성의 섹시함을 부각시키는 것만이 아니라 새로운 도전을 시작해야 한다. 인간적 애정의 복잡성, 그리고 '진정한 사랑은 하나'라는 문화적 관념이 폐기될 때 뜻밖의 것을 수용해서 얻는 기쁨을 영화로 표현해보면 어떨까?

성숙한 사랑은

관능적인 것인 동시에 개인적인 것이다.

그 사랑의 관능적 측면은

기억, 유머, 공통의 내력에서 비롯되기 때문에

그 자체로 사적인 것이다.

바로 그 이유에서 나이든 사람들의 사랑은

젊은이들의 사랑이 가질 수 없는 깊이를 가진다.

좀 더 모험적인
연애를 바란다

솔 레브모어 ———

"모험을 하지 않으면 얻는 것도 없다"라는 다소 혼란스러운 속담은 벤저민 프랭클린Benjamin Franklin에게 헌정되었다. 프랭클린은 젊은 시절에나 나이 들어서나 항상 모험에 뛰어들었던 인물이다. 그는 23세 때 이미 출판업자로 이름을 날렸으며, 나중에는 펜실베이니아주 주지사로 선출되어 82세까지 일했다. 그는 사적인 관계에서도 기꺼이 모험을 했다. 그는 남자들에게 연상의 여성을 선택하라고 충고했다. 실제로 그는 성인이 된 이후 시간의 절반 정도는 이 충고를 토대로 경험을 쌓으며 보냈다. 하지만 나이가 어느 정도 든 다음에는 자기보다 훨씬 젊은 여자들과 연애를 즐겼다. 우리는 오페라를 보면서 젊은 남자와 그보다 나이가 한참 위인 여자의 결합에 대해 생각한다. 최근에 나오는 영화들 역시 노년기 연인들의 즉흥적인 사랑을 보여준다.

즉 우리는 예술작품 속에서나 실제 생활에서나 나이차가 큰 연인들을 자주 만난다. 나는 남자가 여자보다 한참 나이가 많은 커플을 '갭 커플gap couple'이라고 부른다. (이 글을 계속 읽어보면 알게 되겠지만, 나는 이성애자 커플에게만 주목할 의도는 없다.) 흥미롭게도 벤저민 프랭클린은 공통점이 가장 많을 것 같은 비슷한 또래끼리의 연애에 대해서는 아무런 말도 남기지 않았는데, 마사 누스바움은 연령이 비슷한 연인들에게서 가장 큰 매력을 느끼는 듯하다. 마사가 벤저민을 만나 그 남자의 재치와 관심을 즐기는 모습을 상상해보면 어떨까? 나는 그들을 비슷한 또래로 상상할 수도 있고, 벤이 마사보다 훨씬 아래라고 상상할 수도 있다. 이 에세이에서 나는 다음과 같은 질문을 탐구하려 한다. 노년기에는 더 모험적인 연애에 도전해야 하는가, 아니면 기존의 애인에게 두 배로 충실해야 하는가? 가까운 미래에 우리는 나이든 여자와 젊은 남자의 결합을 훨씬 많이 목격하게 되리라는 것이 나의 주장이다.

갭 커플을 관찰하면서 느낀 점 두 가지를 먼저 이야기해보려고 한다. 첫 번째는 경제력, 두 번째는 부모의 영향과 관련이 있다. 커플의 나이 차이가 상당히 많이 나는 경우(예컨대 나이든 사람이 젊은 사람 나이의 1.5배 이상인 경우) 나이든 사람이 젊은 애인에게 일정한 금전적 안정성을 제공하지 않는 사례는 드물었다. 어떤 젊은 여자들은 나이든 남자들이 더 재미있거나 인생 경험이 더 많다는 이유로 나이든 남자를 선호하지만, 부유한 여자들이 자기보다 훨씬 나이가 많은 육체노동자 또는 가난한 남자를 재미있다고 여기는 일은 확실히 드물다.

우리 사회는 이처럼 나이 차도 크고 경제력 차이도 큰 '이중 갭 커플'을 별로 좋아하지 않는 것 같기도 하다. 그런 연애를 하는 사람들을 신뢰하지 않을뿐더러 그런 커플을 보면서 사랑이 지나치게 상품화된다고 우려한다. 이중 갭 커플의 연애는 현대판 계약결혼 내지는 나이든 사람에게 유리한 거래처럼 보이기도 한다. 낭만주의자들은 이런 사랑이 매력적이라고 느끼지 않는다. 잘 알려진 예로 도널드 트럼프Donald Trump는 31세였을 때 자기와 나이가 비슷했던 이바나 Ivana Marie Zelníčková와 결혼했다. 두 사람이 이혼한 지 한참 지났을 때, 이혼으로 부자가 된 이바나는 자기보다 스물세 살 어린 남자와 결혼했다. 도널드 트럼프는 47세 때 30세 여성과 두 번째 결혼을 했다. 그리고 59세 때는 당시 35세였던 여성과 세 번째 결혼을 했다. 그들의 연애는 그 여성이 33세였을 때 시작됐다. 이것은 부유한 남자들, 특히 부동산 및 엔터테인먼트 분야의 사업가들에게서 종종 찾아볼 수 있는 패턴이다. 하지만 여자가 이런 패턴으로 연애와 결혼을 하는 경우는 흔치 않다. 결혼을 두 번 하고 한동안 자기보다 한참 연하인 남자와 사귀었던 수전 서랜든Susan Sarandon은 예외적인 경우다. 그녀는 애인을 선택하는 데서 나이보다는 "영혼soul"이 중요하다고 말한다. 만약 도널드 트럼프도 대통령에 출마했을 때 그런 말을 했다면 듣기도 좋고 전략적으로도 유리했을 것 같지만, 그는 여성 유권자들보다는 남성 유권자들을 염두에 뒀는지 "주인공의 애인love interest" 같은 표현을 썼다. 어느 쪽이든 간에 지금 나는 애인을 찾을 때 남자들이 여자들보다 연령에 덜 구애받고 자유로운 선택을 한다는 진부한 주장을 펼치려는 것이 아니다. 나는 자기보다 한참 어린 사람의 관심을 받는 사람들은 하나같이 부유하다는 점을 지적하고 싶다. 젊은 벤저민 프랭클린이 재산을 가진 연상의 여자들을 찾아다녔고, 그들이 그를 사치스러운 생활로 인도했던 것은 우연이 아니다.

20대 여자가 자기보다 나이 많은 남자에게 끌리는 상황에 대해 주변의 관찰자들은 그녀가 아버지 같은 존재를 원하는 거라고 종종 이야기한다. 만약 그녀의 나이가 20대의 2배인데 자기보다 나이가 두 배 많은 남자와 사귄다면 주변의 관찰자들은 재산과 기대수명에 관한 이야기를 할 것이다. 이것과 비슷하게 신경에 거슬리는 사례로, 젊은 남자가 자기보다 나이 많은 여성과 사귀는 경우 사람들은 그가 자기를 어머니처럼 돌봐줄 사람을 찾는 거라고 추측한다. 그 남자가 어린 나이에 고아가 됐거나 버림받은 경우라면 그런 주장은 더 힘을 얻는다. 하지만 나는 부모와의 관계가 배우자의 나이와 상관관계를 보인다는 통계학적 증거를 찾지 못했다. 내가 30년 이상 학생들의 사적인 선택을 관찰한 결과는 사람들의 성장 환경과 결혼의 관계에 중대한 변화가 일어났다는 것이다. 1970년대와 1980년대에는 젊은 미국인들의 다수가 부모와 사이가 좋지 않았고 반항과 소외의 시기를 거쳤다. 그 시대에는 아이들에게 경계선이 필요하고 아이들도 그것을 원하기 때문에 부모가 확고한 규칙을 세워야 한다는 것이 정설이었다. 그리고 1970년대와 1980년대에는 정치적·사회적 격변도 있었다. 그 시절 연애 상대에게 "너를 보면 우리 어머니가 생각나"라고 말하는 것은 모욕이었다. 우리 세대는 이전 세대의 영향으로부터 도망치고 있었거나, 적어도 도망치고 있다고 스스로 생각했다. 〈졸업〉 (1967)과 같은 영화들은 이런 젊은이들이 성인이 되는 모습을 반영하고 있었다. 하지만 오늘날의 대학생들은 이 모든 것을 쉽사리 이해하지 못한다. 요즘 대학생들의 부모는 권위적이기보다는 자녀를 지지해주려고 한다. 당연히 자녀들 입장에서는 자신을 시종일관 지지해준 부모에게 애정을 느낀다. 요즘 부모들은 젊은 자녀와 친한 친구처럼 지내기도 한다. 그래서 20대 젊은이가 자기 아버지 또는 어머니 같은 애인을 원한다고 해도 하나도 이상하게 들리지 않는다. 오늘날의 20대들은 부모가 자기 애인을 마음에 들어 하기를 바란다. 마사는 〈사랑할 때 버려야 할 아까운 것들〉에서 다이앤 키튼과 잭 니콜슨이 맺어졌다는 사실에 주목하지만, 나는 그 영화에서 다이앤 키튼이 딸들의 인정을 받으려 하고 딸들은 키튼의 승인을 받으려 한다는 점을 관심 있게 봤다. 만약 갭 커플이 출현한 이유 중 하나가 반항심이라면, 자녀를 지지했던 부모 세대가 노년에 접어들 때는 갭 커플이 점점 줄어들어야 한다.

허용적인 스타일의 양육은 젊은 세대의 초혼 연령 상승이나 미혼 자녀들이 집으로 돌아가 부모와 한 지붕 아래 사는 현상과 관련이 있을지도 모른다. 일반적으로 이런 현상은 교육과 일자리 부족 때문이라고 설명되지만, 원래 원인과 결과는 혼동하기 쉬운 것이고 이런 현상에는 하나 이상의 원인이 있을지도 모른다. 긍정적인 부모 밑에서 자란 아이들이 성인이 되면 나이 드는 부모에게 돌봄을 많이 제공할 가능성이 높다. 그렇다면 앞으로 여러 세대가 함께 사는 형식이 다시 유행하면서 노인들의 주거 패턴이 크게 달라질지도 모르겠다.

　트럼프 대통령이 나이 차가 많이 나는 여자들과 결혼하는 패턴에 내가 관심을 가지는 이유는 경제적 의존이라는 숨은 변수를 강조하기 위해서만이 아니라 두 번째 또는 세 번째 결혼을 나이 차가 큰 애인과 하는 경우가 많다는 사실을 강조하기 위한 것이다. 어떤 남자가 자기 또래의 배우자와 헤어지고 자기보다 훨씬 젊은 여자와 다시 사랑에 빠지는 경우 그는 여성들(나이 많은 여성들)에게 비난을 받는다. 노년기의 다른 남자들은 그 남자를 부러워할지도 모르지만(물론 이것도 그의 착각일 수 있다). 비판적인 제3자는 그 남자가 미성숙해서 중년을 받아들이지 못하고 별다른 가망도 없는 한심한 모험을 시작했다고 본다. 나이 드는 남자가 젊은 여자와 함께 다닌다고 해서 나이듦의 과정을 되돌릴 수는 없으니까. 하지만 그런 비판은 나이 드는 여자들에게도 똑같이 적용할 수 있다. 만약 남자들이 돈으로 젊은 배우자를 낚아채더라도 남자들 본인은 무조건 나이가 들 것이고 어차피 실망할 운명이라고 한다면, 여자들 역시 성형수술을 받든 안 받든 나이가 들기는 마찬가지 아니겠는가. 이것은 우리가 2장에서 다뤘던 주제다. 여기서 남녀의 전략에는 흥미로운 차이점들이 있다. 첫째로 성형수술은 누군가를 희생시키지 않는다. 하지만 어떤 남자가 오래된 관계를 깨고 젊은 여자에게 가는 경우 갭 커플은 누군가에게 상처를 입힌다. 두 번째 차이는 우리가 4장에서 다뤘던 비대칭성과 관련이 있다. 일반적으로 여자들은 자기보다 젊은 남자와 사귀면 자신의 나이가 부각될 것을 걱정하지만, 남자들은 자기보다 훨씬 젊은 애인과 함

께할 때 자기도 더 젊고 활기차다고 느끼면서 우쭐해한다. 일반화에
는 예외가 너무 많기 때문에 일반화한 이론을 제시하기가 어렵긴 하
지만, 대다수 여성들이 자기 외모에 신경을 쓰는 반면 남성들은 자기
가 무엇을 획득 또는 차지했는가에 관심을 둔다는 이론은 제법 그럴
싸하다.

사교적인 자리에 갭 커플이 있으면 왠지 어색하다. 젊은 애인 때문
에 원래의 애인을 거절한 경우가 아니더라도 그렇다. 갭 커플의 공공
연한 애정 표현은 종종 사람들을 불편하게 만든다. 갭 커플에서 나이
든 쪽은 젊은 쪽의 친구들이 주최하는 사교 행사에 쉽게 녹아들지 못
한다. 갭 커플은 각자 자기 또래 친구들과의 관계를 유지할 가능성이
높으며, 친구들의 무리에 함께 섞이는 일은 나이가 비슷한 커플들에
비해 적다. 영부인 멜라니아 트럼프Melania Trump의 친구들이 멜라니아
의 남편 도널드와 알고 지낼 것 같지는 않다. 멜라니아가 새로운 친구
를 사귀기 어려울 것이라고 생각하면 나는 슬퍼진다. 더욱이 영부인
이므로 친구를 사귀는 데 더 불리하다. 아이(배런)가 다니는 학교의
다른 엄마들이 멜라니아와 친구처럼 지내는 모습은 상상하기 어렵
다. 그리고 그녀는 성인이 되고 나서 미국으로 건너온 이민자인 만큼
오래 사귄 친구들이 지척에 있을 것 같지도 않다. 그녀에게는 직장 동
료가 있는 것도 아니고 새로운 친구를 사귈 장소가 있는 것도 아니다.

도널드 트럼프의 첫 번째 배우자였던 이바나 트럼프는 도널드와
갈라서고 나서 스물네 살 연하의 모델과 결합했다. 그녀는 이혼으로
상당한 부자가 된 경우였다. 하지만 도널드의 두 번째 아내였던 미국

인 배우 말라 메이플스Marla Maples는 이혼 후 갭 커플이 되지 않았다. 말라와 도널드의 이혼은 혼전계약서의 엄격한 조건에 따라 이루어졌기 때문에 그녀에게는 젊은 남자를 사귈 기회가 적었을 것이다. 말라는 사람들의 동정을 받지 못했다. 그녀가 트럼프의 첫 번째 아내를 밀어내고 트럼프의 부인 자리를 차지했던 것과 똑같은 방식으로 본인도 밀려났기 때문일까? 이 거절당한 여성이 동정받지 못한 또 한 가지 이유는 그녀가 자유 의사에 따라 계약을 체결했기 때문인 듯하다. 말라는 자신이 어떤 입장이 되는지 알고 혼전계약서에 서명했다. 이바나처럼 트럼프의 사업체를 직접 운영하면서 수익 창출에 크게 기여한 것도 아니었다. 아마도 말라는 트럼프의 무대에서 자신의 차례가 끝났을 때 별로 놀라지 않았을 것이다. 이바나의 상황을 보면서 우리는 사랑의 거절과 경제적 의존을 분리해서 바라보게 된다. 이 글의 논리에 따르면 이바나와 도널드의 이혼은 일종의 계약 파기로 여겨질 수도 있지만, 이바나가 부자가 됐다는 사실은 도널드에게 잘못이 있었다는 모든 주장을 일거에 무너뜨린다.

거절에 대한 장밋빛 견해

이제 방향을 바꿔서, 영원히 변치 않는 동반자가 될 가능성을 염두에 두고 데이트를 시작한 두 젊은이를 생각해보자. 데보라는 벤에게 푹 빠져 있다. 그런데 몇 달 후 벤이 관계가 끝났다고 통보하자 데보라는 크게 상심한다. 내가 이렇게 말하면 잔인하게 들릴지도 모르지만, 데보라는 고맙게 생각해야 한다. 오래 사귈 사람을 원하는 데보라가 이제 벤을 버리고 다른 사람을 찾아볼 수 있게 됐으니, 벤이 그녀를 도와준 셈이다. 대개의 경우 우리는 사랑을 주는 만큼 돌려주지 않는 사람을 사랑하고 싶어 하지 않는다. 따라서 만약 벤이 데보라의 사랑에 보답하지 않는다면 데보라 역시 벤과의 연애를 원하지 않으리라는 추론이 가능하다. 물론 그녀는 거절을 당해서 실망할 수도 있다. 하지만 연애 상대를 찾고, 관계를 발전시키고, 함께 즐거운 시간을 보내다가 둘 중 하나(또는 둘 다)가 그만 헤어지자는 의사를 표시하는 것은 비극이 아니다. 우리 중 누구도 세상의 모든 사람이 우리를 마음에 들어 하고 우리가 자기 짝이라고 생각하기를 기대하거나 원하지는 않는다. 다만 상대가 우리를 알아갈 기회를 얻고 싶어 한다. 한두 달 동안 데이트를 하고 나서 벤은 자신과 데보라의 관계가 지속가능한가를 평가할 근거를 얻었을 것이다. 벤이 정직하고 결단력 있게 행동한 것이 데보라에게는 행운이다. 적어도 나는 벤의 거절이 좋은 소식이라고 생각한다. (역사적 소양이 풍부한 독자들은 데보라가 관습법에 의해 벤저민 프랭클린과 혼인한 아내였다는 사실을 알아차렸을 것이다. 하지만 역사적 사실과의 유사성은 거기서 끝이다. 역사 속의 데보라 프랭클린은 일종의 파트타임 배우자 역할을 했다. 벤은 해외여행을 다니면서 다른 여자들과 놀아났다.)

내가 거절에 대해 이렇게 긍정적인 견해를 밝히면 데보라와 처지가 비슷한 오늘날의 젊은이들은 종종 이렇게 말한다. "그래도 기분 나빠요. 만약 벤이 더 노력했다면 우리가 서로에게 완벽한 상대라는 사실을 알았을 거라고요." 그 말이 맞을지도 모른다. 하지만 벤에게도 비슷한 목표가 있고, 그도 더 열심히 노력해볼 이유에 대해 생각해 봤을 것이다. 적어도 둘 중 한 사람이 '그 관계를 일찍 끝내고 둘 다 자기 인생으로 돌아가야 한다'고 생각하는 상황에서 우리가 상대에게 거절을 철회하고 더 노력해보라고 설득하는 경우, 행복한 결말에 이르려면 적어도 서너 가지의 이점이 있어야 할 것이다. 내 안의 경제학자는 늘 그렇듯 나에게 매사를 판단할 때는 '미래의 이익'에 대해 생각해야 한다고 말해준다. 어떤 관계가 끝나면 그 관계에 쏟아부은 몇 달 또는 몇 년이 사라지지만, 그 시간은 그 자체로 가치 있었다고 말할 수 있기를 바란다. 인생은 목적지가 아니라 과정이라는 격언도 있지 않은가. 이것이 낙관적 경제학자가 거절을 바라보는 시각이다.

거절에 대한 이 장밋빛 견해는 우리의 직관에 반하긴 하지만, 일종의 분류 작업이 이루어지는 다른 분야에도 적용 가능하다. 예컨대 직장에서 해고당하는 것은 좋은 일일지도 모른다. 다른 데로 가서 우리에게 더 잘 맞는 직장을 찾아볼 기회가 생기니까. 그래서 대다수 고용주들은 직원을 해고하는 일이 생각만큼 끔찍하지 않다는 사실을 알게 된다. 그 해고당한 직원이 어쩔 수 없이 다른 직장으로 옮겼다가 결과적으로 그에게 더 도움이 되는 경우도 종종 있다.

당연한 이야기지만 우리의 고용주가 될지도 모르는 사람 또는 애인이 될지도 모르는 사람에게 거절당한다면 일찌감치 거절당하는 쪽이 낫다. 우리가 어떤 자리에 오래 머물수록 그 자리를 떠나기 어려워진다. 해고가 고통스러운 이유 중 하나는 우리가 동료들과 친해지고 그 일에 요구되는 기술을 익히기 위해 투자를 많이 했기 때문이다. 내가 이 글에서 제시하는 견해는 거절에 대한 일종의 냉정한 탐색이론 search theory(현재로서 최선인 선택을 받아들일지 아니면 계속 탐색할 것인지 결정을 내려야 하는 상황을 분석하는 이론—옮긴이)으로서, 우리가 나이 들수록 애인에게서 거절당하거나 시장에 재진입하는 일의 혜택이 줄어든다는 것이다. 우리에게 앞으로 남은 시간이 40년이라면 고용주에게 거절당하는 일은 큰 가치가 있다. 고용주의 감사와 인정을 받고 우리 자신도 만족하는 더 좋은 일자리를 찾으러 갈 수 있기 때문이다. 그러나 은퇴가 3년 남은 상황이라면 다른 일자리를 찾는 일은 그만큼의 가치가 없다. 그래서 고용주로부터 거절당하는 일은 치명적인 타격이 되고 마음의 상처가 된다. 사랑에도 같은 원리가 적용될까?

관계가 길어질수록 그 관계를 끝내는 데 대한 미래지향적이고 낙관적인 주장을 받아들이기가 점점 어려워진다. 내일 당장 내 배우자가 "30년 동안 결혼 생활을 했으니 이제 우리의 관계를 정리하고 다른 삶을 살고 싶다"고 선언한다고 해보자. 단언컨대 나는 그리 기쁘지 않을 것이다. 이론적으로는 아내의 거절에 감사해야 한다. 나는 그녀에게 좋은 것을 원한다. 만약 그녀의 계산으로 내가 더 이상 좋은 자산이 아니라는 확실한 결과가 나온다면 나도 그녀의 판단을 믿어야 할 것이다. 게다가 누군가가 순전히 내 감정을 상하게 하지 않으려고 내 곁에 머무른다면 무슨 재미가 있겠는가? 그럴 경우 나는 분명히 슬픔을 느낄 것이고 아마도 씁쓸한 심정이 될 것이다. 사실 나는 미래지향적으로 생각하는 사람이기 때문에 이런 것을 상상조차 할수가 없다. '거절당할 때의 피할 수 없는 슬픔은 비이성적이고 회고적인 계산의 산물인가?'라는 의문이 생긴다. 이렇게 거절을 당할 경우오랜 결혼생활이 잘못된 것 또는 헛된 것처럼 보일지도 모른다. 거절당한 사람은 버림받았다고 느끼거나, 상대가 헤어지자고 더 일찍 말하지 않아서 자신이 다른 데 투자할 수 없었다는 것이 부당하다고 생각할지도 모른다. 하지만 아예 사랑받지 않았던 것이 더 나았으리라고 말할 수는 없다. 모험을 하지 않으면 얻는 것도 없다는 말은 진실이다. 어쩌면 나를 떠나는 배우자도 거절당하는 나만큼이나 놀라고실망하고 있을지도 모른다. 오랜 시간을 함께한 후의 거절이 슬픈 이유는 단순한 계산을 넘어선다.

비유로서 애도라는 관습을 생각해보자. 아까 만났던 미래지향적인경제학자는 우리에게 낙관주의자가 되기보다 현실주의자가 되라고충고한다. 자신의 친구나 가족이 사망했을 때 미래지향적인 경제학자는 이렇게 말할지도 모른다. "나는 이 사람을 사랑했어. 하지만 그는 이제 죽고 없어. 그 점에 대해 마음 아파할 이유도 없지. 왜냐하면슬픔은 노여움과 마찬가지로 에너지를 낭비하는 감정이거든. 사망소식을 듣자마자 미래지향적인 자세로 전환하는 게 좋겠어. 알고 보니 나는 그 사람에게 지나치게 많은 투자를 했던 거야. 물론 함께 보낸 시간은 즐거웠지만."

이 가상의 경제학자는 초인간적인 존재다. 고인을 애도하는 의식은 모든 문화권에서 발견되는 아주 오래된 풍습으로서 나름의 근거를 지니고 있다. 애도의 필요성에 대한 가설 중 하나는 애도, 나아가 목놓아 우는 관습(목놓아 우는 관습은 대부분의 나라에서 발견된다. 그리고 이것은 연출이 아니라 즉흥적이고 진실한 감정 표현이다)이 우리에게 안도감을 준다는 것이다. 우리는 나중에 자신이 죽을 때도 사람들이 나를 생각해주리라고 믿게 된다. 세상을 떠날 때 주변 사람들이 슬픔에 젖을 것이라고 예상하면 삶에 대해, 사람들과의 관계에 대해 더 큰 만족을 느끼게 된다. 그래서 우리는 사람들과의 관계에 투자를 한다. 결국 공동체는 전체적으로 더 튼튼해진다. 우리는 서로의 죽음에 대해 일정 기간 동안 생각해야 한다고 배운다. 혹은 그런 방향으로 진화했는지도 모른다. 애도라는 풍습은 시간 낭비도 아니고 미래지향적 사고와 충돌하지도 않으며 오히려 우리의 자존감과 노력을 북돋아준다. 이것보다 더 나은 두 번째 가설은 애도가 우리 자신이 유한한 존재라는 사실에 감사하게 해준다는 것이다. 이것 역시 낙관적인 경제학자의 시가에 부합하는 설명이다. 결혼식에 참석하는 일이 우리 자신의 결혼에 대한 성찰로 이어지곤 하는 것처럼, 장례식에서 고인을 애도하는 일은 우리 삶의 유한성에 대해 생각하고 남은 시간 동안 의미 있는 삶을 사는 데 집중할 기회를 준다.

누군가가 사망했을 때의 행동에 대한 이런 가설들은 연애가 끝날 때 우리가 종종 느끼는 취약성을 설명해준다. 어떻게 보면 미래지향적인 사람은 애인의 거절을 자신에게 도움이 되는 소식으로 받아들여야 한다. 거절은 이제 새로운 삶을 시작하고 새로운 애인에게 투자할 시간임을 알려주는 소식이다. 미래지향적인 사람에게는 거절의 고통 혹은 실패한 관계의 고통도 유용한 것이 된다. 거절의 고통은 관계의 가치를 강조하며 우리에게 다음 번 애인을 더 소중하게 여기고 더 열심히 노력하라는 메시지를 전한다. 한번 고통을 겪은 데보라는 (벤도 마찬가지다) 아마도 다음번 연애에 더 진지하게 접근할 것이다.

나이든 이들의 연애와 거절

우리가 나이가 들면 연애와 거절에 대한 이론들의 양상이 약간 달라진다. 오랜 세월을 함께한 후에 찾아오는 거절은 자연스럽긴 하지만 미래지향적이지는 않다. 거절당한 사람은 배신당한 느낌과 함께 뭔가가 크게 잘못된 느낌을 받는다. 만약 벤이 데보라와 20년 동안 함께한 후에 결별을 선언한다면 데보라는 배신당한 느낌을 받을 것이다. 데보라의 입장에서는 자신과 벤이 일종의 상호부조보험에 가입해 있었던 셈이라고 주장할 여지도 있다. 만약 벤이 병에 걸렸더라도 자기는 그를 떠나지 않았을 것이고, 자기가 더 나은 사람과 맺어질 수 있는지 알아보기 위해 다른 남자들을 만나고 다니지도 않았을 것이라고. 자기는 일생 동안 벤과 함께하기로 약속했으니까 말이다. 벤이 "이제 나는 당신을 사랑하지 않아. 그러니까 헤어지는 게 낫잖아"라고 말한다면 그의 친구들은 그가 듣고 싶어 하는 대답을 해줄지도 모른다. 우리의 인생은 한 번뿐이니 짜릿한 모험을 추구해야 한다고. 만약 벤이 더 젊은 여자에게 반해서 데보라와 헤어진다면 데보라는 더욱 부당하다는 느낌을 받을 것이다. 그 이유는 아마도 벤을 위해 그녀 자신의 기회와 젊은 시절의 매력을 포기했다고 느끼기 때문일 것이다. 이 주장을 달리 표현하자면 '벤은 묵시적 또는 명시적 계약을 깨뜨리지 말고 내면의 양심을 따랐어야 한다'가 된다.

하지만 만약 벤이 나이 들어서도 진짜로 열심히 노력했다면 뭐라고 말해야 할까? 지금까지 우리는 거절의 가치를 알아보고, 시간이 흐를수록 거절의 가치가 작아진다는 사실도 알아봤다. 그래도 다음과 같은 의문이 남는다. 연애 또는 인생의 여러 일들에서 더 열심히 노력해야 할 때는 언제고, 더 큰 실망을 피하기 위해 포기해야 할 때는 언제인가? 우리는 벤과 데보라 양쪽 입장을 다 이해할 수 있다. 벤은 데보라가 충실하고 장점이 많은 배우자라는 사실을 안다. 그녀가 벤에게 충실했던 것은 귀중한 일이며 벤은 그것 때문에 무척 행복해질 수도 있다. 그러나 벤은 관계를 회복하기 위해 데보라와 계속 함께해야 할지, 아니면 다른 상대를 찾아야 할지를 결정해야 한다. 이 결정은 벤의 나이에 따라 달라져야 하는가? 여기서 우리의 직관들은 서로 모순된다. 일단 부부의 나이가 많을수록 벤은 관계를 회복하기 위해 더 많은 투자를 해야 한다. 그 이유는 두 가지다. 첫째로 나이 들어서 부부관계가 깨질 경우 벤의 고통이 더 커질 것이고, 둘째로는 벤에게 남은 시간이 별로 없기 때문에 그가 가상의 연애를 새로 시도하더라도 지금 가진 것보다 더 나은 관계를 맺을 확률이 낮기 때문이다. 이와 반대되는 직관은 벤의 인생은 한 번뿐이고, 그가 현재의 부부관계를 깨지 않고 오래 기다릴수록 그와 데보라가 관계를 회복하기는 더 어려워진다는 것이다. 이 질문에 대한 답은 하나로 정해져 있지 않겠지만, 나이 드는 부부들의 결정은 젊은 부부들의 결정과 많이 다른 것 같다.

이 질문을 현대적이고 파격적으로 변형해서, 오래 같이 살던 부부가 성적 지향 때문에 갈라서는 경우를 생각해보자. 유명한 넷플릭스Netflix 드라마인 〈그레이스 앤 프랭키Grace and Frankie〉는 40년 동안 함께 살았던 두 쌍의 부부가 이혼하는 내용으로 시작된다. 남편들은 둘이 함께하기 위해 아내들을 떠나겠다고 선언한다. 두 남자의 아내는 제인 폰다Jane Fonda와 릴리 톰린Lily Tomlin이 연기한다. 두 남자는 단순한 사업 파트너가 아니라 지난 20년 동안 애인 사이였는데, 이제 각각의 배우자로부터 해방되어 결혼식을 올리고 싶다고 말한다. 〈그레이스 앤 프랭키〉의 플롯은 이처럼 현대 사회에서 반박하기 힘든 이별의 사유를 제시한다. 이 경우 결별은 누구의 잘못도 아니다. 이 드라마는 노년기에 갑자기 독신이 된 여자들이 이혼을 통해 가까워지는 과정을 탐색하는 데 오랜 시간을 들인다. 이 드라마의 현대적이고 충격적인 반전은 다소 불공평하다. 시청자들은 두 남자가 오래 지속된 부부 관계에 더 헌신해야 한다고 생각할 수가 없게 돼 있다. 여자들은 남편들을 이해해야 하며 심지어는 경쟁상대가 젊은 여자가 아닌 점에 감사해야 한다. 그리고 이 오랜 결혼생활이 끝나야 한다고 우리를 설득하기 위해서인지, 마틴 쉰Martin Sheen과 샘 워터스턴Sam Waterston이 연기하는 남편들 역시 여자들 못지않게 독특한 사람들로 나온다. 하지만 이들은 통제권에 집착하거나 자기중심적인 사람들은 아니다. 마지막으로 이 드라마의 연인들은 연령대가 비슷하기 때문에 우리는 갭 커플에 시선을 빼앗기지 않고 그들에게 집중할 수 있다. 두 남자의 연애는 매력적이다. 시청자들은 두 아내가 처음에는 충격을 받고 모욕감을 느꼈지만 결국 그들도 결별이 최선이라는 사실을 깨닫기를 바라게 된다. 만약 아내들이 화를 낸다면 그 이유는 남편들이 한참 전부터 정직하지 못하게 행동했기 때문일 것이다. 〈그레이스 앤 프랭키〉는 슈트라우스의 오페라처럼 무게 있는 작품은 아닐지라도 그 핵심적인 발상에는 진실이 담겨 있으며 관계를 미래지향적으로 바라본다. 오래 지속된 관계의 끝은 비극이 아니라 기회다. 나는 벤과 데보라가, 그리고 실제의 프랭클린 부부가 마치 그레이스와 프랭키의 남편들처럼 새로운 삶을 찾아가야 한다는 견해로 기울어진다.

하지만 오랜 결혼생활이 끝나는 것이 마침내 비밀을 솔직히 밝혀도 문제가 없게 됐기 때문이 아니라, 어느 한쪽의 마음이 변해서 부부관계에 문제가 생겼다거나 새로운 사람과의 관계에 도전하기로 했기 때문이라면 뭔가 달라져야 할까? 전통적인 대답 중 하나는 오랫동안 함께한 동반자들은 기쁠 때나 슬플 때나 서로를 지원하기로 계약(결혼이든 다른 형태로든)한 사이라는 것이다. 변호사들은 이 계약을 파기하는 행위가 정당화되려면 계약법상의 용어로 이행불능impossibility의 사유가 있어야만 한다고 주장할 것이다. 둘 중 하나가 앞서 체결한 계약에 부합하지 않는 성적 정체성을 발견했거나 대면하게 된 경우라면 계약의 기본적 가정이 거짓이 되므로 이행불능이 인정된다. 하지만 법률은 실행하기가 불가능하지 않은 전통적인 계약이라도 무조건

계약을 고수해야 한다고 말하지는 않는다. 원래 법률은 계약을 파기할 수 있는 길을 열어놓는다. 그렇다면 트럼프는 말라 메이플스와의 결혼이 끝났을 때 두 사람의 혼전계약서에 적힌 금액을 정확히 지급했다고 말할 수 있다. 혼전계약이 없을 경우 법원에서 계약 파기로 초래된 손해 액수를 결정할 수는 있지만, 법이 어떤 사람에 대해 사적인 인간관계에 반드시 묶여 있어야 한다고 명령하는 일은 드물다. 원래 약속은 깨질 수 있는 것이다. 약속을 어길 경우 대가를 치러야 하더라도 약속이 깨질 가능성은 항상 있다.

그래서 이것은 '거짓말'이다. 오페라와 영화들이 나이 드는 남자와 여자들에 대해 하는 수많은 거짓말과는 다르지만, "나이 드는 사람들은 섹스를 즐기지도 않고 매력적이지도 않다"라는 거짓말을 언급하는 게 아니다. "어떤 부부 또는 연인이 계속 서로에게서 위안과 새로움을 발견할 것인지, 아니면 둘 중 하나(또는 둘 다)가 변해서 완전히 새로운 모험이 필요하게 될지를 미리 알 수 있는 방법이 있다"는 게 거짓말이라는 것이다. 50년 동안 함께한 부부를 축복하기는 쉽다. 그 부부에게 축사를 하는 사람은 언제나 두 사람이 어려운 시기들을 이겨낸 이야기를 하게 마련이다. 어떤 부부가 서로 멀어져서 각자 여행을 떠난다고 할 때 그것을 축하한다는 것은 상당히 어려운 일이다. 하지만 우리는 새로운 모험을 시작할 수 있는 그들의 에너지와 낙관을 칭찬하려고 애써야 할지도 모르겠다.

내 생각에 우리가 부부 또는 연인의 이별 소식을 당혹스럽게 받아들이고, 특히 그들이 헤어진 후 나이차가 많이 나는 사람과 사귀는 모습에 더욱 실망하는 이유 중 하나는 우리가 젠더 평등을 강하게 선호하는 쪽으로 발전해왔기 때문이다. 그리고 우리의 경험에 따르면 노년의 어느 부부 또는 연인이 헤어질 때 일반적으로는 남자 쪽이 여자 쪽보다 연애 기회를 더 많이 가진다. 만약 그가 새로운 연애에 투자하는 중이고 그 상대가 한참 연하의 여자라면 그 이별은 우리 눈에 더 나쁘게 보인다. 우리는 이것을 불공정한 일로 간주한다. 우리가 버림받은 쪽을 보호하는 유일한 방법은 오래 유지되는 부부들에게 박수를 보내고 심지어는 갭 커플들에게 비우호적인 태도를 보임으로써 이별을 방지하는 것이다. 그러나 주로 경제력이 불균등한 경우에 갭 커플이 만들어진다면, 상위 1퍼센트에 진입하는 여성이 늘어날수록 우리는 나이든 여자들이 젊은 남자와 맺어지는 광경을 더 많이 목격하게 될 것이다. 그럴 때 우리는 모험이 뒤따르는 거절을 더 편안하게 받아들일 것이다. 하지만 만약 여자들(남자들은 덜하다)이 젊은 애인 옆에 서 있을 때 자신이 더 나이 들어 보인다고 느낀다면, 우리는 앞으로도 나이든 여자들이 갭 커플이 되는 모습을 별로 보지 못할 수도 있다. 자신의 배우자 또는 애인이 아니라 자기 자신의 젊음을 강박적으로 추구하는 경향이 지속된다면 앞으로도 '역' 갭 커플이 탄생하기는 어려울 것이다. 마지막으로 현재의 패턴이 현재 상황을 스스로 유지한다는 점도 있다. 세상에는 트럼프 같은 남자들은 많지만 서랜든과 마르샬린 같은 여자들은 별로 없다. 프랑스의 이단적 정치인 마크롱Emmanuel Macron은 17세 때 현재의 아내(그보다 24살 위)인 브리지트 트로뇌Brigitte Trogneux에게 처음으로 청혼했다고 한다. 때때로 브리지트에게 '마크롱의 코치'라는 수식어가 붙긴 하지만 누구도 그녀를 어머니 같은 존재 또는 후원자로 묘사하지는 않는다. 어떻든 간에 미국에서는 프랑스의 연애 패턴을 주목하지도 않고 모방하지도 않는다. 다른 역할모델이 없기 때문에, 나이 드는 여성들이 젊은 남자와 연애를 시작하거나 그 반대로 젊은 남자들이 나이 드는 여성과 연애를 시작하는 일은 극히 드물다. 하지만 만약 자수성가해서 부자가 된 여성들이 늘어나 지금의 패턴이 바뀐다면, 갭 커플과 이별을 바라보는 우리의 태도도 달라질 것이라고 나는 생각한다. 만약 나이듦이 자기 모습에 대해 편안함을 느끼는 과정이라면, 우리는 이런 종류의 모험이 더 많아지기를 바라야 한다.

7장

노년의 빈곤과
불평등에 관하여

사회 전반의 불평등이 점점 심각해지고 있으며 정치 영역도 예외가 아니다. 노인빈곤은 특별한 문제인가? 공적연금 개혁으로 상황을 개선할 수 있을까? 은퇴 이후를 대비해서 저축을 해놓지 못한 사람들에게 도움을 주려면 어떻게 해야 할까? 풍요롭고 정의로운 사회에서 노인들은 어떤 권리를 누려야 하며, 그런 것들을 보장하기 위해 우리는 어떻게 해야 할까?

노인빈곤과 불평등의
해소 가능성

솔 레브모어

우리는 노인빈곤층에게 어떤 도움을 주어야 할까? 나이든 미국인들 대부분은 경제 호황기를 몇 번 경험했으므로, 지금 은퇴하는 세대는 미국 역사상 가장 부유한 세대다. 하지만 가장 부유한 세대에도 취약한 구성원들은 있다. 노인이라는 집단에는 노인빈곤층이라는 부분집합이 있으며 빈곤층보다 약간 나은 처지의 퇴직자가 수백만이다. 이 글에서 나는 미국 노인들의 부와 빈곤에 대한 전체적인 그림을 그려본 후 공적연금의 대대적인 확대 개편을 제안하려 한다. '큰 정부'에 반대하는 사람들은 내 제안을 선뜻 받아들이지 못하거나 말이 안된다고 생각할지도 모른다. 내 제안은 '삶의 질 급여'를 도입해 소모적인 정치 공방과 계급투쟁을 피해가자는 것이다.

노인빈곤층은 누구인가

우선 문제를 개괄하기 위해 미국의 부와 빈곤에 대한 사실 몇 가지를 들여다보자.[1] 미국에서 사적인 부의 3분의 1 이상은 인구의 1퍼센트에 집중되어 있으며, 이 1퍼센트 집단 내 노인의 비율은 전체 인구의 노인 비율보다 높다. 한편 미국 성인들의 다수는 비상사태에 대처하기 위한 저축이 충분하지 않으므로 정부, 친구, 가족의 도움을 기대해야만 한다. 그리고 미국 성인들 중 절반 가까이는 노후 대비 저축이 아예 없다. 하지만 이 통계는(비상사태에 대처할 여력에 관한 통계에서도 마찬가지) 주택의 자산가치를 배제한 것이다. 갑작스러운 위기가 닥칠 때 이들 중 일부는 자산을 팔거나 빌릴 수 있지만, 다수는 그럴 형편이 못 되거나 방법을 모른다. 미국의 노인은 거의 모두 공적연금 혜택을 받을 수 있다. 일반적인 퇴직연령을 넘긴 노인들 중 공적연금 혜택을 전혀 못 받는 사람의 비율은 3~4퍼센트밖에 안 된다. 이 3~4퍼센트는 공적연금 가입자 자격을 한 번도 얻지 못한 불안정 임시직 노동자들 또는 최근에 이민한 사람들이다. 이 소수의 노인들은 비대칭적으로 가난하지만 젠더와 인종 분포는 노인 집단 전체와 비슷하다.

일반적으로 노인빈곤층으로 분류되는 사람들의 대다수는 진짜로 무일푼인 사람들이 아니라, 저축액이 충분하지 않아 공적 의료보험 및 공적연금을 비롯한 정부 지원제도가 허락하는 한도 내에서 생활할 수밖에 없는 사람들이다. 66세에 은퇴하는 사람이 1년 동안 수령할 수 있는 공적연금 급여는 최대 3만 1668달러(이 글을 쓰는 시점을 기준으로)로 정해져 있지만, 공적연금 수령인의 대다수는 최대 액수를 수령할 자격을 갖추지 못했다. 공적연금의 평균 수령액은 최대 액수의 절반 정도밖에 안 된다. 한편 연령이 66세 정도 되는 사람이 주택 임대료를 지불하면서 생활할 경우 최저생계비는 2만 4000달러로 계산된다. 빈곤선poverty level은 그보다 훨씬 낮지만, 물가가 비싼 도시에 거주할 경우에는 실질 생계비가 훨씬 높아진다. 미국에서 노년기 부부들의 22퍼센트와 독신 노인들의 45퍼센트는 소득의 90퍼센트 이상을 공적연금으로 충당한다. 이들은 굶주리는 처지는 아니지만 멀리 떨어진 곳에 사는 친척을 만나러 가거나, 국립공원으로 여행을 떠나거나, 음악회 표를 구입하는 등 부유한 사회에서 퇴직자 또는 삶을 한껏 즐기는 사람들이 하리라고 예상되는 일들은 하지 못한다.

하지만 경제적 안정은 소득만으로 달성하는 것이 아니다. 축적된 자산을 나중에 매각해서 은퇴 후 생활비용을 마련할 수도 있다. 안타깝게도 노인층의 소득과 자산에 관한 통계는 잘 정리되어 있지 않아 종합적인 정보를 얻기가 어렵다. 미국에서 65세에서 74세 노인이 있는 가구의 절반은 노후 대비 저축을 하고 있으며 이 가구들의 절반은 확정급여형 퇴직연금(공적연금과 별도로)을 받고, 63퍼센트는 주택담보대출 없이 집을 소유하고 있다. 소득 기준으로 빈곤층으로 분류되는 노인들의 62퍼센트 정도는 주택자산을 보유하고 있으며 평균 자산 가치는 12만 달러다. 은퇴하고 나서 한참 지난 시점까지 확장해서 보더라도 그림은 별로 달라지지 않겠지만, 소득만으로는 빈곤선 아래거나 빈곤선 근처에 위치하는 노인들의 상당수가 극심한 빈곤 상태는 아니라는 해석이 가능하다. 주택을 보유한 노인들은 자산을 담보로 대출을 받을 수도 있다. 기대수명과 이자율에 따라 다르지만 그들은 공적연금 수령액인 1만 5000~2만 달러를 기본으로, 5000달러에서 1만 달러를 추가로 벌어들일 수 있다. 저소득층 노인들은 대부분 가족과 함께 살거나, 자녀들에게 집을 물려주기로 약속한 상태다. 가족 구성원들은 노부모가 사망하면 그 집이 자기들 소유가 된다는 가정 아래 돌봄을 제공한다. 하지만 자산까지 고려해서 만든 노인빈곤 통계는 찾아보기 어렵다. 추측에 따르면 65세 이상 미국인 4000만 명의 약 10퍼센트가 빈곤선 아래에 위치한다.

노인들 사이의 불평등

노인빈곤층이 전체 인구의 몇 퍼센트에 불과하다면 우리 사회는 왜 이 집단을 더 지원하지 않았던 걸까? 잘 알려진 사실이지만 미국의 노인들은 투표율이 높고 미국은퇴자협회AARP를 비롯한 여러 단체를 통해 조직도 잘 되어 있다. 의료보험 개편과 같은 현안을 다룰 때 정치인들은 노인 유권자들의 지지를 받으려 하거나 노인 유권자들의 반응을 의식한다. 어떻게 보면 우리 주변에 노인빈곤층이라는 하위 집단이 존재한다는 일 자체가 놀랍기도 하다. 노인빈곤이 사라지지 않는 이유는 여러 가지가 있는데, 성공 확률이 높은 해결책을 고안하기 위해서는 우선 현재의 상황을 제대로 이해해야 한다.

제일 먼저 강조하고 싶은 것은 노인들이 가진 평균, 아니 중간 수준의 재산도 개혁의 장애물이 된다는 점이다. 노인들 중에서도 워런 버핏Warren Buffett 같은 사람들은 최상류층에 속한다. 대중매체는 실리콘밸리의 젊은 억만장자들에게 관심이 많지만, 사실 미국에서 가장 부유한 사람들을 수백 명으로 압축한다면 그중 3분의 2 정도가 60세 이상이며 80세를 훌쩍 넘긴 사람도 적지 않다. 하지만 이 그림에서 가장 중요한 부분은 평균적인 가구의 생활이다. 수백만 명에 달하는 부유한 사람들은 은퇴 이후에 쓰기 위해서나 누군가에게 물려주기 위해 은퇴 직전까지 재산을 축적한다. 빈곤층이 아닌 노인들의 순자산은 일반적인 경우 은퇴 시점까지 지속적으로 증가해 65세에서 69세 사이에 최고치에 달한다. 이 시점의 순자산 중위값은 약 20만 달러. 이 코호트cohort(인구 통계에서 동시 출생 집단 등 통계 인자를 공유하는 집단을 가리키는 용어—옮긴이)의 상위 1퍼센트는 중위값의 50배 정도 되는 순자산을 보유하고 있다. 여기에 공적연금 급여까지 포함시킨다면(통계에서 공적연금은 저축 또는 자산이 아니라 소득으로 분류된다) 모든 노인의 순자산 액수는 상당히 커진다. 이러한 부의 분포는 퇴직연령의 중간값 또는 그 직후에 최고치를 기록한다. 은퇴에 대비한 저축 패턴을 고려할 때 이는 전적으로 예측 가능한 결과다.

노인 세대와 젊은 세대의 부의 격차는 점점 커지고 있다. 불평등의 심화는 많은 관심을 받고 있는 사회적 현상이므로 세대 간 격차가 커지고 있다는 이야기는 그다지 놀랍게 느껴지지 않는다. 30년 전 미국에서 65세 이상 구성원이 가장인 가구들의 평균 순자산은 가장이

35세 이하인 가구들의 순자산보다 10배 정도 많았는데, 오늘날 이 격차는 50배로 늘어났다. 노인들이 더 부유해지는 동안 젊은 성인들의 코호트는 더 가난해졌다. 미국의 노인들은 주택에 투자해서 괜찮은 수익을 올렸으며 그 이후 세대에 비해 소득의 많은 부분을 저축과 투자로 돌렸다. 그 이후 세대 중에는 경제가 호황일 때 일을 시작한 사람도 있지만 그렇지 못한 사람이 더 많다. 물론 나중에 가면 젊은 세대는 대부분 부모 세대와 조부모 세대를 따라잡고 그들보다 돈도 잘 벌게 될 것이다. 순자산(그리고 재산) 통계는 인적자본과 고등교육의 가치를 계산하지 않기 때문이다. 젊은 코호트는 노인 세대에 비해 사회생활을 늦게 시작했고, 이런 투자의 결과는 긍정적일 것으로 예측된다. 그래도 부인할 수 없는 사실은 평균적으로 노인들이 중년층이나 젊은이들보다 경제적으로 여유롭다는 것이다. 노인들이 연금 혜택을 더 많이 받기 위해 정치력을 활용할 수는 있겠지만, 부를 재분배하여 노인 세대 또는 노인빈곤층에게 이전해야 한다는 주장은 윤리적 근거가 약할 것이다.

노인빈곤 문제는 단순한 부의 이전으로 해결되지 않는다

노인들 가운데 극도로 빈곤한 사람들에게 부를 이전하는 방법은 여러 가지로 생각해볼 수 있다.[2] 우선 공적연금을 차등적으로 설계해 재산 또는 소득에 따라 혜택이 달라지도록 하는 방법이 있다. 은퇴

전 소득이 낮았던 가입자에게는 더 높은 액수를 지급하되, 그 증가분은 은퇴 전 소득이 높았던 가입자들의 급여액에 세금을 매겨서 마련할 수 있다. 또 한 가지 방법은 저소득층 가입자들에게 일찍 은퇴하고 상대적으로 높은 급여를 받을 기회를 주되, 고소득층 가입자들이 특정한 연령에 도달해도 일을 그만두지 않을 경우에는 급여를 주지 않는 것이다. 이 방안은 고소득층에 속하는 사람들이 저소득층에 속하는 사람들보다 오래 사는 경향이 있으며 70세가 넘어서도 고용과 업무 능력을 유지하기 용이한 직업을 가진 경우가 많다는 견해를 토대로 한다. 지금까지 소개한 두 가지 방안은 모두 공적연금이라는 범위 내에서 재분배를 꾀하며, 노인빈곤층에게 부를 재분배하기 위해 상대적으로 부유한 노인들에게서 돈을 '빼앗으려고' 한다. 이런 방안들이 정치적으로 실현되기 어려운 이유는 금방 알 수 있다. 경제력이 있는 노인들이 가난한 노인들보다 수가 많고 정치적 영향력도 훨씬 크기 때문이다.

노인빈곤층이 정치적으로 불리한 두 번째 이유는 유권자 일반이 청년층에게 혜택을 주는 제도를 선호한다는 것이다. 사회과학자들은 빈곤가정의 아동 또는 유아를 지원하는 복지제도의 효과에 대해 엄청나게 많은 데이터를 수집했다. 어린 아이들의 교육, 의료보험, 영양 공급에 대한 투자는 대체로 기대 수익이 높다. 이런 정책은 재분배라는 목적과 별개로 유권자들에게 현명한 투자로 받아들여진다. 그 다음으로 선호도가 높은 정책은 직장에서 은퇴할 날이 많이 남은 성인들을 위한 재교육과 직무능력 향상에 대한 투자다. 취약계층에 대한 독감 백신 지원과 같은 작은 혜택을 제외하면, 노인층을 대상으로 하는 복지제도 또는 부의 이전을 기대 수익이라는 관점에서 옹호하기란 불가능하다.

노인층보다 청년층에 투자해야 한다는 주장에 대해 이성적인 반론을 제기해보자. 예산의 제약을 고려하지 않는다면, 사회는 노인과 청년 양쪽에 투자하여 노인이냐 청년이냐 하는 양자택일의 논리에서 벗어날 수 있다. 노인들에 대한 투자가 미래의 수익 또는 세수 증대로 돌아온다는 보장은 없지만, 청년층과 중년층 시민들에게 '나도 나중에 나이가 들면 공정한 대우를 받을 수 있다'는 생각을 심어줌으로써 사회적으로 바람직한 행동을 하도록 유도하는 효과가 있다. 그러나 노인들을 보살펴야 한다는 주장이 윤리적으로 타당하긴 해도 노인들에 대한 '투자'를 옹호하기란 어렵다는 점을 독자들도 직관적으로 알 것이다. 윤리적 측면에서나 경제적 측면에서나 빈곤 아동을 지원하자는 주장을 펼치기가 한결 용이하다. 이런 주장과 감정들이 노인빈곤층에 대한 지원을 불가능하게 만들지는 않지만, 한정된 자원을 가진 사회에서 이런 것들은 만만찮은 장벽으로 작용한다.

노인빈곤층이 지원받기가 쉽지 않으리라고 예상하는 또 한 가지 이유는 다른 시민들, 특히 부유한 노인들이 가난한 노인들을 향해 중년기에 저축을 충분히 해놓지 않았다며 비난하기 때문이다. 아이들이 동정의 대상이 되는 건 그들을 탓하기가 어려워서다. 아동복지 제도에 대한 찬성 여론을 조성하는 방법 가운데 하나는 예산을 절약했다가 나중에 다른 데 쓰기를 바라는 납세자들의 관점에서 보더라도 그 특정 제도가 좋은 투자라는 점을 입증하는 것이다. 하지만 노인복지와 관련해서는 그런 주장을 펴서 성공하기가 어렵다. 낙관주의자들은 아이들에게 돈 쓰는 쪽을 선호할 것이고, 회의론자들은 노인들에게 돈을 주면 다음 세대가 노후 비용을 저축할 유인이 감소한다고 주장할 것이다.

이런 식의 세대 간 비교에 대한 자유주의자들과 보수주의자들의 반응은 우리의 예상을 크게 벗어나지 않는다. 자유주의자들은 저축을 하지 않았다고 가난한 사람들을 탓하는 것은 냉혹한 처사라고 생각한다. 그들은 빈곤이 무책임의 결과가 아니라 불운, 낮은 교육 수준, 질병의 산물인 사례를 제시할 것이다. 보수주의자들은 과도한 지출 또는 잘못된 판단 때문에 가난해진 사례를 제시할 것이다. 어떤 규칙 또는 관행이 문제를 해결하기보다는 오히려 더 키우는 현상을 경제학자들은 "도덕적 해이moral hazard"라고 부른다. 사람들이 노년기에 돈이 없어야 연금 혜택을 받는다고 생각한다면 그들은 젊은 시절에 저축을 적게 하고 무모한 투자를 하는 등 스스로 빈곤을 초래하는 행동을 더 자주 하게 된다. 만약 가족 내에서 이루어지는 부의 이전을 감시하기가 어렵다면 문제는 한층 심각해진다. 사람들은 가난한 노인에게 주는 급여를 받기 위해 가난해 보이려고 애쓸 것이다. 가족들과 자산을 공유하거나 주변 사람에게 자산을 이전하는 방법으로 가난을 위장할지도 모른다. 전통적인 상환능력평가means-testing, 즉 소득과 자산을 기준으로 급여에 상한선을 정하는 방법이 부적절한 이유가 이것이다. 평소에는 노골적인 사기를 치지 않는 사람들도 자신들이 65세가 넘은 후에 가난해 보여야 공적 지원을 받는다는 사실을 안다면 젊은 자녀들의 생활에 보탬이 되기를 바라는 마음에 사기 행위를 정당화할 가능성이 있다.

마지막으로 공적연금, 재산, 빈곤에 관한 통계는 현실 속 가족들의 생활을 온전히 반영하지 못한다는 점을 알아두자. 가족 중 누군가가 큰 병에 걸리거나 결혼을 하거나 빚을 갚아야 하는 입장인 경우 돈을 차곡차곡 모으는 일은 상상하기도 어렵다. 가족이라는 집단의 내부에는 당장 도움이 필요한 사람들에게 돈이 가야 한다는 기대가 있다. 보통 가족 중 누군가가 어려울 때 돈을 내놓은 사람은 나중에 자신이 나이가 들었을 때 도움을 받기를 기대하지만, 정작 그 사람이 도움을 필요로 할 때는 집안 형편이 더 어려워지거나 가족 관계가 달라질 수도 있다. 어떤 경우에는 이런 패턴이 노인들에게 부를 이전하는 제도에 반대하는 논거가 된다. 어떤 퇴직자가 자신이 가진 돈을 자손의 호화로운 결혼식에 쏟아붓기로 결정한 경우 왜 평균적인 납세자가 그 사람의 노후 비용을 부담해야 하는가를 설명하기란 사실 쉽지 않다. 어떤 공동체에서는 비단 결혼식만이 아니라 다양한 유형의 사교계 데뷔 파티를 매우 중요하게 생각하는데, 그런 관례를 치르는 부담이 납세자들에게 전가되어야 할 이유는 없다. 대중매체에는 부모와 조부모가 자손에게 성대한, 즉 어마어마하게 비싼 축하파티를 열어주기 위해 기업 퇴직연금을 탕진하는 이야기가 날마다 오른다.

다른 관점에서 보자면 가족 내부의 세대 간 지원은 비상사태 또는 긴급한 필요에 의해 이루어지는 경우도 많다. 이런 사태는 가족들이 도와주지 않으면 정부의 개입이 필요해지거나 상당한 사회적 투자를 요구하는 것들이다. 예컨대 할머니 또는 할아버지가 퇴직금을 털어 손자의 의료보험료를 내준다면 장기적 견지에서 정부 예산이 절감되거나 여타 의료보험 비용이 감소한다. 만약 퇴직자가 사적으로 저축한 돈을 가족 중 누군가의 출근에 필요한 자동차를 구입하는 데 보탠다면 고용보험료 지출이 줄어들기 때문에 공공의 이익이 발생할 수도 있고 임금에 대한 조세 수입이 증가할 수도 있다. 그래서 어떤 경우에는 노인빈곤층에게 부를 이전하는 것이 좋은 투자가 된다. 노후에 안전망이 있다는 믿음은 사람들을 무책임하게 만들거나 저축을 덜 하게 만들 수도 있지만, 저축을 해놓은 사람들이 급하게 돈이 필요해진 가족 구성원에게 적절한 지원을 하도록 유도하기도 한다. 어떤 경우 가족 내부에서 이루어지는 부의 이전은 납세자들에게 이익이 된다. 다른 맥락에서 보자면 법은 진짜 비상사태와 단순한 소비를 구별하는 경향이 있다. 그래서 세금 혜택을 받는 퇴직연금 계좌에서 일찍 돈을 인출하면 세제상 상당한 불이익이 발생한다. 하지만 그 인출한 돈을 의료비 또는 교육비로 쓴다는 사실이 증명될 경우, 혹은 그 돈의 수령인이 55세 이상이고 실업자인 경우에는 불이익이 없다. 이와 마찬가지로 노인들에게 부를 재분배하되 '그 돈이 가족 내부에서 이전되는 경우 직계가족의 긴급한 의료비 지원에 쓰인다는 사실을 증명해야 한다'는 조건을 붙인다고 상상해보자. 이런 것은 충분히 실현 가능한 방안이다.

요즘 제시되는 공적연금 개혁안에는 이런 점들을 고려한 흔적이

보이지만, 진정으로 좋은 해법을 내놓으려면 현재 400만 명에 달하는 노인빈곤층은 더 광범위하고 더 장기적인 문제의 일부분에 불과하다는 점을 인식해야 한다. 현재 미국 사회에 노인빈곤층이 비교적 소수인 이유는 그들이 열심히 일했고 저축도 열심히 했으며 부동산 가격이 상승하던 시대의 혜택을 누렸기 때문이다. 다음에 은퇴할 세대는 저축을 훨씬 적게 하고 있다. 우리는 노인빈곤층의 비율이 훨씬 높은 미래를 맞이할 확률이 높기 때문에 현재 문제의 해결책을 마련하면서 앞으로 닥칠 더 심각한 문제에도 대비해야 한다. 미래의 더 심각한 문제와 그 해결책을 이야기하기에 앞서, 논의를 확장해 세대 간 불평등에 대해 생각해보자.

세대 간 불평등: 공적연금, 전쟁, 기후변화

어떤 독자들은 노인빈곤층의 곤경을 이런 식으로 논하는 것이 지나치게 냉혹하다고 느낄지도 모른다. 앞에서 나는 일반 대중이 가난한 할머니와 할아버지보다 굶주리는 아이들을 더 걱정하는 경향이 있으므로 노인빈곤 문제는 세대 간 갈등의 요소를 내포한다고 암시했다. 또한 노인빈곤 문제에는 세대 내 갈등도 포함된다. 조부모 세대는 전체적으로 보면 정치적 힘이 강하지만 그들 중 정말로 가난한 사람들에게 특별히 신경을 쓰지는 않기 때문이다.

공적연금 급여 및 세금과 관련해서는 불평등을 완화하기 위한 개입이 노인 세대와 젊은 세대를 이간시킬 우려가 있다(혜택을 한참 뒤로 유예하는 경우는 조금 다르다). 예컨대 유급 육아휴직과 최저임금 인상은 소득과 부의 불평등에 대한 우려에서 비롯된 결과였다. 하지만 부의 분배 구조에서 가장 불리한 위치에 있는 퇴직자들은 이런 제도가 도입되면 처지가 더 나빠질 가능성이 있다. 육아휴직과 최저임금은 둘 다 현재 일을 하고 있는 노동자에게 혜택을 준다. 퇴직자들은 이두 가지 혜택에서 배제될 뿐 아니라 고용주의 추가 부담 때문에 필연적으로 뒤따르는 소비자물가 상승의 부담만 짊어지게 된다. 어떤 노동자가 유급휴가가 늘어난 덕분에 노부모를 돌볼 수 있게 된다거나 임금 인상으로 늘어난 소득을 노부모에게 용돈으로 주는 경우도 간혹 있겠지만, 불평등 완화를 위한 주요 정책들이 대다수 노인빈곤층의 이익에 부합하지 않는다는 점은 명백하다.

노인빈곤층에게 유리한 부의 재분배는 대부분 노년기에 접어드는 코호트 전체에게 혜택을 주는 제도에 의해 이루어진다. 65세 이상의 유권자는 다양한 시점에 다른 유권자들이 지불한 비용으로 세금 혜택을 받고, 공적연금 급여 인상의 혜택을 받고, 더욱 관대한 의료보험 혜택을 받을 수 있다. 하지만 막대한 비용 때문에 이런 혜택을 주는 데는 한계가 있다. 비용이 많이 드는 원인을 찾자면, 어떤 제도가 시행되기 위해서는 소득이 낮고 자산이 없는 노인들만이 아니라 노인 유권자 전체가 찬성할 만큼 매력적이어야 한다는 점이다. 역설적이지만 혜택을 받는 대상이 한정적이고 예산이 적게 드는 제도보다 대상이 넓고 예산이 많이 들어가는 제도가 한결 쉽게 시행된다.

세대 간 갈등은 실버타운들이 인근에 학교를 설립하는 비용을 절감하기 위해 아이가 있는 세대를 기피한다거나, 학령기 아이들이 많은 동네의 주민들이 공립학교 개선을 위한 지방채 발행 또는 증세안에 반대표를 던지는 이웃 노인들을 미워하는 풍경에서 뚜렷하게 드러난다. 이론적으로는 학교 환경이 개선되면 부동산 가치도 높아져 자택을 판매하거나 그 집을 담보로 대출을 받을 가능성이 있는 노인들에게도 이익이 된다. 하지만 현실에서는 학교가 좋아진다고 해도 부동산 가격은 크게 상승하지 않는다. 아이가 없는 주택 소유주들이 교육을 위한 채권 발행이나 증세를 경제적 관점에서 좋은 투자라고 받아들인 적은 없다. 연령별 분리도 하나의 '해결책'이지만 노인빈곤층에게는 아무런 도움이 못 된다. 가난한 노인들은 대체로 노인 전용 주택단지에 입주할 자금을 마련하기도 어렵고 이동성이 높지도 못하다. 보다 현실적인 해결책은 일종의 사회적 협약을 체결하고 그 협약에 따라 장기간 학교를 유지하는 비용을 마련하는 것이다. 그러면 사람들도 과거에 그 학교가 이전 세대의 지원을 받았다는 사실을 인식하게 된다.

더 까다롭지만 사람들이 쉽게 인식하지 못하는 세대 간 형평성 문제를 제기하는 거액의 공적 지출이 있다. 제2차 세계대전 또는 2차 걸프 전쟁(2003~2011)에 들어간 비용은 누가 지불했어야 하는가? 전쟁을 일으킨 정부인가, 아니면 그 전쟁의 혜택을 입은 다음 세대인가? 이런 질문들을 어떻게 해결하느냐가 세대 간 부의 불평등에 지대한 영향을 미치기 때문에 불평등은 수평적으로는 물론이고 장기간에 걸쳐 시기별로도 측정해야 마땅하다.

기후변화 정책은 또 다른 세대 간 갈등과 불평등을 유발할 가능성이 있다. 기후변화는 우리 시대의 가장 중대한 의제들 중 하나로 전쟁보다 훨씬 복잡한 문제다. 전쟁에서는 적이 우리에게 문제를 들이밀지만, 환경 재앙은 대부분 서서히 일어나며 사회는 언제 예방조치를 취할지 선택해야 한다. 순수하게 경제적 관점에서 따진다면 탄소화합물을 배출하는 석탄화력 발전소를 폐쇄할 최적의 시기를 계산할 수 있겠지만, 정치적 관점에서는 미래의 우수한 기술이 인류를 구원하리라는 희망을 품고 석탄화력발전소 폐쇄를 연기하면서 비용을 미래로 전가하려는 유혹에 빠지기 쉽다. 이론상으로는 지금 당장 예방조치를 취하되 그 조치에 드는 비용이 현재의 우리에게 부과되지 않도록 미래에서 돈을 빌려오는 것이 가장 좋은 전략 같다. 이 문제를 해결하는 한 가지 방법은 계약이다. 미래 세대는 현재 세대가 석탄화력발전소를 폐쇄하는 비용을 기꺼이 지불하려 할 것이다. 다른 방식으로 생각하자면, 미래 세대가 기후변화로 고생할 줄 알면서도 현재 세대가 기후변화의 원인을 제공하는 것은 잘못된 일이다.

기후변화 정책은 세대 간 형평성 문제로 노인 세대와 젊은 세대의 갈등을 유발할 수 있다는 점에서 나이듦과도 관련이 있다. 기후변화 모델에서 예측되는 재앙들은 대부분 현재 60대인 사람들이 직접 겪지는 않을 일이다. 학교에 다니는 아이들이 조부모 세대보다 기후변화에 관심이 훨씬 많은 것은 당연한 일이다. 일반적으로 정부 부채는 위험하다. 비효율적인 사업에 돈을 쓰면서 비용은 미래로 전가하기 때문이다. 하지만 기후변화 문제에서는 정부 부채가 적합한 해결책일지도 모른다. 만약 우리가 비용 면에서 효율적인 예방조치가 무엇인지 알아내고 장기 대출 방식으로 그 사업의 비용을 충당한다면, 현재 세대는 미래에 지구에 거주할 후손들의 관점에서 그 투자를 평가해야 한다는 사실을 깨달을 수 있을 것이다.

미래의 노인빈곤, 해결할 수 있다

기후변화 문제를 생각하는 것과 똑같이 미래지향적인 시각에서 노인빈곤층 문제를 한번 생각해보자. 지금 70세 이상인 노인들의 다수는 경제적으로 곤란을 겪고 있으며 공적연금 또는 다른 복지제도가 대대적으로 확충된다면 큰 도움을 받을 것이다. 하지만 오늘날의 노인빈곤층이 정부 지원으로 빈곤에서 벗어날 가능성은 별로 없다. 그들 세대는 전반적으로 다음 세대보다는 잘살기 때문이다. 이보다 큰 문제지만 해결하기는 더 쉬운 문제가 하나 있다. 현재 중년인 미국인들은 대부분 저축을 충분히 해놓지 않았다. 우리는 저축을 장려하기 위해 교육도 하고 자극도 주지만(그리고 세금 혜택도 제공한다) 지금까지 그런 노력의 성과는 미미하다. 이 세대가 노년이 되어 은퇴하면 진짜 문제가 시작된다. 수평적 불평등이 매우 심각할 것이며, 미리 저축을 해놓은 사람들은 저축을 해놓지 않은 동료 노인들을 구제하려 하지 않을 것이다. 미국 중년 남녀의 절반 정도는 저축이 아예 없고, 지금까지 저축을 못한 사람들은 앞으로도 버는 돈을 전부 써버릴 가능성이 매우 높다. 이들 중 정치적 감각이 있는 사람들은 자신들이 노년이 되면 일종의 구제 장치가 마련될 것을 기대하기도 한다.

이들보다 일찍 노년기를 맞이한 우리가 이들을 도울 수 있을지도 모른다. 우리가 공적연금과 연계된 일종의 강제저축 프로그램에 찬성하면 어떨까? 과거에는 공적연금 급여가 인상될 때마다 젊은 세대가 그 비용을 부담했다. 공적연금 급여 인상은 즉시 시행되며 그 비용은 미래의 세금으로 메우기 때문이다. 하지만 그런 방식 대신 공적연금 납입금과 급여를 동시에 인상하되 유예기간을 두는 방안을 생각해보자. 현재 11만 8500달러의 소득을 올리는 개인이 부담하는 공적연금 납입금은 소득의 6.2퍼센트(그리고 고용주가 6.2퍼센트를 추가로 부담한다)로 정해져 있다. 개인의 납입금을 6년 동안 매년 1퍼센트씩 인상하거나 12년 동안 매년 0.5퍼센트씩 인상한다고 생각해보자. 모든 공적연금 가입자가 받는 급여는 10년 후부터 매년 500달러씩 20년 동안 계속 인상된다. 이 방안의 핵심은 공적연금에 상당한 액수의 강제저축을 결합하여 '삶의 질 급여livable benefit'를 만들자는 것이다. 노인 1인당 수령액은 1년에 최대 4만 달러에 이를 것이다. 즉 '삶의 질 급여'는 노인들에게 적절한 액수를 지급하는 동시에 재분배 기능을 수행한다. 장기적으로 보면 중위소득 수준의 임금을 받는 노동자들은 공적연금 납입금으로 6퍼센트를 더 내게 되지만, 이 돈은 그들의 개인 퇴직연금과 같은 역할을 한다. 연간 배당금까지 합치면 중위소득 가구 기준으로 매년 1만 달러의 혜택을 더 받게 된다. 과도기에는 납입금 또는 강제저축이 점진적으로 인상되며 급여도 점진적으로 늘어난다. 1년에 5만 달러를 버는 사람은 처음에는 현재 내고 있는 공적연금 납입금에 500달러를 추가해서 강제로 저축해야 한다. 나중에는 그 액수가 1년에 3000달러까지 늘어난다. 하지만 40년이 지나고 은퇴할 때가 되면 이 사람은 약 17만 3000달러를 저축한 셈이 된다. 그는 남은 평생 동안 해마다 1만 달러씩 받을 수도 있다.[3] 이 계산에는 생계비 인상분은 포함하지 않았지만, 1975년부터 공적연금에는 생계비의 증가가 반영되고 있다. 한 사람이 받을 평균 급여는 현재의 달러 가치를 기준으로 약 1만 6000달러에서 2만 6000달러로 늘어날 것이다(그리고 한 명만 돈을 버는 부부의 경우 6000달러가 추가된다).

공적연금을 강제저축 제도와 결합하되 사람들의 호응을 얻을 수 있는 방식으로 설계하자는 것이 내가 제안하는 바다. 예를 들자면 공적연금 가입자들이 납부한 '공적연금 할증료Social Security premiums'에 비이자 수익interest free income이 더해지도록 하는 방법이 있다. 18세에서 50세 사이의 시민들은 이런 유형의 강제저축에 찬성할 가능성이 높다. 이 사람들의 절반은 저축이 전혀 없어 노년기 삶의 질을 걱정하고 있기 때문이다. 나머지 절반은 그들이 가진 것을 동년배의 빈곤한 사람들에게 나눠주라는 요구를 받을까 우려하기 때문에 강제저축에 찬성할 것 같다. 유권자들은 이미 은퇴한 사람 또는 곧 은퇴할 사람의 공적연금 급여를 인상하는 데 찬성해달라는 요청을 받는 것이 아니다. 만약 청년과 중년 유권자들 다수가 자신들에게 도움이 필요하다고 생각하지 않더라도, 그들보다 나이가 많은 세대는 이러한 변화에 찬성표를 던짐으로써 그들을 도와줄 수 있다. 일부 노년 유권자들의 경우 이 극적인 변화에 찬성표를 던지게 하기까지 어떤 유인책이 필요할 수도 있다. 지금으로부터 10년 후에 시작되는 공적연금 급여 인상이 그 유인책이 될 수 있다. 유권자들을 설득하기에 충분할 만큼 매력적인 혜택(납입금이 약간 인상된다는 점을 감안해서)을 만들면 된다.

이 시점에서 우리는 공적연금 혜택이 공식적인 노동시장 참여, 그리고 과거에 공적연금을 납입한 액수와 연계된다는 사실에 주목하게 된다. 내가 제시한 방안은 자기 집에서 일했기 때문에 공적연금 납입금을 내지 않았던 사람들(주로 여성이다)에게는 아무런 도움이 안 된다. 이 여성들과 그들의 가족은 현재의 공적연금 구조 덕분에 상당한 혜택을 받고 있다. 외벌이 부부는 기본 급여의 150퍼센트를 받기 때문이다. 따라서 1년에 7만 달러를 버는 외벌이 부부가 둘이 같이 일해서 각각 3만 5000달러를 버는 맞벌이 부부보다 유리하다. 최근에 유족연금 상한선이 생기면서 격차가 줄어들긴 했지만, 공적연금에서 '투자'(납입금)에 대한 내부수익률internal rate of return은 맞벌이 부부보다 외벌이 부부가 훨씬 높다.[4] 이제는 여성의 노동시장 참여율이 계속해서 증가하는 현실에 맞게 이런 구조를 바꿔야 한다. 사실 요즘은 법률을 제정할 때 기혼자들에게 유리한 제도를 만들거나 과부에게 특별한 동정을 표하면서 편견을 반영하는 대신 한부모 가정에 초점을 맞추는 추세가 아닌가.

노인빈곤층 문제, 그리고 공적연금을 이용해 '삶의 질 급여'를 제공하자는 제안으로 돌아와보자. 내 제안의 핵심은 미래의 불평등 위기를 피하기 위해 강제저축을 늘리자는 것이다. 이상적인 세계에서는 각 개인이 자기가 무엇을 하고 어떻게 살아갈지를 스스로 결정하며 그런 결정이 남들에게 피해를 입힐 때에만 국가가 개입한다. 하지만 현실 세계에서 불행이 닥칠 때 우리 대부분은 다른 사람의 고통을 가만히 보고만 있을 수도 없고 그렇게 하지도 않는다. 예컨대 수해 피해자를 구제하라는 요구를 받을 것이 예상된다면, 합리적인 정부는 침수가 잘 되는 지역에 집을 짓는 행위를 제한하거나 적어도 그런 사람들이 손해보험에 가입하도록 강제한다. 같은 이치에서, 장래에 진짜로 가난한 노인들을 구제해야 할 것이 예상된다면 정부는 연금저축을 의무화해야 한다. 이 일을 하는 쉬운 방법 한 가지는 공적 연금 급여를 인상해서 사실상 모든 가구가 퇴직 후에 '삶의 질 급여'를 받도록 하는 것이다. 그렇게 하려면 세금을 올려서(정확히 말하자면 공적연금 할증료 또는 의무저축을 통해) 예산을 마련해야 한다.

만약 내가 제안한 방법대로 공적연금 급여를 인상한다 해도, 일부 가난한 노인들은 삶의 질 급여를 받기 위해 필요한 재직 기간 10년을 채우지 않았거나 채울 수 없었을 것이다. 이 노인들에게 퇴직 후를 대비해 저축을 강제하기는 어렵다. 나의 제안으로 혜택을 못 받는 집단에는 신규 이민자들도 포함된다. 신규 이민자들은 삶의 질 급여를 수령할 자격을 갖추지 못해서 노년기에 가족에게 의존하거나 일을 계속해야 한다. 다행히 5장에서 설명한 대로 미국에서는 정년이 엄격하게 적용되지 않기 때문에 이 집단의 구성원들은 대부분 일거리를 찾을 수 있을 것이다. 공적연금 급여가 인상된 덕택에 조금 일찍 퇴직한 전일제 노동자들이 떠난 자리를 그들이 차지할 수도 있다. 하지만 내 제안은 하위집단에게 큰 도움을 주지는 못하므로 지금까지와 마찬가지로 따뜻한 정책도 못 되고 정치적인 힘도 약할 것 같다.

이 에세이는 노인빈곤층에 대한 설명으로 시작됐다. 이 에세이의 제목은 학자들과 버니 샌더스Bernie Sanders, 그리고 점령하라 운동Occupy movement에 의해 널리 알려진 주제인 '불평등'이 문제의 근원이라는 뜻을 담고 있다. 하지만 내 제안은 '대다수 사람에게는 불평등 자체보다 낮은 소득(그리고 적은 순자산)이 문제'라고 생각해보자는 것이다. 우리는 빌 게이츠의 재산을 박탈하고 싶을 정도로 질투심이 강하지는 않다. 우리가 생계를 꾸리고, 가족들과 즐거운 시간을 보내고, 적당한 나이에 은퇴할 수 있을 정도의 돈만 있다면 훨씬 부유한 이웃들이 있다고 해서 우리 처지가 크게 나쁘다고 여기지 않는다. 지금 문제는 대부분의 사람이 당연하게 여기는 것들을 누리지 못하는 노인이 700만 명이나 된다는 것이다. 그리고 더 큰 문제는 그들의 다음 세대에 저축을 해두지 않았고 주택 형태의 자산도 거의 없는 사람들이 수백만 명 있다는 것이다. 이 사람들을 돕기 위해 우리가 할 수 있는 일은 일정 기간 동안 일했던 모든 사람에게 상당한 급여 혜택을 보장하는 공적연금 확장 계획에 찬성표를 던지는 것이다. 물론 큰 정부를 만들어서 어떤 문제를 해결하자는 발상이 부자연스럽다고 생각하는 사람도 많다. 하지만 이 경우 내 제안을 채택하지 않으면 점점 늘어나는 노인빈곤층에게 자원을 얼마나, 그리고 어떤 방식으로 재분배해야 하는가를 놓고 오랫동안 맹렬한 전투를 벌여야 한다. 차라리 강제저축이 낫지 않은가?

가장 중요한 것은

노인이 온전한 한 사람,

즉 주체성을 가지고

선택을 하는 사람으로

인식되고 존중받는 일이다.

인간의 역량이라는
관점에서 본
노인빈곤과 불평등

마사 누스바움

앞에서 강조한 것처럼 나이가 들면 즐거움도 커지고 기회도 많아진다. 하지만 나이가 들면 힘든 일도 많아지며, 가난한 사람이 나이가 드는 경우에는 훨씬 힘들어진다. 이 책은 대체로 경제적 여유가 있는 노인들에게 초점을 맞추지만, 이제는 우리도 경제적 불평등이 노년기에 결정적인 영향을 미친다는 사실을 솔직히 인정해야 한다. 솔의 에세이는 노인들 사이의 경제적 불평등이 어느 정도인가를 설명하고 그것을 해결하기 위한 방안을 제시했다. 특히 공적연금을 확대 개편하자고 제안했다. 이 에세이에서 나는 '역량 접근법capability approach'(아르마티아 센이 1980년대에 고안한 방법. 사람마다 행위 동기나 가치관이 다양하기 때문에 원하는 것이 서로 다를 수 있으며, 원하는 것이 동일하더라도 개인별 역량에 따라 성취 수준이 달라진다는 판단에서 출발한다. 그래서 센은 삶의 질을 비교·평가할 때 소득이나 자원보다 역량이 적절한 기준이라고 본다―옮긴이)을 내 나름대로 변형한 규범적이고 정치적인 접근법을 사용한다. 역량 접근법은 생애주기의 한 부분인 노년기에 대해 우리에게 무엇을 말해주는가? 나는 역량 접근법이 현재 미국에서 시행되는 정책들의 결함을 포착하고 변화가 필요한 영역을 식별하여 우리에게 많은 걸 알려줄 수 있다고 생각한다.

역량, 비역량, 안정성

내가 사용하는 역량 접근법은 헌법적 권리로서 보호되거나 법률로 보장될 수 있는 정치적인 기본 원칙들로 이루어진다.[1] 첫째, 역량 접근법은 단순히 어느 나라의 평균적인 부가 중요한 것이 아니라 사람들이 가치 있다고 스스로 생각하는 활동을 선택할 실제적인 기회가 중요하다고 주장한다. 둘째, 역량 접근법은 어느 사회가 모든 구성원에게 나의 '역량 목록'에 포함된 구체적인 기회들을 최저 수준 이상으로 보장하지 않는다면 그 사회에서는 최소한의 정의가 실현되지 않는다고 본다. 나의 목록에 실린 역량들은 공정한 사회의 개념, 즉 기본적인 인권의 개념에 반드시 포함되어야 하는 '요건'들이다.[2] '역량'이라는 단어를 사용하는 이유는 선택과 주체성을 강조하기 위해서다. 여기서 역량은 사람들이 수동적인 만족에 머무르지 않고 선택의 기회를 가질 권리가 있다는 뜻이다.

역량 접근법은 삶의 의미 또는 가치에 대한 포괄적인 설명이 아니다. 역량 접근법은 범위가 좁다. 그것은 모든 헌법적 권리의 목록이 좁은 범위에 걸쳐 있는 것과 비슷하다. 역량 접근법은 핵심적인 정치적 권리에 초점을 맞추고 시민들이 각자의 인생관에 맞는 활동들을 선택할 여지를 많이 남긴다. 역량 목록의 내용들은 선택의 영역을 보호할 뿐이며, 사람들은 여러 방향의 선택을 할 수 있다. (예컨대 영양가 높은 음식을 쉽게 구할 수 있다고 해서 어떤 사람이 금식하는 것을 막을 수는 없다. 종교의 자유가 있다고 해서 무신론자를 억지로 교회에 보낼 수는 없다.)

역량 목록에 포함된 내용에 대해서는 선택 기회를 지속적으로 보장하여 미래에 대한 안정감을 형성해야 한다는 일종의 합의가 있다.[3] 그래서 이 접근법은 헌법과 밀접한 관련이 있다. 핵심적 요구를 다수결의 변덕보다 상위에 놓는 것은 시민들이 자기 상황에서 안정감을 느낄 수 있도록 하는 유일한 방법은 아닐지라도 한 가지 방법이다.

다른 글에서 나는 기본적 정의에 접근할 때 역량 접근법이 가진 장점을 논한 바 있다. 장애를 가진 사람들의 권리를 중심에 놓을 때 우리는 역량 접근법의 장점을 더 잘 알게 된다.[4] 장애와 나이듦은 상당 부분 겹치기 때문에 여기서 내가 내리는 결론과 관계가 있다. 첫 번째 주제어는 '평등한 존중equal respect'과 '통합inclusion'이다. 쌍방의 이익을 추구하는 사회적 계약이라는 관념에 기초한 접근법들과 달리 역량 접근법은 처음부터 핵심적 권리에 관한 정책들은 모든 시민이 현재 시점의 경제적 생산성과 무관하게, 즉 그들과 협력하면 경제적 이점이 있는지 여부와 무관하게 평등한 인간으로서의 품위를 존중받아야한다는 기본적인 생각에서 출발한다. 우리는 우리가 '경제적 자립'을 못한다고 여기는 사람들을 너무 쉽게 주변화하거나 폐기처분한다.

두 번째 주제어는 다양한 필요에 대한 감수성이다. 역량 접근법 외의 수많은 접근법(솔의 접근법도 포함)은 '자격'을 소득이나 부와 같은 기본적이고 다양한 용도로 사용 가능한 자원으로 바라본다. 그러나 사람들이 똑같은 수준의 가능성을 획득하게 된다고 할 때 그들이 필요로 하는 자원은 각기 다르다. 심각한 장애를 가진 사람이 자유롭게 이동하려면 이른바 '정상적인' 이동성을 가진 사람보다 많은 돈이 필요할 것이다. 그리고 이 사람은 단순히 처분가능한 소득만이 아니라 사회적 변화(예컨대 휠체어를 타고 건물에 들어가거나 버스에 오르기가 편해야 한다)도 필요로 한다. 만약 우리가 모든 사람의 특정한 수준의 물리적 이동 '역량'을 확보한다는 목표에 집중한다면, 장애를 가진 사람들을 실질적으로 동등한 시민으로서 공동체에 포함시키기 위해 무엇을 해야 하는가에 대해 훨씬 풍부한 그림을 얻을 수 있다. 나이듦에 대해 고민할 때도 같은 논리가 적용된다. 노인들의 필요는 엄청나게 다양하며 '평균적인' 시민의 필요와 일치하지도 않는다. 그러므로 우리가 강조해야 할 지점은 다음과 같다. 사람들이 실제로 무엇을 할 수 있으며 무엇이 될 수 있는가?

나이듦과 역량 목록

그렇다면 우리가 핵심적인 역량(기회)의 최저 수준을 보장하는 일에 초점을 맞출 때 노인들의 온전하고 평등한 존엄성은 어떻게 정의될까? 우리는 역량 접근법의 기본 원칙들을 통해 나이 드는 사람들의 다양한 요구와 문제를 적절히 인식하고 해결할 수 있을까? 훌륭한 정책을 만들려면 우선 나이 드는 사람들이 획일적이지 않고 다양하다는 사실을 인정해야 한다. 앞에서 설명한 대로 다양한 필요에 대한 감수성은 역량 접근법의 특징이기도 하다. 훌륭한 정책의 두 번째 요건은 '악의적인 고정관념들과 치열하게 싸우고' 노인들의 다양한 선택과 활동의 가능성을 과소평가하는 함정에 빠지지 않아야 한다는 것이다. 그러면서도 필요한 경우에는 다양하고 유연한 형태의 후견과 대리를 고려해야 한다. 이미 역량 접근법은 장애인들의 어려움을 해결하는 데 유용하다는 점이 입증됐다. 마지막으로 훌륭한 정책을 만들기 위해서는 노인들의 주체성을 지지하고 보호해야 한다. 나이 드는 사람들을 수동적으로 혜택을 받는 사람들이 아니라 자기 삶을 선택하고 만들어가는(때로는 다른 사람들과 연결된 돌봄 네트워크 안에서 그렇게 하는) 사람들로 바라봐야 한다.

내 생각에 논의를 시작하는 좋은 방법은 내가 작성한 10대 핵심역량 목록을 함께 검토하면서 다음과 같은 질문을 던지는 것이다. "노년기에 우리 자신과 다른 사람들에게는 어떤 보호가 필요하며, 또 어떤 정책을 원하는가? 미국처럼 부유한 나라의 경우 합리적인 기준선은 어디인가?" 이런 고민을 통해 개요 또는 표제어 목록을 만들어놓고, 나중에 심층적인 분석과 정치적 토론으로 내용을 보충하면 된다.

이 핵심역량 목록은 일부러 추상적으로 작성된 것이며 각 역량의 최저 수준에 대한 설명이 빠져 있다. 이는 각 나라의 역사와 자원을 고려하여 나라마다 다르게 채워넣을 수 있는 윤곽에 불과하기 때문이다. 내가 보기에 공적연금을 확충하자는 숄의 제안은 좋은 발상이긴 하지만 상대적 빈곤에 시달리는 노인들의 역량 박탈이라는 문제를 전부 해결해줄 만큼 구체적이지는 않다. 특정한 문제 영역을 겨냥하는 개별 정책들도 함께 마련되어야 한다. 나의 목록은 다음과 같다.

1. 생존 Life 인간다운 삶을 정상적인 수명으로 누릴 수 있어야 한다. 너무 일찍 사망하지 않아야 하고, 생명 활동이 너무 축소되어 '사는 것이 아니게' 돼서도 안 된다.

나이듦은 이 영역에서 여러 가지 중요한 질문을 제기한다. 그리고 그 질문 가운데 다수는 불평등의 문제. 물론 '우리 중에 누가 노년을 맞이할 수 있을 것인가'라는 절박한 질문도 있다. 우리 사회는 건강 불평등이 심하고 각종 위험에 노출되어 있어 많은 사람이 지나치게 일찍 사망한다. 하지만 여기서는 넓은 범위의 불평등 문제는 일단 접어두고 노년까지 생존할 사람들에게 초점을 맞추자.

먼저 우리는 의료 자원의 공평한 분배를 고려해야 한다. 현재의 분배 구조에서는 일부 노인들이 다른 노인들보다 오래 살게 된다. 부유한 사람들은 조건이 더 좋은 의료보험에 가입하기 때문에 사실상 수명을 몇 년 더 구입하는 격이다. 의료비가 빠른 속도로 증가하고 있는 지금, 우리는 이런 불평등에 대해 깊이 생각해봐야 한다. 아무래도 일종의 '의료 할당rationing'(의료 효과에 따라 의료서비스를 선택적으로 할당한다는 뜻―옮긴이)은 불가피해 보인다. 의료 할당이라는 개념은 유럽에서는 이미 인정되고 있지만 미국인들의 정서에는 맞지 않는다. 미국인들은 "죽음의 위원회death panel"(정부가 위원회를 만들어 어떤 환자에게 의료서비스를 제공할지 심의하게 된다는 뜻―옮긴이)라는 무시무시한 이미지에 강한 거부반응을 보이기 때문에, 이 문제에 대한 이성적인 토론은 좀처럼 진행되지 않는다. 하지만 요즘에는 미국인들도 '환자 본인이 수명을 연장하기 위한 예외적인 조치에 의존하지 않겠다고 결정했다면 그것을 존중해야 한다'는 점에는 동의하는 것 같다.

두 번째 질문은 "사는 것이 아니게"라는 구절에서 출발한다. 노인들은 품위 있는 죽음을 맞이하기 위해 안락사physician-assisted-suicide에 대한 권리를 종종 요구한다. 실제로 미국의 5개 주(오리건, 버몬트, 워싱턴, 캘리포니아, 그리고 약간의 제한이 있긴 하지만 몬태나도)에서는 이미 그런 제도가 시행되고 있다. 따라서 이 문제에서는 계급 불평등보다 지역적 불평등이 크다(물론 부유한 사람들은 의사에게 비밀리에 도움을 받기도 쉽지만). 안락사를 허용하는 정책들은 죽음에 대한 자율적 결정을 존중하지만, 자칫 자신이 짐이 될까 걱정하는 노인들에게 죽음을 선택하도록 강요하거나 협박하는 결과로 이어질 우려가 있다. 이것은 매우 현실적인 가능성이다. 나의 잠정적인 결론은 의료인의 보조를 받는 자살에 대한 선택권은 연령과 무관하게 불치병을 앓는 모든 사람에게 존엄할 권리의 일부로서 주어져야 하지만, 불치병 환자가 아닌 사람들에게까지 이 권리를 확대해서는 안 되며 불치병을 앓는 사람이라고 해도 인지능력이 손상된 경우에는 그 결정을 무효화할 수 있어야 한다는 것이다. 그리고 우리는 불치병을 앓든 앓지 않든 간에 환자가 우울증 치료에 실패해서 자살을 선택하는 일이 생기지 않도록 최선을 다해야 한다.

존엄과 관련된 또 한 가지 문제로 완화의료(호스피스)가 있다. 완화의료는 말기암 같은 병으로 임종을 앞둔 환자에게 통증을 완화하고 개인의 존엄과 가족과의 교류를 유지하도록 돕는 방법이다. 의료인을 훈련시켜 따뜻한 태도로 완화의료를 제공하게 하는 것은 우리 의료 시스템의 중요한 목표다. 완화의료는 모든 사람의 기본적인 권리여야 하지만 아직 그런 혜택은 소수만이 누리고 있다.

그런데 기본적인 권리의 최저 수준은 어떻게 정해야 할까? 미국 헌법에는 사회권과 경제권이 명시되어 있지 않기 때문에 법학자들도 이 질문에 대해 완전한 답을 내놓지 못하고 있다. 그러나 이런 질문은 점점 많이 제기되는 추세다. 캐나다와 남아프리카공화국 같은 나라들은 이미 입법부와 사법부의 협업을 준비하고 있다. 사법부는 입법부에게 사회권과 경제권에 대한 규정의 초안을 작성해서 지지를 이끌어내라고 요구한다. 그다음에는 초안을 더 정교하게 다듬고, 입법부가 예산을 책정한다. 미국의 몇몇 주정부는 오래전부터 교육과 의료처럼 비용이 많이 드는 부분에 대한 권리를 법으로 명시하고 있다.

그러니까 우리는 핵심역량의 최저 수준을 지키는 방법을 배워가는 중이라고 말할 수 있다. 미국의 제7연방순회항소법원 판사인 다이앤 우드Diane Wood는 판사들도 핵심역량 목록을 참조해서 적절한 역할을 수행할 수 있다고 말한다.[5]

2. 신체 건강 Bodily health 누구나 건강을 유지할 수 있어야 한다. 여기에는 재생산 능력도 포함된다. 충분한 영양을 섭취하고 편안한 보금자리를 가질 수 있어야 한다.

앞에서 말했지만 중요한 고민거리는 어떻게 평등의 원칙을 지키면서도 의사들의 선택과 노인들의 선택을 존중하는 방식으로 의료서비스를 할당하느냐다. 힘들게 번 돈으로 더 좋은 의료서비스를 구매할 권리도 인정해야 한다. 내가 보기에 의료보험을 사적으로 구매하는 것을 아예 금지하는 나라들(예컨대 노르웨이)은 지나치게 멀리 나아간 것 같다. 확실히 미국은 그와 정반대의 실수를 저지르고 있고. 솔의 주장대로 메디케어와 메디케이드만으로는 의료비가 충분히 보장되지 않는다. 유능한 의사들은 대부분 이런 의료비 지불 방식을 거부한다. 그럼에도 의료서비스를 추가로 구매한다는 선택 역시 상식적인 선까지는 보호받아야 한다. 상식적인 선이 어디인가에 대해서는 아직 합의된 바 없다.

우리가 직시해야 할 문제가 하나 있다. 미국에서는 일상적으로 이루어지는 수많은 검사의 비용이 지나치게 높다는 것이다. 병원들이 환자를 검사할 때 요구 사항을 추가하는 것을 허용하기 때문이다. 예컨대 일반적인 대장내시경 검사를 준비할 때 수면마취가 반드시 필요하지 않은데도 마취과 의사가 참관한다. 2장에서 언급한 대로, 대장내시경이라는 검사 하나에 대해 우리가 내는 비용은 유럽의 두 배에 달한다. 정책 집행에 드는 비용이 업계 내부 요인에 의해 결정된다는 것은 의료계 전반의 불편한 진실이다. 병원과 제약회사는 이윤을 추구하는 집단이므로 그들이 받는 요금도 이윤을 감안해서 책정된다. 병원과 제약회사는 어떤 약이나 서비스를 더 저렴하게 공급할 수도 있지만 그들은 이윤을 원하며 그 이윤의 일부는 연구와 개발에 사용한다. 정부기관에서 병원이나 제약회사에 덜 비싼 약 또는 서비스를 내놓으라고 지시할 경우 그들은 그 지시를 따른다. 똑같은 에이즈 치료제라도 아프리카에 가면 미국에서보다 훨씬 싼 값에 판매된다. 이것은 부시 행정부 시기 정치적 고려의 결과다. 수요가 많고 사람의 기본권이 걸린 문제일 때는 충분히 비용을 낮출 수 있다. 하지만 이윤의 일부는 사회를 이롭게 하기 때문에, 정부 당국과 병원과 제약회사 사이에 사실관계를 토대로 하는 유연한 대화가 이루어져야 한다. 그런 대화를 할 때 우리는 '진짜로' 들어가는 비용에 대해 지금보다 솔직해져야 한다.

미국의 의료보험에는 기본적인 치과 치료가 하나도 포함되지 않는다. 일반적으로 치과 치료비는 나이가 들수록 비싸지는데, 치과보험 상품은 대부분 부실하기 짝이 없다. 노인의 집으로 찾아오는 간호와 돌봄 서비스도 보험으로 보장되지 않기 때문에 사람들은 그 비용을 마련하기 위해 다른 보험에 또 가입해야 한다. 이 점에서는 일부 유럽 국가들이 더 나은 모습을 보여준다.

나이듦과 관련된 건강 문제에는 질병만 있는 것이 아니다. 노인들의 건강은 영양, 오락, 운동, 그리고 '웰니스wellness'의 문제다. 여기서 웰니스란 부상을 입었을 때의 물리치료, 영양과 생활습관에 관한 의료 전문가의 조언 같은 것들을 의미한다. 요즘 미국인들은 웰니스를 적극적으로 추구하고 있다. 활동적인 베이비붐 세대들이 자신들이 원하는 바를 요구하고 있으며, 개인적으로 문제를 제기하는 의사들도 예전보다 많아졌다. 그래도 미국은 불평등이 만연한 나라로서 웰니스를 실현하기 유리한 시스템을 갖추지 못했다. 영양가 높고 신선한 음식에 대한 접근권은 매우 불평등하게 할당되며, 운동과 휴양시설에 대한 권리도 마찬가지다. 이것은 나이 드는 사람들만의 문제가 아니라 우리 모두의 문제다. 대도시에 사는 사람은 산책할 장소를 어렵지 않게 찾을 수 있고 헬스클럽 같은 곳에 가기도 쉽다. 하지만 주로 차를 타고 다니는 지역에는 보행자를 위한 인도조차 없으며 헬스클럽에 가려고 해도 무조건 운전을 해야 한다. 운전을 하지 않는 사람들에게 미국은 건강하게 살기 힘든 곳이다. 노년기를 인생의 활동적인 시기로 만들려면 우리에게 심각한 접근성 문제가 있다는 사실을 인식해야 한다. 운전을 못 하는 사람도 어떻게 해서든 이동할 수 있어야 한다! 어떤 사람들은 자기 집에서 더 잘살 수 있는데도 단지 운전을 못 해서 생활이 불가능하다는 이유로 실버타운이나 요양원에 입주한다. 이것은 불평등의 문제도 된다. 부유한 사람들은 택시와 리무

진을 타고 다닐 수 있기 때문이다.

실버타운이 번창하는 이유도 여기에 있다. 앞에서 솔도 이 점에 대해 이야기한 바 있다. 하지만 '차 없이 건강한 생활을 한다'는 단순한 과제를 해결하는 가장 좋은 방법이 실버타운일까? 대부분의 유럽 국가에서는 대중교통으로 시장, 오락시설, 공원, 헬스클럽, 문화행사 등에 접근하기가 어렵지 않다. 우리에게는 환경 파괴를 막기 위해서도 대중교통을 늘리고 자가용 의존도를 낮춰야 한다는 강력한 명분이 있다. 쌍둥이 같은 두 가지 의제를 강력하게 요구해서 변화를 일으키자. 하지만 노인들에게 큰 도움을 주는 무인 자동차에게도 격려의 박수를 보내주자. 언젠가는 무인 자동차가 접근성 문제 자체를 없애줄지도 모른다.

3. 신체 보전 Bodily integrity 어디든 자유롭게 이동할 수 있어야 하고, 폭력적인 공격을 당하지 않아야 한다. 성폭력과 가정폭력으로부터도 보호받아야 한다. 성적 만족의 기회와 재생산 문제에 대한 선택권을 가져야 한다.

과거에 장애인들은 공공장소에 스스로 갈 수 있을 때조차도 접근을 거부당하곤 했다. 그리고 미국 장애인차별금지법ADA으로 접근성 보장 요건들이 강제되자 노인들도 상당한 혜택을 받았다. 오늘날 미국의 법률은 건물과 대중교통에 대한 기본적인 접근성 측면에서는 우수한 편이다. 그래도 우리는 현재의 시설들을 더 개선하라고 계속 주장할 필요가 있다.

폭력은 노인들을 항상 따라다니는 문제다. 노인들이 살인의 희생자가 될 가능성은 젊은이들보다 낮다. 2011년 FBI의 살인 통계에 따르면 살해를 당할 가능성이 가장 높은 연령은 20세에서 24세였다. 24세를 넘기면 피해자의 비율은 급격히 감소하며, 65세에서 69세 사이에서는 수치가 매우 낮다. 그렇다면 이것은 연령의 문제라기보다는 젊은이들의 문제라고 볼 수 있다. 하지만 한창때보다 힘이 약하다고 느끼는 노인들 또한 폭력에 대한 두려움 때문에 이동과 선택의 제약을 받을 가능성이 있다. 이것은 우리가 공원, 거리, 쇼핑몰 같은 공공장소들을 더 안전하게 만들기 위해 노력해야 하는 이유들 중 하나다. 폭력 문제는 불평등과도 관련이 있다. 부유한 사람들은 안전한 동네에 살 수 있고 경비원이 딸린 건물에 입주할 수도 있으니까.

안타깝게도 노인 학대는 가정폭력의 흔한 유형 중 하나다. 그리고 다른 모든 유형의 가정폭력과 마찬가지로 노인 학대도 공권력의 보다 적극적인 개입을 요한다. 예컨대 경찰은 요양원에서 일어나는 학대 또는 돌봄 제공자의 학대에 관한 신고에 신속하게 응해야 한다. 모든 유형의 가정폭력은 피해자의 주체성을 훼손하고, 남에게 도움을 청하기 어렵게 만들고, 피해자가 스스로 선택한 여러 가지 활동을 방해한다. 부유한 노인들 역시 가정폭력에 노출될 가능성이 있다. 하지만 적어도 그들은 질 낮은 요양시설에 강제로 들어갈 확률은 낮다.

노년의 섹스와 동의에 대해서도 이야기해보자. 노년의 섹스는 광범위한 주제로서 아직 탐색 시작 단계다. 나이 드는 사람들도 섹스를 원하며 필요로 한다. 나이 드는 사람들은 섹스를 하지 않는 것처럼 묘사하는 고정관념들은 사회적 장애물을 만들고, 자신에게 도움이 필요하다는 사실을 인정하지 않는 노인들로 하여금 수치심을 느끼게 한다. 건강하지 않은 사람들 또는 능력을 다 발휘하지 못하는 사람들은 더 심각한 문제에 부딪친다. 노년의 섹스라는 영역을 탐색한 창의적인 연구로는 알렉산더 보니 사엔츠Alexander Boni-Saenz의 미국에 관한 연구와 돈 쿨리크Don Kulick의 스웨덴 및 덴마크에 관한 연구가 있다.[6] 보니 사엔츠는 한편으로는 성적 착취의 위험을 인지하고 다른 한편으로는 노인들의 성적 욕구에 대해 사실적으로 접근한 결과, 인지능력이 쇠퇴하고 있는 노인들이 섹스에 동의하려면 적어도 두 가지 요건을 충족해야 한다고 정리했다. 첫째, 분명한 선택을 할 수 있을 정도의 인지능력이 있어야 한다. 다시 말해서 일정 수준 이상의 주체성이 발휘되어야 한다. 둘째, 그 노인에게 어떤 형태로든 사회적 네트워크(가족, 친구, 돌보미 등의 결합)가 있어야 한다. 그래야 주변 사람들이 그 노인이 원하는 바를 파악하고 착취를 방지할 수 있다. 이제 사회는 치매 증세가 있는 노인들도 성적 쾌감을 느낄 자격이 있다는 사실을 인정하기 시작했다. 노년의 섹스와 동의는 노인들 개개인의 자아개념에 핵심적인 영향을 미치는 영역인데, 우리 사회는 이 영역에서 아직 걸음마 단계다. 쿨리크의 연구에 따르면 겉보기에는 서로 비슷해 보이는 스웨덴과 덴마크도 이 영역에 대해서는 매우 다른 정책을 채택하고 있다(덴마크는 허용적이고, 스웨덴의 정책은 금욕적이다).

노년의 섹스와 동의는 불평등 문제는 아니다. 가족 가운데 억압적인 사람이 있을 가능성은 부유한 노인들이나 부유하지 않은 노인들이나 동일하다. 하지만 이는 해결을 요하는 문제다. 쿨리크와 보니 사엔츠 두 사람은 모두 역량 접근법을 활용하며, 정부가 적극적인 계획을 통해 사람들의 선택을 용이하게 해주어야 한다고 제안한다. 보니 사엔츠가 이야기하는 역량 접근법의 강점은 다음과 같다. "역량 접근법은 모든 영역에서 구체적인 정책들을 지시하지는 않는다. 그래서 나라별로 인간의 기본적인 역량을 보장하기 위해 다양한 방법으로 노력할 수 있도록 해준다."[7]

나는 관계에 초점을 맞췄지만, 우리는 노년의 사생활도 고려해야 한다. 노인들을 위한 요양시설의 한 가지 단점은 고독을 거의 박탈당한다는 것이다. 노인들은 돌보미로부터 아기 취급을 당하기도 하고, 자기 스스로 특정한 일들을 하지 못하게 되는 순간(예컨대 혼자 걷지 못하게 되는 순간) 자기만의 생활이 없는 유아 같은 존재로 간주된다.

4. 감각·상상·사고 Senses, imagination, thought 감각을 활용하고, 상상하고, 생각하고, 논리적으로 추론할 수 있어야 한다. 그리고 이런 일들을 '진정으로 인간다운' 방식으로 할 수 있어야 한다. '진정으로 인간다운' 방식은 적절한 교육을 통해 학습되고 계발되어야 한다. 교육에는 문자 해독과 수학·과학의 기초가 포함되지만 절대로 여기에 국한되지는 않는다. 상상력과 사고력이 종교·문학·음악 등 자신이 선택한 분야의 작품을 만들거나 감상하는 과정과 결합되어야 한다. 정치적 발언이든 예술적 발언이든 표현의 자유와 신앙의 자유에 의해 보호받는 가운데 정신적 활동을 자유롭게 할 수 있어야 한다. 유쾌한 경험을 할 수 있어야 하며 불

필요한 고통은 피할 수 있어야 한다.

　나이 드는 사람들은 문화 행사와 스포츠 행사와 평생 교육에 접근할 수 있어야 한다. 나이 드는 사람들이 항상 그런 권리를 얻지는 못하지만, 현실 속에서 노인들은 가능할 때마다 문화를 향유하기 위해 모여든다. 박물관, 악단이나 합창단, 지역 스포츠단, 영화관 등은 항상 노인 시장을 의식하며 경로할인도 제공한다. 경로할인은 자산에 따라 하위 몇 퍼센트에게만 제공하기보다 모든 노인에게 제공해야 한다. 출입구에서 가난을 증명하라는 요구는 지나친 사생활 침해고 낙인이다. 부유한 노인들이 수입과 지출의 균형을 맞추고 싶다면 추가로 기부금을 내면 된다. 대학들은 이미 평생교육을 제공하면서 돈을 벌고 있으며, 그런 교육의 상당수는 노인들을 대상으로 한다. 하지만 불평등의 문제는 여전히 남는다. 노인들에게 즐거운 프로그램을 무료로 제공하는 기관들은 찬사를 받아야 마땅하다.

　앞에서도 말했지만 자가용이 지배적인 교통수단인 미국의 문화는 커다란 불평등을 야기한다. 대중교통을 이용하기 힘든 곳에 사는데 운전기사가 없는 노인들은 문화 행사, 도서관, 서점 같은 곳에 아예 갈 수가 없다. 이런 사람들은 교회, 절, 모스크 등에도 자유롭게 가지 못한다. 무인자동차가 보급되면 상황이 달라지긴 할 것이다. 무인자동차가 또 다른 불평등의 원천이 되지 않기를 바랄 뿐이다.

5. 감정 Emotions 우리 자신을 넘어서는 일과 사람들에게 애정을 쏟을 수 있어야 한다. 우리를 사랑하고 돌봐주는 사람들을 사랑할 수 있어야 하고, 그들이 없을 때는 슬퍼할 수 있어야 한다. 일반적으로 말해서 사랑, 슬픔, 열망과 감사와 정당한 분노를 경험할 수 있어야 한다. (이런 역량을 보장하려면 서로를 지지해주는 사람들과의 연계가 필요하다. 인간적 연계는 이런 감정을 계발하는 데 반드시 필요하다고 알려져 있다.)

나이가 들면 뜻밖의 일이 많이 생기는데, 많은 이들이 그런 일들을 선뜻 받아들이지 못한다. 뜻밖의 일은 꼭 노년기에만 생기지는 않지만, 나이가 들면 깊은 상처가 되는 놀라움이 점점 많아지는 것 같다. 지혜로운 정책이 있다고 해서 우리 삶의 각종 사건과 사고를 예방할 수는 없다. 하지만 의사와 간호사, 돌봄 노동자처럼 노인들이 자주 접촉하는 사람들로부터 존중 어린 대우를 받는 일은 극심한 공포와 걱정을 덜어내는 데 큰 도움이 된다. 예컨대 노인에게 의학적인 문제를 설명할 때는 어린아이에게 하듯 달콤하게 속삭이는 것보다 침착하고 명쾌하게 설명하는 편이 낫다. 나는 존중도 어느 정도는 불평등 문제라고 생각한다. 미국 사회에서 부를 소유한 사람들은 당당하게 존중을 요구하기 때문이다. 어떤 노인이 값비싼 옷을 입고 병원 진료실에 들어온다면, 아니 검사를 받기 위해 옷을 벗고 있더라도 말투에서 유식한 전문가 같은 분위기가 풍긴다면 그 노인은 괜찮은 대접을 받을 확률이 높다. 환자를 존중하면서 치료하면 불필요한 분노를 방지할 수 있다. 사실 분노는 내가 역량 목록에서 빼고 싶은 감정이다![8] 의사들은 감정지능을 더 계발해야 한다. 일부 의과대학원들은 이 문제에 주의를 기울이기 시작했다. 당연한 이야기지만 공감은 노인들에 대한 값싼 동정과는 다르다. 노인 환자에게 거만한 태도로 동정을 표시하는 의사들이 지나치게 많다.

우리가 시급하게 고민해야 하는 감정은 고독이다. 미국과 유럽의 노인 가운데 상당수는 혼자 산다. 여러 연구들은 고독감이 우울증은 물론이고 전반적인 인지능력, 신체 건강, 물리적 이동성의 쇠퇴와도 관련이 있다고 말한다.[9] 영국에서는 '실버라인Silver Line'이라는 제도를 도입해서, 노인들이 아무 때나 전화를 걸어 수용적인 상대에게 자신의 삶에 관해 뭐든지 편하게 이야기할 수 있도록 했다. 실버라인은 올바른 방향으로 아주 작은 걸음을 내디딘 사례지만, 노인들의 고독을 해결하려면 더 많이 노력해야 한다. 내가 앞에서 언급한 '대중교통 확대' 정도로는 부족하다. 나는 오래전부터 정부가 노인들에게 필수적인 서비스를 제공하는 방안에 찬성해왔다. 특히 감정이라는 영역에서는 노인들과 청년들이 의무적으로 함께하도록 하는 프로그램을 시행하면 양자의 역량을 모두 키워주면서 풍부한 결실을 맺을 수 있다고 본다.

6. 실천이성 Practical reason '선'이라는 개념을 이해하고 우리의 인생 계획에 대해 비판적 성찰을 할 수 있어야 한다. (그러려면 양심의 자유가 보장되고 종교의 계율을 따를 권리가 보호되어야 한다.)

사생활, 섹스에 관한 선택, 의료보험에 대한 권리, 문화에 대한 접근성. 이런 것들은 모두 실천이성을 발휘하는 일이다. 가장 중요한 것은 노인이 온전한 한 사람, 즉 주체성을 가지고 선택하는 사람으로 인식되고 존중받는 일이다. 건강하고 유능한 노인들도 이 정도의 존중을 받으려면 힘들게 노력해야 한다. 특히 가난해서 부의 징표를 보여줄 수 없는 경우에는 존중을 이끌어내기가 더 어렵다.

실천이성에 대한 존중이 모든 사람을 대상으로 성공적으로 도입된 사례로 사전동의informed consent의 원칙(환자에게 치료를 실시하기 전 의사가 의료상의 진실을 환자에게 알리고 동의를 구해야 한다는 원칙—옮긴이)이 있다. 사전동의 원칙이 보편화되기 전까지 의사들은 자신의 의견을 토대로 환자의 이익에 대한 결정을 했지만, 이제 의사들도 이익과 권리의 차이를 이해하고 환자의 희망사항과 사전의료지시advanced directives(자신이 회복 불가능한 상황이 될 경우 연명치료 여부에 대한 의사를 미리 밝혀두는 것—옮긴이)를 존중한다.

이런 이야기가 나온 김에 후견인과 대리인의 의사결정에 대한 논의를 시작하는 것도 좋겠다. 노인의 인지능력이 쇠퇴하기 시작해도 실천이성에 대한 존중은 여전히 중요하다. 인지능력이 쇠퇴한 노인들도 적절한 후견 또는 확장된 돌봄 네트워크와의 협력을 통해 선택권을 계속 행사할 수 있는 삶의 영역은 꽤 많다. 유언장 작성, 섹스에 대한 동의, 정치 참여(정치 참여에 대해서는 나중에 다시 이야기하겠다) 등이 여기에 해당한다. 평생 장애인으로 사는 사람들의 경우 다음과 같은 원칙이 적용된다. 필요한 경우 대리인이 의사결정을 하는 방법을 채택하되, 대리인의 결정은 해당 사안에 대해서만 유효하며 대리인은 필요 이상 개입하지 않는다. 어떤 측면에서 이것은 불평등의 문제도 된다. 일반적으로 부유한 노인들은 대리인에게서 존중을 이끌어내기 때문이다(물론 부유한 노인 가운데서도 대리인에게 착취나 학대를 당하는 사람이 적지 않지만). 부유하지 않아서 변호사·돌보미 등을 고용할 수 없는 노인들은 누군가의 도움을 받아 의사결정을 하기가 힘들고 비인격적인 대우를 받을 가능성도 높다.

7. 관계 Affiliation (A) 사람들과 함께 생활하고 사람들을 바라보며 살아갈 수 있어야 한다. 자기 자신이 아닌 사람들을 의식하고, 그 사람들에게 관심을 보이고, 다양한 형태의 사회적 상호작용에 참여할 수 있어야 한다. 다른 사람의 처지를 상상할 수 있어야 한다. (이런 역량을 보호하려면 인간적 연계를 형성하고 발전시키는 단체와 기구들을 보호해야 한다. 그리고 집회의 자유와 정치적 발언의 자유를 보장해야 한다.) (B) 존중받으며, 굴욕적이지 않은 사회적 토대에서 살아야 한다. 노인들도 다른 사람들과 똑같이 가치 있는 존엄한 존재로서 대우받아야 한다. 그러기 위해서는 인종, 성별, 성적 지향, 국적, 신분, 종교, 혈통 등에 따른 차별이 없어야 한다.

앞에서 언급한 대로 우정과 사랑은 노년기의 행복한 삶을 위해 반드시 필요하다. 여기서도 노인들이 새 친구를 사귀고 귀중한 우정을 쌓도록 돕기 위해 앞에서 언급한 전략들을 기본으로 하고 정부의 공적 서비스를 추가해야 한다. 그리고 문화센터들은 노인들만을 대상으로 하는 각종 프로그램을 만드는 데만 집중해서는 안 된다. 노인들이 다른 노인과 상호작용하기를 원하는 것은 사실이다. 하지만 일을 그만둔 노인들이 매우 아쉬워하는 것 중 하나는 세대를 넘나드는 우정이다. 우리는 노인 세대와 다른 세대의 접촉도 장려해야 한다. 세대 간 관계를 가족이라는 테두리 안에 국한시킬 필요는 없다.

사회적 고립이라는 문제를 해결하기 위한 시도 가운데 눈에 띄는 것이 노인들만 모여 사는 실버타운이다. 솔과 나는 앞에서 실버타운에 대해 논의한 바 있다. 하지만 실버타운도 보통은 경제력이 있는 노인들을 대상으로 한다.

역량 목록은 차별 금지를 주장한다. 하지만 이 목록은 한참 전에 만들어진 것이어서 연령차별이라는 거대악(은퇴에 관한 나의 에세이를 보라)에 대해서는 언급하지 않는다. 이 점에서 역량 접근법은 근시안적이라고 할 수 있으며 이제는 바뀌어야 한다!

8. 인간 이외의 종 Other species 동물, 식물, 그리고 자연 세계와 관계를 맺고 애정을 기울이며 살 수 있어야 한다.

9. 놀이 Play 웃고, 놀고, 오락적인 활동을 즐길 수 있어야 한다.

나는 역량 목록의 8번과 9번을 묶어서 설명하려고 한다. 8번과 9번은 서로 연관되어 있으며 두 가지 다 노인 집단 내에서의 불평등이 두드러지는 영역이기 때문이다. 경제적 여유가 있는 노인들은 아름다운 명승지로 즐거운 여행을 떠날 수 있고 다른 오락적인 활동을 할 수도 있다. 반면 형편이 어려운 노인들은 대중교통이 편리하지 않으면 시내의 가까운 공원에도 못 간다. 그리고 반려동물은 수많은 노인들의 삶에 이루 말할 수 없이 귀중한 자산이 되고 있다. 노인들이 자기가 원래 살던 집에 최대한 오래 거주하려고 하는 이유 중 하나가 바로 반려동물이다.

10. 환경 통제 Control over one's environment (A) 정치적 환경: 자신의 삶을 결정하는 정치적 선택에 실질적으로 참여할 수 있어야 한다. 정치 참여의 권리, 발언의 자유, 결사의 자유를 보장받아야 한다. (B) 물질적 환경: 노인들도 다른 사람들과 똑같이 자산(동산과 부동산 모두)을 보존하고 자산에 대한 권리를 행사할 수 있어야 한다. 다른 사람들과 똑같이 일자리를 구할 권리를 가져야 한다. 부당한 수색과 체포를 당하지 않아야 한다. 일터에서는 한 인간으로서 실천이성을 발휘하고, 동료들과 상호 인정하고 의미 있는 관계를 맺으며 일할 수 있어야 한다.

이 항목에는 여러 가지 내용이 동시에 담겨 있다. 일단 정치적 결사의 자유에 초점을 맞춰보자. 노인들은 정치적으로 매우 활발한 집단이다. AARP는 미국에서 가장 로비를 잘하는 단체로 손꼽히며, 거의 모든 선거에서 노인 유권자들의 의사는 충분히 반영된다. 평소에 교통이 불편하다고 해도 노인들의 투표 참여를 막지는 못한다. 투표하는 날 하루만 이동하면 되고 특별히 버스를 대여할 수도 있기 때문이다. 인지능력 저하에 대한 도움을 받는 것은 또 다른 문제다. 미국의 투표법Help America Vote Act은 육체적·정신적 장애를 가진 사람들이 투표소에 접근할 수 있도록, 투표에 대해 따로 설명을 들을 수 있도록, 휠체어를 탄 사람도 투표소에 접근할 수 있도록 편의를 제공하라고 규정한다. 하지만 이런 규정이 항상 잘 지켜지는 것은 아니다.[10] 투표법만으로 충분하다고 말할 수도 없다. 대리인의 의사결정을 위한 공간이 반드시 필요하다. 노인들이 한 표를 행사할 권리를 가진 한 사람으로 간주되어야 한다면, 그리고 노인들의 이해관계를 중요하게 여긴다면 대리인의 역할을 인정해야 한다. 일반적으로 노인들은 부재자 투표에 참여할 수 있다. 실제로 기표 자체를 대리인이 하기도 하는데, 대리인이 그 역할을 맡는 것은 권장해야 할 일이다.

지금까지 역량 목록을 살펴봤으므로 더 논의해야 할 주제는 별로 없다. 하지만 이런 사례들을 통해 우리는 역량 접근법이 나이듦과 불평등에 관한 정책에 어떤 단서를 제공하는지 생각해볼 수 있다.

다른 선진국들과 비교하면 미국의 정책은 얼마나 잘 되어 있는가? 역량 목록은 노인빈곤층을 위한 몇 가지 진지한 문제를 제기한다. 미국이 다른 선진국들보다 뒤떨어지는 분야 중 하나는 대중교통이다. 대중교통은 다수의 역량을 실현하는 데 매우 중요하다. 외곽 지역까지 대중교통 체계가 잘 갖춰진 나라들(예컨대 독일과 핀란드)은 노인들을 더 낫게 대우한다. 하지만 미국은 지리적 조건이 매우 불리하다. 대중교통 확충은 장기적인 목표가 될 수밖에 없다. 의무적으로 제공하는 국가 서비스에 대한 나의 주장이 실현된다면 이동할 때마다 가족에게 의존하고 싶지 않은, 또는 의존할 수 없는 노인들에게 큰 힘이 될 것이다. 또 한 가지 매력적이고 중요한 목표는 노인들(그리고 다른 사람들도)에게 도시 생활을 장려하는 것이다. 도시라고 하면 사람들은 더럽고 범죄가 만연한 무시무시한 장소를 상상하지만 사실 미국의 도시들은 문화적 기회가 풍부하고 사교의 기회도 많다. 경제학자 에드 글레이저Ed Glaeser가 세심한 분석을 통해 밝혀낸 것처럼 도시는 사람들이 잘사는 데 필요한 혜택을 제공한다.[11] 도시의 혜택은 노인들에게 더욱 좋다. 노인들이 겪는 고독과 고립의 위험은 점점 더(평균 수명이 늘어날수록) 커지기 때문이다.

일반적으로 말하자면 미국의 노인들은(다른 나라의 노인들도 마찬가지다) 부유하지 않을 경우 역량 안정성capability security이 크게 흔들린다. 핀란드의 사회보장제도가 미국의 제도보다 우수하다는 칭찬을 종종 듣는 이유는 핀란드 정부가 집으로 찾아가는 돌봄 서비스와 무료 또는 저가의 정부 생활보조(청소, 장보기 등)를 제공해서 노인들이 자기 집에서 오랫동안 생활할 수 있도록 보장하기 때문이다. 당연히 이런 환경은 가족관계에 대한 스트레스를 덜어준다.[12] 하지만 아무리 훌륭한 복지제도도 경제가 위기를 맞이하면 흔들리기 쉽다. 예컨대 핀란드 복지제도에서 사람들이 입을 모아 칭송하는 부분들이 최근 들어 대폭 삭감되고 있다.[13] 병원과 요양원들이 문을 닫으면서 부양의 의무가 다시 가족들에게 떠넘겨지는 형국이다. 핀란드는 서서히 양극체제two tier system로 변화하고 있다. 철학자 사라 헤이네마의 설명에 따르면, 양극 체제란 연금과 재산이 많은 사람들은 잘살고 나머지 사람들은 가난하게 사는 체제다.

역량 이론Capability theory은 공적연금에 관한 솔의 제안을 보완하는 데 적합한 이론이다. 역량 이론은 의미 있는 삶의 여러 영역을 보다 구체적으로 분석하기 때문에 현대 사회의 약한 지점들을 발견하는 데 도움이 된다. 그리고 역량 이론은 공적연금을 확대하자는 특정한 정책 제안만으로는 달성할 수 없는 성과를 가능케 해준다. 인간적 소망에 대한 철학자의 관심이 경제학자의 현실주의를 보완한다고나 할까.

모든 정부는 노인들을 위한 서비스 가운데 어떤 것이 기본적인 권리에 해당될 만큼 중요한가에 대한 사회적 합의를 이끌어내야 한다. 지금까지 어떤 나라도 노인들의 권리에 대해 충분히 숙고하여 훌륭한 결론에 도달하지는 못했으므로, 아직 기본적인 권리에 대한 확고한 원칙 같은 것은 없다. 현명하게 나이 든다는 것은 집단적 유대와 저항 정신을 지닌다는 것을 의미한다. 시간이 흐르면 이러한 집단적 유대와 저항 정신을 토대로 기본적인 권리에 대한 합의가 도출될지도 모른다. 기본권을 이런 식으로 바라보는 것이야말로 역량 접근법의 핵심이다. 장기적으로 역량 이론은 공적인 사고의 지침이 될 수 있다. 그러기 위해서는 공적인 사고와 토론이 먼저 이루어져야 한다! 흔히 노년기에 이르면 역량을 상실하는 것이 '자연스럽다'고들 생각한다. 바로 그런 편견이 우리에게 절실히 필요한 토론에 큰 장애물로 작용한다.

8장

무엇을
남길 것인가

우리의 존재를 영원한 것으로 만드는 좋은 방법은 무엇일까? 누군가에게 돈을 기부하기 전에 '옵션 가치'를 따져봐야 할까? 만약 우리의 자녀들과 손자녀들이 경제적 어려움을 겪고 있다면 우리의 재산을 어떻게 나눠야 할까? 여러 종류의 유산과 이타적 행동에 대해 어떻게 봐야 할까? 우리가 노력하면 신량한 사람이 될 수 있을까, 아니면 이미 늦은 걸까?

나눔의 역설과
나름의 해결책

——— 솔 레브모어 ———

우리가 운이 좋아서 노년기에도 부유하다고 가정하자. 그러면 그동안 일을 해서 벌거나 다른 경로로 모은 돈을 모조리 써버릴 가능성은 높지 않다. 우리가 돈에 관한 걱정을 한다면 그것은 아마도 우리가 앞으로 얼마나 살지, 그리고 나이가 아주 많아질 때 어떤 상태일지를 모른다는 사실에서 비롯될 것이다. 기대수명보다 길게 살 경우 일정한 수입을 보장받기 위해 연금저축에 가입해도 되지만, 아주 부유한 사람들의 불확실성은 자녀들이나 그들이 선호하는 자선단체와 관련된 것이다. 경제적 안정을 누리는 사람들은 대부분 노후에 대비하고, 나아가 노년기 질환에 대비한 비용까지 마련해둔다. 아주 부유한 사람들은 '필요 이상의 저축'을 한다. 극단적으로 오래 살지 않는 한 그들은 배우자, 자녀, 그리고 자선단체에 재산을 남긴다.

만약 우리가 운이 좋아서 건강하다면 반드시 부유하지 않더라도 노년기에 자유시간을 더 많이 가지게 된다. 은퇴를 하면 가족과 함께할 시간이 늘어나고 다양한 명분의 자원봉사를 할 시간도 생긴다. 따지고 보면 시간이 돈이니까. 이 글의 끝부분에서 나는 시간과 돈의 중요한 차이 몇 가지를 짚어볼 생각이지만, 지금으로서는 우리가 노년기에 이르면 시간과 돈을 모두 누군가에게 나눠줄 수 있다는 점만 확인해도 충분하다. 지금 내가 돈에 관하여 하는 이야기는 시간에도 똑같이 적용된다. 계획을 세우는 일은 금전적 자산뿐 아니라 비금전적 자산에 대해서도 중요하다. 계획을 세우기 쉬운 쪽은 금전적 자산이다. 시간과 달리 돈은 이자를 받을 수 있으며 분할하기도 쉽기 때문이다.

이번 장에서는 좋은 의도를 가진 부자들이 친지나 자선단체에 자산을 물려주는 것에 관한 두 가지 이론을 소개한다. 이 이론들을 가장 잘 이해하는 방법은 두 가지 '나눔의 역설paradoxes of giving'을 살펴보는 것이다. 첫 번째 나눔의 역설은 정보를 얻기 위해 증여를 유예하는 전략에 관한 것이다. 이는 유예 전략을 쓰면 과연 합리적인 유산 배분이 이루어지는가라는 의문으로도 옮겨간다. 더 현실적으로 표현하자면 이 이론은 우리가 언제 자산과 이별해야 하는가에 관한 답을 얻자는 것이다. 두 번째 역설은 이 책의 4장에 수록된 〈리어왕〉 에세이에서 논한 바와 같이, 평등한 분배라는 우리 사회의 규범에서 출발한다. 오늘날 대다수 사람은 처지가 특별히 어려운 자녀가 있는 경우를 제외하면 자녀들을 공평하게 대우해야 하며 특히 상속 문제에서는 더욱 공평해야 한다고 굳게 믿는다. 이 평등의 규범은 형제자매 사이의 경쟁을 완화하기 위해 발전한 것인지도 모르지만, 여기서는 그냥 그 규범이 깊이 뿌리를 내렸다고만 해두자. 평등한 상속의 원칙을 장황하게 방어할 필요는 없다. 지금부터 우리는 평등 규범 때문에 사람들이 진짜로 호의를 베풀고 싶은 유산 수령인들에게 돈을 주지 않고 상속을 보류하게 되는 경우를 살펴볼 것이다. 우리가 직접 재분배를 하면 정부가 해주기를 바라는 재분배의 방식대로 되지 않는다는 점에서도 역설이 명백하게 드러난다. 그래서 나는 독자들에게 한 가지 전략을 제안하려고 한다. 어떤 독자들은 자산 계획을 세울 때 이 전략을 채택하고 싶어 할 것 같다.

나눔의 첫 번째 역설

첫 번째 역설은 다소 이론적인 것으로서 유예와 선택권에 관해 간단히 설명할 필요가 있다. 경제학자들의 관찰 또는 추론에 따르면 사람들은 소비를 유예할 때 일정한 대가를 받고 싶어 한다. 엘론이라는 사람이 새 차를 원한다고 치자. 아마도 그는 2년 후가 아니라 지금 새 차를 손에 넣고 싶을 것이다. 하지만 어느 은행에서 만약 차의 가격 인상분으로 예상되는 액수보다 많은 이자를 지급한다면 엘론은 돈을 은행에 저축했다가 2년 후에 새 차를 사고, 남은 돈은 다른 데 쓸지도 모른다. 경제학자들은 이것을 "미래할인" 효과라고 부른다. 물론 미래할인은 모두에게 똑같이 적용되지는 않으며 예외도 있다. 유예된 만족보다 즉각적인 기쁨이 낫다는 가정에 입각해서 다시 기부의 문제로 가보자.

엘론은 공익적인 사업에 지금 당장 돈을 기부할 수도 있고, 기부를 유예하고 돈을 직접 투자했다가 나중에 기부할 수도 있다. 미래할인 이론은 그가 나중에 기부하기보다 지금 기부해야 하는 이유를 두 가지로 제시한다. 첫째, 그가 남을 돕는 데서 혹은 기부에 대한 감사를 받는 데서 만족을 느낀다면 그 만족감은 나중보다는 지금 얻는 편이 낫다. 그리고 소득세 신고를 할 때 기부금 공제를 받을 수 있는데, 공제도 나중에 받는 것보다 지금 받는 편이 유리하다. 장기적으로 보자면 그가 사망하기 전에 기부를 하면 재산세도 줄어든다. 그리고 죽음이 언제 찾아올지는 아무도 모른다.[1] 둘째, 그의 기부금을 받는 최종 수혜자 입장에서도 나중에 도움을 받는 것보다 지금 받는 것이 낫다. 만약 엘론이 기부를 유예하다가 나중에 투자 수익까지 합쳐서 더 많은 돈을 기부한다면, 그는 지금보다 나중에 더 큰 선행을 할 수 있는 셈이다. 어떤 수령인은 엘론이 지금 기부를 할 때 더 큰 도움을 받겠지만, 만약 엘론이 기부를 유예하면 또 다른 미래의 운 좋은 수령인이 더 큰 도움을 받을지도 모른다. 이런 관점으로 보면 자산을 기부하는 사람 입장에서는 지금 기부하든 나중에 기부하든 별 차이가 없다. 그 사람이 재산을 나눠주는 기쁨을 즐기고 수혜자들이 받는 혜택을 지금 당장 보고 싶은 열망에 불타고 있다면 몰라도. 시간에도 같은 이치가 적용된다. 우리는 공익을 위해 지금 당장 자원봉사 활동을 할 수도 있고, 일찍 은퇴해서 더 많은 시간을 나누기 위해 지금은 일을 많이 하여 돈을 버는 전략을 채택할 수도 있다.

만약 엘론이 기부하려고 하는 자선단체가 현재의 수입과 기부금을 토대로 활동한다면 엘론에게는 선택의 여지가 생긴다. 예컨대 엘론이 어느 대학의 학생들에게 장학금을 지원하고 싶다고 하자. 그는 그 대학이 기부금을 받고 있으며 매년 학생들의 등록금과 기부자들에게서 받는 돈을 전부 써버릴 확률은 낮다는 사실을 안다. 대학이 투자를 하면 대부분의 기부자들이 투자하는 것보다 높은 수익을 올린다. 대학은 자본 규모가 커서 유리한데다 면세 혜택까지 받기 때문이다. 어떤 경우든 돈이 기부자의 손에 있을 때보다 자선단체의 손에 있을 때 수익률이 더 높은지 여부가 중요하다. 나는 2000년대 초반에 중국 상하이에서 나눴던 대화를 기억한다. 그때 나는 잠재적 기부자인 사업가 친구에게 우리 대학에 거액을 기부해달라고 설득하는 중이었다. 친구는 자신이 세운 공장을 몇 개 나에게 보여줬다. 그가 그 공장들을 직접 경영하는 동안 수익률은 매년 40퍼센트 정도였다고 했다. 애초에 나를 초청한 사람은 그였지만, 이제는 그가 우리 대학도 돈을 40퍼센트씩 불릴 수 있느냐는 질문을 던지고 있었다. "그게 아닌 다음에야, 내가 대학에 얼마를 기부하려는 계획을 보류하고 있다가 나중에 훨씬 큰 액수를 기부하는 편이 모두에게 좋지 않을까?" 당시에 나는 이렇게 대답했다. "자네가 학생들의 장학금과 연구비를 우리에게 지원한다면 투자의 수익률은 40퍼센트를 훨씬 웃돌 수도 있어. 우리 대학의 우수한 대학원생들과 교수진들은 훌륭한 연구를 정말 열심히 하거든." 나의 모금 출장은 절반만 성공했다. 잠재적 기부자와 나 모두 대학이 40퍼센트를 웃도는 수익률을 기록하기 힘들다는 사실을 알고 있었던 것이 절반만 성공한 주된 이유였다. 만약 대학이 거액의 기부금을 받아서 투자를 했다면 돈이 내 친구의 수중에 있을 때보다 수익은 적었을 것이다.

기부를 나중에 하지 않고 지금 해야 하는 한 가지 이유는 기부는 바람직한 일이지만 사람들이 흔히 나중에 하겠다고 하다가 끝까지 못하기 때문이라고 말하고 싶다. 시간이나 돈을 기부할 의도가 있는 사람이 정말로 당장은 투자를 했다가 나중에 더 크게 기부할 수도 있겠지만, 나중에 가서 기부 의사가 없어지거나 생각이 바뀌는 일도 종종 있다. 나와 대화를 나눴던 사업가 친구가 1년에 40퍼센트 이상의 수익을 내다가 5년 후 2600만 달러를 우리 학교에 기부할지도 모른다. 그렇다면 나는 내가 처음 부탁했을 때 그가 500만 달러를 주지 않았다는 사실을 기쁘게 받아들일 것이다. 하지만 그가 돈을 벌면서 거액의 기부를 준비하는 동안 다른 비영리단체, 벤처기업, 가족 사업이 그의 관심을 사로잡을지도 모른다. 그가 몇 년 사이에 우리 대학이 우수한 성과를 내고 있다는 점을 확인하고 처음에 제안했던 것보다 많은 기부금을 내게 될 수도 있지만 시간이 흐르는 동안 마음이 시들해져서 다른 기관에 기부할 가능성도 얼마든지 있다.

이렇게 기부를 유예하는 이유는 **옵션 가치**option value라는 용어로 설명된다. 잠재적 기부자는 옵션 상품을 구입한 사람과 처지가 비슷하다. 옵션 상품을 구입한 사람은 상품을 보유하고 있기만 하면 수익을 얻는다. 시간이 지날수록 다른 투자처에 대한 정보를 많이 얻기 때문이다. 이 경우 옵션 가치는 즉각적인 기부를 옹호하는 어떤 주장보다 우위를 점한다. 정보를 더 얻기 위해 기다리면 분명히 이익이 있고, 한편으로는 기부자가 대학보다 더 높은 수익을 올릴 수 있기 때문에 이익이 된다. 기부를 유예할 때의 유일한 손해는 그가 좋은 일을 하는 기쁨이 미뤄진다는 것이다. 대학들은 미래의 기부에 대한 약속을 받아들이고 감사하면서 기꺼이 이런 문제를 감당하려 하지만, 공식적인 약속을 할 경우 기부자의 옵션 가치는 감소하거나 사라진다.

여기에는 분명히 어떤 역설이 존재한다. 만약 우리의 선택에 관한 정보를 더 얻기 위해 증여를 유예하는 것이 현명한 일이라면, 우리는 언제나 증여를 다음번으로 미뤄야 한다는 논리가 성립한다. 결국 유예는 무한히 계속되고, 우리는 자산을 절대로 내놓지 못한다.[2] 역설은 유언장을 고치거나 기부 증서와 같은 공식적인 기부 약속을 수정하려면 비용이 든다는 점에 있다. 우리가 기부를 계속 유예하다가 죽기 직전에 최대한의 정보를 바탕으로 여러 자선단체 가운데 하나를 선택할 수 있는 것도 아니지 않은가. 기부를 한번 유예하면 나중에 그 기부를 하기는 어려워진다. 진정으로 따뜻하고 관대하며 베풀 줄 아는 사람이 되려면 문제를 지나치게 복잡하게 생각하지 않는 편이 낫다.

나눔의 역설을 더 깊이 탐색하기 전에, 오늘날 젊은 사람들이 과거의 젊은이들보다 더 선택권을 소중히 여기는 현상을 한번 살펴보자. 때때로 나는 오늘날의 젊은이들을 "O 세대"라 부른다. 여기서 O는 선택option을 뜻한다. 눈에 띄는 두 가지 예는 초혼연령의 상승과 젊은 세대가 사교 모임에 초대받았을 때 확답을 하지 않는 경향이다. 연애와 결혼에 관해서는 20년 전의 선택보다 지금의 선택이 확실히 더 가치가 있다. 이동성이 높아지고 기술이 발달해서 새로운 연애 상대를 찾거나 경험하기가 쉬워졌기 때문이다. 요즘에는 '틴더Tinder'와 같은 스마트폰 데이트 어플리케이션들이 있어서 사람을 만나기도 쉽다. 처음은 어플리케이션상의 가벼운 접촉이고 그다음 단계는 과거의 데이트와 비슷하게 직접 얼굴을 마주하는 만남이다. 이런 '데이트'는 대체로 피상적이고 순전한 작업용 또는 즐기기 위한 만남인데, 이는 어떤 책임을 져야 하는 사이가 되면 나중에 다른 데이트로 '더 나은' 사람을 만날 옵션 또는 가능성이 억제되기 때문이 아닐까? 내가 25세였을 때를 기준으로 생각해보면 약혼을 1년 미루는 일의 옵션 가치는 '내가 1년 동안 5명에서 10명 정도의 새로운 사람을 만나보거나 데이트를 해보는 것'이었다. 오늘날 그 숫자는 그 5배로 늘어날 수도 있다. 따라서 유예의 가치는 오늘날이 훨씬 크다.[3]

○ 세대는 스마트폰만의 산물은 아니다. 젊은 세대에게서 폭넓게 관찰되지만 노인들에게는 무례해 보이는 한 가지 현상은, 요즘 젊은 사람들이 초대에 대해 확답을 하지 않고 "고마워요, 시간 되면 갈게요"라고만 말한다는 것이다. 젊은 사람들은 확실한 약속을 하면 언제 그들에게 찾아올지 모르는 다른 특별한 기회가 사라질 것처럼 행동한다. 결혼식 초대에 응답하는 비율도 두 세대 전과 비교하면 훨씬 낮아졌다. 손님 숫자를 미리 정해놓고 계획을 세울 필요 없이 그때그때 임의적인 모임이 열리는 쪽으로 사회적 관습이 진화하고 있다.

반대로 노인들은 옵션이 가치가 크다고 생각하지 않는다. 그것은 꼭 기술 발전이나 시대의 변화 때문이 아니다. 옵션 이론option theory의 핵심은 어떤 선택권을 행사할 수 있는 시간이 길수록, 그리고 숨은 자산의 가치 또는 그 자산을 가지고 획득할 수 있는 기회의 변동폭이 클수록 그 선택의 가치도 커진다는 것이다. 옵션은 유예된 선택이고, 미래에 대안이 다양해지고 우리가 결정을 내리기 전에 상황을 지켜볼 수 있는 기간이 길수록 유예의 가치는 커진다. 노인들은 시간이 별로 없고 자신의 건강에 대한 확신도 약하기 때문에, 일반적으로는 나이가 들수록 옵션의 가치가 낮게 평가된다.

우리의 유산과 우리가 세상에서 하려는 좋은 일에 대해 생각할 때도 옵션이라는 개념은 유효하다. 나이 드는 사람이 자기 삶의 흔적을 세상에 남기고 싶어 하는 것은 자연스러운 일이다. 젊은 사람들이 미래를 더 많이 생각하지만, 역설적으로 노인들은(특히 부유한 노인들은) 시간이 별로 없기 때문에 미래를 위해 구체적으로 뭔가를 할 확률이 더 높다.

나눔의 역설로 돌아가자. 증여를 유예하는 행위는 일견 합리적으로 보인다. 하지만 그 행위의 근간을 이루는 논리에는 정지 지점stopping point이 없다. 만약 세상이 앞으로 더 좋아질 거라고 가정하면, 그래서 미래에는 기부가 별로 필요하지 않고 지금 더 필요하다고 가정하면 이 역설은 해결될까? 꼭 그렇지도 않다. 그 논리에 따르면 뭔가를 기부하는 일 자체가 비합리적인 것이 되기 때문이다. 더 정확하게 말하자면 기부를 하는 사람들은 기아가 감소하는 비율 또는 빈곤층의 생활수준이 점진적으로 향상되는 속도를 계산해서 그 결과에 맞게 자금(또는 시간)을 할당해야 한다. 가장 어려운 시기가 언제인지 찾아서 그 시기에 기부를 더 많이 하되, 덜 힘든 시기에는 기부를 하지 않아도 된다. 이러한 제약 또는 계산의 부담에서 벗어나는 하나의 방법은 자선단체의 유인책에 대해, 그리고 자선단체들을 감독할 필요성에 대해 생각하는 것이다. 생각해보면 자선단체들은 어떻게 좋은 일을 할 것인가에 대한 자신들의 옵션 가치를 과소평가할 수도 있다. 자선단체를 운영하는 사람들은 즉각적인 결과를 얻어야 자신들이 좋게 보인다고 생각하기 때문이다.

기부금은 자선단체들을 통제하는 수단이 될 수도 있다. 그리고 자선단체는 기부자에게 영원불멸의 느낌을 경험할 수단을 제공한다. 자선단체에 기부한 돈은 지속성을 지니는 좋은 일에 쓰일 것이기 때문이다. 다시 말하면 우리가 재산을 언제, 어떤 불우한 사태에 배분할 것인지 결정하는 일을 자선단체에 위임한다고 생각하는 것도 한 가지 방법이다. 우리가 세상을 떠난 뒤에도 그 단체들은 오랫동안 존속할 것이므로, 만약 우리가 완전한 정보를 얻었다면 우리 자신이 행사했을 선택권을 자선단체가 대신 행사하게 된다. 이러한 선택권의 위임이 효력을 발휘하기 위해서는 신뢰하는 단체에 기부를 하거나, 그 단체의 임원들이 우리 자신의 가치관과 선호도를 공유하도록 해야 한다. 대학에 거액을 기부하는 사람들은 대부분 해당 대학에 대한 큰 믿음을 가지고 있지만, 그 기부금을 시간적으로 어떻게 배분해 사용할지에 대한 결정을 대학에게 맡기지는 않는다. 대학은 기부자들을 끌어모으기 위해 '기부금을 장기간에 걸쳐 꾸준히 사용한다'는 규정을 두고 있다. 이론상 기부금 선물은 영원히 지속되는 셈이다. 대학의 이런 규정은 기부자에게 자선을 통해 영원불멸한 존재가 된다는 느낌을 선사하며, 자신들의 임기 동안 예산을 과다하게 사용하려는 유혹을 느끼는 대학 임원들에게도 제약을 가한다. 이 규정은 돈이 가장 필요할 때 또는 투자수익률이 극대화될 때 돈을 더 많이 기부해야 한다는 문제를 해결해주지는 못한다. 그 문제는 어려운 시기에 대학들이 기부금을 추가로 받는 방법으로 해결해야 한다. 만약 어떤 종류의 암 치료법이 곧 개발될 예정이라면 기부자들은 확실히 지갑을 열 것이다. 이것을 옵션 이론의 용어로 바꿔보면 다음과 같다. 암 치료법 연구에 관한 신빙성 있는 투자 정보가 있다면, 상하이에 사는 내 친구도 그 연구의 자금을 대주는 것이 그의 수익성 높은 공장보다 나은 투자라고 생각할 것이다.

나눔의 역설을 탈출하는 또 한 가지 방법은 유예의 옵션 가치가 미래 시점의 기부자 선호도에 가중치를 부여한다는 점을 인식하는 것이다. 엘론은 자선에 동참하려는 자신의 의사가 시간이 지나면 바뀌기 쉽다는 점을 인정해야 할지도 모른다. 그리고 훗날의 엘론이 반드시 현재의 엘론보다 현명하다는 보장은 없다. 나중이 아니라 지금 기부해야 하는 이유 중 하나는 나중에 후회하지 않기 위해서다. 경제학자들과 철학자들은 선호도의 변화unfixed preferences 문제를 열심히 탐구하지만, 여기서 그들의 논쟁에 끼어들 필요는 없다. 단지 90세 때까지 재산을 다 끼고 있는 것보다 60세 때 자신이 신뢰하는 자선단체에 얼마간의 돈을 기부하는 편이 더 쉽다고만 해두자. 설령 누군가가 정말로 수익률이 더 높은 곳에 투자했다가 그 돈을 나중에 증여하겠다고 고집할 경우라도 서약 정도는 해두는 편이 낫다. 90세까지 돈을 끼고 있다가는 60세의(과거의) 자신이 지지했던 명분을 위해 일정한 재산을 할당할 것인가라는 철학적인 질문과 씨름하게 된다.

또한 나눔의 역설은 우리가 자선단체에 돈을 기부하지 않고 사람들에게 증여나 상속을 하려고 할 때도 발생한다. 4장에서는 우리가 도움을 주거나 더 넉넉하게 살게 해주고 싶은 자녀 또는 지인들이 있더라도 저축을 마지막까지 가지고 있기를 원하게 되는 이유에 대해 간략하게 살펴봤다. 결정적인 이유는 우리가 살날이 얼마나 남았는지를 전혀 모르기 때문에, 미리 자산을 다 나눠줬다가 나중에 도와달라고 손을 벌리는 것보다 살아 있는 동안은 생활을 스스로 해결하고 죽음을 맞이할 때 나눠주는 편이 낫다는 것이었다.

하지만 에이미라는 사람이 자신의 생활비를 충당하고도 남을 정도로 많은 저축을 해놓았다고 가정하자. 에이미는 공적연금 급여를 받을 예정이며 노년기에 닥칠 어떤 일에도(예컨대 아주 오래 산다든가) 충분히 대비할 수 있는 돈을 저축해놓았다. 자선은 별개의 문제로 하고, 에이미는 저축한 돈의 상당 부분을 자녀들에게 물려주기로 결정했다. 그녀는 자녀들에게 매년 돈을 증여하되(만약 절세를 중요하게 생각한다면 증여세 면제 혜택도 누리면서) 큰돈은 그녀가 사망하고 나서 물려주기로 해야 할까? 아니면 자녀들이 나중보다는 지금 돈을 받기를 원하니 지금 큰 액수를 증여해야 할까? 만약 자녀들이 에이미에게서 받은 돈을 어딘가에 투자한다면, 투자 결정 능력이 세대 간에 큰 차이를 나타내지 않는 한 그 투자를 에이미가 하든 자녀들이 하든 별 차이는 없다. 그러나 큰돈을 미리 물려주면 자녀들의 삶에서 스트레스가 줄어들고, 자녀들은 그 돈이 없었다면 가지지 못했을 선택권을 얻는다. 현재 시점에 큰 액수를 증여할 경우 에이미의 자녀 가운데 하나가 집을 사거나, 더 의미 있는 직업으로 전환하거나, 회사를 매수할 수 있다. 그리고 이런 일들은 에이미가 돈을 증여하지 않으면 불가능할 것 같다. 4장에서 우리는 '리어왕'의 교훈을 탐색하면서 재산 증여와 감사하는 마음의 상호작용에 대해 알아봤다. 만약 에이미가 나중이 아니라 지금 큰돈을 자녀들에게 물려준다면 그녀는 자신이 실제로 함께 있기에 편한 사람인지, 지금 자신이 돈 때문에 사랑을 받는 것은 아닌지를 알아볼 준비를 해야 한다.

다른 조건들이 동일하다면 사랑하는 사람에게 하는 증여는 늦게 하는 것보다 이른 것이 낫다. 우리에게 혼자 다 못 쓰는 돈이 있다면 무엇 때문에 지체하는가? 증여를 미루다가 사랑하는 사람의 형편이 더 나빠진다면? 그리고 나중에 주는 것보다 일찍 주는 것이 나눔의 기쁨도 더 크다. 어떤 아이 또는 어른에게 이렇게 말한다면 터무니없는 소리로 들리지 않겠는가. "나는 올해 너에게 생일선물을 줄 수도 있었지만, 돈을 아꼈다가 내년에 더 비싼 선물을 해주기로 결정했단다." 이런 논리는 나눔의 역설과 마찬가지로 죽을 때까지 계속 적용된다. 그뿐만 아니라 미래할인 효과 때문에 수혜자 입장에서도 지금 받는 선물의 효용이 더 크다. 경제학자라면 표현을 조금 달리해서 다음과 같이 말할 것이다. 만약 상속인이 수혜자에게 돈을 준다면, 수혜자 역시 그 돈을 투자해서 수익을 올리다가 나중에 더 큰 지출을 할 수도 있다. 하지만 대다수 수혜자는 계산을 해본 뒤 이자 수입을 얻는 것보다 즉시 소비하는 것이 이익이라고 판단할 것이다. 이 점에서 자녀들은 자선단체와 다르다. 대개의 경우 우리는 자녀들을 잘 알고 있으므로 결정에 필요한 정보를 얻기 위해 시간을 들일 필요는 없다. 하지만 장래에 자녀들이 경제적으로 어떤 상황에 놓일지는 우리도 모른다. 지금부터 이 불확실성에 대해 이야기해보자.

나눔의 두 번째 역설

나눔의 두 번째 역설은 주로 가족 관계와 얽혀 있으며, 희한하게도 정부에 대한 개개인의 견해와 관련이 있다. 우선 에이미라는 부유한 사람에게 경제적으로 어려운 자녀가 셋 있다고 치자. 자녀들은 끼니를 굶는다거나 중대한 질병 치료를 받고 있지는 않다. 에이미가 물려주려고 하는 재산은 30만 달러인데 세 자녀 피오나, 조크, 프린스가 지난 1년 동안 각각 30만 달러, 5만 2000달러, 12만 달러를 벌었다고 치자. 에이미는 세 자녀에게 재산을 똑같이 물려주고 싶겠지만, 자신의 증여 또는 상속이 피오나나 프린스보다 조크의 삶을 훨씬 많이 바꿀 거라는 생각이 든다. 친구들은 에이미에게 자녀들을 평등하게 대우하라고 조언한다. 에이미의 자녀들은 각자의 직업과 생활방식에 대해 나름의 선택을 한 것이고, 자녀들 중 누구도 다른 자녀가 코치가 되거나 배고픈 예술가가 되는 길을 선택했다는 이유로 돈을 "잃어서는" 안 된다고 친구들은 말한다. 에이미는 자녀 가운데 프린스가 선택한 직업을 가장 좋아하며, 프린스가 아이들과 함께하기 위해 수입이 더 좋은 일을 포기했다는 점도 마음에 든다. 하지만 우리에게는 에이미의 그런 선호를 현금화하면 안 된다는 강력한 사회적 관습이 있다. 이와 비슷한 사례로서 조크가 아주 부유한 사람과 결혼했다고 치더라도 그에게 물려줄 돈을 줄이는 것은 이상하거나 부당한 일로 느껴진다. 그런데 만약 조크에게 아이가 10명이고 피오나와 프린스에게는 아이가 1명씩밖에 없다면? 그리고 셋 중 아무도 부유한 배우자를 만나지 않았다면? 사람들 대부분은 에이미의 입장이 되더라도 평등한 분배라는 원칙을 따를 것이다. 만약 에이미가 어떤 것을 특별히 선호한다면 소비 또는 기부에 관한 결정에서는 그런 선호도를 자유롭게 반영할 수 있지만, 자녀들에게 재산을 물려주는 문제에서는 사회가 평등한 분배라는 강력한 규범을 형성해 부모들의 행동을 통제한다.

만약 에이미가 자녀들에게 물려주려는 돈이 300만 달러라면, 그녀는 이 돈의 일부를 평등하게 나눠주되 손자녀들에게 직접 물려줄 가능성이 높다. 손자녀에게 재산을 분배할 경우 에이미는 평등한 대우라는 규범을 따르면서도 그녀가 내심으로는 평등하게 대우하고 싶지 않은 자녀 세대를 은근슬쩍 건너뛸 수 있다. 에이미는 자녀들에게 재산을 불균등하게 배분하기를 원하지 않는다. 자녀들은 각자 선택을 한 것이고 에이미도 형제들 간의 불화를 바라지 않는다. 하지만 조크에게 아이를 많이 낳으라고 권유한 사람이 에이미 자신이었을 수도 있고, 에이미가 자신의 손자녀 가운데 몇몇이 다른 손자녀들보다 기회를 적게 얻을 이유가 없다고 생각할 수도 있다. 모두들 에이미에게 모든 자녀를 평등하게 사랑해야 한다고 말하지만, 에이미 입장에서는 손자녀들도 그래야 하지 않느냐는 이야기를 할 수 있다. 그렇다면 손자녀들에게도 똑같은 액수를 나눠주지 못할 이유가 무엇인가? 에이미에게 묻는다면 아마 이렇게 대답할지도 모른다. 만약 자녀 가운데 제일 잘사는 피오나에게 아이가 가장 많았다면 지금과는 다른 마음이었을 거라고. 그랬다면 에이미는 한 세대를 건너뛰어 손자녀들에게 모두 똑같은 액수를 직접 물려주지는 않을 것이다. 그럴 경우 이미 경제적으로 가장 유리한 상황에 있는 자손들에게 호의를 베풀게 되니까. 하지만 적게 버는 자녀가 아이를 가장 많이 낳았다면 평등한 분배라는 관념을 이용해 실용적인 목표를 달성할 수도 있겠다.

문제를 조금 더 까다롭게 바꿔보자. 에이미의 손자녀들이 다 성인인데 조크의 아이 가운데 두 명이 다른 형제들보다, 그리고 에이미의 다른 손자녀들보다 형편이 훨씬 어렵다면? 에이미가 보기에 그 두 명은 자기 아버지에게 도움받는 걸 기대할 수도 없다. 이럴 때 에이미는 이러지도 저러지도 못하게 된다. 에이미가 그 두 손자녀를 따로 도와주고 나서 남은 재산을 세 자녀에게 공평하게 나눠준다면, 다른 손자녀들(그리고 그 부모들)은 부당한 대우를 받았다고 느낄지도 모른다. 에이미 자신도 사랑과 평등에 대한 기본 원칙을 위반했다는 죄책감에 시달릴 가능성이 있다. 에이미가 재산 30만 달러를 세 자녀에게 5만 달러씩 나눠준 다음 나머지를 12명의 손자녀에게 똑같이 나눠준다면 손자녀들은 각자 1만 2500달러를 받게 된다. 그것은 도움을 절실히 필요로 하는 두 손자녀의 삶을 확실히 바꿔놓을 정도의 액수는 못 된다. 만약 에이미가 전 재산을 자녀들에게 똑같이 나눠주고 손자녀들에게 직접 상속하지 않는다 해도 그 점은 마찬가지다.

직계가 아닌 자손과의 관계에서도 비슷한 문제가 생길 수 있다. 에이미의 자녀들과 손자녀들은 모두 잘사는데 에이미 오빠의 다섯 자녀들은 힘들게 살고 있다고 가정하자. 만약 에이미가 그 조카 5명 모두에게 재산을 나눠준다면 에이미의 자녀들은 자기 몫을 덜 받은 것 같다는 느낌에 에이미를 원망할 것이다. 5명에게 재산을 나눠주려면 적지 않은 돈이 들어가기 때문이다. 만약 에이미가 재산을 효율적으로 분배하기 위해 그 가난한 두 조카에게만 돈을 준다면 나머지 조카들, 심지어 에이미의 오빠조차도 부정적인 반응을 보일지 모른다. 나는 에이미의 입장에 있는 상속인이 자기 유언장에 다음과 같은 모호한 문구를 넣은 사례를 몇 번 봤다. "성직자로 임명된 조카들에게 각각 10만 달러씩을 상속한다." 또는 "성지 이스라엘에 살고 있는" 또는 "사우스다코타에서 우리 가문 선조들이 일군 농장을 운영하는 조카에게" 물려준다. 상속인이 사망하기 한참 전에 이런 문구를 넣는다면 그것은 자손들 사이에 나쁜 감정이 생기지 않게 하려는 의도일 확률이 높다. 그 시점에는 자격 있는 피상속인이 누군지가 아직 불분명하기 때문이다. 하지만 어떤 경우든 불균등한 분배는 문제를 일으킨다. 어떤 조카는 자기 형제 중 한 명이 고모에게 특별대우를 부탁했다거나 어려운 형편을 과장해서 전달했다고 생각할 수도 있다. 아마도 에이미는 가족과 친지들 사이에 나쁜 감정을 불러일으킬 가능성이 있는 일은 하지 않을 것이다. 마음속으로는 조카 두 명을 돕고 싶더라도 그녀는 조카들에게 아예 아무것도 물려주지 않으리라. 이것은 평등한 분배의 원칙이 매우 강력하게 작용한 결과다. 20대가 된 형제들끼리 모여서 자기들이 번 돈을 똑같이 나눠 갖자는, 또는 각자 물려받은 돈을 가장 가난한 형제에게 몰아준다는 계약을 체결하는 가정이 과연 있겠는가?

이 패턴이 역설적인 이유는, 만약 우리가 세금을 더 많이 내고 복지 제도의 범위가 더 넓었다면 에이미의 가난한 두 조카에게 정부가 보조금을 지급했을 것이기 때문이다. 약간의 상상력을 발휘한다면 우리는 세심한 정부가 에이미의 돈을 가져간 다음 두 조카에게 다시 분배하는 모습을 그려볼 수 있다. 물론 그 일은 전반적인 조세 제도와 재분배 시스템을 통해 이루어지겠지만. 역설적인 지점은 에이미가 정부보다 더 많은 정보를 가지고 있다는 것이다 조카들의 경제적 형편이 어떤지, 몇몇 조카들이 어려움을 겪게 된 이유가 무엇인지, 그리고 재산 증여(또는 상속)에 대한 기대가 그들이 스스로 일하려는 노력을 감소시키는 역효과로 이어질지 아닐지, 혹은 애초에 그들이 재산 증여를 기대하다가 어려운 처지가 됐는지를 더 잘 판단할 사람은 에이미 자신이다. 정부는 이런 정보를 수집할 수단을 가지고 있지 않다. 이런 이유 때문에 사회 전체를 생각하는 시민들도 현행보다 관대한 재분배 제도에는 찬성하지 않는다.

이 진짜(논리학자들은 '참'이라고 부른다) 나눔의 역설에 관한 설명은 앞에서도 했다. 직접 재분배를 하기에 가장 적합한 사람이 모든 가족 구성원들에 대한 애정을 가지고 재산 재분배에 나서더라도 그 사람은 원망의 대상이 되거나 가족 간의 불화를 일으키기가 쉽다. 직계가족 내에서의, 그리고 친척 범위에서의 평등한 분배 원칙은 그들 자신이 정부가 큰 틀에서 평등한 결과를 만들어주기를 원할 때조차도 매우 강력하게 작용한다. 그 결과는 에이미도 정부도 재분배를 하지 않는 것으로 나타난다. 에이미는 정부가 자신을 대신해서 재산을 재분배해주리라고 믿지 않는다. 가족 간의 불화를 우려하기 때문에 몸소 나서서 재분배를 실행하지도 않는다.

에이미의 입장에 관련된 역설을 이해했으니 이제는 그녀의 문제를 해결할 방법을 알아보자. 목적의식을 가진 재분배가 어느 정도 필요한 상황이지만, 에이미 자신이 가족 구성원 가운데 어느 한 자녀 또는 조카에게만 특별한 혜택을 주면 안 된다는 문제가 있다. 해결책은(만약 에이미가 그 해결책을 원한다면) 에이미의 가족과 감정적으로 충분한 거리가 있는 제3자에게 권한을 부여하는 것이다. 그 제3자는 에이미 본인이 원하는 결론에 도달할 정도로 우수한 판단력과 정보력을 지니고 있어야 한다. 예컨대 에이미는 가까운 친구에게 재산을 위탁하면서 다음과 같이 요청하면 된다. "이 돈을 내가 지정한 수수료 낮은 투자신탁에 넣어두되, 나의 자녀들 또는 조카들이 힘든 처지인지 아닌지를 정기적으로 확인해주십시오. 예컨대 조카 중 한 명이 대학 등록금을 내야 해서 도움이 필요하다거나 누군가가 괜찮은 집을 발견했는데 돈이 없어서 계약금을 못 낸다면, 그리고 나의 다른 자녀들과 조카들은 경제적으로 더 나은 상황이라고 판단된다면 그 사람에게 2만 5000달러를 주십시오. 당신은 가족들에게 그것이 내가 지시한 사항이며 바로 그런 위기 때 도움을 주기 위해 내가 비상금 펀드를 남겨놓으려 했다고 말해도 됩니다. 만약 내가 죽고 나서 10년이 지났는데도 비상금 펀드에 돈이 남았다면 자녀들에게 똑같이 나눠주십시오." 에이미는 친구가 어떤 결정을 내리고 난 뒤 개인적인 책임을 지지 않도록 하기 위해 변호사를 고용하여 이 지시 사항을 문서로 남겨야 할 것이다.

에이미와 입장이 비슷한 모든 사람이 이런 식으로 제3자에게 결정을 맡겨야 한다고 주장하려는 것은 아니다. 하지만 재분배를 원하는 쪽으로 마음이 기운다면, 친구 또는 중재인에게 부탁하여 각자의 집안 사정에 맞는 방법으로 아주 세세한 것까지 재분배할 수 있게 만드는 방법이 있다. 다른 시각에서 보자면 여기서 제시된 해결책은 에이미가 가진 재산의 옵션 가치를 늘려준다. 에이미는 제3자를 통해 그녀가 사망한 후까지로 옵션 기간을 연장하는 셈이다. 가족 구성원들의 경제적 상황에 대해 충분한 정보를 얻기 전까지는 재분배에 대한 어떤 결정도 내릴 필요가 없다.

나눔의 역설로부터 자유로워지는 법

나눔은 괴로운 일이 될 필요가 없다. 대다수 투자자들이 수수료가 낮은 지수펀드를 찾아서 투자하는 것과 마찬가지로, 기부에 뜻을 둔 사람들은 기부 대상을 선택하고 기부금을 분배하는 작업을 규모가 커서 효율도 상대적으로 높은 자선단체에 위임한다고 생각하면 된다. 하지만 일반적으로는 우리가 지지하는 명분을 위해 더 많은 지식을 쌓고 더 적극적으로 참여할수록 기부의 동기도 커진다. 이 장에서 나는 극도로 합리적인 어떤 사람이 돈을(심지어는 시간도) 기부하는 일을 끝없이 유예하다가 결국에는 남을 돕는 기쁨을 못 느낄 수도 있다는 점을 설명했다. 만약 우리가 운이 좋아서 은퇴 후에 안정적인 생활을 영위할 수 있다면, 은퇴 후 몇 년이나 살지는 모르지만 여분의 자원을 계속 간직하고 있는 일의 옵션 가치는 감소한다. 이제는 우리의 자손들만이 아니라 대의를 함께 생각해야 한다. 나눔은 우리가 처음 세상을 만났을 때보다 세상을 조금 더 나은 곳으로 만들 가장 좋은 기회일지도 모른다. 물려주기의 첫 번째 역설로부터 쉽게 탈출하는 방법은 사려 깊은 기부의 사회적 수익률이 투자 수익률보다 높다고 생각하는 것이다. 두 번째 물려주기의 역설은 우리가 가족들에게 돈을 물려줄 때도 맨 마지막까지 기다리지 않고 지금 증여하는 것이 더 낫다는 점을 알려준다. 하지만 특정한 상황에서는 돈을 따로 어딘가에 보관했다가 우리가 사랑하는 사람이 위기에 처했을 때 사용해달라고 제3자에게 요청하는 방법도 괜찮다.

　돈이 아닌 시간에 관해서는 대다수 사람들이 대의를 생각해서 스스로 나눔을 실천한다. 특히 전일제 직장에서 은퇴한 사람들은 시간을 기꺼이 내줄 수 있다. 그들이 필요 이상으로 많이 가지고 있는 자원은 시간, 노동력, 열정, 그리고 축적된 재산이다. 은퇴한 사람들은 친구 사귀기와 취미 활동에 투입할 시간이 많아진다. 그리고 남에게 도움이 되는 자원봉사를 할 시간도 더 생긴다. 시간을 갖고 있다가 나중에 사용할 수는 없으므로 앞에서 소개한 첫 번째 역설의 일부는 사라진다. 자원봉사를 가족 구성원들에게 해줄 경우에는 두 번째 역설도 사라진다. 이미 은퇴한 에이미가 어린 아이들을 양육하는 조크를 도와준다고 해서 피오나와 프린스가 그것이 부당하다고 여기지는 않을 것이다. 시간을 증여할 때는 거의 항상 조건이 뒤따르므로 피오나와 프린스가 에이미의 시간을 원하지 않기 때문일 수도 있다. 아니면 에이미가 시간을 아껴놓았다가 다른 데 소비할 수 없다는 명백한 사실 때문인지도 모른다. 이유야 어쨌든 간에 시간을 불균등하게 증여하는 일은 돈을 불균등하게 증여하는 일에 비해 원망을 불러일으킬 가능성이 낮다.

기부를 할 정도의 금전적 여유가 있는 사람들은 남을 돕는 데서 큰 기쁨을 맛본다. 이와 마찬가지로 좋은 목적으로 자원봉사를 하는 사람들 대부분은 자원봉사 활동을 그들의 인생 경험 가운데서 가장 만족스러운 경험으로 꼽는다. 우리는 자원봉사를 하는 사람들 역시 기부자라고 생각해야 하며, 그들이 기여하는 시간의 가치를 인정해야 한다. 손자녀들과 보낸 시간과 마찬가지로 봉사의 경험은 시혜자와 수혜자 양쪽에게 가치가 있다. 그리고 대개의 경우 나눔의 역설로부터 자유롭다.

우리는 어떤 식으로든

세상의 미래에 참여하고,

어떤 흔적을 남기고,

우리가 살았기 때문에

뭔가가 달라졌다는 사실을

확인하고 싶어 한다.

나이듦과
이타성

―――――― **마사 누스바움** ――――――

모든 유한한 존재는 이런 방법으로 자기를 보존한다. 영원히 신성한 존재로 남는 것이
아니다. 자신이 나이 들어 세상을 떠날 때가 되면 자신과 유사한 새로운 존재를 남겨
두고 간다.

플라톤, 《향연》 중에서

    플라톤의 《향연》은 소크라테스가 현명한 여성 사제 디오티마와 대
화를 나누는 형식을 취하는데, 이 책에서 디오티마는 젊은 소크라테
스에게 인간의 이타성과 창의성에 대한 가르침을 준다. 이타성과 창
의성은 인간이 자신의 유한성을 알기 때문에 가지는 능력이라고 디
오티마는 말한다. 우리는 우리 자신이 언젠가 죽게 된다는 사실을 안
다. 그래서 우리와 비슷한 어떤 것을 남겨두려고 노력한다. 그러면 죽

은 뒤 적어도 우리 자신의 일부가 세상에 남아 있을 테니까. 이렇게 존재를 지속할 전략을 수립하기 위해서는 반드시 정교하고 의식적인 사고를 하진 않더라도 우리가 어떤 사람이며 무엇을 추구하는가에 대해 생각해야 한다. 어떤 사람들(디오티마는 이런 사람들을 가리켜 상상력이 가장 빈약한 사람들이라고 했다)은 자기가 직접 낳은 자녀들만이 자기를 대체할 수 있다고 생각해서 아이를 낳으려고 애쓴다. (고래 그리스에서는 여성의 몸을 대단히 하찮게 취급했다. 플라톤은 이 전략을 실현하려면 남녀가 결합해 재생산이 이루어져야 한다는 사실을 근거로 이 전략을 낮게 평가했다.)[1] 어떤 사람들은 더 큰 포부를 가진다. 예컨대 젊은 이들을 교육하는 일에 헌신하면서 자신이 중요하게 생각하는 가치관에 부합하는 인간형을 만들어낸다. 디오티마의 가르침에 따르면 후자가 더 나은 전략이다. 하지만 이 전략을 실현하려면 사람들과 직접 얼굴을 마주해야 하므로 먼 훗날까지 효과가 지속되지는 못한다는 단점이 있다. 그래서 더 현명한 사람들은 과학이나 정치 또는 철학에 대한 자신의 견해를 학문적 체계 속에 새겨넣어 아주 오랫동안 보존될 구조물을 만들고자 노력한다. 실제로 플라톤의 철학 이론은 오랫동안 보존됐다. 요약해서 말하자면, 우리가 우리 자신의 죽음을 인식하기 때문에 이 세상은 다른 통로로는 얻을 수 없는 혜택을 많이 얻는다.

독자 여러분은 디오티마의 가르침을 듣자마자 고개를 갸웃거리며 질문을 던질지도 모른다. 이 세상에 자기 존재를 영원히 남기기 위해 아이를 낳는 것이 그렇게 부적절한 방법인가? 디오티마의 전략은 자기만의 독특한 견해를 하나의 체계 안에 집어넣을 수 있는 탁월한 개인에게나 가능한 것이 아닌가? 집단적인 활동에서는 다른 사람의 도움 없이 개인이 혼자 수행하는 역할이 미미한데, 디오티마의 전략은 이런 활동을 무시하는 것 아닌가? (내가 4장에 쓴 에세이에는 사르트르가 시몬 드 보부아르에게 똑같은 질문을 던졌다는 이야기가 나온다. 집단적인 활동만이 우리의 정체성을 실현하기에 좋은 수단이라는 사르트르의 결론도 협소해 보이기는 마찬가지다.) 하지만 독자 여러분이 가장 많이 던질법한 질문은 따로 있다. 진정한 이타성이란 무엇인가? 디오티마라는 사람의 주장은 우리가 자신을 위한 행동을 하다가 순전히 우연에 의해 남들에게도 좋은 일을 하게 된다는 것처럼 들린다. 노년기에 우리가 노력해야 할 것이 더 있지는 않을까?

또한 디오티마가 인간이 유한성을 인식하기 때문에 발생하는 이점만을 언급한 것은 편향된 시각이 아닌가라는 질문도 나올 수 있다. 우리가 가급적 피해야 할 문제점은 없을까?

이 에세이에서 나는 몇 가지 대안을 제시하고 그 대안에 대해 분석하려고 한다. 첫째, 나는 이타성을 몇 가지로 분류하고 디오티마의 제안을 그중 하나로 위치시킬 것이다. 둘째, 나는 우리가 죽음을 인식하기 때문에 발생하는 문제점에 대해 논하고, 두려움이 이타성을 방해한다는 점을 설명하려 한다. 우리가 노년기에 접어들면 두려움이 급격히 커지는데, 내 생각에 두려움은 창의적이기보다는 파괴적인 작용을 한다. (여기서 나는 플라톤에게 반대하는 입장이었던 에피쿠로스Epicurus에게로 눈을 돌린다. 에피쿠로스는 죽음에 대한 두려움이야말로 인간이 살아 있는 동안 악행을 저지르는 원인이라고 주장한다.) 다음으로는 관계 속에서의 이타성에 대해 설명하려 한다. 노년기에 접어든 사람들은 원래 알던 사람들과 어떤 관계를 맺어야 하는가라는 질문을 던져 보려 한다. 마지막으로는 디오티마의 가르침으로 돌아가서, 우리가 떠나고도 계속될 세상의 생명들에게 기여하는 문제에 대해 노년기에 어떤 생각을 가져야 할지 살펴볼 것이다.

이타성의 종류

원래는 이기적인 목표를 추구하던 사람들이 순전한 우연 또는 약간의 우연에 의해 세상에 유익한 일을 하게 되는 경우는 무수히 많다. 사회학자 크리스텐 먼로Kristen Monroe는 이런 사람들을 "기업가형 이타주의자entrepreneurs"라고 부른다. 이런 사람들은 부유해지거나 유명해지려고 애쓰고 그것이 자기의 주된 목표라는 사실을 인정한다. 그런데도 그 사람의 업적 또는 발견이 사회적으로 이로운 결과로 이어진다.[2] 여기에도 복잡성은 있다. 어떤 기업가들은 도덕적 문제가 발생할 것으로 예상되는 계획에 거부권을 행사한다. 어떤 기업가들은 사회적으로 좋은 결과가 발생할 것 같은 사업을 우선 추진한다. 어쨌든 이들의 주된 동기는 개인적 이익이다.

이타주의자의 두 번째 유형은 "자선가형 이타주의자philanthropist"다. 먼로의 정의에 따르면 자선가형 이타주의자는 하나 이상의 대의명분에 도움을 주는 사람들이다. 이들 대부분은 그 명분의 고유한 가치에 진심으로 동의하지만 어떤 종류의 개인적 이익을 기대하기도 한다. (우리는 이타주의자의 유형을 정의할 때 실제 결과를 기준으로 하지 않고 합리적으로 기대되는 배당dividend을 기준으로 한다. 실제로 어떤 결과를 얻느냐는 우연의 영역이니까.) 여기서 개인적 이익이란 그저 살아 있는 동안 좋은 평판을 얻는 것일 수도 있고, 우리가 도움을 준 사람들로부터 호의를 돌려받는 것일 수도 있다. 혹은 우리 자신이 좋은 일을 하고 있다는 개인적인 만족감일 수도 있다. 아니면 디오티마가 설명한 것처럼 일종의 불멸성을 지니는 우리 자신의 대용물을 원할 수도 있다. (불멸성은 여러 형태로 나타난다는 점을 기억하라. 디오티마는 가치 있는 어떤 것을 실제로 창조해야 불멸성이 생긴다고 생각했지만, 어떤 사람들은 영원한 명성을 더 원할지도 모른다. 시인들은 후자의 동기를 종종 암시한다. 하지만 그들도 인간이므로 자신들의 시에 고유한 가치가 있다고 믿을 것이다.)

현대 사회의 이타적 행동에 대한 가장 유명한 해석은 경제학에서 나왔다. 그리고 주류 경제학은 이타적 행동을 하는 모든 사람을 기업가형 또는 자선가형으로 본다. 방법은 다르지만 이 이론들은 이타성을 자기 이익을 추구하는 어떤 합리적인 사람이 자신의 기대 효용을 극대화하는 것으로 보는 모델과 일치한다. 개인적 효용이야말로 이타적 행동의 진정한 목표로 간주된다. 이타적 행동은 그 목표를 실현하기 위한 도구 내지는 수단이다. 이런 이론들에 대해서는 경제학 내부에서도 반발이 없지 않았다. 예를 들면 1977년에 발표된 아마르티아 센의 〈합리적 바보Rational Fools〉라는 유명한 논문은 그런 이론들이 온정 또는 책임 때문에 자신의 개인적 안락well being을 희생하는 수많은 사람들의 행동을 설명하지 못한다고 주장했다.[3] 인간의 동기에 대한 조금 더 복잡한 설명을 경제학에 결합하면 다양한 경제 모델에 유효한 영향을 미칠 수 있다는 것이 센의 주장이다. 얼마 후에는 행동경제학자들이 경험적 연구empirical research를 통해 센의 주장을 강력하게 뒷받침하는 결과들을 내놓았다. 그들의 연구에 따르면 사람들은 자기에게 보상이 제시되지 않을 때에도 이타적으로 행동한다.

이런 깊이 있는 이타성은 어떤 유형으로 분류해야 할까? 먼로는 자기가 죽거나, 평판이 나빠지거나, 가족에게 좋지 않은 영향이 있을지 모르는 상황에서도 선한 일을 했던 사람들에게 초점을 맞춘다. 먼로는 제2차 세계대전 중에 유대인들을 구해준 비유대인들을 중요한 사례로 제시한다. 유대인을 구해준 비유대인들은 그런 행동을 나쁘게 보는 문화에 속해 있었다. 그들은 목숨을 걸었고, 집안의 평판이 나빠질 위험도 감수했다. 설령 그들 자신이 다치지 않더라도 집안의 평판이 나빠진다는 것은 큰 위험이었다. 먼로의 결론에 따르면 그들이 유대인을 구해준 것은 그것이 옳은 일이라고 믿었기 때문이다. 먼로의 결론은 새뮤얼 올리너Samuel Oliner와 펄 올리너Pearl Oliner가 수행한 더 광범위한 경험적 연구와도 일맥상통한다.[4]

유대인을 구해준 비유대인들은 특별한 사람들이 아니었다. 놀랍게도 그들은 자신이 특별하다고 생각지 않았다. 그들은 꼭 해야만 하는 일이라고 생각해서 했을 뿐이라고 반복적으로 말했다. 이 사례는 분석할 가치가 있다. 유대인 박해와 같은 아주 극단적인 사례가 있어야 '자선가형 이타주의자'와 '사심이 전혀 없는 이타주의자'를 구별할 수 있기 때문이다. 사심이 전혀 없는 이타주의자들은 옳은 일을 할 때 그 행동 자체의 가치와 그 행동으로 도움을 받는 사람들의 가치를 생각한다. 우리의 기대에 따르면(그리고 행동주의 문헌이 암시하는 바에 따르면) 사심 없는 이타성은 평범한 일상에서도 종종 발견된다. 자녀를 사랑하는 부모, 친구를 사랑하는 사람, 동료 시민을 사랑하는 사람들의 일반적인 행동이 다 여기에 포함된다.

그러나 짚고 넘어가야 할 점이 또 있다. 사심 없는 이타성도 명백하게 다른 두 가지로 나뉜다는 것이다. 첫 번째는 좋은 행동을 하는 사람이 그것이 좋은 행동이기 때문에 그렇게 하는 경우이다. 그런 의미에서 그 행동은 사심이 섞여 있지 않다. 하지만 그 사람에게는 그 자신이 좋은 일을 하는 사람이라는 사실이 중요한 의미를 지닌다. 아리스토텔레스 철학을 내 나름대로 응용하자면 그 사람은 인간으로서 잘살기 위한 중요한 수단으로서 선행을 선택한다. 그 사람은 사회 정의가 실현되기를 진심으로 바라기도 하지만 그 사회 정의를 실현하는 사람이 자신이라는 사실을 중요시한다. 그 사람은 자기 자녀들이 나중에 잘살아가는 데 도움이 되는 행동을 하려고 하며, 자신의 훌륭한 보살핌으로 자녀들이 잘살기를 바란다. 이런 종류의 이타성은 진짜로 사심 없는 것이다. 그 사람은 평판이나 만족, 심지어는 자기 사후에 남길 어떤 것을 추구하지 않고 단지 좋은 행동을 하고 싶어 한다. 다만 그 좋은 행동을 스스로 하기를 원한다. '나'라는 단어를 넣지 않고 그 사람이 원하는 것을 설명할 방법은 없지 않은가.

두 번째는 첫 번째와 약간 다르다. 두 번째에 속하는 사람 역시 어떤 좋은 일을 그 자체의 가치 때문에 원하지만, 그 좋은 일에 그 자신이 반드시 참여해야 한다는 의지는 없다. 철학자 버나드 윌리엄스Bernard Williams의 표현을 빌리자면 그 사람의 욕구는 "I가 없는 욕구"다.[5] 윌리엄스는 유언장을 작성할 때 이런 경우가 종종 있다고 지적한다. 어떤 사람은 자기 자녀가 편안하고 행복하기를 원한다. 이때 본인의 행동이 아이의 편안하고 행복한 삶에 기여해도 되고 안 해도 된다. 다른 예를 들어보자. 그림을 잘 보이는 곳에 걸어두고 싶은 사람이 있다. 이때 그 그림을 거는 과정에서 본인의 역할은 중요하지 않다. 하지만 유언장을 작성하는 문제는 애매한 데가 있다. 사실은 그 사람이 어떤 행동인가를 해야 그가 원하는 결과가 나오기 때문이다. "I가 없는 이타성"과 "사심은 없지만 I가 들어가는" 이타성을 구별하기란 매우 어렵다. 그리고 현재의 이기적인 욕구(예컨대 대용물을 통한 불멸성 추구)가 사후에 충족되기를 바라는, 조금 더 이기적인 자선가형 이타주의와 구별하기도 어렵다. 하지만 적어도 우리는 사심 없는 이타성의 두 형태가 서로 다르다는 점은 알 수 있다. 예를 들자면 수많은 환경운동가들은 기후변화를 중단시키는 것이 그 자체로 좋은 일이기 때문에 진심으로 기후변화를 중단시키고 싶어 한다. 설령 그들 자신이 그 목표에 조금밖에 기여하지 못하거나 아예 기여하지 못한다 할지라도.

따라서 우리에게는 네 가지 가능성이 있다.

(1) 이기적인 목적에서 이기적인 행동을 하는데 사람들에게 도움

이 된다.

(2) 이기적인 목적과 이기적이지 않은 목적이 섞인 행동을 하는데, 다른 사람들에게 도움이 되리라는 합리적 기대가 있다.[6]

(3) 다른 사람을 위해(또는 어떤 공적인 가치를 위해) 어떤 행동을 하며, 그 행동이 다른 사람에게 도움이 되리라는 합리적 기대가 있다. 그리고 그 사람은 그 행동에 자기가 직접 참여하는 것을 중요하게 여긴다.

(4) 남들을 위해(또는 어떤 공적인 가치를 위해) 어떤 행동 또는 프로젝트를 수행하거나 소망을 실현한다. 그런데 그 사람은 자신의 참여를 중요하게 생각하지 않는다.

(3)과 (4)는 둘 다 건전한 형태의 이타성이다. 플라톤이 칭찬해 마지않았던 유형인 (2)도 그리 나쁘지 않다. 하나 이상의 동기에 의해 행동하는 것은 나쁜 일이 아니다. 어떤 행동을 하지 않았다면 없었을 좋은 결과가 발생했다면 더욱 그렇다. 사실 플라톤이 말하는 이타성은 (3)의 순수한 이타주의에 더 가깝다. (3)에서 선택된 과업은 그 과업이 가치 있는 것이어서 당사자가 자기 사후에도 그 일로 기억되면 좋겠다고 판단했기 때문에 선택된 것이다. (플라톤은 사람들이 순전히 자기 마음에 든다는 이유로 괴상하고 별 가치도 없는 과업을 수행할 가능성은 염두에 두지 않았다.) 나는 플라톤의 말이 옳다고 생각한다. 사람들은 세상에 자기의 흔적을 남기고 싶다는 생각에서 이타성을 발휘하는 경우가 많다. 그리고 세상에 뭔가를 남기고 싶은 욕구는 자기중

심성으로부터 완전히 자유롭지는 않겠지만 실제로 사심 없는 행동을 촉진한다.

공포는 이타성을 방해한다

플라톤은 인간이 유한성을 자각하기 때문에 좋은 일을 하게 된다고 이야기했다. 플라톤은 아이를 낳아 기르는 사람들에게 호의적이지 않았지만, 플라톤의 사다리에서 맨 아래에 위치하는 그런 사람들도 세상에 대해, 그리고 세상의 미래에 대해 관심을 가지고 세상을 더 나은 것으로 만들기 위해 어떤 일인가를 하고 있다. 플라톤은 유한성의 자각에 대해 이야기하지만 공포에 대해서는 거의 언급하지 않는다. 하지만 공포는 유한성의 자각이 우리의 행동에 미치는 영향에 대한 플라톤의 낙관적인 견해에 곤란한 문제를 야기한다.

죽음에 대한 공포는 고대 그리스 문화에서도 낯선 주제가 아니었다. 철학자 에피쿠로스는 플라톤이 사망한 직후에 쓴 글에서 죽음에 대한 공포가 인간의 삶에서 가장 큰 문제라는 의견을 피력했다. 에피쿠로스는 죽음을 "가장 무시무시한 악"이라고 부르면서 공포 때문에 인간이 종교적 미신을 추종하게 된다고 주장했다. 공포는 인간이 아주 나쁜 행동을 하게 만드는 유인이라는 것이다. 에피쿠로스의 후계자인 로마 철학자 루크레티우스Lucretius는《사물의 본성에 관하여De Rerum Natura》라는 유명한 책의 첫머리에서 아가멤논이 성직자들의 명령을 받고 이피게니아를 살해하는 장면을 묘사한다. 에피쿠로스 학파는 기본적으로 우리가 죽음을 너무나 두려워하는 나머지 종교에 지나치게 많은 힘을 부여하고, 성직자들이 하는 말이면 뭐든지 옳다고 받아들여 본인 머리로 생각해보지도 않고 그대로 실행한다고 본다.

루크레티우스가 시의 뒷부분에서 이야기한 바에 따르면, 우리는 죽음을 모면하기 위해 또 다른 비합리적인 행동을 한다. 우리는 부가 우리를 불멸의 존재로 만들어줄 거라는 막연한 생각으로 구두쇠처럼 돈을 긁어모은다. 부는 우리로 하여금 돈에 집착하게 만들고 더 많은 돈을 원하게 만든다. 우리는 남의 땅을 정복하면 우리가 죽을 위험이 없을 거라는 비합리적인 생각으로 다른 나라와 전쟁을 벌인다. 그러나 폭력은 더 큰 폭력을 낳고, 살육전은 점점 심각해진다.[7] 시의 이 연이 절정에 달하는 부분에서 루크레티우스는 사람들이 전투에서 이기기 위해 사자와 호랑이를 동원한다는 상상을 한다. 전투가 끝난 후 사자와 호랑이들은 그 "주인"들에게 돌진해 그들을 잡아먹는다. 이쯤 되면 우리도 루크레티우스의 의도를 파악할 수 있다. 죽음에 대한 공포는 무의미하고 자기파괴적인 행동을 유발한다는 것이다. 그런 행동은 이 세상에도 해를 입힌다. 그것은 디오티마가 묘사했던 창의적 이타성이 넘쳐나는 행복한 세상이 아니다. 플라톤은 "아름다움"이 창의성의 핵심이라고 생각했는데, 에피쿠로스는 여기에 이렇게 반응했다고 전해진다. "나는 아름다운 것 위에 침을 뱉는다."

누구의 말이 옳을까? 깊이 있는 분석을 위해서는 공포에 대해 생각해봐야 한다. 에피쿠로스와 루크레티우스가 하려는 말은 이런 것이다. 공포, 특히 죽음에 대한 공포는 우리의 의도와 무관하게 생겨나는 대단히 강렬한 감정으로, 이성적 사고를 마비시키고 집착에 가까운 이상한 행동을 하게 만든다! 플라톤은 이 문제를 염두에 두지 않는다. 플라톤의 관점에 따르면 사람들은 죽음을 상당히 침착하게 받아들이고, 당연히 죽음 앞에서도 합리적인 계획을 세울 능력이 있다. 아마 대부분의 시간 동안에는 플라톤의 말이 맞을 것이다. 우리는 날마다 우리 자신이 유한한 존재라는 사실을 인지한 상태로 일한다. 마음 깊은 곳에서는 유한성에 대한 자각이 부글부글 끓지만 그것 때문에 꼭 필요한 일을 못 하지는 않는다. 이와 반대로 공포에 확 사로잡힐 때도 있다. 아플 때라든가 배우자 또는 부모와 사별할 때 우리는 비유적으로 말해서 깊은 구렁텅이의 가장자리까지 온 심정이 된다. 에피쿠로스는 이 점을 이해하고 있었다. 플라톤이 했던 대화라고 잘못 알려져 있는, 실제로는 에피쿠로스의 제자 한 사람이 지어낸 가상의 대화를 한번 보자. 소크라테스의 나이든 제자인 악시오추스는 원래 아주 침착했던 인물인데 갑자기 죽음을 목전에 두게 된다. 악시오추스는 절망과 고통을 이기지 못하고 바닥을 구른다. 소크라테스(사실은 플라톤이다)가 자기의 가르침은 다 어디로 갔느냐고 추궁하자 악시오추스는 이렇게 고백한다. "지금 이 무시무시한 죽음과 아주 가까이 있게 되니, 저의 훌륭하고 똑똑한 이론들이 다 빠져나가 마지막 숨을 거둡니다."[8]

이 가상 대화에서 에피쿠로스는 플라톤과 대결을 벌이고 있는데, 그의 주장에는 일리가 있다. 공포가 정신을 지배하면 우리의 사고는 좁아진다. 그럴 때 우리는 자신의 숭고한 책임과 세련된 이론을 잊어버리기 쉽다. 현대 생물학도 이런 통찰을 뒷받침한다. 공포의 근원을 파헤친 신경과학 분야의 연구들에 따르면 공포는 아주 원초적인 감정으로서 이성적 사색보다는 합리적이지 못한 본능의 명령에 반응하곤 한다.[9] 추측건대 공포는 모든 동물에게서 공통적으로 발견되는 감정이다. 인간이 우수한 종이라고는 하지만 우리의 상상과 달리 덫에 걸린 생쥐의 공포와 인간의 공포는 크게 다르지 않다.

신경생물학자 르두Le Doux는 자신의 진화론적 가설이 인간의 삶에서 공포가 수행하는 역할을 완전하게 설명할 수 있다고 말하지는 않는다. 대개의 경우 공포는 인지하고 생각하는 감정이며, 우리가 학습에 의해 믿게 됐거나 진지하게 생각하라고 설득당한 위험으로부터 비롯된 감정이다. 그래서 아리스토텔레스는 《수사학》에서 공포라는 감정을 비중 있게 다루면서 연설가들에게 청중의 공포를 불러일으키는 방법과 공포를 없애는 방법을 가르쳐준다. 하지만 죽음과 고통이 개입될 때는 공포의 원초적이고 자기중심적인 성격이 압도적으로 강해진다. 전투를 묘사한 글들을 읽어보면 위험 때문에 병사들의 시야가 좁아지고 자기 몸과 그 주변에 신경을 집중하느라 먼 곳을 살피지 못하게 되는 모습이 등장한다.[10] 이런 상태에서는 도덕성이 온전히 발휘되지 못할 가능성이 크다. '동료 병사를 구조하라' '동료의 생명을 자신의 생명과 똑같이 소중하게 생각하라' '부대 전체를 자기 자신이라고 생각하라'라는 훈련을 군인들이 수없이 반복해서 받는 이유가 이것이다. 이런 훈련이 종종 효과를 발휘한다고 해서 공포가 이타성의 적이 아니라고 보기는 어렵다. 이런 훈련이 필요하다는 사실 자체가 공포가 얼마나 커다란 위험을 초래하는가를 보여준다. 엄격한 훈련을 받지 않으면 군인들은 공포 앞에서 완전히 유아적으로solipsism 행동하게 된다.

철학자 애덤 스미스Adam Smith는 공포의 속성을 생생하게 보여주기 위해, 유럽에 사는 어떤 선량한 사람이 중국에서 지진이 발생했다는 소식을 듣는 상황을 가정한다. 그 소식을 처음 들었을 때 그는 고통받는 사람들을 생각하며 슬프고 안타까운 심정이 된다. 중국의 지진 피해자를 돕기 위해 인터넷으로 쉽게 기부할 기회가 찾아온다면 그는 기꺼이 기부를 실천할 것이다. 애덤 스미스는 그 순간 그가 다음날 자기 손가락을 절단해야 한다는 통보를 받는다는 상상을 해본다. 그의 따뜻하고 인간적인 감정은 눈 깜짝할 사이에 사라진다. 그는 잠을 이루지 못한다. "먼 곳에서 일어나는 어마어마한 파괴도 그 자신의 작은 불행 앞에서는 별로 중요하지 않은 하나의 사건으로 전락한다."[11] 공포는 사람의 정신을 위축시키고 이기심에 사로잡히게 만든다. 소설가 아이리스 머독Iris Murdoch은 《블랙 프린스Black Prince》에서 이를 다음과 같이 표현했다. "인간이라는 동물의 가장 큰 특징은 불안이다. (…) 이 문제를 충분히 인식하고 불안에 사로잡혀 정신이 흐릿해지는 사태를 막기 위해 작은 노력이라도 기울이는 사람들은 운이 좋은 것이다."

임박한 죽음에 대한 공포를 바라보는 시각은 크게 두 가지다. 플라톤의 시각에 따르면 죽음에 대한 공포는 사람들이 도덕 규범을 잘 지키고 세상의 미래를 개선하는 데 에너지를 투입하게 만든다. 에피쿠로스의 시각에 따르면 죽음에 대한 공포는 그보다 훨씬 원초적이며 통제하기 어려운 감정이다. 죽음에 대한 공포는 우리의 시야를 흐리고, 파괴적인 행동을 통해 죽음을 이겨낼 수 있으리라는 잘못된 믿음 때문에 우리가 남들에게 해를 입히도록 만든다. 두 가지 견해 모두 어떤 시기에는 옳다. 사람들이 자기 대용물의 불멸성을 추구하기 위해 좋은 일을 한다는 플라톤의 주장은 타당하다. 하지만 플라톤은 공포가 정신을 마비시키고 방향감각을 잃게 만드는 힘을 과소평가했다. 이 점에서는 에피쿠로스가 옳다. 에피쿠로스는 공포의 위험을 예리하게 지적했다. 하지만 그는 더 행복한 사례가 있을 가능성은 고려하지 않는다. 우리가 플라톤식 이타성을 계발하고 에피쿠로스식 파괴성은 줄여나가는 방법은 무엇일까?

확실한 보장은 없어 보이지만 에피쿠로스 자신의 선택이 그 한 가지 방법이 될 수 있다. 에피쿠로스는 사람들이 자기가 죽은 뒤 자기 존재는 끝나고 다시 살아 돌아올 수 없다는 점을 명확하게 이해하면 죽음에 대한 공포가 금방 사라질 거라고 생각했다. 그래서 그는 철학자로 활동하는 동안 이 점을 입증하기 위해 우주철학과 물리학 논쟁에 주력했다. 그는 심리학에도 정통한 사람이었지만, 그 논쟁에서는 사람들이 정말로 두려워하는 것이 무엇인가를 제대로 이해하지 못하고 온갖 미묘한 형이상학적 주장들을 펼쳤다. 더 나은 방향을 탐색하기 위해 전쟁터에서의 이타성에 대한 나의 설명을 다시 보자. 사람들에게 이타적으로 행동하는 습관을 들여서 즉각적인 공포를 이겨내고 동료애를 실천하도록 만드는 것은 분명히 가능한 일이다. 어떤 시기, 어떤 장소에서든 이런 식의 헌신성과 응집력을 몸에 깊이 배게 만드는 것은 성공적인 군사 집단의 중요한 목표다.

이런 사례를 일반화하여, 삶의 모든 영역에서 미덕을 습관화한다고 한번 생각해보자. 사람들이 특정한 목표와 이상을 소중하게 여기고, 다른 사람을 사랑하고, 선한 대의를 사랑하라는 교육을 받으면서 자란다면? 그리고 이런 책임들이 교육, 습관화, 그리고 부모의 사랑을 통해 사람들의 몸과 마음에 깊이 새겨진다면? 그렇다면 우리는 미덕의 힘으로 공포를 이겨내고 에피쿠로스적인 결과가 아니라 플라톤적인 결과에 도달할지도 모른다.

나이 드는 사람들 입장에서는 이 전략이 그리 좋은 소식은 아니다. 이 전략은 기본적으로 노인들에게 '당신은 이미 늦었다'라고 말하고 있으니. '당신은 좋은 사람이거나 좋지 않은 사람이거나 둘 중 하나다. 좋은 성격 또는 나쁜 성격의 씨앗은 오래전에 뿌려졌다.' 하지만 성격에 대한 고대 그리스인들의 견해는 인간 정신의 고정적인 속성을 지나치게 과장한 측면이 있다. 일부 기독교인들은 다른 방향으로 과장하면서, 우리가 언제든 다시 시작해서 새사람이 될 수 있다고 말한다. 하지만 더 정교한 기독교적 관점은(다른 종교의 관점도 마찬가지다) 사람이 새롭게 시작하는 것을 쉬운 과정으로 보지 않는다. 그들은 이기심과 욕심을 버리기 위해 항상 경계를 늦추지 않고 명상하는 등의 방법으로 꾸준히 노력할 것을 권유한다. 따라서 나이 드는 사람이 공포가 닥칠 것에 대비하고 싶다면 스스로 이런 종류의 노력을 기울여야 한다.

이것을 보완해주는 다른 전략으로 "사전 조치precommitment"가 있다. 오디세우스는 사이렌의 노래를 듣긴 하되 그 노랫소리에 홀려 배를 침몰시키지 않도록 돛대에 몸을 묶고 있으라는 부탁을 받았다. 경제학자들은 이 사례를 일반화하여 '사전 조치'라는 범주를 만들었다. 사전 조치란 우리가 나중에 하고 싶지 않아질 어떤 일들을 강제로 하게끔 해두는 전략이다.[12] 노후 자금 마련을 위해 우리의 월급에서 자동으로 일정 액수를 공제하여 퇴직금 계정에 적립하도록 하는 것이 사전 조치의 전형적인 예다. 충동적인 소비를 하려는데 사전에 정해진 바람직한 전략을 변경하기가 너무 번거롭다면, 우리는 그 전략을 고수하게 된다. 사전 조치의 대표적인 예는 물론 유언장 작성이다. 유언장은 어떤 경우에나 좋은 것이다. 유언장을 남기지 않고 사망하는 것은 우리가 사랑하는 모든 사람에게 불리하기 때문이기도 하고, 무엇보다 유언장은 우리 자신의 가치관과 책임에 힘을 싣는 수단이므로 순간의 공포에 제압당해서는 안 된다. 유언장은 나중에 변경할 수 있지만 변경 절차는 까다롭다. 이때 유언장은 우리가 순간의 충동에 휘둘리지 않도록 보호해준다.

물론 유언장은 좋은 명분을 옹호할 수도 있고 나쁜 명분을 옹호할 수도 있다. 유언장은 가족들을 공평하게 대우할 수도 있고 불공평하게 대우할 수도 있다. 유언장은 신중한 사색의 결과물일 수도 있고 일생 동안 축적된 미움과 불만의 표현일 수도 있다. 이 일반적인 전략으로 많은 걸 얻어내려면, 미래를 대면하려는 노력의 주체가 돼야 한다.

우리는 좋은 습관을 형성해야 하며, 우리와 가까운 사람들 또는 넓은 세상을 위한 확고한 도덕적 책임을 약속해야 한다.

가까운 관계 속의 이타성

가까운 관계 속의 이타성이란 사람들을 조종하지 않고, 사람들을 수단으로 이용하지도 않고, 그 사람들의 행복 자체를 중요하게 생각하며, 그들의 입장에서 필요한 도움을 주려고 애쓰는 것이다. 물론 꼭 노인이 아니더라도 사람들을 이런 식으로 대하는 것은 좋은 방법이다. 나이가 들면 왜 이런 유형의 이타성을 발휘하기가 어려워지는 걸까?

우리는 나이가 들어도 계속 친구와 가족을 필요로 하고 또 그들을 사랑한다. 시간이 더 흐르면 우리는 다른 사람들에게 비대칭적으로 의존하게 될지도 모른다. 나이 드는 사람들은 앞에서 설명한 것처럼 자기중심적인 공포에 사로잡힌 상태일 수도 있고, 그게 아닐지라도 일상적인 짜증, 경미한 통증, 이동의 어려움, 경쟁력 상실에 대한 두려움 때문에 자기 자신에게 주의를 집중하게 된다. 노인들은 화를 잘 내기 때문에 같이 있기가 어려운 사람들일 수도 있다. 또 노인들은 자신이 예전과 다르기 때문에 환영받지 못할 것을 두려워한다. 그리고 남의 도움을 필요로 한다는 사실만으로도 주체성과 자아가 작아진 느낌을 받는다.

이런 걱정거리는 어느 정도까지는 해결이 가능하다. 잘 설계된 복지 정책을 통해 노인들이 이동성과 자립성을 유지하도록 보조하면 된다. 적절한 정책적 개입(질 좋고 범위가 넓은 대중교통, 재택 요양서비스)을 통해 노인들이 가족에게 과도한 돌봄을 요구하지 않아도 되도록 해주면 가족관계도 한결 원만해질 수 있다. 기업들도 성인 노동자들이 노인을 돌봐야 할 경우 근무 일정을 유연하게 조정해주어 자녀 쪽의 스트레스를 덜어줄 필요가 있다. 관계 자체에 대해서도 곰곰이 생각할 부분이 많다. 노인들이 사랑하는 사람들에게 이기적으로 굴지 않고 너그럽게 행동하게 해주는 미덕에 대해서도 생각해보자.

노인들이 가까운 사람에게 발휘하는 이타성에 대해 생각해보자. 앞의 이타성에 관한 일반적인 논의에서 소개했던 것과 똑같은 네 가지 가능성이 우리에게 있다. (1) 나이 드는 사람이 약간은 자기중심적인 목적을 가지고 사랑하는 사람들에게 잘해주는 것. 이는 말하자면 자녀들로 하여금 서비스와 돌봄을 더 많이 제공하게 만들려는 의도가 있다. 앞에서 설명한 대로 이것은 진정한 이타성이 아니기 때문에 더 논하지 않겠다. (2) 나이 드는 사람들 중 일부는 플라톤의 책에 나오는 사람들처럼 자녀와 손자녀를 통해 세상에 자신의 일부를 존속시키는 데 초점을 맞춘다. 즉 그들은 일종의 불멸성을 위해 자녀들이 잘살도록 돕는다. 마지막으로 나는 순수한 이타성에는 두 가지가 있다고 생각한다. 내가 하려는 이야기가 사랑하는 사람들과의 상호작용에서 좋은 행동을 습관화하자는 것인 만큼, 나는 다음의 (3)번 유형을 중점적으로 살펴보려 한다. (3) 나이 드는 사람이 사랑하는 자녀들과 잘 지내는 것. 이는 그런 행동의 가치를 믿기 때문이고 자녀들을 조건 없이 사랑하기 때문이다.

이타성은 금전과도 관련이 있는 문제다. 이타성의 경제적 측면에 관한 솔의 에세이에 덧붙일 것은 별로 없다. 사랑하는 사람들의 행복을 증진한다는 의미에서 이타적인 행동은 아주 평범한 것이다. 이타적인 행동을 부르는 특징 또는 습관으로는 어떤 것이 있을까?

첫째, 통제권을 상실하기 한참 전부터 그것에 대비해야 한다. 4장에서 살펴본 대로, 우리는 모든 사람과 모든 일을 통제하는 데 중독돼 있었던 리어왕의 선례를 따르지 말아야 한다. 자립성은 모든 인간 생활의 특징이며 대개의 경우 유쾌한 특징이다. 자립성을 소중히 여기고 즐길 줄 아는 사람은 노년기에 찾아올지 모르는 의존적인 생활에도 대비할 수 있다.

둘째, 나이 드는 사람들은 감정 조절에 신경을 써야 한다. 솔직하다는 것은 귀중한 덕목이지만 솔직함은 우리가 느끼는 두려움, 짜증, 불만을 모조리 입 밖으로 내뱉는 것을 뜻하지 않는다. 자기표현에 중독된 우리의 문화는 감정을 표현하는 언어는 중립적이지 않다는 명백한 사실을 잊어버린 듯하다. 감정을 구체적인 말로 표현하면 가까운 사람들에 대한 요구가 된다. 사랑하는 자녀들을 향한 이타성에는 우리가 느끼는 부정적 감정의 대부분을 자녀들이 겪지 않도록 배려하는 것도 포함된다. 미국인들은 자신의 모든 감정을 드러내지 않는 사람들을 가리켜 '냉정하다'고 말하기도 한다. 그런 사람들에게는 깊은 감정이 없고 그런 사람들은 욕구와 갈망과 두려움에 취약하지 않은 것으로 간주하기도 한다. 하지만 진정으로 깊은 사랑은 항상 소리 높여 표현하지 않고 애정 표현과 연결되는 요구를 하지도 않는다. 절제는 곧 품격이다.

셋째, 사랑하는 사람들의 입장에 서보려고 노력하는 일은 다른 시기에도 필요하지만 노년기에는 매우 중요하다. 노년기에는 불안 때문에 사고의 폭이 좁아지고 우리 자신의 입장만 생각하게 되는 탓에 남의 입장에 서기가 더욱 어려워진다. 우리의 자녀와 손자녀들, 그리고 우리보다 젊거나 나이가 많은 벗들이 무엇을 느끼고 무엇을 원하는가를 기억하려는 노력은 우리가 날마다 하면 좋은 운동과도 같다. 일기를 쓰되 우리 자신의 감정만 기록하지 말고 다른 사람의 감정도 함께 기록하면 상대의 입장을 이해하는 데 도움이 된다. 하지만 공책에든 블로그에든 간에 그런 일기를 쓰는 사람은 드물고, 대부분은 자기중심적인 생각에 주도권을 내준다.

흔히 하는 이야기로 우리는 잔이 반쯤 비어 있다고 생각할 수도 있고 반쯤 차 있다고 생각할 수도 있다. 노인이든 아니든 간에 자기 주변 모든 것에 대해 불평거리나 못마땅한 점을 찾아내는 사람들이 반드시 있다. 그런 사람들은 항상 불행하며 남들과 가까워지기 어렵다. 사물의 긍정적인 면을 바라보는 연습을 하면 좋다. 하지만 나이가 들수록 긍정적인 시각을 가지기는 점점 어려워진다. 질병, 통증, 죽음의 가능성 등 진짜로 나쁜 일들이 닥치기 때문이다. 그래도 노년기의 좋은 점에 주목하는 것은 우리 자신도 행복해지고 다른 사람들도 행복하게 만드는 훌륭한 방법이다.

어쩌면 노년기에 이타성을 발휘하기 위해 가장 필요한 자산은 유머감각인지도 모르겠다. (이 점에 대해서는 플라톤도 에피쿠로스도 우리를 도와주지 못한다.) 유머감각은 후천적으로 키울 수 없는 자질이라고 생각하는 사람도 있겠지만, 당연히 유머감각도 키울 수 있고 평생 동안 키워야 한다. 사물의 우스운 면이나 불합리한 면을 알아차리고, 어색하거나 혐오스럽거나 무서워 보이는 대상에서도 우습고 유쾌한 뭔가를 찾아내는 습관을 들여보자. 영화, 텔레비전, 소설을 통해 웃음에 대한 감각을 잘 다듬어두면 비극과 희극이 뒤섞인 노년기도 두렵지 않다.

미래 세상에 우리의 존재 남기기

이타성은 우리가 사랑하는 사람들을 어떻게 대할 것인가의 문제만은 아니다. 플라톤의 현명한 가르침대로 우리는 어떤 식으로든 세상의 미래에 참여하고, 흔적을 남기고, 우리가 살았기 때문에 뭔가가 달라졌다는 사실을 확인하고 싶어 한다. 이것은 철학의 영원한 탐구 주제지만 보통은 중요하게 다뤄지지 않는다. 플라톤에서 시몬 드 보부아르(나는 4장에서 보부아르의 견해에 대해 논한 바 있다)에 이르는 철학자들 대부분은 엘리트주의자인데, 그들은 사람이 세상에 남기는 흔적이란 탁월한 개인이 만들어낸 창조적 결과물이라고 생각한다. 다시 말하면 그들은 소수의 사람만 이타주의자가 될 수 있다고 여긴다.

심지어 보부아르는 선택받은 소수만이 나이듦의 공포와 절망을 견뎌
낼 수 있다고 말했다.

이것은 인간이 이 세상의 미래에 기여하는 방법에 대한 매우 좁고
편파적인 해석이다. 세상에 대한 가치 있는 기여는 대부분 집단적인
방법으로 이루어진다. 우리는 시간이 흘러야 결실을 맺는 어떤 운동
또는 사업에 참여한다. 환경운동, 동물복지 운동, 민권운동, 정당한
전쟁에서 싸우는 군대, 예술가 단체, 종교단체를 비롯한 수많은 집단
의 노력은 세상의 미래를 개선하는 길이며 유명인이 아닌 사람도 귀
중한 기여를 할 수 있는 활동이다. 세상에 훌륭하게 기여한 사례 가운
데는 플라톤의 저작과 같은 개인의 생산물도 있지만, 중세의 성당처
럼 수십 년 동안 수많은 사람의 노력이 축적되어 만들어진 것도 있다.

그리고 내가 4장에서 언급했던 것처럼 보부아르와 플라톤의 견해
는 철학자가 아닌 사람들이 세상의 미래에 기여할 수 있는 다양한 일
을 부당하게 평가 절하한다. 자녀를 낳고 기르기, 아이들 또는 학생들
가르치기, 동료들 도와주기 등 우리는 실로 다양한 방법으로 다른 사
람에게 도움을 주는 일 자체를 목적으로 하는 진정한 이타성을 구현
할 수 있다. 그리고 어떤 자리에서나 우리의 재능과 환경에 따라 세상
의 미래에 기여할 수 있다. 이것은 젊은 시절에나 노년기에나 마찬가
지다.

놀랍게도 플라톤 같은 철학자들의 견해는 경제활동의 가치를 무시
하거나 격하한다. 플라톤과 보부아르는 둘 다 돈 버는 일을 저열하고
하찮은 일이라고 생각한다(그 이유는 각기 다르다. 한쪽은 고대 그리스의

엘리트주의 때문이고, 다른 한쪽은 마르크스주의 때문이다). 당연히 그들의 말은 틀렸다. 어떤 국가도, 어떤 대의도, 어떤 조직도 경제활동 없이는 번창할 수 없다. 오스카 쉰들러Oskar Schindler는 사업을 하며 나치 관리들에게 뇌물을 준 덕분에 순수한 호의와 신앙심만으로 유대인을 구한 사람들보다 더 많은 유대인을 구할 수 있었다. 요즘 미국인들이 알렉산더 해밀턴Alexander Hamilton이라는 인물에게 열광하는 모습이 눈에 띄는데, 해밀턴의 신조는 좋은 목표를 실현하기 위해서는 튼튼한 경제적 토대와 중앙은행이 있어야 한다는 것이었다. 그의 말은 옳았다. 미국의 경제 시스템을 처음 만드는 데 참여했거나 그 시스템을 운영했던 사람들은 공로를 인정받아 마땅하다. 그런 사람들 가운데는 개인적 이익을 목표로 삼은 기업가들도 있다. 그들이 다른 사람에게 기여한 것은 의도하지 않은 우연이다. 그러나 진정한 이타성의 한 형태로서 경제활동을 하는 일도 충분히 가능하다. 어떤 사람의 생산물, 사업 또는 혁신이 세상을 풍요롭게 하는 과정을 생각해보자. 이것은 플라톤식 이타주의에 해당한다. 또 어떤 사람은 전시에 쉰들러가 그랬던 것처럼 그저 자기 직원들의 행복을 생각하여(그가 관리자가 아닌 경우에는 동료 직원들의 행복을 생각하여), 사람들에게 정당한 대우를 하면서 경제 성장에도 기여하는 우수한 사업체를 만들고 운영할 수도 있다. 이것 역시 세상에 긍정적으로 기여하는 방법이다.

이런 발상들은 철학이라는 학문에서는 거의 등장하지 않는다. 철학은 돈벌이하는 사람들을 무식하고 저열한 사람들로 취급한다. 그래서 과거의 철학자들은 이타성에 대해 매우 불완전한 그림을 가지고 있었다.

  이타적 행동은 언제나 힘든 도전이다. 인간은 기본적으로 자기를 먼저 생각하고, 유아기에는 순전히 자기 욕구를 충족하기 위해서만 다른 사람에게 다가가기 때문이다. 아이들이 사랑과 보살핌을 받으며 잘 자라면 다른 사람을 어떤 목적 없이 있는 그대로 사랑할 줄 알게 된다. 아이들이 교육을 정말 잘 받으면서 자랄 경우 그들은 자신과 아주 가까운 가족 및 친구의 범위를 넘어서는 사람들에게도 관심을 기울이고, 사회 전반의 대의에 대한 생각도 하면서 일련의 귀중한 책임들을 형성한다. 그러나 나이가 들면 우리 모두 두 번째 아동기에 들어선다. 이 시기에는 자아의 절박한 요구와 육체의 본능적 요구가 그동안 형성했던 좋은 습관들을 방해하고, 우리를 넓은 세상의 가치와 멀어지게 만든다. 우리는 이와 같은 도덕적 위험을 인지하고 있어야 하며, 최선을 다해 그 위험과 맞서 싸워야 한다. 되도록이면 품위와 유머와 겸손을 보여주면서.

감사의 말

우선 일하기 위한, 또 비판적 대화를 나누기 위한 이상적인 환경을 제공해준 시카고대학교 로스쿨에 감사드린다. 큰 도움을 받았다. 7장의 경우 책 전체에 대한 조언을 아끼지 않았던 더글러스 베어드, 윌리엄 버드시슬, 에밀리 뒤프리의 의견 덕에 원고를 발전시킬 수 있었다. 몇몇 장에 대한 의견을 준 브라이언 라이터와 리어 스트라힐레비츠에게도 감사한다. 마지막으로 우리는 에밀리 뒤프리, 너새니얼 립시츠, 그리고 알렉스 웨버의 전문적인 연구에서 도움을 받았다.

1장 나이듦과 우정

마사 누스바움 ——

1 둘 중에 먼저 발표된 《나이듦에 관하여》는 기원전 45년경에 집필된 것으로 추정된다. 《우정에 관하여》는 기원전 44년경에 집필된 책으로 키케로의 마지막 저작 가운데 하나다. 키케로는 기원전 43년 암살당했다.

2 라틴어 senex는 폭넓은 연령을 포괄하는 단어다. 키케로와 아티쿠스의 연령도 senex에 포함되며, 가상인물 카토의 나이인 83세도 여기에 해당한다. 그래서 나는 senex를 '나이든'이 아니라 '나이 드는'이라고 현재진행형으로 번역했다. 책의 제목도 "노년에 관하여" 대신 "나이듦에 관하여"로 옮겼다. 이 글에서 나는 키케로의 원문을 장chapter 기준으로 로마자로 표시하지 않고 더 짧은 절section 기준으로 아라비아숫자로 표시했다. 다른 글에서도 같은 방법으로 표기했다.

3 키케로가 38세였고 아티쿠스가 41세였던 기원전 68년부터 두 사람이 각각 62세와 65세였던 기원전 44년까지 두 사람 사이를 오간 편지는 총 426통이 전해진다. 서신 교환은 키케로가 사망하기 몇 달 전까지 계속됐다. (아티쿠스는 기원전 32년까지 살다가 대장암으로 사망했다). 물론 편지는 두 사람이 떨어져 지낸 기간에만 주고받았다. 우리는 키케로 쪽에서 보낸 편지만 확인할 수 있지만, 아티쿠스의 됨됨이도 생생하게 느껴진다. 키케로가 다른 친구들 또는 친척들과 주고받은 편지는

양쪽 편지가 다 남아 있다. 키케로의 가까운 친구가 된 평민 티로Tiro가 이 편지들을 한데 모아 정리했다.

4   카이사르는 기원전 44년에 암살당했다. 키케로는 이 일에 동의하긴 했지만 직접 관여하지는 않았다. 하지만 그는 안토니우스를 자주 공격한 것 때문에 살해당했다.

5   에세이의 이 부분, 그리고 나중에 《나이듦에 관하여》를 소개하는 부분에서 나는 하버드 대학에서 간행한 로브 고전 문고Loeb Classical Library에 수록된 팔코너W. A. Falconer의 번역을 가져와서 약간 수정했다. 팔코너의 번역은 오래된 문체를 쓰긴 했지만 대체로 정확하다. 다른 에세이(예컨대 머리말)에서는 내가 직접 번역한 글을 인용했다.

6   그리스어에는 각기 다른 사랑을 지칭하는 단어가 여럿 있는 반면 라틴어에는 amor라는 단어만 있다. amor는 낭만적인 사랑, 가족의 사랑, 친구 사이의 사랑 등 광범위한 의미를 지닌다. 하지만 애정이 강해야만 amor라고 한다.

7   여기서 키케로는 그가 《선과 악에 관하여De Finibus》 1권에서 설명한 에피쿠로스학파의 우정관을 암묵적으로 비판하면서, 아티쿠스에게도 그의 에피쿠로스주의에서 그 지점은 거부하라는 요구를 하고 있는 듯하다.

8   고대 로마의 에피쿠로스학파는 다양한 사람들로 이뤄져 있었고, 카시우스는 로마 공화정을 수호하기 위해 위험을 감수하면서 음모를 꾸민 것으로 보인다. 카시우스의 에피쿠로스 철학은 인간사에 신의 뜻과 영향이 개입하는 일을 거부하는 데 중점을 두고 있었다. 다음을 참조할 것. David Sedley, "The Ethics of Brutus and Cassisus", *Journal of Roman Studies* 87, 1997, pp.41~53. 하지만 아티쿠스는 루크레티우스Lucretius가 가르친 정통 에피쿠로스 철학을 따랐던 것으로 보인다.

9   기원전 45년 4월, 돌라벨라Dolabella에게 쓴 편지.

10   키케로가 얼마나 신속하게 집필을 시작했는지를 보라. 자기위안을 위해 쓴 이 책은 세상의 찬사를 받는 명저가 됐다. 편지에 따르면 그는 고된 여행을 마친 다음 날 곧바로 집필에 착수했다.

11   이 부분에 수록된 원문은 모두 섀클턴 베일리Shackleton Bailey의 번역본을 참조하여 내가 직접 번역한 것이다.

12   아풀레이우스는 얼마 전에 복점관augur(로마 시대에 새들이 나는 모습 등을 보고 길흉

을 점치던 신관—옮긴이)으로 선출됐다. 키케로에게는 아풀레이우스의 취임식에 참석할 의무가 있었다. 취임식에 불참하려면 질병을 입증하는 문서를 제출해야 했다. 임시 유예는 제3자를 통해서도 가능했다.

13 이 부분에 대해 나는 앤서니 트롤럽Anthony Trollope의 《키케로의 일생Life of Cicero》이라 는 훌륭한 책에 실린 견해에 동조한다.

14 나는 시몬 드 보부아르의 노년에 관한 저서를 높게 평가하지 않는다. 4장 참조.

15 스토아 철학자들은 자연의 한계에 도달했다고 판단되면 자살할 것을 추천했다.

16 대부분은 섀클턴 베일리의 번역이다.

17 나의 번역과 섀클턴 베일리의 번역을 합친 것이다. 원래 나는 그리스어 문구를 프 랑스어 표현으로 대체하려고 했지만, 어떤 경우에는 적절한 프랑스어가 없었다. 이탤릭체로 강조한 부분은 원문에 그리스어로 표기되어 있던 부분이다.

18 피아프의 노래를 인용한 이유는 단순하다. 프랑스 외인부대French Foreign Legion가 그 들이 반공화주의자로 간주했던 드골에게 패배한 이후로〈아니, 난 결코 후회하지 않아Non, je ne regrette rien〉라는 노래를 주제가처럼 즐겨 불렀기 때문이다.

솔 레브모어 ──

1 마사가 나에게 들려준 이야기에 따르면 키케로가 여행을 떠나고 그의 친구들은 군복무를 하던 기간에도 로마에서는 친구들끼리 자주, 어렵지 않게 마주쳤을 것 이라고 한다.

2 이 격언의 기원은 세르반테스Cervantes의 "오래된 격언은 여전히 유효하며, 도둑들 은 자기들끼리 있을 때는 악하지 않다"라는 말로 추정된다. 이 격언이 현대화하 는 과정에서 정반대 의미로 바뀐 듯하다.

2장 나이 들어가는 몸을 어떻게 대할 것인가

마사 누스바움 ──

1 이 에세이의 일부는 다른 형식으로 다음 잡지에 게재된 바 있다. *New Republic*, 2014.10.13., 1011.

이 글에서 나는 나이듦과 낙인의 관계에 대해 다음 연구들을 참조해 논의를 전개하려고 한다. Becca R. Levy, "Mind Matters: Cognitive and Physical Effects of Aging Self-Stereotypes", *Journal of Gerontology* 58B, 2003, pp.203~211; Becca Levy and Mazarin Banaji, "Implicit Ageism", in *Ageism: Stereotyping and Prejudice against Older Persons*, ed. Todd R. Nelson, Cambridge, MA: MIT Press, 2002, pp.49~75; *When I'm 64*, Report of the National Academy of Sciences, Washington, DC: National Academies Press, 2006; Jennifer A. Richeson and J. Nicole Shelton, "A Social Psychological Perspective on the Stigmatization of Older Adults", in *When I'm 64*, pp.174~208.

2 폴 로진과 동료 학자들의 연구에 대한 논의는 다음의 책을 참조할 것. Martha C. Nussbaum, *Hiding from Humanity*, Princeton, NJ: Princeton University Press, 2004.

3 이런 주장에 대해 자세히 알고 싶으면 *Hiding from Humanity*를 참조할 것.

4 역사적인 문학 작품에 대해서는 *Hiding from Humanity*를 참조할 것.

5 Smith, *The Theory of Moral Sentiments*, Book 1.

6 William Ian Miller, *The Anatomy of Disgust,* Cambridge, MA: Harvard University Press, 1997.

7 다음을 참조할 것. Nussbaum, *From Disgust to Humanity: Sexual Orientation and Constitutional Law,* New York: Oxford University Press, 2010.

8 팸플릿에 실린 그림은 *From Disgust to Humanity*를 참조할 것.

9 George Orwell, *The Road to Wigan Pier,* Harmondsworth: Penguin, in association with Secker & Warburg, 1962.

10 Miller, *The Anatomy of Disgust.*

11 Levy, "Mind Matters", p.204.

12 Levy, "Mind Matters"; *When I'm 64*, summary.

13 *When I'm 64*, Summary.

14 Levy, "Mind Matters"; Levy Banaji, "Implicit Ageism".

15 Levy, "Mind Matters", p.203.

16 *When I'm 64*, Summary.

17 *When I'm 64*, Summary.

18 *When I'm 64*, Summary; Levy, "Mind Matters", p.206.

19 Levy, "Mind Matters", p.207.

20 다음을 참조할 것. "As More Older People Look for Work", *New York Times*, 2016.8.18., 3.

21 *When I'm 64*, Summary.

22 Levy, "Mind Matters", p.204.

23 이 주제에 관한 좋은 글 두 편을 소개한다. Patricia Marx, "About Face", *New Yorker*, 2015.3.23, http://www.newyorker.com/magazine/2015/03/23/about-face; Zara Stone, "The K-Pop Surgery Obsession", *Atlantic*, 2013.5.24., http:///www.theatlantic.com/health/archive/2013/05/the-k-pop-plastic-surgery-obsession/276215/.

3장 지난날을 돌아보며

마사 누스바움 ──

1 키케로가 남긴 글 가운데 감정에 관한 유일한 저작인 《투스쿨라나움 논총*Tusculan Disputations*》은 그가 61세였던 기원전 45년경에 집필한 책이다. 세네카의 경우는 학자로 활동하는 내내 꾸준히 감정에 관한 글을 썼지만, 그중 대표작이라 할 수 있는 《루킬리우스에게 모낸 편지들》(국내에서는 《도덕서한》이라는 제목으로 번역되어 있다─옮긴이)은 그가 60대 중반이었을 때 집필했다. 키케로와 세네카는 둘 다 지금 소개한 책들을 집필하고 2년 이내에 암살당했다. (세네카는 명목상 자살한 것이지만 사실 그것은 황제의 명령에 의한 자살이었다).

2 헤쿠바에겐 살아남은 혈육이 둘 더 있었다. 딸 카산드라와 며느리 안드로마케는 살아 있긴 했지만 그들 역시 노예 신세였고, 둘 중 하나는 강간을 당해 미치광이가 됐다.

3 이것은 유럽과 미국 문화권에만 적용되는 것이 아니라 인도에도 적용되는 이야기다. 인도의 정신분석학은 비록 힌두교 우파에게 공격을 당하긴 하지만 인기가 매우 높고 영향력도 크다.

4 1909~1978. 할머니의 초상화는 1950년대 중반에 제작된 것으로 짐작된다.

5 할머니의 자매들 중 한 분은 102세, 한 분은 103세, 그리고 지병이 있었던 한 분은 95세에 돌아가셨다. 모두 우리 할머니보다 일찍 세상을 뜨셨다.

6 저자의 다음 책에 실린 분석을 참조. *Anger and Forgiveness: Resentment, Generosity, Justice,* New York: Oxford University Press, 2016.

7 *Anger and Forgiveness,* 4장을 참조.

8 여기서는 예일대학 출판부에서 2002년에 펴내고 해럴드 블룸Harold Bloom이 서문을 쓴 책을 참조했다. 쪽번호는 모두 이 판본을 기준으로 한 것이다.

9 이런 사실들은 오닐의 어린 시절과 어느 정도 일치한다. 유진 오닐(1888~1953)은 1912년부터 1913년까지 2년 동안 결핵환자 요양원에 머물렀으며 나중에 완치 판정을 받았다. 오닐의 아버지 제임스는 실제로 탁월한 배우였지만, 사람들은 그가 뒤마의 몬테크리스토 백작 역할만 6000번 넘게 맡으면서 재능을 헛되이 쓰고 있다고 평했다. 그는 1920년에 교통사고를 당해 72세의 나이로 사망했다. 연극에서는 약물중독 문제가 1911년으로 설정되어 있지만, 실제로 엘라는 1914년에 모르핀을 끊고 나중에는 유방암과 싸워 이겨냈다가 결국 뇌종양으로 1922년 64세의 나이로 사망했다. 제이미는 1920년대 초반에 알코올중독으로 사망했다. 그가 아기 유진에게 뜻하지 않게 결핵을 옮겨서 아기가 죽었다는 극중의 이야기는 사실이다.

10 〈밤으로의 긴 여로〉의 안 좋은 측면 중 하나는 약물중독에 대해 적어도 부분적으로는 중독자 본인의 책임인 것처럼 묘사한다는 점이다.

11 졸저 *Anger and Forgiveness* 4장에서 해리엇 레너Harriet Lerner의 *The Dance of Anger,* New York: Harper and Row, 1985를 논한 부분을 참조.

12 Paris: Les Editions de Minuit, 1957. 영문판의 제목은 *Passing Time*이다. 시간을 '사용'한다는 발상이 이 소설에서 불행을 초래한 주된 원인이므로 Passing Time은 좋은 번역은 아닌 듯하다. 나는 그 번역본을 활용하지 않았고, 프랑스어를 영어로 옮긴 부분은 내가 직접 번역한 것이다.

13 New York: Grove Press, 2009.

솔 레브모어 ——

1 Lior Jacob Strahilevitz, "Historic Preservation and Its Even Less Authentic

Alternative", in *Evidence and Innovation in Housing Law and Policy*, ed. Lee Fennell and Benjamin Keys, Cambridge: Cambridge University Press, 2017.

4장 리어왕에게서 무엇을 배울 것인가

마사 누스바움 ──

1 바버라 게인스가 연출한 이 연극은 시카고 셰익스피어 극장Chicago Shakespeare Theater 에서 상연됐다.

2 2014.9.18.

3 얀도가 리어의 질병을 이런 식으로 묘사한 경우는 드물지 않다. 하지만 이름을 잊어버리는 것은 일반적인 치매 환자에게 자주 나타나는 증상은 아니기 때문에 질병과는 별개의 문제다. 이것은 의학적 정확성이 떨어지는 표현이다.

4 R. A. Foakes, ed., *King Lear*, Arden Shakespeare, New York: Bloomsbury, first published 1997, introduction, p.27.

5 Charles McNulty, "With Age, the Wisdom of Staging Lear Becomes Less Clear", *Los Angeles Times*, 2014.8.13.

6 다음을 참조할 것. Stanley Cavell, "The Avoidance of Love: A Reading of King Lear", in *Must We Mean What We Say?*, updated ed., New York: Cambridge University Press, 2002.

7 Janet Adelman, *Suffocating Mothers: Fantasies of Maternal Origin in Shakespeare, "Hamlet" to "The Tempest"*, New York: Routledge, 1992, p.104.

8 Aristotle, *Poetics*, chapter 9.

9 Bradwell v. Illinois, 83 U.S. 130 (1873).

10 *La Vieillesse*, Paris: Gallimard, 1996; English translation by Patrick O'Brien, *The Coming of Age*, New York: Norton, 1996.

11 이 책의 프랑스판은 갈리마르Gallimard 출판사에서 1981년에 간행되었지만, 실제 두 사람의 대화는 1974년에 이뤄졌다. 영문판은 1984년 판테온Pantheon 출판사에서 간행됐으며 앞의 책과 마찬가지로 O'Brien이 번역을 맡았다.

12 나에게는 다음 글이 무척 유용했다. Sara Heinämaa, "Transformations of Old Age",

in *Simone de Beauvoir's Philosophy of Old Age*, ed. Siliva Stoller, Bloomington: Indiana University Press, 2014, pp.167~189.

13 다음을 참조할 것. Joan Scott, *The Politics of the Veil*, Princeton, NJ: Princeton University Press, 2007.

14 다음을 참조할 것. Justin Driver, "Justice Thomas and Bigger Thomas", in *Fatal Fictions: Crime and Investigation in Law and Literature*, ed. Alison LaCroix, Richard McAdams, and Martha C. Nussbaum, New York: Oxford University Press, 2016.

15 Heinämaa, "Transformations of Old Age", p.182, 요약함.

16 다음을 참조할 것. Heinämaa, "Transformations of Old Age", pp.185~186.

솔 레브모어 ——

1 이와 반대되는 의견은 다음 에세이를 참조할 것. Harry V. Jaffa, "The Limits of Politics: An Interpretation of *King Lear*, Act 1, Scene 1", *American Political Science Review* 51, 1957, pp.405~427. Jaffa는 왕국을 셋으로 분할하는 것이 둘로 분할하는 것보다 안정적이라고 주장하면서 합당한 설명도 제시하지 않는다. 현대의 공공선택 이론public choice theory은 마치 성경 속 이야기들처럼 우리로 하여금 그 이론에 반대하도록 만든다. 하여간 이 글은 리어에 관한 에세이가 아니라 노년에 분배와 돌봄에 대해 생각해보자는 에세이다.

2 George E. Vaillant, *Triumphs of Experience: The Men of the Harvard Grant Study*, Cambridge, MA: Belknap Press of Harvard University Press, 2012. 이 훌륭한 책은 사람의 생애에 관해 가장 장기간에 걸쳐 연구한 결과를 소개한다. 책의 제목은 연구 대상들의 다수는 젊은 시절에 불길한 전조가 있었는데도 노년기에 만족스러운 삶을 살았다는 저자의 관찰 결과에서 따온 것이다. 나의 다른 글에서는 *Being Mortal: Medicine and What Matters in the End*, by Atul Gawande, New York: Metropolitan Books, 2014(아툴 가완디, 《어떻게 죽을 것인가》, 부키, 2015)를 참고자료로 쓰려고 한다. 이 책도 베스트셀러인데다 나이듦에 관한 책으로서 중요도가 높다. 이 책은 독자들에게 호스피스 제도에 대한 긍정적인 생각을 심어준다. 저자는 의사들이 노인 환자에게 미칠 수 있는 영향을 세심하게 고려하지 않고 의학적 문제를 해결하기 위해 간섭하다가 실수를 저지른다는 견해를 편다.

5장 적절한 은퇴 시기를 생각한다

마사 누스바움 ——

1 Jon Elster, "Sour Grapes", in *Utilitarianism and Beyond*, ed. Amartya Sen and Bernard Williams, Cambridge: Cambridge University Press, 1982, pp.219~238. 그리고 엘스터가 출간한 《신 포도*Sour Grapes*》라는 제목의 책(Cambridge: Cambridge University Press, 1983)도 있다.

2 센은 이런 현상과 자신의 경험적 발견을 여러 곳에서 소개했다. 다음의 논문도 그중 하나다. Amartya Sen, "Gender Inequality and Theories of Justice", in *Women, Culture, and Development: A Study of Human Capabilities*, ed. Martha Nussbaum and Jonathan Glover, Oxford: Clarendon Press, 1995, pp.259~273.

3 다음을 참조할 것. Peter Warr, "Age and Work Performance", in *Work and Aging: A European Perspective,* Basingstoke: Taylor and Francis, pp.309~322; Casey Wunsch and Jaya Vimala Raman, "Mandatory Retirement in the United Kingdom, Canada, and the United States of America", The Age and Employment Network, London, 2010. 이 사회과학자들의 주장에 따르면 노동자가 직장생활 초반에는 성과에 비해 낮은 임금을 받고, 중반에는 자기 노동의 한계효용에 근접한 임금을 받으며, 후반에는 노동의 실제 가치보다 높은 임금을 받는다는 주류 경제모델의 가정은 사실에 부합하지 않는다. 실제 사례를 보면 고령 노동자가 성과에 비해 높은 임금을 받는 것으로 나타나지 않는다. (주류의 견해에 대해서는 다음을 참조할 것. Edward P. Lazear, "Why Is There Mandatory Retirement?", *Journal of Political Economy* 87, 1979.) 나는 이 문제에 관해 에밀리 뒤프리Emily Dupree가 작성한 조사 보고서의 도움을 많이 받았다. 이 보고서는 다른 참고문헌들도 폭넓게 소개하고 있어 유용하다.

6장 중년 이후의 사랑

마사 누스바움 ——

1 내가 "훌륭한"이라고 하지 않고 "주류"라는 단어를 쓰는 이유는 많은 사람이 그

가짜 감정에 대한 합리적인 의심을 품고 있기 때문이다. 슈트라우스가 작곡한 오페라 가운데 정말로 훌륭하고 가식이 없는 작품이 하나 있다. 그 작품은 다름 아닌 〈엘렉트라Elektra〉다. 하지만 이 실험적이고 심오한 작품을 본 관객들이 분개하자 충격을 받은 슈트라우스는 그때부터 진부한 작품만 써냈다.

2 Burton D. Fischer, *Richard Strauss's "Der Rosenkavalier"*, New York: Opera Journeys, 2011, p.30.

3 Fischer, *Richard Strauss's "Der Rosenkavalier"*, p.31.

4 이 오페라의 원형으로 알려진 작품이 〈피가로의 결혼〉이다. 두 작품의 가장 큰 차이점은, 〈피가로의 결혼〉에서 백작의 딸 로지나는 남편을 열정적으로 사랑하며 남편도 그녀를 사랑한다는 것이다. 로지나가 원하는 것은 그 사랑을 돌려받는 것인데, 그녀는 어떤 의미에서는 성공하고 어떤 의미에서는 성공하지 못한다. 한편 케루비노의 열정을 대하는 그녀의 태도는 이성적이고 신중하다.

5 Donald Winnicott, "The Capacity for Concern", 1963, in *The Maturational Processes and the Facilitating Environment,* Madison, CT: International Universities Press, 1965, p.76.

6 과거에는 유연성이 더 컸다. 아마도 그 이유는 이런 식으로 남녀를 넘나드는 역할들을 카스트라티(거세당한 소년 성악가—옮긴이)가 맡았기 때문일 것이다. 카스트라티들은 소프라노 또는 메조 음색으로 노래하면서도 힘이 넘치는 중년 남자 연기를 잘 소화할 수 있었다.

7 E. M. Forster, *Maurice,* New York: Norton, 1971, p.250. 지금까지 이 에세이를 쓰면서 이성애자 커플에게 초점을 맞춘 점에 대해 사과한다. 하지만 이런 문제들은 동성애자와 트랜스젠더 커플에게도 적용 가능하다고 생각한다. 사실 이 연극에서 클레오파트라 역할도 남자 배우가 맡지 않았던가.

8 Grisez, Finnis, George의 글에서 제시되는 모범 답안은 이성애자 남성이 폐경기가 지난 여성과 관계를 맺는 것은 자식을 얻기 위해 "해야 하는 타당한 일"이라고 선언하는 것이었다. 물론 그러려면 신체적 장애가 없어야 했다. 혹시 기적이 일어날지도 모르지 않나? 이런 견해는 신의 창조를 완전한 업적으로 보지 않는 것이다. 만약 기적이 일어나서 60대 여성이 임신을 할 수 있다면, 신은 왜 두 명의 남자 사이에서 임신을 허용하지 못했는가? 남자의 몸 속에서 새로운 기관이 기적처

럼 나타날 수도 있지 않은가!

9 Blakey Vermeule, *Why Do We Care about Literary Characters,* Baltimore, MD: Johns Hopkins University Press, 2011을 참조.

10 율리우스 카이사르와 코리올라누스Coriolanus(수많은 전쟁에서 로마를 구한 장군―옮긴이)는 예외적인 경우지만, 다른 이름이 쉽게 떠오르지 않는다.

11 Zamir, *Double Vision: Moral Philosophy and Shakespearean Drama,* Princeton, NJ: Princeton University Press, 2007 참조.

12 젊은이들에게 체육이 꼭 필요한 이유에 대한 플라톤의 설명과 이를 비교해보자. "만약 우리의 육체가 건강하고 잘 단련되어 있다면 우리는 그 육체의 요구를 더 쉽게 극복할 수 있다."(《공화국》II)

13 줄리엣의 나이는 14세가 조금 안 된 것으로 설명된다. 로미오는 줄리엣보다 조금 위지만 아직 18세는 안 된 것으로 추정된다. 18세가 됐다면 성인으로 간주되어 군복무를 했을 테니까.

14 나이에 관한 의문을 정리하고 넘어가자. 역사적 기록에 따르면 클레오파트라(기원전 69~30)는 마흔에 가까운 나이였고 안토니우스(기원전 83~30)는 그녀보다 열네 살 위였다. 하지만 극적인 각색을 위해 희곡에서는 두 사람이 비슷한 또래로 나온다. 앞에서 언급한 대로 안토니우스는 확실히 유아적인 면모를 지니고 있어서 몇 배나 어리게 느껴진다. 많은 역사적 기록들은 클레오파트라와 가벼운 한때의 연인이었던 율리우스 카이사르(기원전 100~44)의 낭만적인 사랑을 클레오파트라와 안토니우스의 연애와 비교한다. 일반적으로 안토니우스는 어린애 같았고 약간 소극적인 성격이었다고 묘사된다. 클레오파트라는 양쪽 남자의 아이를 다 가졌고(카이사리온은 그녀가 22세였던 기원전 47년에 태어났다. 클레오파트라 셀레네는 기원전 15년경에 안토니우스와의 사이에서 태어나 기원전 6년까지 살았다. 셀레네의 쌍둥이 형제인 알렉산더 헬리오스는 부모를 여읜 지 얼마 되지 않아 세상을 떠났다. 셀레네의 남동생 프톨레마이오스 필라델푸스도 마찬가지다) 따라서 클레오파트라의 실제 연령은 중요한 의미가 있다.

15 Zamir, *Double Vision.*

16 Cambridge, MA: Harvard University Press, 1981.

7장 노년의 빈곤과 불평등에 관하여

솔 레브모어 ──

1 노인빈곤 문제와 관련 통계는 다음을 참조. Ellen O'Brien, Ke Bin Wu, and David Baer, *Older Americans in Poverty: A Snapshot,* Washington, DC: AARP, 2010.

2 이런 전략의 일부는 다음 책에 소개되어 있다. Ann Alstott, *A New Deal for Old Age: Toward a Progressive Retirement,* Cambridge, MA: Harvard University Press, 2016. Alstott는 퇴직연금 혜택이 직업 유형에 따라 달라져야 한다는 정교한 주장을 펼친다. 왜냐하면 부유하지 않은 노인들이 육체적으로 힘든 일에 종사하는 경우가 많기 때문이다. 이것은 정치적으로 실현 가능한 방안은 아닐 것 같다. 여러 이익단체들이 더 많은 혜택을 얻기 위해 소모적인 로비 활동을 맹렬히 전개할 것이다.

3 이 액수는 이자율을 2.3퍼센트로 보수적으로 계산한 것이다.

4 https://www.ssa.gov/oact/NOTES/ran5/an2004-5.html (공적연금의 내부수익률); https://www.ssa.gov/policy/docs/ssb/v70n3/v70n3p89.html (과부와 공적연금).

마사 누스바움 ──

1 나는 다음 세 권의 책에서 내 나름대로 역량 접근법을 설명했다. *Women and Human Development: The Capabilities Approach,* Cambridge: Cambridge Universit Press, 2000; *Frontiers of Justice: Disability, Nationality, Species Membership,* Cambridge, MA: Harvard Universtiy Press, 2006; *Creating Capabilities: The Human Development Approach,* Cambridge, MA: Harvard University Press, 2012. 특히 마지막 책에는 역량 접근법에 대한 설명은 물론이고 나의 접근법과 아마르티아 센의 접근법이 무엇이 다른지도 수록했다. 그리고 포괄적인 참고문헌 목록도 제시해두었다.

2 권리와 역량에 대해서는 다음 논문을 참조. 졸고, "Capabilities, Entitlements, Rights: Supplementation and Critique", *Journal of Human Development and Capabilities* 12, 2011, pp.23~38.

3 다음을 참조. Jonathan Wolff and Avner De-Shalit, *Disadvantage,* New York: Oxford University Press, 2007. 졸저 *Creating Capabilities*에서도 이들의 연구를 인정하고

많이 활용했다.

4 다음을 참조. Nusbaum, *Frontiers of Justice,* Cambridge, MA: Harvard University Press, 2006.

5 다음을 참조. Diane Wood, "Constitutions and Capabilities: A (Necessarily) Pragmatic Approach", *Chicago Journal of International Law* 2, 2010, article 3.

6 Alexander Boni-Saenz, "Sexuality and Incapacity", *Ohio State Law Journal* 75, 2015, pp.1201~1253; Don Kulick and Jens Rydström, *Loneliness and Its Opposite: Sex, Disability, and the Ethics of Engagement,* Durham, NC: Duke University Press, 2015, and "A Right to Sex?", the review by Boni-Saenz in New Rambler, 2015.4.18., http://newramblerreview.com/book-reviews/gender-sexuality-studies/a-right-to-sex.

7 Boni-Saenz, "A Right to Sex?"

8 다음을 참조. Nusbaum, *Anger and Forgiveness,* New York: Oxford University Press, 2016.

9 이런 연구들은 다음 기사에 요약되어 있다. http://www.nytimes.com/2016/09/06/health/lonliness-aging-health-effects.html?_r=0.

10 다음을 참조. Nusbaum, "The Capabilities of People with Cognitive Disabilities", *Metaphilosophy* 40, 2009, pp.331~351. 이 논문은 다음의 책에도 수록됐다. *Cognitive Disability and Its Challenge to Moral Philosophy,* ed. Eva Kittay and Licla Carlson, Malden, MA: Wiley-Blackwell, 2010, pp.75~96.

11 Ed Glaeser, *Triumph of the City: How Our Greatest Invention Makes Us Richer, Smarter, Greener, Healthier, and Happier,* New York: Penguin, 2012.

12 Anu Partanen, *The Nordic Theory of Everything: In Search of a Better Life,* New York: HarperCollins, 2016.

13 철학자 Sara Heinämaa와 교환한 서신.

8장 무엇을 남길 것인가

솔 레브모어 ──

1 나의 이 말 때문에 당신의 자산 계획을 바꾸고 싶다면 변호사와 상담하길 권한다. 만약 가치가 상승 중인 자산을 보유하고 있다면 그 자산을 지금 팔아버리거나 증여하지 않는 편이 낫다. 왜냐하면 사망시 소득세 제도는 그 가치 상승분에 대해서는 사실상 세금을 면제해주기 때문이다.

2 시간을 기부하는 문제는 조금 더 복잡하다. 시혜자 입장에서는 자신이 기부하려고 생각했던 만큼의 시간만 남을 때까지 기부를 계속 유예하게 될지도 모른다.

3 다른 요인은 현대 사회에서는 애인을 찾기가 과거보다 쉽다는 관념이다. 만약 초혼연령이 하락하고 있다면 그것은 우리가 사람을 많이 만나보고 결정할 수 있기 때문이라고 판단할 수 있다. 그러나 실제로 초혼연령이 상승하고 있다는 사실로 미뤄볼 때, 최고의 배우자를 찾는 행동 자체보다 기회가 많다는 관념이 더 중요한 요인인 듯하다.

마사 누스바움 ──

1 플라톤이 남성끼리의 사랑을 선호했던 것은 고대 그리스에 널리 퍼져 있던 풍조였다. 고대 그리스에서는 수많은 남성이 결혼하고 아이를 낳으면서도 다른 남자들과 뜨거운 연애를 계속했지만, 플라톤은 이런 방식은 추천하지 않는다. 《파이드로스*Phaedrus*》에서 플라톤은 두 남자가 평생을 함께 보내는 방식을 제안했다.

2 다음을 참조. Kristen Renwick Monroe, *The Heart of Altruism,* Princeton, NJ: Princeton University Press, 1996, reviewed by Nussbaum in the *New Republic*, 1996.10.28., pp.36~42. 이 리뷰는 다음 책에도 수록되어 있다. Nussbaum, *Philosophical Interventions,* New York: Oxford University Press, 2012.

3 Amartya Sen, "Rational Fools: A Critique of the Behavioral Foundations of Economic Theory", *Philosophy and Public Affairs* 6, 1977, pp.317~344, reprinted Sen, *Choice, Welfare and Measurement,* Oxford: Blackwell, 1982, pp.84~106.

4 Samuel P. Oliner and Pearl M. Oliner, *The Altruistic Personality: Rescuers of Jews in Nazi Europe,* New York: Free Press, 1988.

5 Bernard Williams, "Egoism and Altruism", in Williams, *Problems of the Self*, Cambridge: Cambridge University Press, 1973.

6 여기서는 '합리적 기대Reasonably expected'라는 조건이 중요하다. 첫 번째와 달리 두 번째 유형은 좋은 것을 영리하게 추구하는 사람이다. 나는 어떤 사람을 오해해서 비이타적이라는 딱지를 붙이고 싶지 않다.

7 이 시구들에 대한 나의 자세한 분석은 다음을 참조. *The Therapy of Desire: Theory and Practice in Hellenistic Ethics*, Princeton, NJ: Princeton University Press, 1994, chapter 8.

8 가짜 플라톤Pseudo-Plato, 악시오추스Axiochus.

9 다음을 참조. Joseph Le Doux, *The Emotional Brain*, New York: Simon and Schuster, 1996. 나는 르두의 작품에 관해 다음 책에서 논의한 바 있다. *The New Religious Intolerance: Overcoming the Politics of Fear in an Anxious Age*, Cambridge, MA: Harvard University Press, 2011, chapter 2.

10 고전적인 사례로서 다음을 참조. *The New Religious Intolerance*, p.28.

11 Smith, *The Theory of Moral Sentiments*. 다음을 참조. Ronald Coase, "Adam Smith's View of Man", *Journal of Law and Economics* 19, 1976, pp.529~546.

12 다음을 참조. Jon Elster, *Ulysses and the Sirens*, Cambridge: Cambridge University Press, 1979.

옮긴이 안진이

건축과 미술이론을 전공하고 2004년부터 전문 번역가로 활동하고 있다. 《타임 푸어》, 《마음가면》, 《패션 일러스트레이션의 거장들》, 《헤르만 헤르츠버거의 건축 수업》, 《포스트자본주의》, 《일상 속의 성차별》, 《크레이빙 마인드》 등 다양한 분야의 책을 우리말로 옮겼다.

지혜롭게 나이 든다는 것

초판 1쇄 발행 2018년 12월 31일
초판 9쇄 발행 2024년　3월 15일

지은이 마사 누스바움, 솔 레브모어
옮긴이 안진이
발행인 김형보
편집 최윤경, 강태영, 임재희, 홍민기, 박찬재, 강민영
마케팅 이연실, 이다영, 송신아　**디자인** 송은비　**경영지원** 최윤영

발행처 어크로스출판그룹(주)
출판신고 2018년 12월 20일 제 2018-000339호
주소 서울시 마포구 양화로10길 50 마이빌딩 3층
전화 070-5038-3533(편집) 070-8724-5877(영업)　**팩스** 02-6085-7676
이메일 across@acrossbook.com　**홈페이지** www.acrossbook.com

한국어판 출판권 ⓒ 어크로스출판그룹(주) 2018

ISBN 979-11-6056-065-7 03100

만든 사람들
편집 이환희　**교정** 김정희　**표지디자인** 디자인 서랍(이유나)　**본문디자인** 박은진